ALEX ET LA MAGIE DES NOMBRES

Du même auteur

Alex au pays des chiffres, Robert Laffont, 2011

ALEX BELLOS

ALEX ET LA MAGIE DES NOMBRES

Un nouveau voyage au pays des mathématiques

traduit de l'anglais par Anatole Muchnik

Illustrations de The Surreal McCoy

ROBERT LAFFONT

Titre original : ALEX THROUGH THE LOOKING-GLASS

ISBN 978-2-221-14517-3
(édition originale : ISBN 978-1-4088-1777-3 Bloomsbury, Londres)

À Nat.

Introduction

Les mathématiques sont une blague.

Et je ne dis pas ça pour rire.

De même qu'une blague demande à être « captée », il faut « capter » les maths.

C'est le même processus mental.

Songez-y. Une plaisanterie est un récit constitué d'un développement et d'une chute. On l'écoute attentivement jusqu'au bouquet final, qui provoque le sourire.

Une explication mathématique est aussi un récit avec un développement et une chute. C'est une narration d'un autre genre, bien sûr, où les protagonistes sont des nombres, des formes, des symboles et des schémas. On appelle généralement un récit mathématique une « démonstration », et sa chute un « théorème ».

On suit la démonstration jusqu'au moment de la récompense. Bingo ! J'ai compris ! Les neurones s'affolent ! Une vague de satisfaction intellectuelle balaye le sentiment initial de confusion, et cela fait sourire.

Le « ha ha ! » que suscite une bonne blague et le moment « aha ! » de l'illumination mathématique décrivent la même expérience, et c'est bien ce qui fait tout le caractère plaisant et addictif de la discipline.

Comme les meilleures chutes, les meilleurs théorèmes sont porteurs d'une révélation inattendue. Ils dévoilent une nouvelle idée, une nouvelle perspective. Les plaisanteries font rire. Les mathématiques, elles, laissent bouche bée d'émerveillement. C'est précisément pour cet élément de surprise que je les ai aimées dès l'enfance. Aucune autre matière ne venait ainsi bousculer mes idées reçues.

Le propos de ce livre est de vous surprendre à votre tour. J'y passerai en revue mes notions mathématiques préférées, en examinant de quelle façon elles se traduisent dans la vie. Je veux vous faire apprécier la beauté, l'utilité et l'aspect ludique de la pensée abstraite.

Mon précédent ouvrage, *Alex au pays des chiffres*, était un voyage dans l'abstraction mathématique. Cette fois, je redescends sur terre : nous traiterons aussi bien du monde réel, tel qu'il se reflète dans le miroir des maths, que de l'abstrait, inspiré de notre expérience physique.

Je commencerai par mettre les humains sur le divan. Quels sentiments nous inspirent les nombres, et qu'est-ce qui déclenche ces réactions ? Puis ce sera le tour des nombres, individuellement et en groupe. Chacun soulève son lot de questions, mais quand on les prend en masse, on assiste à un phénomène fascinant : ils se comportent comme une foule bien organisée.

Nous nous en remettons aux nombres pour donner du sens au monde, il en est ainsi depuis que nous avons commencé à compter. En vérité, le plus étonnant dans les mathématiques, c'est peut-être cette extraordinaire capacité, hier comme aujourd'hui, à nous aider à comprendre notre environnement. Si la civilisation a progressé comme elle l'a fait jusqu'ici, c'est grâce à certaines découvertes concernant des formes simples telles que le cercle ou le triangle, d'abord exprimées de façon picturale, puis dans le jargon des équations.

Les mathématiques, me semble-t-il, sont la plus imposante et la plus durable des entreprises collectives de l'histoire de l'humanité. Dans les pages qui suivent, le flambeau de la découverte nous guidera des pyramides jusqu'au mont Everest, de Prague à Guangzhou et des salons victoriens à l'univers numérique des créatures autoréplicatives. Nous irons à la rencontre d'esprits fanfarons, ceux de personnages illustres de l'Antiquité, mais aussi d'autres, moins connus, de notre temps. Ainsi, nous croiserons notamment une célébrité portant une lavallière en Inde, un détective privé armé aux États-Unis, un membre d'une société secrète en France et un concepteur de vaisseaux spatiaux qui vit près de chez moi à Londres.

Dans notre périple à travers le physique et l'abstrait, nous testerons certaines notions bien connues, comme *pi* ou les nombres négatifs, et nous en aborderons d'autres plus énigmatiques, dont nous ferons nos amis. Nous nous émerveillerons devant les applications concrètes de certaines idées mathématiques, qui sont parfois littéralement en béton.

Vous n'avez pas à être un matheux pour lire ce livre. Il s'adresse à tous. Chaque chapitre traite d'une nouvelle notion et ne dépend nullement des connaissances précédemment abordées. Inévitablement, toutefois, certaines sont plus ardues que d'autres, parfois du niveau de la licence de mathématiques, et, selon que vous ayez la bosse des maths ou non, vous connaîtrez peut-être certains moments de perplexité. Dans ce cas, passez directement au chapitre suivant, où vous retrouverez des notions plus abordables. Peut-être aurez-vous un peu le tournis au départ, notamment si vous êtes néophyte, mais telle est bien mon intention première. Je veux vous faire voir la vie différemment, à travers le prisme des maths. Le moment « aha ! » met parfois un certain temps à venir.

Tout cela peut sembler un peu sérieux, mais ça ne l'est pas. Le poids de l'élément de surprise fait des mathématiques la plus ludique des disciplines scientifiques. Autant que des outils, les nombres sont depuis toujours des jouets.

Les mathématiques ne nous rendent pas seulement le monde plus compréhensible, elles nous le rendent plus plaisant.

Alex Bellos,
janvier 2014

1

Tous les nombres racontent une histoire

Jerry Newport me demande de choisir un nombre à quatre chiffres.

Je dis 2 761.

— Ça fait onze fois 251, répond-il du tac au tac, avant d'enchaîner sans un instant d'hésitation. 2 762, c'est deux fois 1 381. 2 763, c'est trois fois trois fois trois fois 307. 2 764, c'est deux fois deux fois 691.

Jerry est un ancien chauffeur de taxi atteint du syndrome d'Asperger, il vit à Tucson, en Arizona. C'est un type un peu rougeaud, aux petits yeux bleus et au large front barré d'une mèche blonde, qui aime les oiseaux autant que les nombres ; il porte d'ailleurs ce jour-là une chemise rouge à fleurs ornée d'un perroquet. Nous sommes assis dans son salon, en compagnie d'un cacatoès, d'une colombe, de cinq perruches dont deux calopsittes qui nous écoutent attentivement et, de temps à autre, répètent nos propos.

Aussitôt qu'il aperçoit un grand nombre, Jerry le divise sous forme de nombres premiers, c'est-à-dire qui ne se divisent que par eux-mêmes et par 1 – 2, 3, 5, 7, 11... –, ainsi qu'il vient de le faire[1]*. Cette habitude a considérablement égayé son activité de chauffeur de taxi, parce que sur la route il a toujours devant les yeux les nombres des plaques d'immatriculation. Quand il habitait Santa Monica, où les plaques comportent quatre ou cinq chiffres, il lui arrivait souvent de sillonner les quatre étages du parking du

* Toutes les notes de l'auteur sont rassemblées par chapitre en fin d'ouvrage. Les notes du traducteur se trouvent en bas de page.

centre commercial voisin à seule fin d'y passer toutes les plaques en revue.

Mais à Tucson, l'immatriculation des voitures ne comporte que trois chiffres. C'est à peine s'il les regarde désormais.

— S'il y a plus de quatre chiffres, je veux bien y jeter un coup d'œil. Quatre chiffres ou moins, aucun intérêt. C'est vrai, quoi ! Allez, donnez-moi du nouveau !

Le syndrome d'Asperger est un trouble psychologique caractérisé par un grand manque d'aisance en société associé parfois à des aptitudes extrêmes ; dans le cas de Jerry, c'est un don extraordinaire pour le calcul mental. En 2010, il a pris part en Allemagne au championnat du monde de la discipline sans avoir suivi la moindre préparation. Il a remporté le titre de « calculateur le plus doué », seul concurrent à obtenir la note maximale dans l'épreuve consistant à décomposer en nombres premiers dix-neuf nombres à cinq chiffres en dix minutes. Tous les autres ont fini loin derrière.

Pour décomposer les grands nombres, Jerry a une méthode : il passe au crible les nombres premiers par ordre croissant, extrayant un 2 s'il s'agit d'un nombre pair, un 3 s'il est divisible par 3, un 5 s'il est divisible par 5 et ainsi de suite.

Sa voix s'élève, il crie :

— Oh yeah, ça c'est du crible !

Il se met à gesticuler.

— On est sur la scène. Vas-y, public, balance les nombres, on va te cribler tout ça ! Yeah ! C'est Jerry et les Cribleurs !

— Et voilà une deuxième cribleuse, l'interrompt son épouse, Mary, assise avec nous.

Musicienne et ancienne figurante dans *Star Trek*, Mary souffre elle aussi du syndrome d'Asperger, plus rare parmi les femmes que parmi les hommes. Que deux personnes atteintes de ce trouble forment un couple est à peu près inédit, au point qu'en 2005 leur singulière histoire d'amour a inspiré à Hollywood le film *Crazy in Love*.

Il arrive parfois que Jerry ne parvienne à extraire aucun premier d'un grand nombre, cela signifie que celui-ci l'est lui-même. Ces moments-là lui procurent un frisson.

— Si c'est un nombre premier que je n'ai jamais rencontré, c'est un peu comme le collectionneur de roches qui en trouve une nouvelle. Comme un beau diamant qu'on emporte chez soi pour le mettre sur une étagère.

Il fait une pause. Un nouveau nombre premier, poursuit-il, c'est comme un nouvel ami[2].

Les premiers termes et symboles désignant des nombres sont apparus voici quelque cinq mille ans à Sumer, l'actuel Irak. Pour nommer ces nouveaux concepts, les Sumériens n'ont pas été chercher très loin : 1 se disait *ges*, qui signifiait aussi « homme » ou « phallus en érection »[3] ; 2 se disait *min*, ou « femme », symbolisant l'idée que l'homme venait en premier et la femme était son complément – ou peut-être s'agissait-il plus simplement d'évoquer une paire de seins.

Au commencement, les nombres avaient une fonction pratique, comme le comptage de moutons ou le calcul de taxes. Mais ils laissaient aussi entrevoir certains schémas abstraits, ce qui en a fait des objets de contemplation profonde. La toute première découverte mathématique a peut-être été l'existence de deux catégories de nombres, les pairs et les impairs, ceux qui se partagent nettement en deux moitiés, comme 2, 4 ou 6, et ceux qui ne le peuvent pas, comme 1, 3 ou 5. Le maître grec Pythagore, au VIe siècle av. J.-C., a fait écho à l'association sumérienne du 1 avec l'homme et du 2 avec la femme en proclamant que les nombres impairs étaient masculins et les pairs féminins. La résistance à se laisser diviser par 2, expliquait-il, incarnait la force, alors que l'inverse était une faiblesse. À cela s'ajoutait une justification arithmétique : les impairs étaient les maîtres des pairs, comme l'homme l'était de la femme, parce que lorsqu'on ajoute un nombre pair à un impair, on obtient encore un impair.

Pythagore doit essentiellement sa réputation au théorème sur les triangles que nous évoquerons plus loin, mais ses idées sur le sexe des nombres ont prédominé dans la pensée occidentale pendant plus de deux mille ans. Le christianisme les a reprises dans son mythe de la création : Dieu a commencé par créer Adam, il n'a fait Ève qu'après ; le 1 signifie l'unité, et le 2 est « le péché qui dévie de la Vertu originelle[4] ». Pour l'Église médiévale, les nombres impairs étaient plus puissants et meilleurs que les pairs, ils étaient porteurs de divin et de chance. Au temps de Shakespeare, les croyances métaphysiques à propos des impairs étaient monnaie courante : « On dit qu'il y a une puissance magique dans les nombres impairs, soit pour la naissance, soit pour la fortune ou pour la mort », clame Falstaff dans *Les Joyeuses Commères de*

Windsor. Ces superstitions demeurent. Les nombres mystiques sont généralement impairs, notamment le 3 « magique », le 7 « porte-bonheur » ou son opposé, le 13, « maléfique ».

C'est aussi à Shakespeare que l'on doit le sens moderne qu'a pris en anglais le terme « impair* », qui ne s'appliquait à l'origine qu'aux nombres[5]. On l'utilisait dans des expressions comme *odd man out* (chassez l'intrus) pour désigner l'élément sans partenaire d'un groupe de trois. Mais dans *Peines d'amour perdues*, le fantasque Espagnol Don Adriano de Armado est déclaré « trop attifé, trop précieux, trop affecté, trop *impair* en quelque sorte** ». Ce qui demeure isolé après une division par 2 est depuis lors synonyme d'étrangeté[6].

En tant qu'êtres humains, nous sommes naturellement sensibles aux schémas numéraux ; ils déclenchent en nous des réactions subjectives parce qu'ils influencent notre comportement en suscitant des associations culturelles profondément enracinées. La philosophie orientale est fondée sur les dualités perçues dans la nature, symbolisées par le *yin* et le *yang*, littéralement l'ombre et la lumière. Le *yin* est associé à la passivité, la féminité, la lune, la malchance et les nombres pairs, le *yang* à leurs compléments : l'agressivité, la masculinité, le soleil, la chance et les nombres impairs. On voit aussi ici un lien historique entre la chance et l'imparité, et ce lien est particulièrement fort au Japon[7], où il est par exemple habituel de faire des cadeaux par trois, cinq ou sept, jamais quatre ou six. Quand on offre de l'argent à des jeunes mariés, les sommes habituellement choisies sont 30 000, 50 000 ou 100 000 yens – 20 000 yens sont acceptables, mais il est alors recommandé d'apporter une touche d'imparité au geste en les remettant sous la forme d'un billet de 10 000 yens et deux de 5 000. L'esthétique des nombres impairs sous-tend aussi l'art traditionnel japonais de la composition florale, l'ikebana, où l'on n'utilise qu'un nombre impair d'éléments, sous l'influence de la croyance bouddhiste que l'asymétrie est à l'image de la nature. De même, dans la gastronomie japonaise, le *kaiseki* est un assortiment de petits plats toujours présentés en nombre impair. Enfin, pour s'assurer que les bambins reçoivent très tôt le message,

* En anglais, *odd* signifie « impair » mais aussi « étrange ».

** Dans sa traduction de la pièce, François-Victor Hugo a eu l'heureuse idée d'employer le terme « singulier », qui s'applique encore à la démonstration de notre auteur.

la fête annuelle de l'enfance porte le nom de Sept-Cinq-Trois, et seuls les enfants de ces âges sont invités à y participer. Le goût des Japonais pour les nombres impairs est si profondément ancré, écrit le professeur Yutaka Nishiyama[8], de la faculté d'économie d'Osaka, que personne n'a jamais voulu du billet de 2 000 yens qui a été émis en l'an 2000.

(Les superstitions autour des nombres sont plus fortes en Extrême-Orient qu'en Occident. Ces pays obtiennent aussi de meilleures notes aux tests internationaux de calcul, ce qui indique que posséder de fortes croyances mystiques concernant les nombres ne fait pas nécessairement obstacle à l'acquisition de facultés arithmétiques. En fait, les superstitions favorisent peut-être même une intimité, un respect et une certaine perception ludique de ces nombres, comme le font les mathématiques. La croyance la plus répandue en Asie à leur propos repose sur un jeu de mots. La ressemblance phonétique des termes japonais, cantonais, mandarin et coréen signifiant « quatre » (*shi*, *sei*, *si*, *sa*) avec ceux désignant la mort dans chacune de ces langues incite à fuir le 4 comme la peste. Il est fréquent que les hôtels de la région ne possèdent pas de quatrième étage, que les avions n'aient pas de rangée numéro 4 et que les entreprises s'abstiennent de donner à leurs produits un nom comportant un 4. D'ailleurs, l'association du 4 avec la mort est si forte que c'en est devenu une prophétie autoréalisatrice : les statistiques américaines montrent que parmi les citoyens d'origine japonaise et chinoise, les décès par infarctus connaissent une recrudescence le 4 de chaque mois[9]. Le 8 en revanche porte chance, parce que en chinois il ressemble au terme signifiant « prospérité ». On le trouve donc fortement surreprésenté dans les encarts publicitaires des journaux chinois. Deux morts égalent une vie prospère.)

En Inde également les nombres impairs passent pour être les plus propices. Y a-t-il une raison pour qu'aussi bien en Orient qu'en Occident on accorde davantage de signification spirituelle aux nombres impairs qu'aux pairs ? Peut-être est-ce lié au fait que notre cerveau met plus de temps à traiter les impairs que les autres, un phénomène mis en évidence par le psychologue Terence Hines, de l'université Pace, et qu'il appelle « effet impair ». Lors d'une expérience[10], il a présenté à des individus des couples de chiffres soit impairs comme 3-5, soit pairs comme 6-4, soit mixtes comme 2-7. Les sujets devaient appuyer sur un bouton quand les deux chiffres étaient pairs ou impairs. En moyenne, le temps de réaction des participants était 20 % plus long et il y avait davantage d'erreurs lorsque apparaissaient deux chiffres impairs. Au début, Hines s'est méfié des résultats qu'il obtenait, croyant à un défaut de sa méthode de vérification, mais le phénomène est de nouveau apparu très clairement dans les études de contrôle. Les nombres impairs nous inspirent un sentiment particulier, pas seulement à cause de croyances culturelles ancestrales, mais parce que nous avons une autre façon de les *penser*. Ils déclenchent littéralement en nous davantage de réflexion.

Il existe bien une tournure linguistique qui trahit l'effet impair, mais elle est invisible à ceux qui ne parlent qu'anglais, seule langue européenne majeure où les termes « pair » et « impair » (*even* et *odd*) n'ont aucun rapport sémantique. En français, en allemand et en russe, par exemple, on dit « pair/impair », *gerade/ungerade* et *chyotny/nechyotny*. La notion de parité précède celle d'imparité. Elle est plus simple, plus facilement compréhensible.

Le fossé cognitif qui sépare les nombres pairs et impairs a fait l'objet d'autres études. James Wilkie et Galen Bodenhausen, de la Northwestern University, ont voulu savoir si la notion ancienne de masculinité des impairs et de féminité des pairs avait un substrat psychologique. Ils ont montré aux sujets des séquences aléatoires de visages de bébés, chacun accompagné d'un numéro à trois chiffres soit impair-impair-impair, soit pair-pair-pair, et leur ont demandé de deviner s'il s'agissait d'un garçon ou d'une fille[11]. L'exercice paraît absurde, et sans doute aurait-il sombré dans l'oubli s'il n'avait accouché d'un résultat particulièrement frappant : le choix du nombre affiché avait un effet significatif puisqu'il y avait environ 10 % de chances supplémentaires de voir le sujet désigner un garçon si la photo du bébé était accompagnée de chiffres impairs que si elle l'était de chiffres pairs[12]. Wilkie et Bodenhausen en ont conclu que les pythagoriciens, les chrétiens du Moyen Âge et les taoïstes avaient raison. L'association ancienne, interculturelle, des impairs avec la masculinité et des pairs avec la féminité était confirmée par les données. « Il est fort possible que la tendance humaine à projeter sur les nombres des signifiants de sexe soit universelle », ont-ils écrit. Ils n'ont toutefois pas su expliquer pourquoi l'imparité serait masculine et la parité féminine et pas l'inverse.

La culture, la langue et la psychologie interviennent dans notre compréhension des schémas mathématiques, ainsi que nous venons de le voir concernant les nombres impairs et que nous allons bientôt le faire à propos d'autres indices numériques. Les nombres ont une signification mathématique établie – ce sont des entités abstraites signifiant une quantité et un ordre –, mais ils racontent aussi d'autres histoires.

On doit au grand théologien allemand Hugues de Saint-Victor (1096-1141)[13] l'un des premiers guides des nombres : le 10 y représente la « rectitude de la foi », le 9, qui précède immédiatement le 10, le « manque de perfection, » et le 11, qui vient juste après, la « démesure ». S'il vivait encore, Hugues de Saint-Victor trouverait certainement un emploi lucratif auprès de la Semiotic Alliance, l'une des plus grandes agences de sémiologie du monde. Je rencontre à présent son fondateur, Greg Rowland, à Londres. Le tee-shirt noir et blanc qu'il porte sous un veston, les profondes rides qui lui barrent le front et son regard perçant lui donnent un petit air de prof d'université branché, même si son habitat naturel n'est pas la bibliothèque mais la salle d'un conseil d'administration. Greg conseille les multinationales au sujet du symbolisme de leur marque, ce qui comprend les associations culturelles avec les nombres. Il compte parmi ses clients des marques comme Unilever, Calvin Klein ou KFC. Le 11, par exemple, est un élément essentiel de la mythologie d'entreprise de KFC : le poulet frit emblématique de l'enseigne est assaisonné des onze herbes et épices que comporte la recette originale du colonel Sanders, le fondateur.

— C'est l'usage mystique fondamental du 11 dans la culture commerciale, dit Greg.

Ce nombre représente la transgression, précise-t-il, ici sous la forme d'un ingrédient supplémentaire, un ingrédient qui sort de l'ordinaire.

— Le 11 a fait un petit pas après le 10. Il a reconnu l'existence d'un ordre des choses et explore à présent ce qui se trouve au-delà. Le 11 ouvre la porte de l'infini, mais il se garde bien d'aller trop loin. C'est… la révolte bourgeoise dans toute sa splendeur !

Je lui demande alors si le colonel Sanders était comme ce rocker du film *Spinal Tap*, qui ajoute au feutre un 11 sur son amplificateur pour le rendre plus puissant que les autres, qui ne vont que jusqu'à 10. Greg s'esclaffe :

— Oui ! Mais moi j'y crois ! Je trouve vraiment le 11 plus intéressant que le 10 !

L'unité supplémentaire façon *Spinal Tap*, ajoute-t-il, est un même courant. L'exemple classique est celui du blue-jean 501, de Levi's.

— Il suscite l'attente, mais sans en rajouter. C'est un petit plus, et ça correspond à la pratique usuelle de la marque Levi Strauss, du moins à ses heures glorieuses : l'ajout d'un petit bouton ici, d'une nouvelle couture là. C'était vraiment un petit supplément individuel. Ce que dit la marque, c'est qu'il ne s'agit pas seulement du 500, que ce modèle-là est un cran au-dessus, mais que 502 – deux crans au-dessus – ne fonctionnerait pas. L'élément mystique ajouté rend le nombre 501 moins définissable et raisonnable que 500. C'est avec les grands nombres ronds que ça marche le mieux : il y a le film *2001 : Odyssée de l'espace*, la boîte à rythmes 101, la Salle 101*. Ce n'aurait pas pu être la Salle 100 – qui cela aurait-il effrayé ?

Bien avant que Levi Strauss se mette à fabriquer des jeans, le sens de la petite unité supplémentaire était solidement implanté dans la culture indienne. Selon la tradition dite du *shagun*, les dons d'argent consistent toujours en une somme ronde à laquelle on ajoute 1 roupie, ce qui peut faire 101, 501 ou 1 001. Les enveloppes de listes de mariage, par exemple, se présentent d'office avec 1 roupie collée dessus, à titre d'aide-mémoire. Cette pratique ne possède pas d'explication unique – certains voient dans ce 1 une bénédiction, d'autres le symbole du commencement d'un nouveau cycle –, mais la valeur symbolique de cette unité additionnelle est aussi importante que celle, monétaire, des billets que contient l'enveloppe.

Et cela me renvoie à une vieille anecdote de famille. Au début du XXe siècle, mon grand-père travaillait à une nouvelle recette de limonade. Il lui a donné le nom de 4 Up. Les consommateurs n'en voulant pas, il a passé quelques années à peaufiner le produit. La version suivante, le 5 Up, n'a pas connu plus de succès. Après quelques années encore, il a lancé le 6 Up et, vous l'aurez deviné… ça n'a pas pris non plus. Grand-papa est mort, tragiquement, sans savoir qu'il était passé si près.

Bon, je l'admets, la plaisanterie est éculée, mais elle recèle une vérité : en affaires, comme en religion, choisir le bon nombre est

* Dans le roman *1984*, de George Orwell.

essentiel. Par exemple, le 10 – « rectitude de la foi » – renforce la confiance du consommateur à l'égard de la crème contre l'acné Oxy 10.

— Le 10 parle d'équilibre, de sécurité, de retour à la normale. C'est le décimal absolu, dit Greg. Le 10 ne se discute pas, et c'est bien ce qu'on veut en matière d'acné. Personne ne voudrait d'un Oxy 9, ni même d'un Oxy 8. Et encore moins d'un Oxy 7, 11, 13 ou 15. Ce qu'on attend d'un produit comme Oxy 10, c'est de la certitude.

Je lui demande s'il pense que le lubrifiant universel WD-40 aurait connu le même succès s'il s'était appelé WD-41.

— WD-41 n'inspirerait pas confiance, répond-il. WD-41 comporterait plus d'éléments qu'on n'en souhaite. Il y aurait forcément un petit truc en trop, non ?

Il réfléchit tout haut à d'autres variantes.

— WD-10 aurait une fonction trop binaire : soit le produit est efficace, soit il ne l'est pas. Mais ce n'est pas non plus WD-400 ou 4 000 – il ne faut pas en rajouter ! WD-40 n'est pas trop prétentieux. C'est une amélioration simple, modeste.

Selon la légende de l'entreprise, la marque doit son nom au chimiste Norm Larsen qui cherchait à inventer un liquide prévenant la corrosion, d'où l'idée d'« élimination de l'eau* ». Le WD-40 était son quarantième essai. On ne peut pas préjuger, évidemment, du succès qu'aurait rencontré le produit si Larsen n'avait trouvé la bonne formule qu'à la quarante et unième tentative. Il demeure que la recherche corrobore l'évaluation sémiotique de Greg : concernant les produits ménagers, les nombres divisibles sont plus attrayants pour le consommateur que les indivisibles.

En 2011, Dan King, de l'université nationale de Singapour, et Chris Janiszewski, de l'université de Floride, ont démontré qu'une marque imaginaire de shampooing antipelliculaire était plus appréciée si elle s'appelait Zinc 24 que Zinc 31[14]. La préférence des sujets pour l'appellation Zinc 24 était si forte qu'ils étaient prêts à payer le produit 10 % plus cher. King et Janiszewski l'ont expliqué par le fait que le 24 est un nombre plus familier depuis l'école, où l'on s'applique à faire rentrer 3 × 8 = 24 et 4 × 6 = 24 dans le crâne des élèves ; 31, en revanche, est un nombre premier qui n'apparaît dans aucune table de multiplication. Selon les chercheurs, cette familiarité

* *Water displacement* (WD) en anglais.

avec le 24 implique un traitement plus fluide du nombre par le cerveau, ce qui procure à celui-ci le sentiment d'une préférence. Et cette inclination pour le 24 au détriment du 31, expliquent-ils, se déplace sur l'appellation Zinc 24 jugée plus attirante que Zinc 31. Comme je fais part de ces travaux à Greg, il n'est pas surpris, mais son analyse est plus culturelle :

— Zinc 24 s'accorde avec le sentiment que les produits affichant un numéro pair nous renvoient à une idée de normalité, la sensation que les choses sont en bon ordre, dit-il. Les nombres impairs ouvrent un espace à une pointe de négociation émotionnelle, c'est ce qui explique qu'ils soient plus entourés de mysticisme.

Et que nous n'en voulions pas dans nos cheveux.

Pour renforcer leur hypothèse selon laquelle la fluidité du traitement par le cerveau induit la préférence pour une marque, King et Janiszewski ont conçu une expérience de contrôle où une multiplication était subtilement glissée dans une publicité pour une marque comportant un numéro. Ils ont d'abord choisi les produits Solus 36 et Solus 37, deux lignes imaginaires d'une marque bien réelle de lentilles de contact, Solus. Puis ils ont créé quatre publicités, deux pour chaque produit, avec et sans le slogan « 6 couleurs, 6 tailles » (voir ci-dessous). Quand le slogan n'y figurait pas, les participants ont préféré Solus 36 à Solus 37, ainsi qu'on pouvait s'y attendre. Mais lorsqu'il y était, l'adhésion à Solus 36 s'est encore renforcée et les partisans de Solus 37 ont encore reculé. King et Janiszewski ont expliqué que la familiarité avec la combinaison 6-6-36, qui nous vient du célèbre 6 × 6 = 36, accroît notre facilité de traitement de ces nombres, tandis que le manque

Quelle boîte de lentilles de contact paraît la plus séduisante ?

de familiarité avec 6-6-37, combinaison dépourvue de tout lien arithmétique, la réduit. La petite satisfaction qu'on éprouve pour avoir inconsciemment reconnu une simple multiplication suscite du plaisir, disent-ils, et nous prenons à tort ce fourmillement pour de la satisfaction à l'égard du produit. Les entreprises seraient bien avisées, concluent-ils, d'incorporer à leurs publicités des opérations cachées.

Ce que disent King et Janiszewski, c'est que nous sommes toujours sensibles au fait qu'un nombre soit divisible ou pas, et que cette sensibilité influence notre comportement. Nous sommes tous un peu comme Jerry Newport, le chauffeur de taxi de Tucson qui ne peut pas voir un nombre sans le décomposer en facteurs premiers. La plus ancienne et la plus naturelle des divisions est celle par 2. Du coup, le schéma arithmétique auquel nous sommes le plus sensibles – et pour lequel nos associations culturelles sont le plus profondément enracinées –, c'est la différence entre pairs et impairs.

Les nombres ont été inventés pour décrire des quantités précises : trois dents, sept jours, douze chèvres... Toutefois, lorsque les quantités deviennent importantes, nous cessons d'en faire un usage précis. On effectue des approximations grâce au repère d'un « chiffre rond ». C'est plus facile et plus pratique. Quand je dis par exemple qu'il y avait cent personnes au marché, je ne prétends pas que cent individus *exactement* étaient présents. Et quand je dis que l'univers est vieux de 13,7 milliards d'années, je ne veux pas dire qu'il a *exactement* 13 700 000 000 ans, c'est à quelques centaines de millions d'années près. Nous comprenons les grands nombres de façon approximative, les petits de façon précise, et ces deux systèmes ne s'articulent pas très bien. Il n'y aurait clairement aucun sens à dire que l'an prochain l'univers aura 13,7 milliards et un an : il continuera d'avoir 13,7 milliards d'années jusqu'à notre dernier souffle.

Les chiffres ronds finissent habituellement par 0. On emploie le terme « rond » parce qu'il s'agit de l'achèvement d'un cycle complet de comptage, pas par allusion à la forme du 0. Notre système numéral comporte dix chiffres, si bien que toute combinaison de cycles sera toujours divisible par 10.

Nous sommes tellement habitués à arrondir les grands nombres que lorsque nous en rencontrons un qui n'est pas rond – 754 156 293, par exemple –, il nous paraît insaisissable. Selon Manoj Thomas, psychologue à Cornell University, ce manque d'aisance avec les grands nombres non arrondis nous incite à les croire plus petits qu'ils ne sont : « Nous avons tendance à penser que les petits nombres sont plus précis, alors quand nous en voyons un gros qui l'est malgré tout, nous le prenons instinctivement pour plus petit qu'il n'est[15]. » Du coup, nous payerons plus cher un objet coûteux si son prix n'est pas rond. Dans l'une des expériences conduites par Thomas, les sujets ont parcouru les annonces de plusieurs maisons auxquelles on avait aléatoirement attribué un prix arrondi, 390 000 dollars par exemple, ou un autre précis mais légèrement supérieur, comme 391 534 dollars. Lorsqu'on leur a demandé à propos de chaque prix s'ils le considéraient faible ou élevé, les sujets ont en moyenne estimé que les précis étaient plus bas que les ronds, alors même que c'était le contraire. Pour Thomas et ses collaborateurs, quelles qu'aient été les suppositions des sujets quant aux raisons de la précision du prix – que le vendeur y avait davantage réfléchi, par exemple, et qu'il devait donc être plus juste –, ils n'en ont pas moins inconsciemment jugé que les nombres non arrondis étaient plus petits que les ronds. Petit conseil au lecteur qui souhaiterait vendre sa maison : si vous voulez gagner un peu plus, n'annoncez pas un prix finissant par 0.

Nous avons évoqué plus haut les connotations culturelles de l'ajout d'une unité à un nombre rond. La pratique consistant à *retrancher* une unité véhicule également un puissant message.

Quand nous lisons un nombre, nous sommes plus sensibles au chiffre figurant tout à gauche qu'à celui situé à l'extrême droite, car c'est dans cet ordre que nous les lisons et les traitons : 799 nous semble beaucoup plus petit que 800 parce que le premier nous apparaît comme « 7 et quelques » et le second comme « 8 et quelques », mais nous trouvons 798 plus ou moins équivalent à 799. Les commerçants exploitent ce phénomène depuis le XIXe siècle en attribuant à leurs produits des prix se terminant par 9 pour qu'ainsi ils paraissent moins élevés. Selon certaines enquêtes, entre 30 % et 60 % de tous les prix de détail finissent par un 9.

Nous sommes tous des acheteurs accomplis, mais beaucoup continuent de se laisser berner. En 2008, des chercheurs de l'université de Bretagne-Sud ont observé les ventes d'une pizzéria locale qui offrait cinq types de pizzas à 8 euros[16]. Lorsque le prix d'une de ces variétés a été abaissé à 7,99 euros, sa part dans les ventes totales est passée du tiers à la moitié. Il aura ainsi suffi de baisser son prix de 1 centime, une quantité insignifiante en termes monétaires, pour sensiblement influencer le choix du client.

Il demeure que notre réaction aux prix finissant par 9 répond à des influences plus complexes que le seul chiffre à gauche. Un prix s'achevant par 9 a l'air d'une bonne affaire, même quand il n'en est rien[17]. Eric Anderson, de l'université de Chicago, et Duncan Simester, du MIT, ont fait figurer la même robe à des prix différents – 34, 39 et 44 dollars – dans des catalogues de vente par correspondance en tous points identiques par ailleurs. C'est à 39 dollars, pas à 34, que la robe s'est le mieux vendue. D'autres études ont livré des résultats similaires : la terminaison par 9 semble dire qu'un rabais a été pratiqué, et qu'il s'agit donc d'une affaire à saisir. Mais l'association du 9 à une bonne affaire peut aussi donner au produit une apparence bas de gamme, ou laisser croire que le vendeur cherche à embobiner le client. Un grand restaurant, par exemple, n'ira jamais offrir un plat principal à 22,99 euros. Et vous ne feriez pas trop confiance au thérapeute qui vous prendrait 59,99 euros. Vous payerez respectivement 23 et 60 euros, ce qui paraît à la fois plus élégant et honnête. Notre réaction au 9 est donc conditionnée par un mélange de facteurs culturels et psychologiques. Les nombres ne sont pas neutres, ils transportent un bagage.

Mais d'autres raisons peuvent inciter un commerçant à afficher des prix finissant par 9, ou par 8. Selon des études, ceux-là sont beaucoup plus difficiles à retenir que ceux finissant par 0 ou 5, parce que le cerveau met plus de temps à les emmagasiner et les traiter. Si vous ne voulez pas qu'un prix soit retenu par votre client, pour empêcher la comparaison avec d'autres prix par exemple, faites-le finir par 8 ou 9. Inversement, si vous souhaitez que le client retienne un prix, peut-être pour bien marquer le fait qu'il est moins cher que ses concurrents, mettez-le à 5 dollars plutôt qu'à 4,98. Les commerçants utilisent en vérité toute une gamme d'astuces psychologiques liées aux nombres pour réduire le degré de conscience du prix chez l'acheteur. Une étude menée à Cornell University[18] a ainsi montré qu'en supprimant du menu le symbole de la devise – en affichant des plats à 20 plutôt qu'à 20 $ –, un restaurant new-yorkais a vu croître la dépense moyenne de ses clients de 8 %. Le symbole du dollar nous rappelle la douleur d'avoir à payer. Dans la même veine, il n'est pas inutile de faire figurer le prix de chaque plat immédiatement à la suite de son énoncé plutôt qu'à côté, parce que les chiffres en colonne prêtent à la comparaison[19]. Mieux vaut inciter le client à commander ce qu'il a envie de manger, sans considération pour le prix, que lui rappeler quel plat coûte le plus cher.

Filet de haddock fumé
sur son lit de salade de pommes de terre tièdes
et d'oignons croustillants 7,50

Velouté de champignons à la chantilly truffée 5,50

Ballottine de poulet d'élevage du Gloucestershire
garnie de couscous aux aromates
et fondue de poireaux 8,20

Filet de haddock fumé
sur son lit de salade de pommes de terre tièdes
et d'oignons croustillants. 7,50 €

Velouté de champignons à la chantilly truffée . . . . 5,50 €

Ballottine de poulet d'élevage du Gloucestershire
garnie de couscous aux aromates
et fondue de poireaux . . . . 8,20 €

Bon menu, mauvais menu.

L'usage le plus flagrant de la psychologie des nombres dans le commerce de détail demeure toutefois l'étalage d'articles au prix absurdement élevé pour créer un point de repère artificiel. La voiture à 100 000 livres qu'on voit chez le concessionnaire ou la paire de chaussures à 10 000 livres exposée en vitrine ne sont pas là parce que le gérant espère les vendre, mais à titre de leurres, afin de faire passer pour avantageuses la voiture à 50 000 livres et les chaussures à 5 000 livres, qui demeurent très chères malgré tout. Les supermarchés emploient des méthodes similaires. Nous sommes étonnamment sensibles aux indices numériques lorsqu'il s'agit de prendre une décision, et pas seulement quand nous faisons nos courses. Dans une étude[20], cinquante-deux juges allemands devaient prendre connaissance du cas d'une femme attrapée en flagrant délit de vol à l'étalage, puis lancer une paire de dés qui étaient biaisés de façon à donner soit 1 et 2, soit 3 et 6. Après le lancer, ils devaient déclarer s'ils condamneraient la jeune femme à une peine supérieure ou inférieure à la somme des deux dés, en nombre de mois, puis déterminer précisément leur sentence. Les juges qui avaient tiré 3 l'ont en moyenne condamnée à cinq mois, alors que ceux qui avaient tiré 9 lui en ont infligé huit. Ces juges avaient beau être des professionnels chevronnés, la simple insinuation d'un chiffre sans aucun rapport avec l'affaire a joué un rôle déterminant sur la durée de la peine prononcée.

Si d'honorables juges allemands se laissent ainsi influencer par un coup de dés, qu'en est-il de chacun de nous ? À chaque fois que nous avons un nombre en vue, il nous conditionne, il influence notre comportement sans que nous en ayons forcément conscience ni que nous soyons capables de nous maîtriser.

Les nombres nous inspirent aussi de l'affection. À force de manier ces outils de comptage, calcul et quantification, il n'est pas rare qu'on développe à leur endroit des sentiments. Jerry Newport, par exemple, aime certains nombres comme on aime des amis. La force de cet amour très répandu des nombres m'avait toujours échappé jusqu'au jour où j'ai réalisé une expérience en ligne dans laquelle je demandais au public de désigner son nombre favori et d'expliquer son choix[21]. Je n'ai pas seulement été sidéré par l'engouement suscité – plus de trente mille participants en quelques semaines – mais par la diversité et la tendresse perceptible dans les contributions : pour l'un c'était le 2 parce que le participant avait deux piercings ; pour un autre c'était le 6 parce que la sixième chanson des albums préférés du participant était toujours la meilleure ; une autre aimait 7,07 parce que c'était l'heure à laquelle elle se réveillait toujours et qu'un jour qu'elle faisait ses courses à la superette près de chez elle, le joli garçon qui tenait la caisse lui avait annoncé le montant de 7,07 dollars ; pour un autre c'était le 17 parce que c'était le nombre de minutes qu'il faisait cuire le riz ; pour une autre le 24 parce qu'elle dormait avec sa jambe gauche repliée comme si elle était un 4 et que son petit ami dormait à côté d'elle comme un 2 ; un autre aimait le 73 que les fans de la sitcom *The Big Bang Theory* connaissent comme le « Chuck Norris des nombres » parce que le personnage principal, Sheldon Cooper, signale que c'est le vingt et unième nombre premier et que son miroir, le 37, est le douzième ; pour un autre c'était le 83 parce qu'il se prêtait bien aux exagérations, comme « j'ai bien dû faire ça quatre-vingt-trois fois ! » ; pour un autre le 101 parce que c'est en anglais le plus petit nombre comportant un « a »* ; pour un autre le 120 parce qu'il est divisible par 2, 3, 4, 5, 6, 8 et 10, ce qui procurait au participant de quoi compter dans les deux sens pour s'endormir ; pour un autre le 159 parce qu'il décrit une diagonale sur un clavier de téléphone ; un autre aimait 18 912 parce que sa rythmique faisait de ce nombre celui qui « sonne le mieux au monde » ; et un autre 142 857, le nombre phénix parce que ses six premiers multiples sont des anagrammes bien ordonnées de lui-même :

142857 × 1 = 142857
142857 × 2 = 285714
142857 × 3 = 428571
142857 × 4 = 571428
142857 × 5 = 714285
142857 × 6 = 857142
[142857 × 7 = 999999]

« Avoir un nombre favori, ça signifie qu'on éprouve un petit frisson quand on se retrouve assis à la place 53 dans le train ou qu'on remarque qu'il est 9 h 53, a écrit un participant. Je ne vois pas la moindre raison de ne pas avoir de nombre favori. »

Même si l'on tient compte du fait que cette enquête était volontaire et ouverte à tous les participants, qu'il s'agissait davantage de s'amuser un peu que de réaliser une étude scientifique, les données recueillies ont mis au jour certains schémas fascinants dans le choix du nombre favori.

---

* *One hundred and one* en anglais.

D'abord, la fourchette des nombres que nous chérissons est extrêmement large : trente mille vingt-cinq réponses ont cité mille cent vingt-trois nombres individuels. Tous les entiers entre 1 et 100 ont reçu au moins une voix, ainsi que quatre cent soixante-douze de ceux entre 1 et 1 000. Le plus petit entier à n'avoir pas été choisi est le 110. Faut-il y voir le nombre le moins aimé du monde ?

Voici le tableau final.

Rang	**Nombre**	**Pourcentage**
1	7	9,7 %
2	3	7,5 %
3	8	6,7 %
4	4	5,6 %
5	5	5,1 %
6	13	5,0 %
7	9	4,8 %
8	6	3,4 %
9	2	3,4 %
10	11	2,9 %
11	42	2,8 %
12	17	2,7 %
13	23	2,3 %
14	12	2,2 %
15	27	1,9 %
16	22	1,5 %
17	21	1,4 %
18	π	1,4 %
19	14	1,3 %
20	24	1,2 %
21	1	1,2 %
22	16	1,2 %
23	10	1,2 %
24	37	1,0 %
25	0	1,0 %
26	19	0,9 %
27	18	0,8 %
28	e	0,7 %
29	28	0,7 %
30	69	0,6 %

Globalement, nous préférons les chiffres seuls, et plus un nombre est grand, moins il est aimé. Le tableau révèle aussi un désintérêt frappant à l'égard des nombres ronds. Tous les chiffres de 2 à 9 figurent dans les dix premières places, mais le 10 n'apparaît qu'en vingt-troisième position, le 20 est cinquantième et le 30 soixante-neuvième. Malgré son statut de pierre de touche du système décimal, le 10 n'est pas très aimé, peut-être pour sa tendance récurrente à se galvauder en tant qu'approximation.

Certains nombres sont choisis pour leurs caractéristiques singulières, comme le nombre phénix évoqué plus haut, ou encore les constantes e et π, nous y reviendrons de façon beaucoup plus détaillée. En règle générale, toutefois, le choix du nombre obéit à un motif personnel, très souvent parce que c'est la date de naissance du sujet. Mais la distinction entre mobiles personnels et motivations dues aux nombres eux-mêmes n'est pas nette, car certains sont très rarement élus même s'ils correspondent à la date de naissance de l'individu. Si vous êtes né le 10 du mois par exemple, il y a six fois moins de chances que vous choisissiez ce nombre comme numéro favori que vous ne choisiriez le 7 si vous étiez né ce jour-là. Si vous êtes né le 30, vous avez quarante fois moins de chances de choisir le 30. Certains nombres font manifestement de meilleurs favoris que d'autres. (L'une des causes de ma curiosité à l'égard des nombres fétiches est que je n'en ai pas moi-même, et j'ai toujours eu du mal à croire que cela puisse passionner tant de monde à ce point. J'attribue aujourd'hui cette lacune au fait que je ne sois pas né entre le 2 et le 9 du mois.)

La tendance historique des nombres impairs à se signaler davantage que les pairs apparaît aussi dans l'enquête. Parmi les contributions portant sur les nombres situés entre 1 et 1 000, la proportion entre impairs et pairs a été de 60/40. On voit aussi sur le tableau que la plaisanterie de Douglas Adams sur le fait que le 42 est la réponse à la grande question sur la vie, l'univers et le reste conserve tout son jus plus de trente ans après. (Cette plaisanterie joue aussi sur nos sentiments collectifs pour les nombres : 42 fonctionne parce qu'il est vraiment insipide ; ce serait moins drôle si Adams avait choisi, mettons, le 41, qui est impair et premier.) Enfin, la présence du 69 nous montre qu'on ne se débarrassera jamais tout à fait de l'humour potache dans les enquêtes sur Internet.

C'est donc le 7 qui arrive en tête. Il s'impose dans toutes les catégories d'âge, de sexe et d'aptitude mathématique, et ce n'est pas vraiment étonnant. De mémoire d'homme, le 7 a toujours été le chiffre le plus célébré dans la culture. Les merveilles du monde, les péchés capitaux, les âges de l'homme, les piliers de la sagesse, les femmes de Barberousse, les mers, les samouraïs, les nains, tout cela se compte par lot de sept. À Babylone les ziggourats comportaient sept étages, en Égypte on parlait des sept portes du royaume des morts, le dieu védique du soleil est tiré par sept chevaux et les musulmans sont censés tourner sept fois autour de la Kaaba lors du pèlerinage à La Mecque. Aujourd'hui encore, le rythme fondamental qui marque notre existence est un cycle de sept : celui des jours de la semaine.

La première chose que l'homme a comptée, c'est le temps. Nous avons fait des encoches sur des bâtons et barbouillé la roche pour marquer le passage des jours. Nos premiers calendriers étaient liés à des phénomènes astronomiques, comme la nouvelle lune, ce qui signifiait que le nombre de jours de chaque cycle calendaire était variable, entre vingt-neuf et trente jours pour ce qui est de la nouvelle lune puisque la longueur exacte du cycle lunaire est de 29,53 jours. Au milieu du premier millénaire avant Jésus-Christ[22], cependant, les Juifs ont introduit un nouveau système. Ils ont décrété que le shabbat reviendrait tous les sept jours, à jamais, quelle que soit la position des planètes. L'adoption du cycle continu de sept jours a été un pas décisif pour l'humanité. Cela nous a émancipés de la conformité systématique avec la nature, plaçant la régularité des nombres au cœur de la pratique religieuse et de l'organisation sociale, et la semaine de sept jours est devenue la plus longue tradition calendaire ininterrompue, toujours en cours.

Mais pourquoi *sept* jours ? Lorsque les Juifs ont déclaré qu'après avoir mis six jours pour faire le monde Dieu s'était reposé le septième, le 7 était déjà le plus mystique des nombres. D'autres peuples avaient en effet doté leur calendrier de périodes de sept jours, mais jamais répétées en une boucle infinie. L'explication la plus communément admise à la prépondérance du 7 dans les contextes religieux est que nos ancêtres avaient observé sept planètes dans le ciel : le Soleil, la Lune, Vénus, Mercure, Mars, Jupiter et Saturne. D'ailleurs les noms des jours de la semaine y correspondent*, même si cette association avec les planètes nous vient de la période hellénique, soit plusieurs siècles après l'apparition de la semaine de sept jours. Il y a comme une ironie au fait que la semaine juive – premier système calendaire à avoir tranché le lien entre les orbites planétaires et le comptage – ait fini par voir ses sept jours recevoir le nom des planètes. Peut-être que ce rapprochement astrologique a permis à la semaine de mieux résister aux systèmes concurrents. Certains historiens avancent qu'on a d'abord choisi une période de sept jours parce que cela correspond à peu près au quart des 29,53 jours du mois lunaire. Mais si c'était une affaire de divisibilité, le calendrier serait tombé plus juste avec cinq semaines de six jours, six semaines de cinq jours, ou même trois semaines de dix jours.

Pour désigner le 7, les Égyptiens employaient le hiéroglyphe 𓁶, la tête humaine[23], et peut-être faut-il voir là une cause supplémentaire de son importance symbolique. La tête compte sept orifices : les oreilles, les yeux, les narines et la bouche. Notre physiologie recèle aussi peut-être d'autres explications. Il est fort possible que le 6 représente le nombre idéal de jours de labeur avant que l'organisme réclame un jour de repos, ou que le 7 soit le nombre déterminant de notre mémoire de travail : c'est la quantité moyenne de choses que l'on peut simultanément conserver en tête, à plus ou moins deux éléments près.

Je ne suis convaincu par aucune de ces allégations, qui m'apparaissent comme autant de coïncidences heureuses. Le 7 ne doit pas son caractère particulier à des planètes, des orbites ou des orifices, mais à l'arithmétique. Il se distingue parmi les dix premiers chiffres parce que c'est le seul qui ne se multiplie ni ne se divise au sein du groupe. Lorsqu'on les double, 1, 2, 3, 4 ou 5 donnent un résultat inférieur ou égal à 10. Quant à 6, 8 et 10, ils sont divisibles par 2, et 9 par 3. Des chiffres que l'on peut montrer avec ses doigts, le 7 est unique en son genre : il ne produit rien et n'est le produit de rien. Il a de bonnes raisons d'avoir l'air singulier : il l'est !

Voilà plusieurs décennies que les psychologues se penchent sur la spécificité du 7[24]. Quand on demande à quelqu'un de dire le premier chiffre qui lui vient à l'esprit, le 7 a les meilleures chances

* À l'exception en français du dimanche, qui se dit toutefois *Sunday*, « jour du Soleil », en anglais.

d'être cité. Quand on lui demande de penser à un nombre entre 1 et 20, c'est le 17 qui revient le plus souvent. L'attirance inconsciente pour le 7 est si forte qu'elle a donné lieu à un tour de magie classique, où après avoir demandé à un volontaire de songer à un nombre impair à deux chiffres situé entre 1 et 50 et dont les chiffres soient différents (le 15 est permis, mais pas le 11)[25], le prestidigitateur devine qu'il s'agit du… Essayez donc de deviner avant d'aller vérifier[26]. Les psychologues Michael Kubovy et Joseph Psotka ont expliqué que lorsqu'on demande à quelqu'un de donner un chiffre au hasard, il s'efforce d'éliminer ceux qui paraissent trop peu spontanés – les pairs, les multiples de 3 et le 0, le 1 et le 5, situés soit au début, soit au milieu d'une séquence. Le 7 est le parfait intrus – pas pair, pas rond et premier.

Un nombre fétiche est censé refléter la singularité de son détenteur. Et il n'y a pas mieux à cet égard que le 7, l'outsider absolu.

Les nombres expriment des *quantités*. Pourtant, dans leurs réponses à mon enquête sur Internet, les participants leur attribuent souvent des *qualités*. Des couleurs, notamment. Le nombre le plus régulièrement associé à une couleur a été le 4 (cinquante-deux voix), souvent considéré comme étant bleu (dix-sept voix). Venaient ensuite le 7 (vingt-huit voix), majoritairement tenu pour vert (neuf voix), et le 5 (vingt-sept voix), souvent associé au rouge (neuf voix). Le fait de voir une couleur dans un nombre est une manifestation de la synesthésie, un phénomène neurologique par lequel certains concepts déclenchent des réponses incongrues, et que l'on attribue à des connexions inhabituelles entre certaines parties du cerveau.

Dans mon enquête, les nombres ont reçu les qualificatifs « chaleureux », « croustillant », « chagriné », « paisible », « présomptueux », « juteux », « tranquille » et « cru ». Prises individuellement, ces descriptions sont absurdes, mais ensemble, elles dessinent un portrait étonnamment cohérent de la personnalité des nombres. Voici la liste des nombres de 1 à 13 avec les termes qui leur ont été associés dans l'enquête.

1 Indépendant, fort, honnête, brave, franc, pionnier, solitaire.

2 Prudent, sage, joli, fragile, ouvert, sympathique, tranquille, propre, flexible.

3 Dynamique, chaleureux, amical, extraverti, opulent, doux, décontracté, prétentieux.

4 Relâché, sauvage, solide, fiable, versatile, terre-à-terre, aimable.

5 Équilibré, central, mignon, gros, dominant mais pas trop, heureux.

6 Entraînant, sexy, souple, doux, fort, brave, authentique, courageux, humble.

7 Magique, inaltérable, intelligent, gauche, présomptueux, masculin.

8 Doux, féminin, gentil, sensible, gros, solide, sensuel, câlin, capable.

9 Tranquille, discret, mortel, asexué, professionnel, doux, indulgent.

10 Pratique, logique, rangé, rassurant, honnête, robuste, innocent, sobre.

11 Fourbe, onomatopéique, noble, sage, douillet, téméraire, robuste, racé.

12 Malléable, héroïque, impérial, solide, facile à vivre, pas contrariant.

13 Dégingandé, transitoire, créatif, honnête, énigmatique, mal-aimé, ténébreux.

Nul besoin d'être scénariste à Hollywood pour remarquer que M. Un ferait un excellent héros romantique et Mlle Deux un premier rôle féminin classique. Cette liste n'a ni queue ni tête, mais on y distingue un certain sens. L'attribution de caractéristiques masculines au 1 et féminines au 2 demeure là encore profondément enracinée.

Mon enquête sur les nombres favoris ayant été réalisée sur la base du volontariat, elle présente un biais en faveur des individus qui ont déjà une idée claire quant à leur attachement émotionnel aux nombres. Qu'en pensent les autres ?

Prenons le 44.

Il vous plaît ? Il vous déplaît ? Il ne vous fait ni chaud ni froid ?

Dan King et Chris Janiszewski, dont nous avons déjà parlé à propos du shampooing Zinc 24, ont réalisé une expérience[27] dans laquelle les participants avaient à dire s'ils appréciaient, n'appréciaient pas ou étaient indifférents à l'égard de tous les nombres de 1 à 100. Ces nombres ont ensuite été classés du plus aimé au moins aimé.

La teneur des réponses a démontré que la question n'avait rien de ridicule. Notre appréciation des nombres obéit à des schémas évidents, qui sont apparents sur la « carte thermique » ci-dessous, où les nombres de 1 à 100 sont représentés sous forme de petits carrés. (La rangée supérieure comporte les nombres de 1 à 10, la suivante ceux de 11 à 20 et ainsi de suite.) Les nombres signalés d'un carré noir sont les plus appréciés (le top vingt du classement), ceux en blanc sont les moins appréciés (les vingt derniers du classement), et les nuances de gris représentent les valeurs intermédiaires.

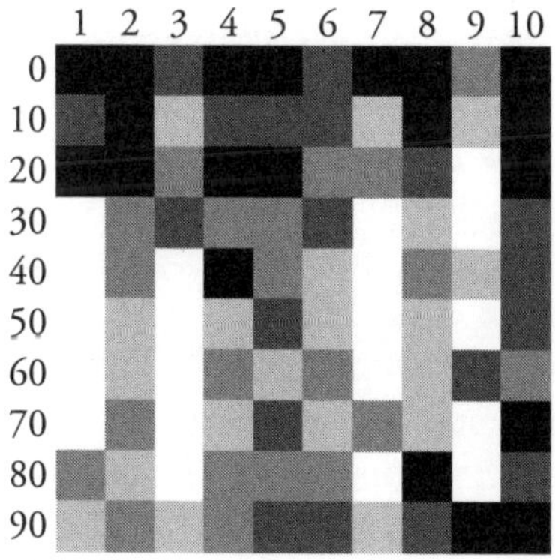

On voit sur cette carte thermique des traces évidentes d'ordre. Les cases noires sont concentrées au sommet de la grille, ce qui est indicateur en moyenne d'une préférence pour les petits nombres. La diagonale qui descend de gauche à droite en traversant le centre nous révèle que les nombres dont les deux chiffres sont identiques ne manquent pas d'attrait non plus. Nous aimons les schémas. Mais le plus frappant, ce sont ces quatre colonnes blanches qui témoignent de l'impopularité des nombres finissant par 1, 3, 7 et 9. Pour King et Janiszewski, on l'a vu, les nombres qui sont le résultat d'opérations courantes, comme ceux des tables de multiplication par exemple, nous sont plus familiers, ce qui signifie que leur traitement nous est plus aisé et donc que nous les préférons. Les nombres pairs et ceux finissant par 5 sont *toujours* divisibles, mais ceux finissant par 1, 3, 7 et 9 ne le sont que rarement.

Dans une expérience du même type[28], Marisca Milikowski, de l'université d'Amsterdam, a demandé aux participants de définir les nombres de 1 à 100 selon trois critères : « bon ou mauvais », « lourd ou léger », « agité ou calme ». Une fois encore, quand il nous est demandé de projeter des signifiants non mathématiques sur les nombres, nos réponses sont remarquables de cohérence. J'ai traduit les résultats sous la forme de cartes thermiques ci-contre.

Les tendances sont prononcées. Les colonnes blanches de la grille « bon ou mauvais » montrent que les nombres finissant par 3, 7 et 9 sont les moins bons, ce qui n'est peut-être pas étonnant puisqu'on a vu précédemment que ce sont les moins aimés. Dans la grille « lourd ou léger », le noir s'est regroupé tout en bas, ce qui montre que plus un nombre est grand, plus on l'estime lourd. Le schéma de la grille « agité ou calme » n'est pas évident au départ, mais on voit à l'examen que les colonnes de nombres finissant par un chiffre impair sont en moyenne plus sombres que celles finissant par un chiffre pair. Les impairs sont agités, les pairs sont calmes. Nous n'avons aucun mal à plaquer un sens non mathématique sur les nombres, et ce sens témoigne de propriétés numérales, très distinctement la taille et la divisibilité.

La grille tout en bas à gauche est la carte thermique des notes obtenues lors de mon enquête sur les nombres favoris, le top vingt figurant en noir, etc. Sa voisine de droite présente les résultats d'une autre enquête que j'ai conduite sur Internet, où les participants avaient à donner spontanément un nombre entre 1 et 100. Les vingt nombres les plus cités sont en noir. On remarquera que ces deux cartes se ressemblent : quand on nous demande quel est notre nombre favori ou de dire celui qui nous vient immédiatement à l'esprit, nous avons tendance à désigner les mêmes. Contrairement à ce qu'on pourrait croire, nos nombres favoris ne sont généralement pas ceux que nous apprécions ou que nous trouvons particulièrement *bons*. Apprécier, ce n'est pas *aimer*.

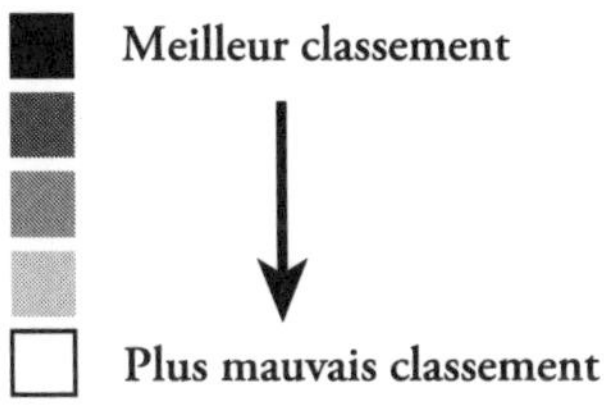

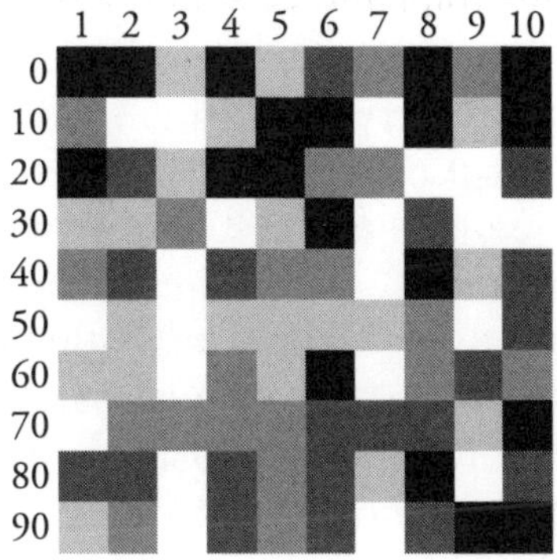

Bon

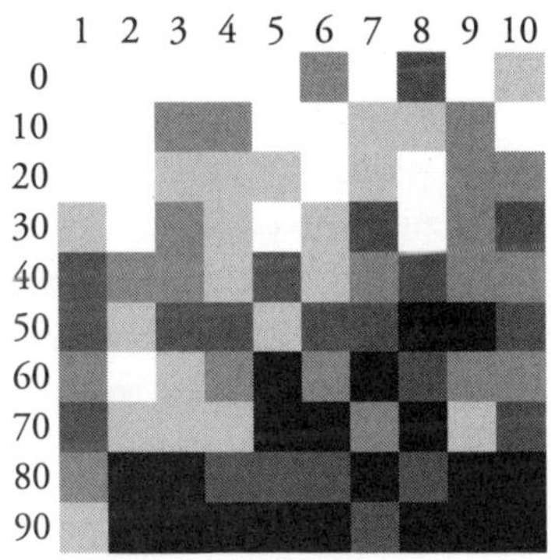

Lourd

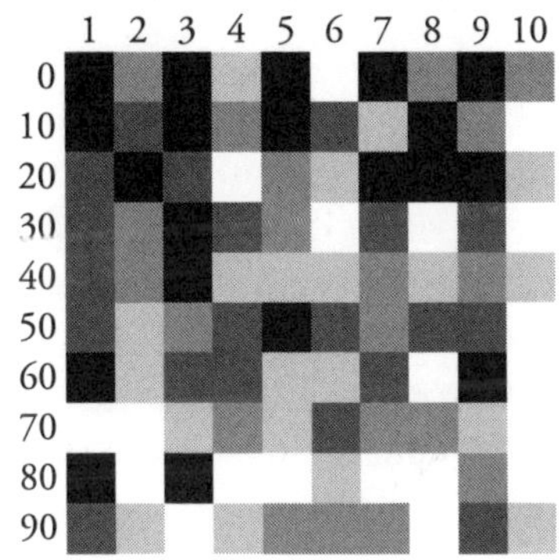

Agité

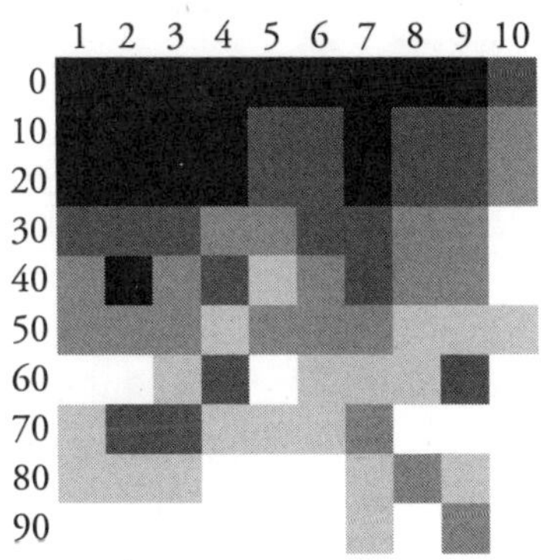

Favori

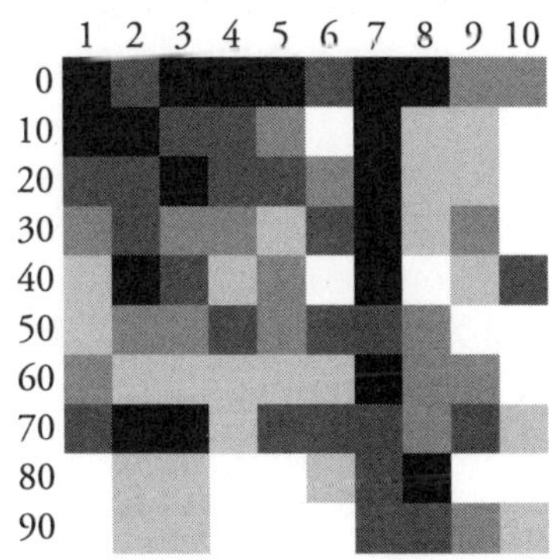

Pensez à un nombre

La première fois que j'ai vu ces diagrammes, j'ai immédiatement songé à Jerry Newport, le chauffeur de taxi champion du monde de calcul mental auquel j'avais rendu visite en Arizona. Il m'avait dit que lorsqu'il rencontrait un nombre à quatre ou cinq chiffres, il en extrayait spontanément les nombres premiers en les passant au crible. C'est-à-dire qu'il commençait par calculer s'il est possible de le diviser par 2, puis par 3, puis par 5, 7, 11 et ainsi de suite par ordre croissant jusqu'à décomposer le nombre sous forme de facteurs premiers. On l'a vu :

2 761 = 11 × 251
2 762 = 2 × 1 381
2 763 = 3 × 3 × 307

Les cartes thermiques nous démontrent qu'en vérité, tout le monde crible les nombres premiers. La page ci-contre reproduit nos six grilles d'origine, où les nombres premiers ont été signalés d'une étoile. On dirait… un crible ! Dans les grilles « appréciation » et « bon », les nombres premiers correspondent quasi exactement aux cases blanches, comme s'ils tombaient à travers les trous d'un tamis. Inversement, la majorité des nombres premiers dans les grilles « agité », « favori », et « pensez à un nombre » tombent sur les cases noires et gris foncé, comme si ces grilles étaient aussi un tamis censé les retenir. Les nombres premiers sont un élément important de notre paysage numéral intérieur, cela ne concerne pas seulement les gens particulièrement doués comme Jerry, mais chacun de nous. Notre cerveau ne décroche jamais de l'arithmétique.

Les nombres nous assaillent du matin au soir. Ils nous interpellent depuis l'horloge, le téléphone, les pages des journaux, l'écran d'ordinateur, les panneaux de signalisation urbaine, les étiquettes de prix, les arrêts de bus, les adresses, les plaques d'immatriculation, les panneaux publicitaires ou les livres. On l'a vu dans ce chapitre, ils ne cessent jamais de nous titiller les neurones. Et dès qu'on les regarde en face, des schémas fascinants apparaissent.

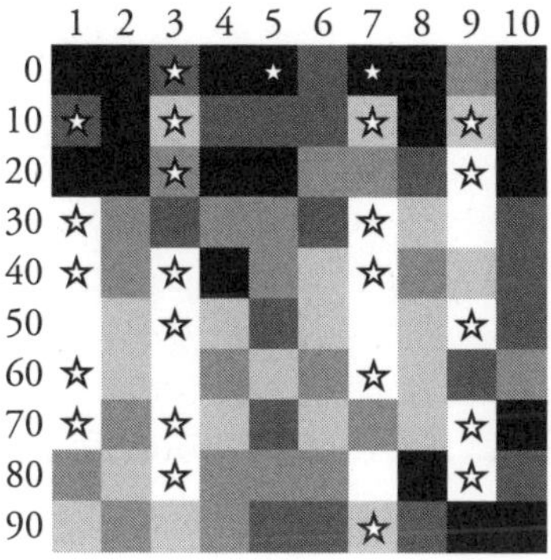

Appréciation

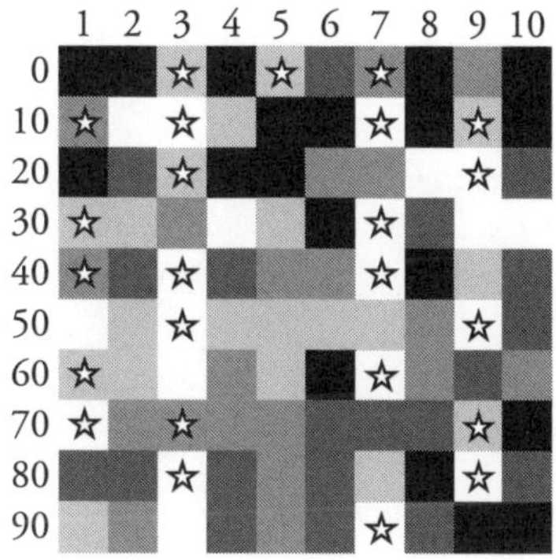

Bon

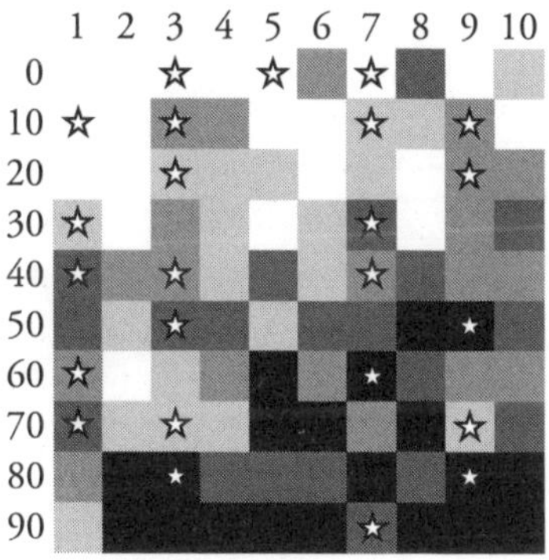

Lourd

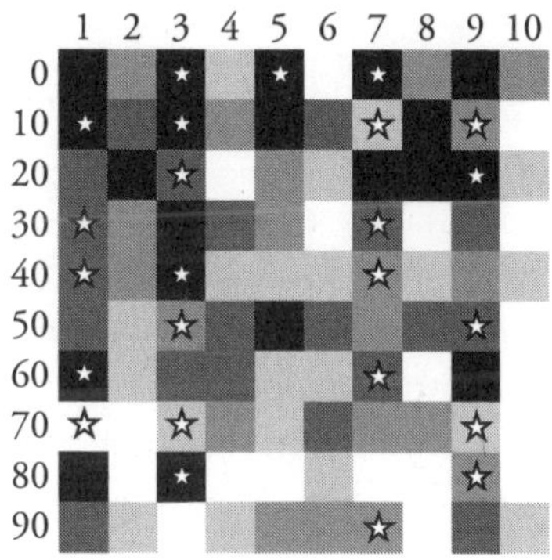

Agité

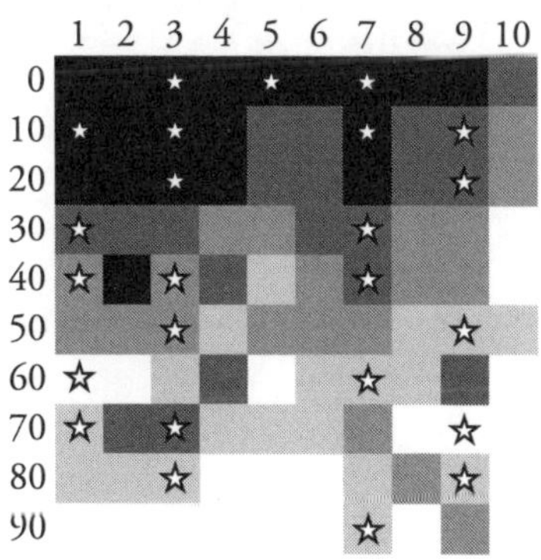

Favori

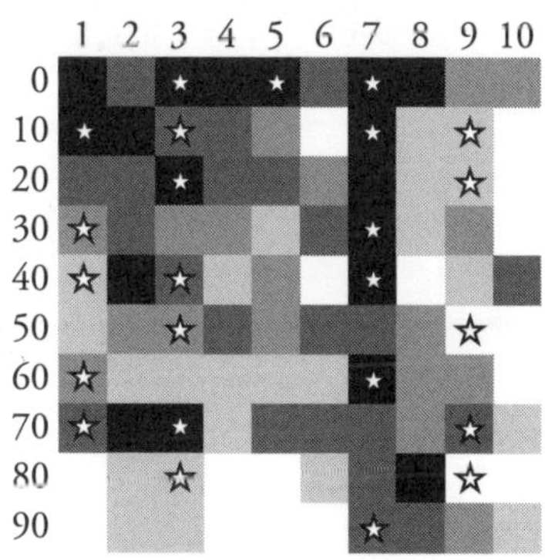

Pensez à un nombre

Cartes thermiques où sont signalés les nombres premiers.

11:11
NOV
11
DAILY SCOOP
1-1
#1
1
Suite 1
111 Main St
LA 11111
FINANCIAL INVESTIGATOR

2

La longue queue de la loi

En l'an 1085, Guillaume le Conquérant a fait réaliser un inventaire de l'Angleterre. Il voulait savoir combien de gens habitaient sur ses terres, qui ils étaient, ce qu'ils possédaient, ce qu'ils valaient et – surtout – quels impôts ils payaient. Ses émissaires aux quatre coins du royaume ont mis tant de zèle à la tâche que l'*Anglo-Saxon Chronicle* a pu claironner : « Pas un bœuf, pas une vache, pas un cochon n'ont été omis. »

Le résultat de cette mission s'est fait connaître sous le titre de *Domesday Book* (*Livre du Jugement dernier*). C'est la première compilation de statistiques démographiques en Grande-Bretagne, le premier grand recueil de données du monde occidental et une véritable mine d'or pour les historiens, les géographes, les généalogistes et les lexicographes. Curieux de voir s'il recelait quelque secret mathématique, j'en ai examiné la première partie, qui traite du comté du Kent[1].

Il est établi dès la première ligne que la ville de Douvres a rapporté 18 livres, dont deux tiers ont été versés au roi Édouard et le troisième au comte Goodwine. Les habitants de Douvres ont donné au roi vingt bateaux pour une période de quinze jours, chacun comportant vingt et un hommes.

Ne m'intéressant qu'aux nombres, j'ai interprété ce passage sous forme de liste : 18, 2, 20, 15 et 21. Et quelque chose m'a immédiatement sauté aux yeux. Regardez le premier chiffre de chaque nombre. Si on les extrait du reste, cela donne 1, 2, 2, 1 et 2. Il n'y a que des 1 et des 2, les plus petits des chiffres.

Intéressant ? Peut-être, oui. Mais ce n'était qu'un échantillon, trop réduit pour en tirer quelque conclusion que ce soit. J'ai lu le livre jusqu'à la fin, recensant systématiquement le premier chiffre de tous les nombres qui apparaissaient. L'abondance de 1 et de 2 ne s'est pas démentie. Certes, le 3, le 4 et quelques autres montraient bien ici ou là leur face disgracieuse, mais de façon assez timorée. La grande prévalence des nombres commençant par un petit chiffre était frappante.

Il a fallu que j'atteigne le 182e nombre pour en trouver un qui commençait par un 9. C'était d'ailleurs un simple 9, le nombre de paysans d'une certaine catégorie rattachés à Wulfstan, fils de Wulfwine de Shepherdswell. J'avais alors déjà rencontré cinquante-trois nombres commençant par 1, vingt-deux commençant par 2, dix-huit commençant par 3 et quinze commençant par 4. Parcourons à nouveau ces nombres. Un schéma s'en dégage très distinctement. Ceux commençant par 1 sont plus nombreux que ceux commençant par 2, qui sont eux-mêmes plus nombreux que ceux commençant par 3 et ainsi de suite jusqu'au moins commun des premiers chiffres, le 9.

Je m'expliquais sans mal la popularité du 1. Les inspecteurs du *Domesday* étaient allés de demeure en demeure, comptant les humains, le bétail et les biens. Quand une ferme était dotée d'une charrue, elle n'en possédait qu'une seule. Il était donc inévitable que le 1 soit bien représenté. Mais cela n'expliquait pas pour autant la chute régulière de la fréquence du premier chiffre à mesure que les nombres croissaient, surtout s'agissant de choses aussi diverses en nature et en quantité que quarante mille harengs cédés à des moines du Canterbury ou vingt-sept marais salants du village de Milton Regis.

Peut-être étais-je en présence d'un trait propre au Moyen Âge. J'ai refermé le *Domesday Book* et fait un bond de huit cents ans dans mes recherches.

J'ai atterri dans le Londres de l'ère victorienne. Le 12 mars 1881, la une du *Times* annonçait que le propriétaire d'une goélette de vingt-cinq tonnes demandait à rencontrer des gentlemen souhaitant l'accompagner dans une tournée des mers du Sud, le Foyer d'accueil temporaire des chiens égarés invitait les acquéreurs éventuels d'animaux de compagnie à venir contempler ses cinq cents à sept cents pensionnaires de race canine et Samuel Brandram conjurait le public de se rendre au récital de textes de Shakespeare qu'il donnerait jeudi après-midi, 15 heures, au 33 Old Bond Street, l'entrée coûtant 5 shillings.

J'ai compté la fréquence des premiers chiffres de tous les nombres figurant en première page du journal. Une fois encore, ceux commençant par 1 étaient les plus fréquents et ceux commençant par 9 l'étaient le moins. La vie au XIXe siècle n'était sans doute pas la même qu'au XIe, mais dans ces statistiques sociales, les premiers chiffres se comportaient à l'identique.

Prenez n'importe quel journal aujourd'hui et vous observerez le même phénomène. Essayez donc ! Ça vous donnera une occasion de briller en société et de jouer les magiciens de comptoir. Si vous recensez les premiers chiffres, vous découvrirez qu'ils décrivent toujours une courbe descendante, le 1 étant toujours le plus fréquent, et de loin, suivi du 2, du 3 et ainsi de suite jusqu'au 9, qui est le plus rare du lot.

C'est déconcertant. La plupart des gens ne vous croiront pas, il faudra faire le compte devant eux. D'instinct, on ne s'attendrait pas à ce que les nombres d'un journal se comportent si sagement, surtout lorsqu'ils sont à ce point déterminés par le hasard, à partir de sources extrêmement disparates. Qu'il s'agisse de résultats sportifs, de cours des actions ou de nombres de morts, je vous garantis que le plus courant parmi les premiers chiffres sera le 1 et le moins courant le 9.

La surprise provient du fait qu'on penserait naturellement que tous les chiffres ont autant de chances d'apparaître. D'ailleurs, lorsqu'on prélève des nombres au hasard parmi un lot de neuf cent quatre-vingt-dix-neuf balles de ping-pong rebondissantes marquées de 1 à 999, les chances de tomber sur un nombre commençant par un chiffre donné sont exactement d'une sur neuf, soit 11 %. Chacun a autant de chances qu'un autre d'être prélevé. Pourtant, de façon démontrable, les premiers chiffres dans un journal ne suivent pas cette distribution. Ils jouent une partition caractéristique et asymétrique.

Le premier à avoir remarqué cette curieuse profusion des nombres commençant par 1 est l'astronome américain d'origine canadienne Simon Newcomb. En 1881, il a publié une courte note dans l'*American Journal of Mathematics*[2], où il expliquait s'en être aperçu en observant des livres anciens de tables de logarithmes. Les premières pages, où figuraient les tables des nombres commençant par 1, étaient toujours plus usées que les dernières, celles des nombres commençant par 9. On ne pouvait évidemment pas y voir le fait que les chercheurs entamaient leur lecture par le début avant d'abandonner au bout de quelques pages par manque d'intérêt du récit. C'était forcément que les nombres commençant par 1 apparaissaient plus souvent dans leurs travaux. Newcomb a estimé que la fréquence des premiers chiffres répondait aux proportions suivantes.

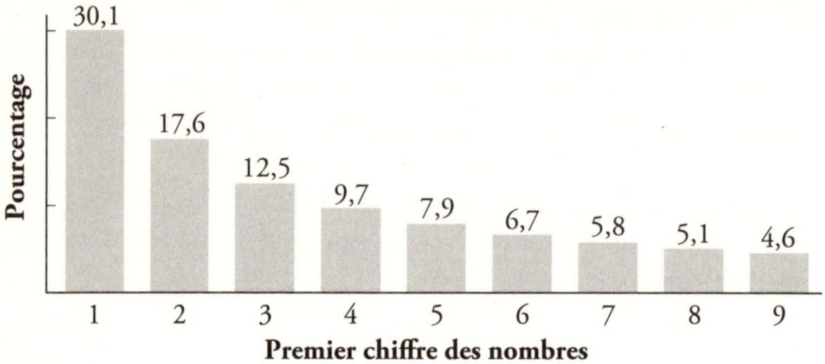

Le chiffre 1 apparaît dans 30,1 % des cas, le 2 dans 17,6 % des cas et le 3 dans 12,5 % des cas. La chute de ces fréquences est si abrupte que le 1 a presque sept fois plus de chances d'apparaître que le 9.

Les pourcentages de Newcomb sont tirés de logarithmes. La probabilité qu'un nombre commence par le chiffre *d*, explique-t-il, est $\log (d + 1) - \log d$ (vous en trouverez l'explication à l'annexe 1, p. 319). Sans rigoureusement démontrer ce qu'il avançait, Newcomb a quand même pris la peine de produire un petit texte descriptif informel, à titre de curiosité.

Plus d'un demi-siècle plus tard, en 1938, c'est encore l'état d'usure des livres de tables logarithmiques qui a conduit Frank Benford, physicien pour le compte de la General Electric Company de New York – et qui ne connaissait manifestement pas l'article de Newcomb –, à « redécouvrir » le phénomène du premier chiffre[3]. Poussant sa recherche au-delà des simples registres de logarithmes, Benford a constaté une surabondance de 1 et une pénurie de 9 partout où se posait son regard. Il a examiné le premier chiffre des nombres des tableaux démographiques des villes américaines, des adresses des premières centaines d'individus figurant dans *American Men of Science*, du poids atomique des éléments, des tableaux de surfaces des cours d'eau et des statistiques du base-ball. La plupart de ces ensembles de données s'approchaient considérablement de la distribution attendue. Voir ainsi émerger les mêmes pourcentages de situations aussi variées était forcément frappant. Bien entendu, ces pourcentages n'étaient pas très exactement ceux indiqués plus haut (le monde réel n'est pas aussi précis), mais les données correspondaient globalement aux valeurs prévues à très peu de chose près (à peine quelques dixièmes de point de pourcentage d'écart). Il est aujourd'hui couramment admis dans les sciences physiques, la finance, l'économie et l'informatique, que dans les données concernant des processus aléatoires, survenant naturellement et à différentes ampleurs, le 1 sera le premier chiffre d'environ 30 % des nombres, le 2 sera celui de quelque 18 % d'entre eux et ainsi de suite. Benford voyait dans ce phénomène le reflet d'une loi universelle, qu'il appelait « loi des nombres anormaux ». Cette dénomination n'a pas pris. À l'inverse du patronyme de son auteur : le phénomène conserve aujourd'hui le nom de « loi de Benford ».

La loi de Benford est l'un des nombreux schémas remarquables que recèle le monde qui nous entoure. Nous en aborderons d'autres sous peu, mais en attendant, nous avons à effectuer un petit travail de détective.

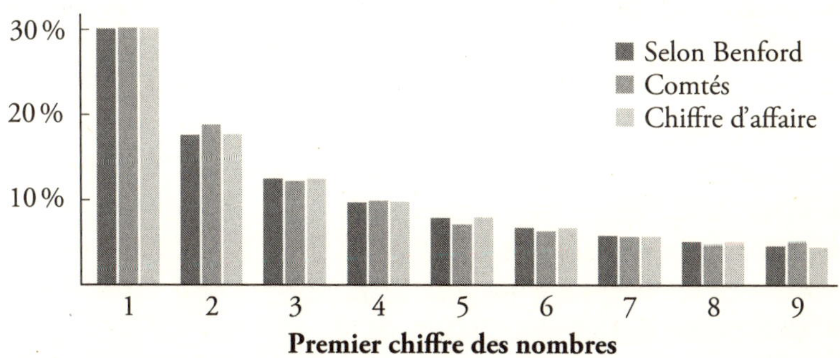

Un grand nombre d'ensembles de données de la vie réelle collent de très près à la loi de Benford, comme la population des trois mille deux cent vingt et un comtés américains ou le chiffre d'affaires trimestriel total de trente mille cinq cent vingt-cinq entreprises publiques américaines entre 1961 et 2011[4].

Dès le premier abord, Darrell D. Dorrell me fait penser à un ours. C'est en partie parce que nous nous trouvons à Portland, capitale de l'Oregon, où les ours ne manquent pas, mais sa silhouette trapue, sa moustache de trois jours et sa voix doucement grognonne n'y sont pas pour rien. Son métier d'enquêteur financier non plus, d'ailleurs. Darrell flaire les données manipulées avec l'instinct de prédation du grizzly en quête d'un repas. Si vos registres comptables comportent la plus infime irrégularité, vous n'avez vraiment pas intérêt à ce qu'il y fourre son nez. La CIA, le département de la Justice et la Securities and Exchange Commission ont sollicité Darrell pour ses services de « juricomptable », terme qui dans le milieu désigne les inspecteurs chargés de traquer la fraude financière. Il possède un permis de port d'arme permanent.

— Toutes nos portes ici se verrouillent de l'intérieur, dit-il. Nous avons tendance à mettre souvent les gens en rogne.

Quand Darrell a découvert l'existence de la loi de Benford, au début des années 2000, il a traversé les mêmes phases que les gens qui subissent une perte importante : la surprise, le déni, la colère puis l'acceptation.

— D'abord, je me suis dit : « Comment se fait-il que je n'en aie jamais entendu parler ? » Puis j'ai pensé : « Ça ne peut pas être vrai ! » et une fois que j'ai compris de quoi il s'agissait, j'ai eu la révélation : « Aaah ! Voilà un nouvel outil qui peut nous servir. »

Aujourd'hui, quand il se lance sur une piste, Darrell commence souvent par conduire une vérification des premiers chiffres des nombres qui figurent dans les comptes bancaires et le grand livre de l'entreprise. Les données financières qui s'étalent sur plusieurs ordres de grandeur – c'est-à-dire qu'elles comportent des entrées dont les montants se comptent en unités, en dizaines, en centaines et en milliers de dollars – sont censées obéir à la loi de Benford. Dans le cas contraire, il peut y avoir une explication légitime, comme la récurrence de l'achat d'un article valant, disons, 40 dollars, qui entraînerait une surreprésentation du 4. Ou alors il peut y avoir fraude. Tout écart par rapport aux pourcentages de Benford est un signal d'alerte qui demande à être examiné.

Darrell pointe du doigt la une de journal encadrée au mur où est annoncée la condamnation de Wesley Rhodes, conseiller financier local qui a volé des millions de dollars à des investisseurs pour s'offrir des voitures de collection.

— C'est la loi de Benford qui nous a permis de le mettre en examen, raconte Darrell.

Les déclarations envoyées par Rhodes aux investisseurs ont échoué au test du premier chiffre, ce qui indiquait la présence d'une anomalie. En y regardant de plus près, Darrell s'est aperçu que Rhodes avait trafiqué les chiffres. Aujourd'hui, Darrell dit de la loi de Benford que c'est « l'ADN des méthodes d'enquête quantitatives ».

— C'est la prémisse de départ du fonctionnement de nos nombres. Et le plus beau – j'ai eu l'occasion de l'expliquer plusieurs fois à l'audience –, c'est qu'il s'agit d'une science. Ce n'est pas la théorie de Benford, c'est une *loi*.

La méthode consistant à passer des chiffres au crible de la loi de Benford est de plus en plus utilisée pour détecter la manipulation de données, pas seulement dans les affaires de fraude financière, mais partout où l'on peut raisonnablement supposer qu'elle ait lieu de s'appliquer. Scott de Marchi et James T. Hamilton, de l'université Duke, en Caroline du Nord, ont écrit en 2006 que les chiffres fournis par le secteur industriel concernant les niveaux de plomb et d'émissions d'acide nitrique des usines ne respectaient pas la loi de Benford, ce qui laissait supposer qu'ils étaient faux[5]. Walter Mebane, politologue de l'université du Michigan, s'est appuyé sur cette même loi pour affirmer que l'élection présidentielle iranienne de 2009 avait été truquée. Analysant les résultats urne par urne, il a constaté que les voix du sortant Mahmoud Ahmadinejad présentaient un important écart avec la loi de Benford, ce qui n'était pas le cas de celles de son adversaire réformiste, Mir Hossein Moussavi. « L'interprétation la plus naturelle, a-t-il écrit, c'est que des voix ont été artificiellement ajoutées au total de celles d'Ahmadinejad et que le décompte des voix de Moussavi n'a pas été manipulé[6]. » La loi de Benford sert aussi aux scientifiques d'instrument de diagnostic : lors d'un tremblement de terre, les valeurs des pics et des creux du sismographe y obéissent. Malcolm Sambridge, de l'université nationale australienne, a fait l'analyse de deux sismogrammes du séisme survenu en 2004 en Indonésie – l'un relevé au Pérou, l'autre en Australie. Le premier obéissait à la loi de Benford, mais le second présentait de légères discordances. Sambridge en a déduit qu'une perturbation sismique mineure dans la région de Canberra avait fait interférence avec les données. Le test du premier chiffre avait donc révélé un séisme jusqu'alors resté inaperçu[7].

Le 1 n'est pas seulement plus courant que le 2 en tant que premier chiffre, il l'est aussi en tant que deuxième, troisième, quatrième chiffre, et cela vaut en fait à *n'importe quel rang* au sein d'un nombre. L'illustration ci-après montre les pourcentages de Benford pour le deuxième chiffre (qui inclut à présent le 0). L'écart n'est pas aussi prononcé que pour le chiffre de tête, mais il l'est suffisamment pour permettre de nombreux usages de diagnostic, comme l'analyse de données financières et électorales. Plus on avance dans la position au sein du nombre, plus ces écarts se réduisent. Le phénomène ne concerne donc pas que le premier chiffre, il y a bel et bien plus de 1 dans le monde !

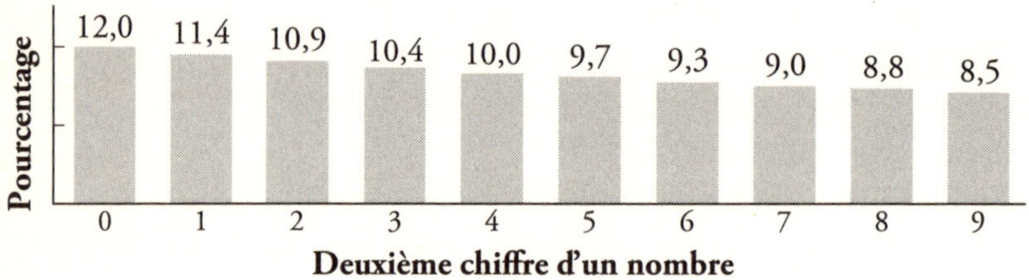

Au tribunal, Darrell est souvent amené à expliquer la véracité de la loi de Benford. Debout devant un tableau, il prend un malin plaisir à compter tout haut à partir de 1, inscrivant les chiffres à mesure qu'il les prononce, comme un instituteur qui ferait la leçon de mathématiques.

— Le juge, l'avocat de la partie adverse – ça les rend fous ! dit-il.

Accomplissons un exercice similaire. Voici les nombres de 1 à 20 :

1, 2, 3, 4, 5, 6, 7, 8, 9, 10, 11, 12, 13, 14, 15, 16, 17, 18, 19, 20

Plus de la moitié commencent par 1, puisque c'est le cas de tous entre 11 et 19. Continuons à compter. Où qu'on choisisse de s'arrêter, nous aurons toujours passé au moins autant de nombres commençant par 1 que par 2, puisque pour atteindre la vingtaine, ou les 200, ou les 2 000, on aura forcément traversé la dizaine, les 100 ou les 1 000. De la même façon, au moins autant de nombres commencent par 2 que par 3, et ainsi de suite jusqu'à ceux qui commencent par 9. Mais si cette démonstration nous donne une idée de la réalité de la loi de Benford, et s'avère suffisante pour un tribunal, elle ne constitue pas une preuve devant la cour, bien plus exigeante, des mathématiques.

L'une des caractéristiques les plus frappantes de la loi de Benford, c'est qu'elle ne dépend aucunement de l'unité de mesure.

Un ensemble de données financières cohérent avec la loi de Benford lorsqu'il est exprimé en euros le demeure après conversion en dollars. Des données géographiques qui obéissent à la loi de Benford en kilomètres le feront aussi en miles. Cette propriété – l'invariance d'échelle – est forcément vraie, puisque les nombres prélevés dans le journal, sur les relevés bancaires ou les atlas du monde entier montrent la même distribution du premier chiffre quels que soient la devise ou le système de mesure employés.

Pour convertir des miles en kilomètres, il faut les multiplier par 1,6, et pour convertir des euros en dollars, il faut les multiplier par une valeur donnée qui varie selon le taux de change du jour. Le meilleur moyen d'apprécier l'invariance d'échelle de la loi de Benford consiste à observer comment se comportent les nombres lorsqu'on les multiplie par 2. Lorsqu'on multiplie par 2 un nombre commençant par 1, le résultat commence par 2 ou 3 (par exemple, 12 × 2 = 24 et 166 × 2 = 332). Quand on multiplie par 2 un nombre commençant par 2, le résultat commence par 4 ou 5 (par exemple, 2,1 × 2 = 4,2 et 25 × 2 = 50). Les deux premières lignes du tableau ci-dessous montrent ce que devient le premier chiffre d'un nombre quand ce dernier est multiplié par 2.

Premier chiffre de *n*	1	2	3	4	5	6	7	8	9
Premier chiffre de 2*n*	2 ou 3	4 ou 5	6 ou 7	8 ou 9	1	1	1	1	1
Pourcentage de Benford	30,1	17,6	12,5	9,7	7,9	6,7	5,8	5,1	4,6

Considérons à présent S, un ensemble de nombres obéissant à la loi de Benford, multiplions chacun de ses éléments par 2 et nommons notre nouvel ensemble T. Le tableau nous dit que les nombres commençant par 5 constituent 7,9 % de S, que ceux commençant par 6 en constituent 6,7 % et que ceux commençant par 7, 8 ou 9 en représentent respectivement 5,8 %, 5,1 % et 4,6 %. La part des nombres dans S commençant par 5, 6, 7, 8 ou 9 est donc de 7,9 + 6,7 + 5,8 + 5,1 + 4,6 = 30,1 %. Lorsqu'on multiplie par 2 un nombre commençant par 5, 6, 7, 8 ou 9, le résultat commence forcément par 1, comme nous le montre le tableau. Autrement dit, 30,1 % des nombres de T commencent par 1, ce qui correspond au pourcentage de Benford !

Les données concordent aussi si l'on considère les autres chiffres. La multiplication par 2 dilue puis reconcentre à la perfection la signature de Benford, en préservant la distribution des premiers chiffres. J'ai choisi de multiplier par 2 parce que c'est le plus simple des multiplicateurs possibles, mais j'aurais pu choisir de le faire par 3, par 1,6, par *pi* ou par n'importe quel nombre, l'ensemble continuerait d'obéir à la loi de Benford. Quel que soit le changement d'échelle, la distribution se reconfigure toujours de cette façon, comme animée par une main divine.

Pendant des décennies après sa découverte par Franck Benford, cette loi est demeurée une petite bizarrerie des nombres, un truc pour prestidigitateurs relevant davantage de la numérologie que des mathématiques. Mais dans les années 1990, Ted Hill, professeur à Georgia Tech, s'est mis en tête d'y trouver une explication théorique. Il habite aujourd'hui à Los Osos, en Californie, un peu plus au sud que Darrel D. Dorrell sur la côte pacifique. C'est un ancien soldat qui n'a rien perdu de son allure militaire : il est grand, carré, mince, crâne rasé et moustache blanche. Il m'entraîne vers la petite cabane de bois au fond de son jardin, qui donne à la fois sur l'océan et sur pas moins de deux parcs nationaux. Un feu craque dans la cheminée. Il appelle cet endroit sa « datcha des maths ». On est à l'épicentre de la recherche mathématique mondiale sur la loi de Benford.

Le premier résultat d'importance obtenu par Ted a été de prouver que s'il existe un schéma universel observable pour les premiers chiffres, la loi de Benford est la seule candidate possible. Il a procédé en démontrant que le seul schéma de premiers chiffres qui demeure identique malgré un changement d'échelle est celui de Benford. Cette perspective l'a amené à inventer le jeu suivant, auquel il me convie à présent.

— Vous choisissez un nombre, je choisis un nombre. Multiplions l'un par l'autre. Si la réponse commence par 1, 2 ou 3, je gagne, mais si elle commence par 4, 5, 6, 7, 8 ou 9, c'est vous qui gagnez.

Le jeu paraît biaisé en ma faveur, puisque six chiffres me font gagner, contre trois pour Ted. C'est pourtant bien lui qui l'emportera le plus souvent, selon les pourcentages de Benford. Autrement dit, il faut, sur plusieurs parties, qu'il choisisse un nombre commençant par 1 à une fréquence aussi voisine que possible de 30,1 %, par 2 à une fréquence aussi voisine que possible de 17,6 % et ainsi de suite. Si Ted fait ses choix de cette façon, peu importe ce que je choisirai concernant le premier chiffre de la réponse : 30,1 % des fois le 1 sera le premier chiffre, 17,6 % des fois ce sera le 2 et 12,5 % des fois ce sera le 3. La somme de ces trois pourcentages donnant 60,2, Ted l'emportera dans 60,2 % des cas. C'est un bon jeu pour gagner de l'argent : en n'ayant pour objectif que le 1, le 2 et le 3, on est nettement mieux loti qu'avec 4, 5, 6, 7, 8 et 9, même si ça n'en a pas l'air.

Ce jeu permet de mieux comprendre pourquoi un si grand nombre d'ensembles de données survenant naturellement obéissent à la loi de Benford. Mettons que Ted et moi fassions cent parties, que ses nombres soient (a_1, a_2, a_3... a_{100}) et les miens (b_1, b_2, b_3... b_{100}). On sait que si les nombres de Ted obéissent à la loi de Benford, alors l'ensemble de ses nombres multipliés par les miens, soit ($a_1 \times b_1$, $a_2 \times b_2$, $a_3 \times b_3$... $a_{100} \times b_{100}$), y obéissent aussi. Par conséquent, si l'on multiplie ces nombres par un autre ensemble de nombres générés de façon aléatoire (c_1, c_2, c_3... c_{100}) pour obtenir un nouvel ensemble ($a_1 \times b_1 \times c_1$, $a_2 \times b_2 \times c_2$, $a_3 \times b_3 \times c_3$... $a_{100} \times b_{100} \times c_{100}$), ce dernier obéira aussi à la loi de Benford. L'important ici, c'est que l'on aura beau multiplier tous les ensembles de nombres qu'on voudra, il suffira qu'un seul obéisse à la loi de Benford pour que le dernier ensemble de multiplications le fasse aussi. Autrement dit, cette loi est si contagieuse qu'un seul ensemble benfordien dans n'importe quelle chaîne multiplicative contaminera le résultat global. D'innombrables phénomènes – le cours des actions, l'évolution de la population, la longueur des cours d'eau et ainsi de suite – sont constitués de hausses et de baisses provoquées par de multiples facteurs indépendants et aléatoires, alors on s'explique mieux l'omniprésence de la distribution biaisée.

Selon le plus célèbre théorème de Ted :

Si l'on prend au hasard des échantillons dans des ensembles aléatoirement constitués, plus on choisit d'ensembles et d'échantillons, plus la distribution des premiers chiffres des échantillons combinés se rapprochera de la loi de Benford.

Ce théorème nous dit dans quelles circonstances on peut s'attendre à rencontrer la fameuse loi.

— Si l'on fait l'hypothèse raisonnable d'un prélèvement non biaisé d'échantillons aléatoires dans des distributions aléatoires, alors les données doivent coller de près à la loi de Benford, dit Ted.

Cela explique que n'importe quel exemplaire d'un journal soit à ce point fidèle à celle-ci. Les nombres qui apparaissent dans ses colonnes sont bel et bien des échantillons aléatoires prélevés au sein d'ensembles aléatoires de données, comme le cours des actions ou les températures, les intentions de vote ou les résultats de la loterie. Un grand nombre de ces ensembles n'obéira pas à la loi de Benford, mais plus on prendra d'ensembles en considération, plus on prélèvera d'échantillons et plus les échantillons combinés se conformeront à la loi. Si l'on prolonge la méthode indéfiniment, la probabilité que les échantillons combinés y obéissent sera de 100 %.

J'ai demandé à Ted s'il y avait à son théorème une explication simple, intuitive. Il a secoué la tête. Pour en faire la démonstration, m'a-t-il expliqué, il avait dû recourir à la théorie ergodique, une branche des mathématiques supérieures mêlant théorie des probabilités et physique statistique et qui ne s'enseigne qu'en troisième cycle universitaire. Bien qu'il soit finalement assez simple à décrire, son théorème ne possède pas de démonstration simple.

— Et rien ne permet de penser qu'on en trouvera une. Il ne se prête à aucune dérivation facile.

Les travaux de Ted ont malgré tout posé les fondements mathématiques nécessaires à l'admission de la loi de Benford dans les affaires judiciaires. Depuis, il est devenu le référent que vont consulter les scientifiques qui se demandent s'ils doivent s'attendre à ce que la loi régisse leurs données ou pas. L'une des premières requêtes en ce sens lui est venue d'un groupe chrétien, dit-il, qui avait constaté que les taux de présence des différents minéraux dans la mer et dans la croûte terrestre obéissaient aussi à la loi. Cela leur avait semblé si stupéfiant, si inattendu qu'il ne pouvait s'agir que de l'œuvre d'un créateur intelligent. Ted était-il disposé à témoigner dans le cadre de leur campagne pour l'enseignement du créationnisme dans les écoles du Texas ?

L'intéressé s'est alors amusé à chercher les apparitions de la loi de Benford dans les mathématiques pures.

La suite des doubles

1, 2, 4, 8, 16, 32, 64, 128, 256, 512, 1 024…

celle des triples

1, 3, 9, 27, 81, 243, 729, 2 187, 6 561, 19 683…

et même celle où l'on fait alterner doubles et triples

1, 2, 6, 12, 36, 72, 216, 432, 1 296, 2 592, 7 776, 15 552…

obéissent à la loi de Benford.

De même que la suite de Fibonacci, dont chaque élément est la somme des deux précédents :

1, 1, 2, 3, 5, 8, 13, 21, 34, 55, 89, 144…

Ce qui signifie que plus on prend d'éléments, plus la distribution de leurs premiers chiffres dans la suite approchera de la loi de Benford.

Ted a aussi démontré que toute suite commençant par un nombre aléatoire et observant la règle « on multiplie par 2 et on ajoute 1 » obéit à la loi de Benford. De même que toute suite commençant par un nombre aléatoire et répondant à la règle « on élève au carré ». Mais quand il s'est penché sur la suite « on élève au carré et on ajoute 1 », il est tombé sur un fait surprenant.

— Quel que soit le point de départ, ou presque, la suite obéit à la loi de Benford, explique-t-il. Cependant, à partir de certains points précis, elle ne le fait pas, et ces points sont très difficiles à trouver. Je ne croyais pas à leur existence. Je me suis dit : « Ce n'est pas possible ! Pas possible ! » Mais nous en avons trouvé un. Ce nombre possède cette propriété extraordinaire que si on l'élève au carré et on ajoute 1 à l'infini, son premier chiffre est 9. C'est stupéfiant. C'est un bug du système.

Ce nombre, c'est

9,949 623 089 593 959 412 183 321 241 093 26…

En vérité, il existe une infinité de bugs dans la suite « on élève au carré et on ajoute 1 », mais ils sont tellement disséminés dans la chaîne des nombres que la probabilité d'en choisir un au hasard est égale à 0. De nombreux aspects de la loi de Benford restent à découvrir, selon Ted.

Cette loi est l'un des exemples les plus frappants du fait qu'un processus impliquant de grandes quantités de facteurs aléatoires inconnus puisse produire un schéma numérique extrêmement simple. La chaîne précise des événements qui déterminent la hausse et la baisse du cours d'une action, ou l'évolution de la population d'une ville, est peut-être trop échevelée ou trop complexe pour qu'on la comprenne entièrement un jour, mais son dénouement est tout à fait ordonné et simple. Nous ne savons peut-être pas prédire la valeur de n'importe quelle action particulière ou la population d'une ville donnée, mais nous pouvons être sûrs que, dans l'ensemble, les actions et les populations obéiront toujours à la loi de Benford.

On trouve aussi des schémas simples dans les livres. Prenons *Ulysse*, de James Joyce. Dans les années 1940, des chercheurs de l'université du Wisconsin ont passé quatorze mois à établir la liste de tous les mots qui y figurent[8]. Ils ont dactylographié le texte intégral sur du papier adhésif, puis découpé chaque mot pour le coller sur une feuille individuelle – il y en avait des dizaines de milliers. Ensuite, ils ont classé les mots par ordre de fréquence. Le résultat n'a pas seulement éveillé l'intérêt des linguistes, mais celui des psychologues étudiant les associations de mots et de dissidents de l'appareil académique tel George Kingsley Zipf, professeur d'allemand à Harvard, qui a remarqué un fait stupéfiant[9].

Mot	**Rang**	**Fréquence**
je	10	2 653
dis	100	265
sac	1 000	26
rougeoyant	10 000	2

Le dixième mot par ordre de fréquence revient quasi exactement dix fois plus souvent que le centième, quasi exactement cent fois plus que le millième et quasi exactement mille fois plus que le dix millième. Joyce n'a évidemment pas choisi sciemment ses mots avec cette précision arithmétique, mais le schéma saute aux yeux.

En termes mathématiques, les mots qui composent *Ulysse* répondent globalement à la relation :

$$\text{fréquence} \times \text{rang} = 26\,500$$

que l'on peut reformuler comme suit :

$$\text{fréquence} = \frac{26\,500}{\text{rang}}$$

qui est une équation de forme :

$$\text{fréquence} = \frac{k}{\text{rang}}, \text{ où } k \text{ est une constante.}$$

Ce qui revient à dire que la fréquence est inversement proportionnelle au rang. Autrement dit, si l'on multiplie le rang par un nombre arbitraire *n*, il faut diviser la fréquence par *n*.

Après avoir épluché d'autres textes, Zipf en est venu à conclure que dans tous les livres de toutes les langues, la fréquence et le rang des mots entretiennent un rapport inversé, mais il a apporté une légère modification à l'équation :

$$\text{fréquence} = \frac{k}{\text{rang}^a}, \text{ où } k \text{ et } a \text{ sont des constantes.}$$

Cette équation est connue sous le nom de « loi de Zipf ». (Lorsque deux nombres sont écrits sous la forme x^y, on le lit « *x* à la puissance *y* » et cela signifie que *x* est multiplié *y* fois par lui-même. On a vu à l'école que $4^2 = 4 \times 4$ et que $2^3 = 2 \times 2 \times 2$. Le nombre *y*, toutefois, n'est pas nécessairement un entier : $2^{1,5}$ signifie que 2 est multiplié 1,5 fois par lui-même, soit 2,83. Plus *y* est proche de 1, plus x^y est proche de *x*.)

Zipf a découvert que *a* est toujours très proche de 1, quels que soient l'auteur ou le sujet du livre, ce qui signifie que le rapport entre la fréquence et le rang est toujours très voisin de la proportion inverse. Dans le cas d'*Ulysse*, *a* est 1.

Je trouve la loi de Zipf exaltante. Elle révèle non seulement l'existence d'un schéma mathématique présidant au choix des mots, mais aussi que ce schéma est confondant de simplicité. J'ai voulu vérifier si la loi valait pour le livre que vous tenez entre les mains. Pour faire le compte de la fréquence des mots, j'ai utilisé un logiciel plutôt que du papier adhésif et des ciseaux. Puis, en parcourant le tableau des résultats, j'ai constaté que la fréquence était bien inversement proportionnelle au rang. Le terme que j'emploie le plus, *the* (le, la, les), apparaît environ dix fois plus souvent que *was* (étais, était), le dixième. Il apparaît aussi environ cent fois plus souvent que *who* (qui), le centième mot le plus courant, et mille fois plus que *spirals* (spirales), qui vient en millième position.

Si je fais un graphique des données concernant le rang et la fréquence des mots de ce livre, comme illustré ci-dessous à gauche, les points semblent collés aux axes. La représentation graphique des rapports inversement proportionnels donne toujours ce type de courbe en L. L'effondrement initial est radical, et la courbe s'aplatit aussitôt en une « queue longue », signifiant que quelques mots reviennent à une fréquence énorme, mais que la plupart des autres ne font à peine qu'apparaître. (En fait, dans n'importe quel texte, quelle que soit sa longueur, environ 50 % des mots n'apparaissent qu'une fois[10]. Dans la version originale de ce livre, ce taux est de 51 %.)

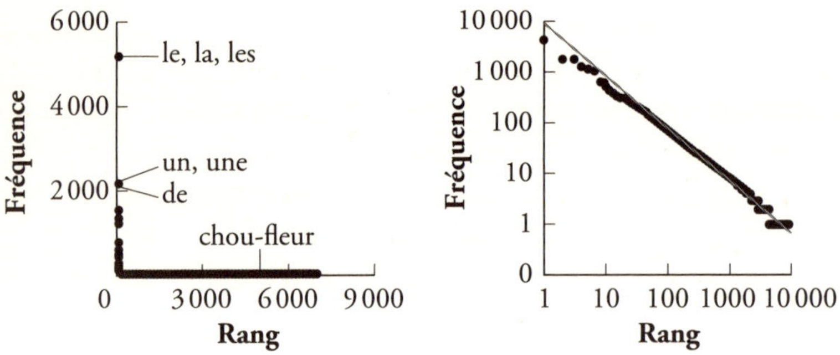

Distribution mots/fréquence de ce livre.

Le graphique ci-dessus à droite représente les mêmes données, mais à une autre échelle. Les distances séparant 1 et 10, 10 et 100, puis 100 et 1 000 sont à présent identiques sur les deux axes, c'est l'échelle dite « doublement logarithmique », ou plus communément le « repère log-log ». Et voilà ! Comme par magie, le fil qui pendouillait s'est transformé en câble de téléphérique. Un ordre mathématique est apparu. Les points sont désormais harmonieusement alignés.

La présence d'une droite sur un repère log-log est une preuve que les données obéissent à la loi de Zipf (vous en trouverez l'explication à l'annexe 2, p. 321). Une droite est mathématiquement plus utile qu'une courbe qui s'affaisse en queue longue, car ses propriétés sont plus facilement analysables. Elle offre par exemple une inclinaison constante. Nous reviendrons plus loin sur la notion d'inclinaison, sachez seulement pour l'instant qu'il s'agit d'une « mesure de la pente », soit la distance verticalement parcourue par la droite, divisée par la distance horizontale. Si l'on trace la droite la « mieux ajustée » à la position des points et qu'on mesure son inclinaison, on obtient la constante *a* de l'équation de la loi de Zipf. J'ai calculé l'inclinaison *a* de la droite ci-dessus. Elle est légèrement supérieure à 1, ce qui signifie que, par rapport à James Joyce, j'ai tendance à abuser de mes termes les plus courants et à sous-employer les moins fréquents.

À bien y regarder, l'alignement des points n'est pas si parfait que cela. Certains s'écartent de la droite qui les recoupe le mieux, notamment ceux qui constituent la vingtaine de mots les plus haut classés. Il demeure que, dans l'ensemble, ils se comportent de façon remarquablement ordonnée. Le fait que pour l'immense majorité des mots de ce livre, le rang détermine aussi précisément le nombre des apparitions, et vice versa, est tout bonnement ahurissant.

Le professeur Zipf a retrouvé le même rapport inversement proportionnel dans un autre volume, celui du recensement des États-Unis de 1940. Cette fois, au lieu de compter les occurrences des mots, il a analysé les chiffres de la population des principales villes américaines.

District métropolitain	**Rang**	**Population**
New York/nord-est du New Jersey	1	12 M
Cleveland	10	1,2 M
Hamilton/Middletown	100	0,11 M

Une fois encore, le tableau paraît trop beau pour être vrai. La plus grande ville, New York, compte dix fois la population de Cleveland, dixième, et cent fois celle de Hamilton, classée centième. Nul n'a jamais dit aux Américains de s'entendre de façon précise sur le choix d'un lieu de résidence. Pourtant, en décidant de l'endroit où ils allaient habiter, ils l'ont fait de cette façon strictement ordonnée. Et ils continuent de le faire. Les graphiques ci-après représentent les données population/rang des villes américaines extraites du recensement de l'an 2000 et des cent principales villes du monde, sur un repère log-log.

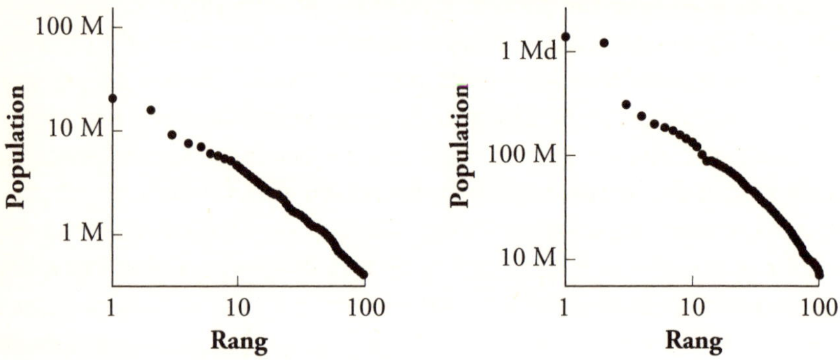

Distribution de la population des plus grandes villes américaines en 2000 (à gauche) et des plus grands pays du monde en 2013 (à droite).

Comme d'obéissantes fourmis, les points sont sagement alignés, ce qui signifie que l'équation générale évoquée plus haut s'applique :

$$\text{population} = \frac{k}{\text{rang}^a}, \text{ où } k \text{ et } a \text{ sont des constantes.}$$

De nouveau, Zipf a constaté que pour les villes comme les pays, *a* est proche ou égal à 1. Concernant les villes américaines, il est de 0,947 ; concernant les pays, de 1,156. Dans le recensement de 1940, *a* est égal à 1.

Évidemment, certains écarts existent, notamment pour ce qui est des principaux pays et villes. Le deuxième pays le plus peuplé du monde, l'Inde, compte davantage d'habitants que ne le voudrait la loi de Zipf. Mais cette instabilité au sommet du classement est inévitable, car on dispose d'un nombre très inférieur de données. On s'attendrait à voir villes et pays mutuellement se dépasser au gré d'une évolution démographique découlant de facteurs économiques, sociaux et environnementaux. Quand un tel changement se produit dans les pays du haut du classement, l'écart par rapport à l'alignement est plus apparent. Mais ce désordre initial ne doit pas nous empêcher de remarquer la grande concordance avec la droite dans les rangs inférieurs. Tout porte à croire que, comme les mots, les villes et les pays se plient à une loi universelle.

La découverte du même schéma mathématique élémentaire dans différents contextes a provoqué en Zipf un éveil spirituel. « Nous trouvons dans les phénomènes quotidiens de la vie une unité, un ordre et un équilibre qui ne peuvent que donner foi dans le caractère ultimement raisonnable de l'ensemble dont la totalité s'étend au-delà de notre capacité de compréhension », écrit-il, proposant un « principe du moindre effort » comme base théorique à ses observations empiriques. Si nous employons abondamment une faible quantité de mots, c'est parce que c'est plus facile pour notre cerveau, et si nous vivons dans de grandes villes, c'est parce que c'est plus pratique. Mais Zipf n'a pas trouvé de dérivation mathématique à sa loi, et près d'un siècle plus tard, nul n'y est parvenu. Beaucoup ont essayé, et si certains ont annoncé avoir avancé dans certains domaines, on continue à ne pas savoir pourquoi cette loi est vraie. Il est fréquent qu'on reproche à un modèle mathématique de trop simplifier un comportement complexe. Dans le cas de Zipf, c'est le contraire : les modèles sont d'une complexité inouïe, mais le schéma est tellement évident qu'un enfant peut le comprendre sans peine.

Au début des années 1900, l'économiste italien Vilfredo Pareto a établi que la distribution des richesses au sein d'une population obéit à la loi suivante :

$$\text{richesse d'un individu} = \frac{k}{\text{rang}^a}, \text{ où } k \text{ et } a \text{ sont des constantes.}$$

On voit immédiatement que la loi de Pareto est mathématiquement équivalente à celle de Zipf. Si l'on classe tous les habitants d'un pays par ordre de richesse, le graphique de la répartition ressemble comme deux gouttes d'eau à celui de la fréquence des mots de ce livre, que nous avons vu p. 56. Globalement, l'individu le plus riche du pays l'est sensiblement plus que le deuxième, qui l'est sensiblement plus (mais pas autant) que le troisième, qui l'est sensiblement plus (mais encore un peu moins) que le quatrième et ainsi de suite. Au total, seule une infime minorité de la population est riche et la majorité est pauvre. Pareto a retrouvé sa loi dans les données de nombreux pays et à de nombreuses époques, et elle vaut encore en grande mesure aujourd'hui.

Le rapport inversement proportionnel correspond à des situations d'inégalité extrême, scandaleuse. Dans le cas de la loi de Zipf, un infime pourcentage de mots accomplit quasiment tout le travail. Dans celui de la loi de Pareto, un petit pourcentage de la population détient l'essentiel des richesses. En 1906, Pareto a écrit qu'en Italie quelque 20 % de la population possédait 80 % des terres. Cette révélation est entrée dans culture populaire sous le nom de « principe de Pareto », ou de « loi des 80/20 » : c'est la règle qui veut que 20 % des causes produisent 80 % des effets, un véritable slogan sur l'injustice de l'existence. Selon Richard Koch[11], auteur d'un livre sur le principe de Pareto, 20 % des employés sont responsables de 80 % de la production, 20 % des clients réalisent 80 % du chiffre d'affaires et 80 % de notre bonheur se concentre sur 20 % de notre temps sur terre. La loi 80/20 est « déterminante de la maîtrise de notre vie », écrit Koch, parce qu'il n'y a qu'en se focalisant sur les 20 % qui comptent que l'on peut transcender les pressions du monde moderne. Le principe de Pareto se retient facilement parce que son arithmétique est nette, 80 + 20 = 100, mais cette netteté n'a qu'un rapport très lointain avec le schéma mathématique qu'elle exprime : un grand nombre de choses sont globalement inversement proportionnelles les unes des autres.

La loi de Pareto comme celle de Zipf disent qu'une certaine quantité est inversement proportionnelle à la *puissance* d'une autre quantité.

Si les quantités variables sont x et y, la formule générale de cette assertion mathématique est :

$$y = \frac{k}{x^a}, \text{ où } k \text{ et } a \text{ sont des constantes.}$$

On appelle les équations de ce type « lois de puissance ». Zipf et Pareto ont donné leur nom aux plus célèbres, mais on a trouvé ces dernières années des lois de puissance dans une incroyable diversité de contextes. Une étude suédoise[12] sur les mœurs sexuelles a par exemple constaté ceci :

$$\text{pourcentage d'hommes ayant eu au moins un partenaire sexuel dans la dernière année} \approx \frac{k}{n^{2,31}}$$

Le symbole ≈ ne signifie pas que les Suédoises aient un faible pour les moustaches ondulées, il veut dire « à peu près égal à », et il apparaît ici parce que l'équation est une approximation à la droite la mieux ajustée. Près d'un Suédois sur mille compte donc vingt partenaires par an, mais la plupart n'en ont qu'un(e). Si l'on prolonge la droite la mieux ajustée du graphique ci-après, l'enquête suggère qu'un homme sur dix mille a environ soixante partenaires par an.

Il en va de l'amour comme de la guerre. Les chercheurs qui s'intéressent à la violence dans les zones de conflit[13] ont découvert la chose suivante :

$$\begin{array}{l}\text{pourcentage d'incidents de la guerre} \\ \text{civile colombienne dont le nombre} \\ \text{de morts et de blessés a été au moins } n\end{array} \approx \frac{k}{n^{2,5}}$$

Les incidents causant un grand nombre de victimes sont extrêmement rares, comparés à ceux, nombreux, qui n'en font qu'une. On a retrouvé ce type de rapport dans d'autres guerres, ainsi que dans la comparaison entre guerres. Rares sont les conflits ayant fait des millions de morts ; ils sont un peu plus nombreux à compter des centaines de milliers de morts, plus encore à en avoir fait des dizaines de milliers et ainsi de suite.

Charles Darwin a écrit des milliers de lettres au cours de sa vie, dont un grand nombre étaient des réponses à celles qu'il recevait[14]. S'il répondait le plus souvent après un jour, il a parfois mis plusieurs années à le faire :

$$\begin{array}{l}\text{probabilité que Charles Darwin} \\ \text{réponde à une lettre en } n \text{ jours}\end{array} \approx \frac{k}{n^{1,5}}$$

Le traitement que nous faisons de nos e-mails suit le même schéma : on répond immédiatement à la plupart, mais certains traînent une éternité au fond de la boîte de réception.

Des universitaires japonais se sont penchés sur les volumes de vente de livres entre 2005 et 2006[15]. Ils ont constaté ceci :

$$\begin{array}{l}\text{pourcentage de ventes totales au Japon} \\ \text{en 2005-2006 d'un livre occupant le rang } n\end{array} \approx \frac{k}{n^{0,65}}$$

Autrement dit, très peu de livres deviennent des best-sellers, et la plupart se vendent mal. Le *business model* de l'industrie du cinéma repose sur le même schéma : une minorité de superproductions finance la majorité des films, qui sont des flops. Dans les deux cas, la pente menant de la réussite à l'échec est mathématiquement prévisible.

Les quatre équations qui précèdent ont été déduites du report des données expérimentales sur un repère log-log, comme illustré ci-dessous, et en mesurant l'inclinaison de la droite la mieux ajustée. (L'affaissement à la fin des données japonaises s'explique par le manque de place : les librairies ne sont pas assez vastes pour contenir tous les livres qu'elles pourraient théoriquement avoir en stock.) Une droite sur un repère log-log signifie qu'on est en présence d'une loi de puissance, et l'inclinaison de la droite est la constante *a* dans l'équation de la loi de puissance. Je n'ai pas donné de valeur à la constante *k* dans chacune de ces équations parce qu'il ne s'agit pas d'un indicateur de la forme de la courbe, mais de la taille de l'échantillon, ce qui ne présente pas d'intérêt pour nous ici.

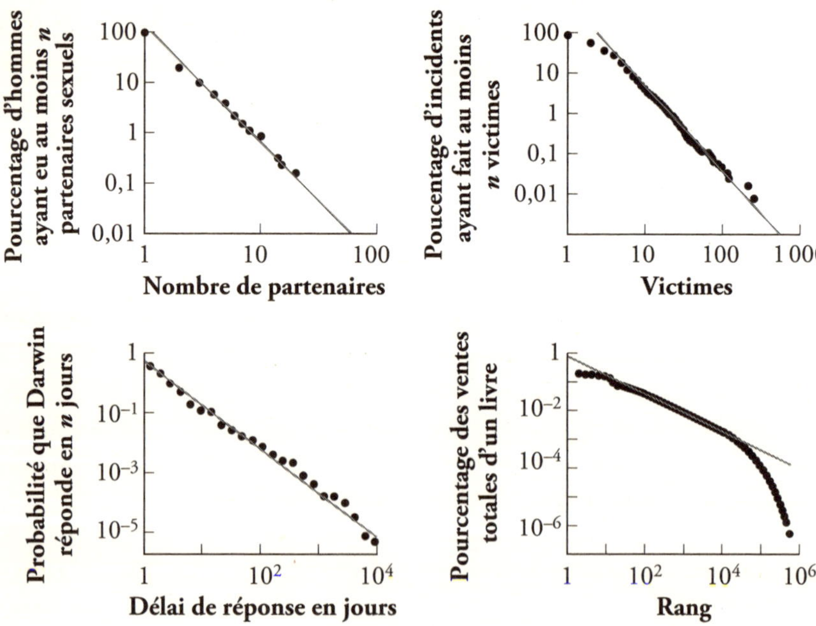

Les données sur le comportement des séducteurs suédois, des belligérants colombiens, de Charles Darwin et des lecteurs japonais recèlent des lois de puissance.

Rappelez-vous que dans chaque exemple, si les données avaient été reportées sur un repère normal, elles auraient formé un L, avec une chute à pic au départ puis une queue longue.

En accumulant ainsi les exemples, mon propos est de vous faire voir le monde comme le voyaient George Zipf, Vilfredo Pareto et Richard Koch. Si l'on se penche par exemple sur la taille des individus d'une population, une taille moyenne existe bien. Les nombres s'agglutinent autour d'une valeur centrale, comme 1,80 mètre pour les hommes en Grande-Bretagne. Mais quand il s'agit d'utilisation de mots, de richesse, de partenaires sexuels, de guerres, de temps de réponse épistolaire, de livres ou de films, on ne peut pas parler de moyenne de la même façon. De même qu'il n'existe pas de mot moyennement utilisé ou d'individu moyennement riche, il n'y a pas de livre moyennement vendu ni de film faisant une recette moyenne. En matière de comportement humain, nous vivons dans un monde alourdi aux extrêmes.

Les lois de puissance ne sont pas seulement omniprésentes dans les sciences humaines, elles abondent aussi dans les sciences physiques. La magnitude d'un séisme est à peu près inversement proportionnelle au nombre de séismes de la même magnitude[16] ; la taille d'un cratère de la Lune est à peu près inversement proportionnelle au nombre de cratères de la même taille ; et si vous faites voler en éclats une patate congelée contre un mur, la taille de chaque morceau sera inversement proportionnelle au nombre de morceaux de la même taille. La prévalence des lois de puissance dans la physique explique qu'un si grand nombre de scientifiques qui les étudient au sein des systèmes sociaux aient commencé leur carrière dans la physique. Tel est par exemple le cas d'Albert-László Barabási, éminent professeur à la Northeastern University de Boston.

Barabási s'intéresse aujourd'hui aux réseaux[17], et dans certains de ces derniers, comme Internet, une théorie mathématique reconnue explique l'émergence des lois de puissance. La popularité des sites Web par exemple répond en gros à une loi de puissance, tout comme, mettons, le classement des usagers de Twitter selon le nombre de leurs abonnés. « Que [les lois de puissance] soient à ce point courantes, universelles et incontestablement *présentes*, c'est très déconcertant, dit Barabási. On se serait attendu à plus de diversité dans le monde ! »

Imaginons que l'illustration ci-dessous à gauche soit le modèle d'un réseau. Il se constitue de trois nœuds et deux liens. Un nœud peut être un individu ou un site, et le lien n'importe quel type de connexion entre eux. Selon Barabási, la loi de puissance apparaît quand le réseau croît en fonction d'un « attachement préférentiel », c'est-à-dire que lorsqu'un nouveau nœud est présenté au réseau, la probabilité d'un lien entre le nouveau et n'importe quel nœud déjà présent dans le réseau est proportionnelle au nombre de liens que le nœud possède déjà. Autrement dit, les nœuds bien connectés deviennent encore mieux connectés – les riches s'enrichissent, les gens célèbres deviennent plus célèbres. Le nœud doté du plus grand nombre de liens est celui qui a le plus de chances d'en obtenir de nouveaux, et plus il en obtient, plus il suscite l'attirance.

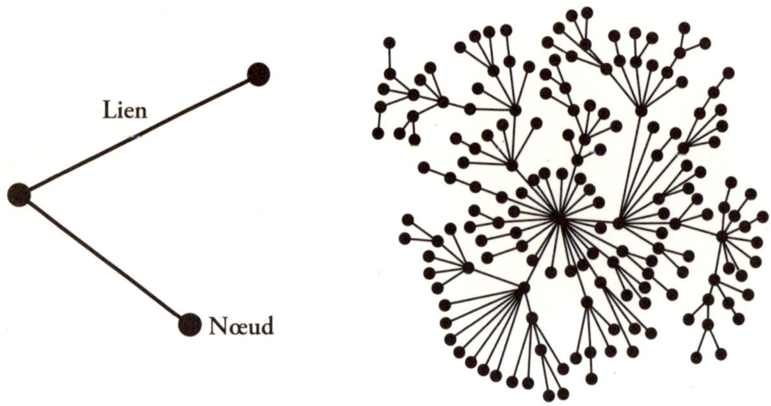

S'il se développe par attachement préférentiel, le petit réseau finira par ressembler au grand.

Si on laisse croître le réseau de gauche par attachement préférentiel, après ajout d'environ deux cents nœuds, il finira par ressembler à celui de droite. La plupart des nœuds n'ont qu'un lien, et seuls quelques-uns, les carrefours, en possèdent plusieurs. Si l'on classe les nœuds par nombre de liens et qu'on projette les données sur un graphique, on trouvera la courbe à queue longue que nous connaissons bien. « Aussitôt que l'on confie la décision [de qui il convient de connecter] au nœud, une loi de puissance apparaît », dit Barabási. Si l'on ajoutait encore sept millions de nœuds par attachement préférentiel, le réseau finirait par ressembler à la cartographie de qui est l'abonné de qui sur Twitter ou à une modélisation du World Wide Web.

Si les réseaux relevant des lois de puissance sont courants à ce point, ajoute Barabási, c'est qu'ils sont particulièrement robustes. Si l'on supprime un nœud au hasard, on a beaucoup plus de chances qu'il s'agisse d'un nœud sans importance – ceux-ci étant beaucoup plus nombreux – que d'un carrefour, de sorte que l'effet sur l'ensemble du réseau sera minime. Toutefois, à l'inverse, cela rend aussi la loi de puissance particulièrement vulnérable lorsqu'un carrefour est individuellement pris pour cible. En d'autres termes, si mon site plante, tout le monde s'en fiche sauf moi, mais si Google s'arrête cinq minutes c'est la pagaille mondiale.

Les lois de puissance ont l'attrait de procurer un modèle désarmant de simplicité à tout un éventail de phénomènes complexes. Leur charme tient aussi au fait qu'elles soient très faciles à déceler. On l'a vu, deux variables obéissent à une loi de puissance lorsque les points apparaissent alignés sur un repère log-log.

Ces dernières années toutefois, les scientifiques ont été accusés de parfois trop s'empresser de revendiquer la présence d'une loi de puissance dans leurs données, alors que les courbes dessinées par les points s'écartent très légèrement d'une droite et répondent à des équations différentes[18]. C'est un débat important, mais il n'a pas sa place dans ce livre. En revanche, ce que nul n'ira nier à propos des lois de puissance, c'est qu'elles possèdent une fascinante propriété mathématique, que voici.

Considérons l'équation d'une loi de puissance $y = \frac{1}{x^2}$. Quand on trace le graphique de cette équation pour x compris entre 2 et 10, on obtient la courbe ci-dessous à gauche, et quand on trace l'équation entre 20 et 100, on obtient celle de droite.

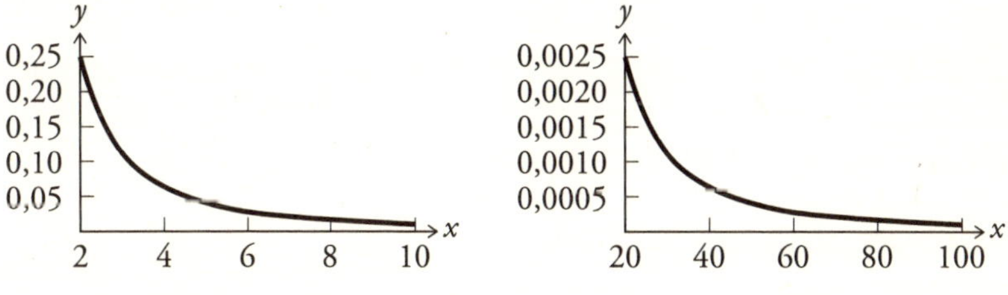

La courbe $y = \frac{1}{x^2}$ selon deux échelles.

Vous voyez la différence ? Nos deux courbes sont parfaitement identiques. En fait, quand on trace la courbe entre *n* et 5*n* pour tout nombre *n*, la courbe ressemblera à ces deux-là. De même, la courbe a toujours le même aspect entre deux nombres *a* et *b* lorsque le rapport *a/b* est déterminé. Les lois de puissance offrent le même schéma à toutes les échelles, aussi loin qu'on suive la courbe.

En parlant de longue queue, songeons un instant à Godzilla.

Ce monstre japonais, un genre de dinosaure mutant, était censé mesurer cent mètres de haut, soit environ cinquante fois la taille d'un humain adulte. Imaginons à présent qu'on fasse grandir un homme jusqu'à atteindre cinquante fois sa taille, mais en conservant sa forme. Il serait cinquante fois plus large et cinquante fois plus épais, soit 50 × 50 × 50 = 125 000 fois plus lourd qu'au départ. L'épaisseur de ses os toutefois n'aurait grandi que de 50 × 50 = 2 500 fois, ce qui signifie que chaque centimètre carré de ses os aurait à supporter cinquante fois plus de poids. Le squelette du pauvre bougre claquerait dès le premier pas. En toute logique, Godzilla devrait subir le même sort.

J'admets qu'il n'y a rien de plus agaçant que de voir un petit malin de service pinailler sur le fait qu'un monstre de cinéma ne puisse pas exister pour de vrai. Mon argumentation permet pourtant d'expliquer pourquoi les animaux de différentes tailles tendent à avoir différentes formes. Plus un animal est grand, plus ses os doivent être épais proportionnellement à sa hauteur, ainsi que l'a observé Galilée dès 1638[19]. Les os de l'éléphant sont proportionnellement plus épais que ceux de l'homme, qui sont eux-mêmes proportionnellement plus épais que ceux du chien. Si les os sont plus épais, a compris Galilée, c'est parce qu'ils sont censés supporter davantage de poids par section.

L'observation de Galilée sur la morphologie des os peut se traduire sous forme d'équation impliquant la surface et le volume. Le fait que la section d'un objet croît proportionnellement au *carré* de la hauteur, tandis que le volume croît proportionnellement au *cube* de la hauteur, peut s'écrire sous la forme des deux équations suivantes :

$$\text{aire} = l\,(\text{hauteur})^2$$

et :

$$\text{volume} = m\,(\text{hauteur})^3$$

où l et m sont des constantes.

On peut éliminer la hauteur variable pour obtenir l'équation :

$$\text{aire}^3 = \frac{l}{m}(\text{volume})^2$$

qui se réécrit :

$$\text{aire} = \frac{l}{m}(\text{volume})^{2/3}$$

ce qui est une équation de forme :

$$y = kx^a$$

où x et y sont des variables et k et a des constantes.

Ce type d'équation est aussi appelé « loi de puissance ». Quand une loi de puissance prend cette forme, on dit que y est *directement* proportionnel à x^a, alors que lorsqu'une loi de puissance se présente sous la forme évoquée plus haut, $y = \frac{k}{x^a}$, la variable y est *inversement* proportionnelle à x^a.

L'équation de la loi de puissance $y = x^{2/3}$ est représentée ci-dessous. Sur le graphique de gauche, dont les échelles sont normales, la courbe s'aplatit au fil de son ascension. Si l'on considère y comme étant l'aire et x le volume, cela signifie qu'à mesure que le volume croît, la surface le fait aussi, mais pas aussi vite. Une loi de puissance directement proportionnelle produit une droite sur un repère log-log dont l'inclinaison penche à gauche.

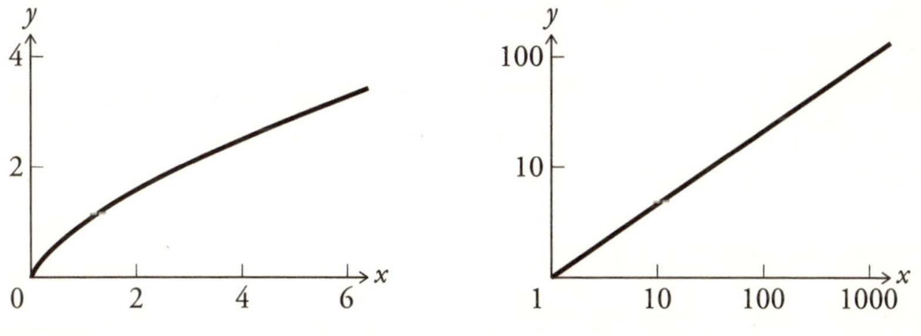

La courbe $y = x^{2/3}$ sur un repère normal et un repère log-log.

L'équation de la loi de puissance entre le volume et l'aire porte aussi le nom de « loi scalante », parce qu'elle montre ce qu'il advient d'une quantité mesurable d'un objet, dans ce cas la surface de la section, à mesure que l'objet croît en volume d'ensemble.

Dans les années 1930, le zoologue suisse Max Kleiber a pesé différentes espèces de mammifères et mesuré leur taux métabolique, c'est-à-dire la dépense d'énergie de l'animal quand il est au repos[20]. En reportant ses résultats sur un repère log-log, il a obtenu une droite dont il a tiré la loi de puissance suivante :

taux métabolique $\approx 70\ (\text{masse})^{3/4}$

C'est ce qu'on appelle la « loi de Kleiber », que les biologistes ont ensuite étendue à tous les animaux à sang chaud, comme le montre l'illustration ci-dessous. Le taux métabolique n'augmente pas aussi

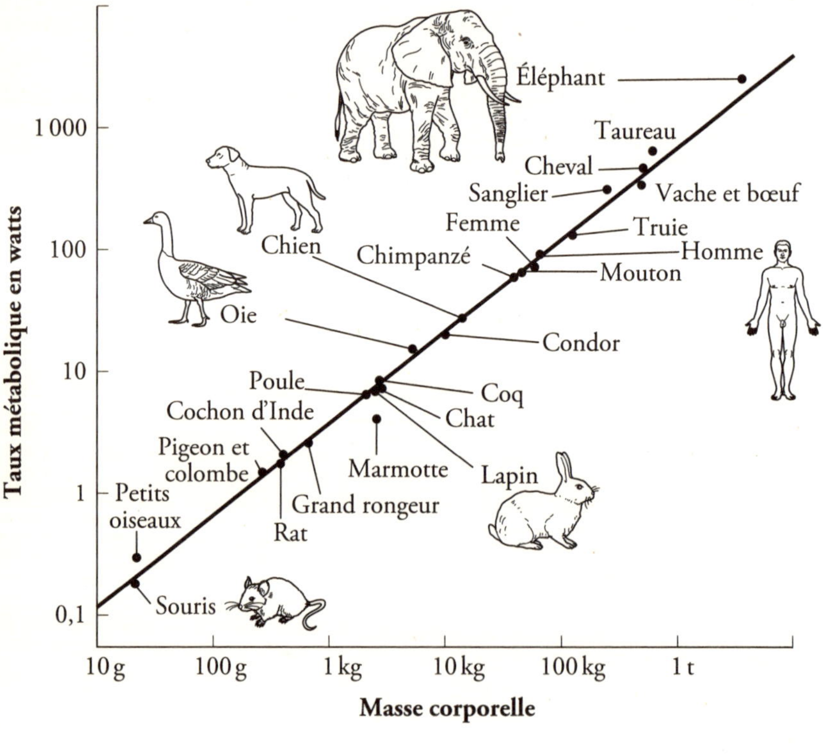

La loi de Kleiber.

rapidement que la masse, ce qui montre que plus les animaux sont gros, plus ils sont efficaces à produire de l'énergie. On a trouvé dans le monde animal beaucoup d'autres lois scalantes : la durée de vie est directement proportionnelle à la $(\text{masse})^{1/4}$ et le rythme cardiaque est inversement proportionnel à la $(\text{masse})^{1/4}$. Le coefficient de la loi de puissance étant apparemment toujours un multiple de 1/4, on appelle les lois de puissance biologiques des « lois scalantes à la puissance un quart ». Quand on songe à la diversité du royaume animal – la taille des mammifères s'étend de la musaraigne étrusque, qui pèse à peine plus de un gramme, à la baleine bleue, cent millions de fois plus lourde –, il est remarquable de constater tout ce que l'on peut prédire d'un animal à partir de sa simple taille.

Le physicien Geoffrey West, du Santa Fe Institute, et les biologistes James Brown et Brian Enquist, de l'université du Nouveau-Mexique, ont mis au point une théorie mathématique qui explique la loi scalante à la puissance un quart[21]. Ils affirment peu ou prou que si l'on établit un parallèle entre l'organisme et un mécanisme de transport – le sang circule dans l'aorte, qui se divise en artères, qui se divisent à leur tour en vaisseaux plus étroits – et qu'on optimise le système pour l'adapter à l'espace, on obtient une loi de puissance. Les détails de leur théorie dépassent le cadre de ce livre, mais ils nous intéressent dans la mesure où ils ont influencé la suite des travaux de West, qui s'est consacré à l'étude d'un autre type d'organisme : la ville.

West et ses collègues ont découvert que les villes, petites ou grandes, sont de véritables bastions des lois de puissance scalantes[22]. Après avoir épluché de vastes quantités de données économiques et sociales et réalisé d'innombrables graphiques log-log, ils ont constaté qu'aux États-Unis, par exemple :

$$\text{nombre d'inventeurs} \approx k\,(\text{taille de la population})^{1,25}$$

$$\text{total des revenus} \approx k\,(\text{taille de la population})^{1,12}$$

$$\text{nombre de cas de sida} \approx k\,(\text{taille de la population})^{1,23}$$

$$\text{nombre de crimes graves} \approx k\,(\text{taille de la population})^{1,16}$$

Dans ces équations, la puissance que traduit l'exposant est supérieure à 1, ce qui signifie qu'à mesure qu'une ville croît, elle compte davantage d'inventeurs, des revenus supérieurs, plus de cas de sida et de crimes graves par habitant. Elle y gagne en termes absolus mais aussi en termes proportionnels. Les exposants de tous ces indicateurs urbains tournent autour de 1,2, et ce regroupement est déjà curieux en soi. Il découle de ce chiffre qu'en doublant la taille d'une ville, on peut s'attendre à voir augmenter d'environ 15 % par habitant le niveau de revenus, le nombre d'inventeurs et aussi de cas de sida et de crimes graves.

Pour certains indicateurs, l'exposant scalant est inférieur à 1, ce qui signifie qu'il y en a de moins en moins par habitant à mesure que croît la ville :

$$\text{nombre de stations-service} \approx k\ (\text{taille de la population})^{0,77}$$

$$\text{longueur des câbles électriques} \approx k\ (\text{taille de la population})^{0,83}$$

Si l'on double la taille d'une ville, on peut s'attendre à une réduction par habitant d'environ 15 % du nombre de stations-service et de câbles électriques. Autrement dit, les villes sont le théâtre d'économies d'échelle mathématiquement prévisibles, et cela vaut partout dans le monde. « L'évolution des villes japonaises s'est faite de façon totalement indépendante de celle des villes européennes ou américaines, mais on y trouve les mêmes valeurs, dit West. Ce qui prête à penser qu'il y a là à l'œuvre une dynamique universelle. » Pour lui, les lois de puissance apparaissent dans les villes pour les mêmes raisons que chez les animaux. La ville aussi est un réseau de transport. Comme le système circulatoire transporte le sang d'un gros tuyau vers d'autres de plus en plus étroits, les villes distribuent les ressources par des réseaux ramifiés de routes, de câbles et de conduits.

Le choix de la ville où l'on habite ne dépend que de soi, de même que la façon de dépenser son argent ou d'employer son temps. Pourtant, considéré à travers le prisme des nombres, notre comportement collectif est prévisible, il obéit à des lois mathématiques simples et mutuellement compatibles. Nous nous sommes étalés dans le monde de telle façon que dans tous les pays, environ 30 % des petites et grandes villes ont une population dont le nombre commence par 1, la taille des villes est à peu près inversement proportionnelle à leur rang et toutes ne sont qu'une version scalante de la loi de puissance l'une de l'autre. Ainsi, le monde peut être complexe, mais il est simple aussi.

Les nombres sont d'indispensables outils qui nous aident à comprendre ce qui nous entoure. De même les formes. Et c'est l'étude d'une forme particulière qui a donné naissance aux mathématiques occidentales.

3

Triangles *amoureux*

Rob Woodall collectionne les postes de triangulation. Il les collectionne et nul n'en a accumulé autant que lui. Les postes de triangulation sont des bornes de béton hautes d'environ un mètre qui constituent en Grande-Bretagne un quadrillage de points de référence autrefois utilisés par les cartographes et les arpenteurs. Vous en avez probablement rencontré si vous vous êtes déjà promené dans la campagne anglaise. On les trouve habituellement au sommet des collines, comme une récompense pour ceux qui ont grimpé jusque-là. Le service cartographique de l'État en a construit plus de six mille cinq cents entre 1936 et 1962, dont environ six mille deux cents ont survécu. Leur rendre visite, les « collectionner », est un sport de compétition. À cinquante ans, Rob en a vu six mille cent cinquante-cinq, soit presque tous[1]. Il compte à peu près un millier d'unités d'avance sur son premier challenger.

Quand il a commencé, Rob consacrait à peu près un week-end sur deux à sa mission, il quittait son domicile de Peterborough le vendredi soir et ne rentrait que le lundi matin. Les postes étant distants d'environ cinq kilomètres l'un de l'autre, quand tout se passait bien, il pouvait espérer en voir environ cinquante par week-end. Avec un peu de chance, la borne se trouve au bord de la route, où il peut garer sa voiture, mais elles sont souvent loin de tout chemin ou sentier, au beau milieu d'arbustes, de ronces ou de haies d'épineux. Pour ne pas arriver à son travail les mains ensanglantées, il se munit désormais de sécateurs.

Les postes de triangulation sont un vestige de notre héritage technologique, des éléments archéologiques de notre paysage au même titre que les forts médiévaux ou les routes romaines. De son activité de collectionneur, Rob apprécie le fait qu'elle lui fasse voir de beaux paysages tout en lui procurant un sentiment d'aventure et d'exploit. Il lui est arrivé de mener des expéditions nocturnes à travers le champ d'un fermier, de s'introduire dans un enclos d'autruche et de passer trois ans à négocier avec un propriétaire terrien l'autorisation de se rendre auprès d'un poste situé sur ses terres. J'aime moi aussi ces postes de triangulation. Ce sont des temples à la majesté du triangle, la forme qui a changé le monde.

Il y a près de huit mille ans que sont apparus les nombres, mais les mathématiques proprement dites sont arrivées en Égypte vers 600 av. J.-C.

Tout a commencé par une démonstration publique. Thalès, un penseur grec, a prouvé qu'il pouvait mesurer la grande pyramide de Gizeh sans avoir à l'escalader. Il a commencé par planter un piquet dans le sol qui, avec son ombre, formait deux côtés d'un triangle, comme illustré ci-contre. La pyramide et sa propre ombre créaient aussi un triangle. Le génie de Thalès a été de se rendre compte que même si les deux triangles étaient de taille très différente, ils avaient la même forme, parce que les rayons du soleil sont parallèles. Cela signifiait qu'il pouvait se servir de la hauteur du petit triangle pour déduire celle du grand. En termes modernes, il a compris que :

$$\frac{\text{hauteur du piquet}}{\text{longueur de l'ombre du piquet}} = \frac{\text{hauteur de la pyramide}}{\begin{array}{c}\text{distance du centre de la base de la pyramide}\\ \text{à la pointe de l'ombre}\end{array}}$$

Le piquet et son ombre sont facilement mesurables ; en revanche, la distance au sol depuis la base de la pyramide ne l'est pas, car la pyramide fait obstacle. Thalès a peut-être attendu pour effectuer ses mesures que le soleil soit perpendiculaire à la pyramide, parce qu'à ce moment-là la distance entre le centre de la pyramide et son bord est égale à la moitié de la longueur de son côté[2]. Possédant trois des valeurs de l'équation, il n'avait plus qu'à calculer la quatrième : la hauteur de la pyramide.

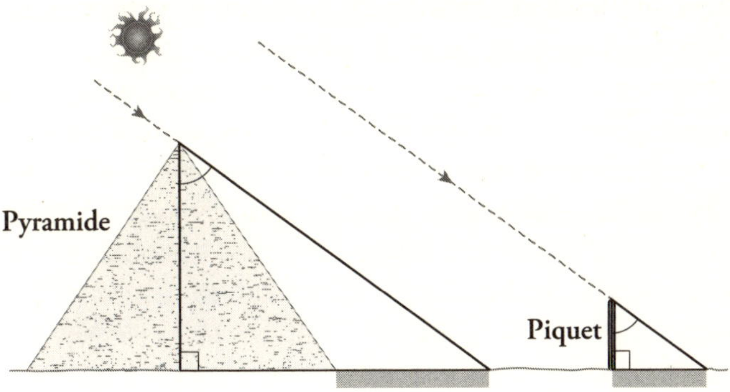

Les rayons parallèles du soleil créent deux triangles similaires, l'un projeté par la pyramide, l'autre par le piquet.

L'exploit de Thalès a été un petit pas pour la trigonométrie, la science des triangles, et un pas de géant pour l'humanité. En déduisant logiquement un mode de mesurage à partir des propriétés intrinsèques d'une forme[3], il ne raisonnait pas à la façon des autres Égyptiens, qui avaient montré de remarquables aptitudes dans les activités pratiques telle l'édification de pyramides, mais dont le savoir mathématique se limitait essentiellement aux méthodes empiriques et aux triangles existant matériellement. Les calculs de Thalès comportaient un triangle qui était une abstraction de la réalité, constitué par les rayons du soleil. Ses idées marquent le début de la pensée rationnelle grecque, généralement considérée comme le fondement des mathématiques, de la philosophie et de la science occidentales.

Thalès est aussi le premier à avoir donné son nom à une découverte mathématique spécifique[4] : le « théorème de Thalès », qui établit que le triangle inscrit dans un demi-cercle possède un angle droit. Il a aussi usé de ses talents déductifs pour prédire l'éclipse solaire de 585 av. J.-C. et anticiper sur l'amélioration de la récolte d'olives de sa ville de Milet après quelques mauvaises années. Il a alors acheté à prix dérisoire autant de presses qu'il le pouvait et quand l'embellie est venue, elle l'a rendu riche. Un siècle plus tard, le dramaturge comique Aristophane s'est moqué du grand sage en le décrivant en train de tomber dans un fossé parce qu'il était perdu dans ses pensées, à contempler le ciel. Thalès n'est pas seulement renommé comme le premier mathématicien et philosophe de l'histoire, c'est aussi le premier prof tête-en-l'air.

La démonstration de Thalès à Gizeh a montré que le triangle pouvait servir à mesurer la distance séparant deux points, l'un proche et l'autre à distance, sans qu'il soit nécessaire d'atteindre physiquement ce dernier. L'utilisation des triangles pour mesurer des distances très supérieures à la hauteur d'une pyramide ne viendra que plus tard, et la méthode bouleversera au passage l'astronomie, la navigation et la cartographie – nous y viendrons sous peu. Parfois, cependant, on a mesuré des distances énormes en regardant simplement l'ombre d'un piquet vertical un jour de soleil. Trois siècles après que Thalès eut joué d'ombres et de logique déductive pour impressionner pharaon, Ératosthène a employé la même technique pour produire la première estimation réaliste de la taille de la Terre.

Ératosthène vivait à Alexandrie, capitale de l'Égypte hellénique, dont il dirigeait la bibliothèque, la plus grande de l'Empire grec. Un jour, profitant du soleil qui régnait sur la ville, il a mesuré que l'« angle de l'ombre » au bout d'un piquet représentait à peu près le cinquantième d'un cercle complet. Il savait aussi qu'à Syène, à l'extrême sud de l'Égypte, un puits était réputé parce qu'à midi, au solstice d'été, le fond en était totalement éclairé, le soleil ne projetant aucune ombre à cet endroit et ce moment précis. De ces deux faits, il a déduit que la distance séparant Alexandrie de Syène devait correspondre au cinquantième de la circonférence de la Terre.

Voici son raisonnement. D'abord, à cette époque, on avait compris que la Terre est ronde – on avait vu les navires s'enfoncer à l'horizon et remarqué l'ombre incurvée de la Terre sur la Lune lors des éclipses lunaires. Ensuite, Ératosthène savait qu'à peu de chose près, Syène se trouve exactement au sud d'Alexandrie. Cela lui a permis de faire le dessin reproduit ci-contre à gauche, qui est une coupe transversale nord-sud de la Terre passant par Alexandrie et Syène à midi le jour du solstice d'été. Les rayons du soleil descendent directement dans le puits de Syène en direction du centre de la Terre, et atteignent le piquet d'Alexandrie selon un certain angle. Le piquet étant lui-même planté verticalement, il doit aussi pointer vers le centre de la Terre, et cela nous permet de dessiner l'abstraction géométrique illustrée ci-contre à droite, où les lignes

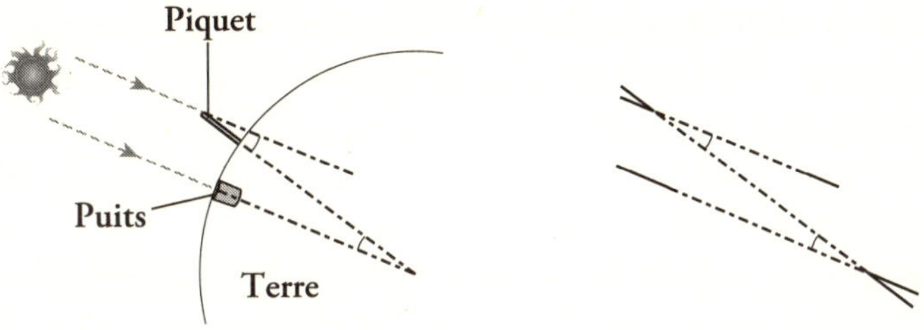

À midi, le jour du solstice d'été, le soleil ne projette pas d'ombre au fond du puits de Syène, mais il projette celle du piquet à Alexandrie. L'« angle de l'ombre » du piquet est égal à l'angle entre les deux villes au centre de la Terre.

parallèles représentent les rayons du soleil et la droite qui les traverse relie le sommet du piquet au centre de la Terre.

Le fait que les angles dits « alternes » soient égaux, c'est-à-dire qu'une droite sécante coupant deux parallèles le fait selon le même angle, était l'un des théorèmes de base de la géométrie grecque : ce qui explique que l'angle projeté par le piquet soit égal à celui du centre de la Terre. Après avoir mesuré que l'angle du piquet était d'un cinquantième de cercle, Ératosthène en a déduit que celui au centre de la Terre était identique. Il en découlait donc que la distance séparant Alexandrie de Syène était d'un cinquantième de celle du tour du monde.

Ainsi, pour obtenir une estimation de la circonférence de la Terre, il suffisait à Ératosthène de multiplier par cinquante la distance entre Alexandrie et Syène. Les Grecs possédaient déjà une assez bonne estimation de cette distance, cinq mille stades, qui avaient été calculés par des bématistes, ou « hommes-pas », dont le métier consistait à marcher du matin au soir en comptant leurs foulées. (Ératosthène, l'inventeur de la géographie, a bénéficié de trois coups du sort géographiques sans lesquels son mesurage aurait été impossible : d'abord, les Égyptiens avaient étendu leur présence jusqu'à Syène, sur le tropique du Cancer, la latitude la plus au nord à laquelle le soleil ne produit aucune ombre au moins une fois par an ; ensuite, Syène se situe exactement au sud d'Alexandrie ; enfin, l'absence de relief entre les deux villes permet que la route les reliant décrive une trajectoire à peu près équivalente au vol d'un oiseau.) On estime qu'un stade équivaut à environ cent soixante-six mètres, si bien que le calcul de la circonférence de la Terre, 166 × 5 000 × 50, donne quarante et un mille cinq cents kilomètres, soit seulement mille cinq cents kilomètres de trop par rapport à la réalité – une erreur d'environ 4 %. Nul ne produirait de meilleure estimation avant près de mille ans.

Syène porte aujourd'hui le nom d'Assouan et on peut même en visiter le puits, mais avec la chaleur qui y règne au solstice d'été à midi, il y a peu de chances qu'il devienne une véritable attraction touristique.

Au temps d'Ératosthène, les mathématiciens grecs avaient développé les premières intuitions de Thalès jusqu'à constituer un volumineux corpus de théorèmes et de démonstrations sur les triangles. Si le triangle a occupé cette place privilégiée dans la pensée grecque, c'est parce que toutes les formes géométriques constituées de droites – le carré, le pentagone, etc. – sont divisibles en triangles et que toutes les formes constituées de lignes non droites, comme le cercle, l'ellipse et la parabole, peuvent être approchées au moyen de triangles.

En fait, étant donné que tout triangle peut lui-même se diviser en triangles *rectangles* – qui comportent un angle droit, ou « quart de tour » –, les Grecs plaçaient ces formes au-dessus de toutes les autres. L'illustration ci-contre à gauche nous montre comment diviser un triangle en deux triangles rectangles plus petits : il suffit de tracer une droite perpendiculaire au grand côté jusqu'au sommet opposé. La question du triangle rectangle vient très tôt dans l'enseignement des mathématiques, accompagnée du terme « hypoténuse », qui désigne le côté opposé à l'angle droit, puis, aussitôt après, du théorème de Pythagore, illustré ci-contre à droite, et qui dit :

Dans un triangle rectangle, le carré de l'hypoténuse est égal à la somme des carrés des deux autres côtés[5].

Le théorème de Pythagore est le plus célèbre des théorèmes mathématiques, pour de nombreuses raisons, notamment parce qu'il traite du triangle rectangle, l'unité irréductible de la géométrie plane.

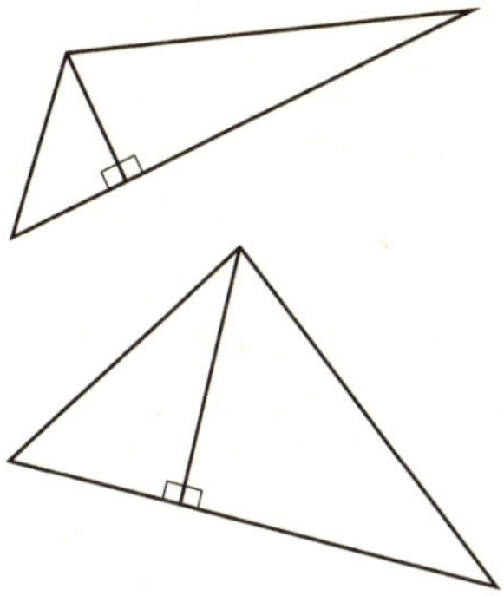

Triangles rectangles

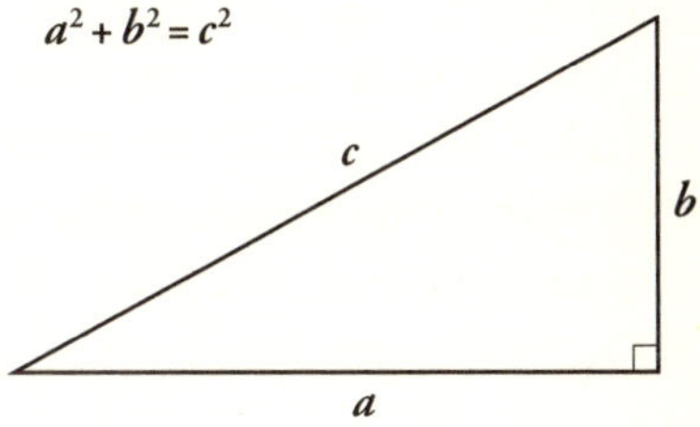

Théorème de Pythagore

Quand le soleil projette l'ombre d'un piquet, il dessine un triangle rectangle, on l'a vu avec Thalès. Mais à mesure qu'il se déplace dans le ciel, le changement d'angle ne produit pas de changement proportionnel à la longueur de l'ombre. Lorsque l'angle croît de façon constante, comme sur l'illustration ci-dessous, la longueur de l'ombre augmente de plus en plus vite, ce qui explique qu'on voie les ombres s'étirer sur le sol en fin de journée. Pour les astronomes, et plus encore les fabricants de cadrans solaires, il était crucial de comprendre le rapport entre l'angle de l'ombre et sa longueur. Mais les Grecs n'étaient pas correctement outillés pour traiter la question, car en dépit de leur grande habileté géométrique, le système numéral dont ils disposaient était épouvantablement encombrant. Pousser plus loin leur connaissance des triangles aurait exigé un meilleur mode de notation des fractions.

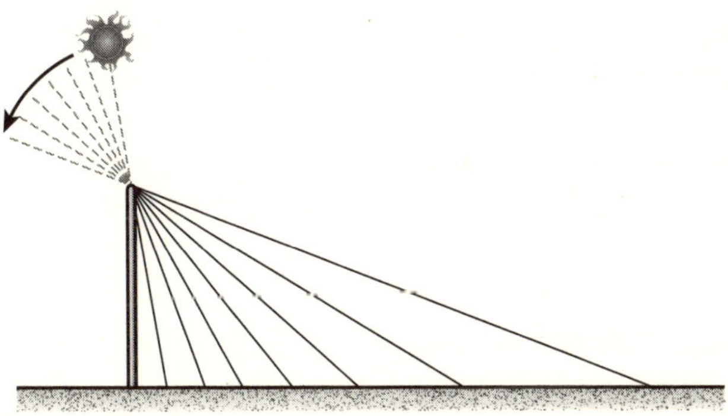

Des angles égaux projettent des ombres de différentes longueurs.

Le système grec de notation des nombres provenait de l'écriture égyptienne[6], dont il existait deux types. Quand ils gravaient sur le bois ou la pierre, les Égyptiens employaient des hiéroglyphes. Chaque puissance de 10 entre 1 et 1 000 000 possédait son propre symbole[7] : un bâton vertical pour 1, un U inversé pour 10, une spirale pour 100, une fleur de lotus sur sa tige pour 1 000, un doigt levé légèrement courbé pour 10 000, un têtard pour 100 000 et un homme à genoux, tendu vers le ciel, pour 1 000 000. Les nombres s'exprimaient à travers la répétition de ces symboles, si bien que 3 141 592 s'écrivait :

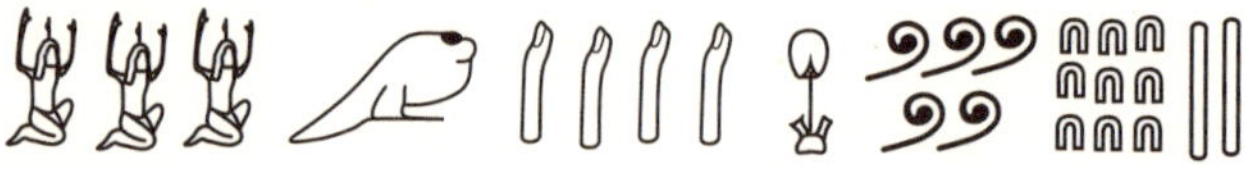

Sur du papyrus, en revanche, les Égyptiens employaient une écriture dite « hiératique », moins élaborée, mieux adaptée à la plume et l'encre. Pour représenter les chiffres et les multiples de 10, ils avaient adopté des symboles particuliers, de sorte qu'au lieu d'avoir à laborieusement écrire, par exemple, sept bâtons pour le 7, ils employaient le symbole unique . Le passage d'une méthode fondée sur la répétition à un système symbolique a été un progrès considérable.

Sous forme de hiéroglyphes, les fractions étaient représentées par une bouche , placée au-dessus d'un nombre et signifiant son inverse, comme nous employons le 1 au-dessus de la barre de fraction, si bien que $\frac{1}{3}$ donnait  et $\frac{1}{10}$ . Mais en écriture hiératique, les fractions étaient signalées par un point au-dessus du nombre, si bien que $\frac{1}{7}$ s'écrivait . Les Égyptiens employaient quasi exclusivement des fractions unitaires, celles où la barre est surmontée d'un 1. La fraction $\frac{2}{5}$ demandait donc à être décomposée sous la forme $\frac{1}{3}+\frac{1}{15}$, et $\frac{2}{101}$ sous la forme $\frac{1}{101}+\frac{1}{202}+\frac{1}{303}+\frac{1}{606}$. Cette décroissance de la valeur des fractions unitaires dans les sommes égyptiennes n'est pas sans évoquer nos propres fractions décimales, où par exemple 0,234 exprime $\frac{2}{10}+\frac{3}{100}+\frac{4}{1000}$, mais le système égyptien était moins efficace et polyvalent que le nôtre[8].

Au temps d'Euclide, les Grecs employaient un système dérivé de l'écriture hiératique égyptienne[9] : à vingt-sept nombres correspondaient vingt-sept symboles distincts, les lettres de l'alphabet grec. Le nombre 444 s'écrivait υμδ, car υ signifiait 400, μ 40 et δ 4. Les fractions s'exprimaient de façon rhétorique, comme par exemple « 11 parts de 83 », ou s'écrivaient sous forme de fractions ordinaires, avec numérateur et dénominateur, très semblables à notre $\frac{11}{83}$, sauf que les Grecs s'acharnaient à perpétuer l'obsession historique pour les fractions unitaires. Les systèmes égyptien et grec n'étaient pas bien adaptés à l'astronomie, qui requiert de minuscules subdivisions d'angles pour suivre le mouvement des planètes, parce que les fractions, ordinaires comme unitaires, sont peu maniables.

En Mésopotamie cependant, les Babyloniens utilisaient un système de notation beaucoup plus souple, dit « positionnel », où la valeur d'un chiffre dépend de sa position. Notre système moderne emploie la notation positionnelle décimale : le nombre 123 par exemple signifie que 3 est dans la colonne des unités, 2 dans celle des dizaines et 1 dans celle des centaines. L'immense avantage du système positionnel, c'est qu'il s'étend aux fractions. Dans notre notation, nous appelons cela une « fraction décimale ». Le nombre 0,56 signifie que 5 est dans la colonne des dixièmes et 6 dans celle des centièmes.

Le système babylonien était positionnel « sexagésimal », c'est-à-dire qu'on comptait par soixantaines plutôt que par dizaines : le nombre noté 123 signifiait que 3 était dans la colonne des unités, 2 dans celle des soixantaines et 1 dans celle des trois mille six centaines (60×60). (Les nombres s'exprimaient par différentes combinaisons de deux symboles, un bâton vertical 𒁹 et un chevron horizontal 𒌋.) On ignore ce qui a incité les Babyloniens à choisir la base 60 – peut-être parce que c'est le plus petit nombre divisible par 1, 2, 3, 4, 5 et 6, et que cela simplifiait certaines opérations arithmétiques. Le système babylonien admettait les fractions. En l'absence de marqueur sexagésimal équivalent à notre virgule, on déduisait la valeur de la colonne en fonction du contexte. Le nombre 123 pouvait donc aussi bien signifier 1 dans la colonne des unités, 2 dans celle des soixantièmes et 3 dans celle des trois mille six centièmes. Les fractions positionnelles sont amplement supérieures aux fractions ordinaires, ainsi que nous l'a appris notre expérience des fractions décimales. Elles requièrent moins de symboles et sont plus faciles à calculer. Les Babyloniens savaient calculer $\sqrt{2}$ à six sexagésimales près, soit un écart de 0,000 008 avec la valeur réelle, ce qui est formidable pour l'époque. Leur aisance à diviser les angles a fait de leur astronomie la plus avancée de leur temps.

Les Babyloniens divisaient le cercle en trois cent soixante degrés. Peut-être faut-il y voir l'influence du zodiaque, lui-même divisé en douze signes et trente-six décans, ou le fait qu'il y a à peu près trois cent soixante jours dans l'année. On a plus récemment avancé que ce nombre avait été choisi parce qu'on peut faire tenir six triangles équilatéraux dans un cercle, comme illustré ci-dessous, et que chacun de ces angles se divise par 60, ainsi que l'exigeaient les fractions sexagésimales. Le plus probable est que ce soit un peu tout cela à la fois, mais le système babylonien s'est en tout cas avéré remarquablement pérenne.

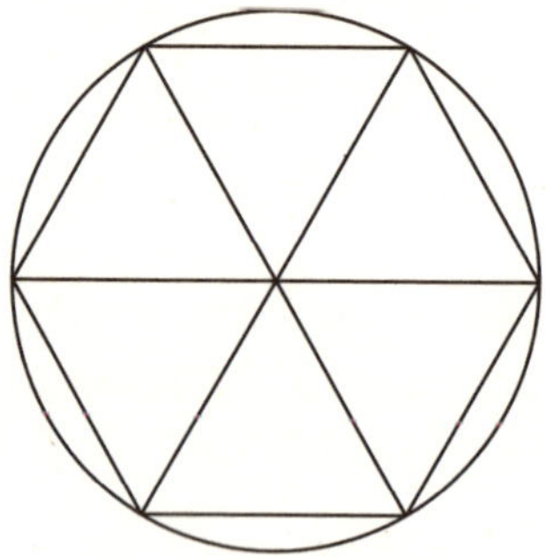

Au IIe siècle av. J.-C., les Grecs se sont approprié les fractions babyloniennes, qui sont restées en usage depuis. Le degré se divisait traditionnellement en soixante unités, la *pars minuta prima*, ou « première petite part », elle-même divisée en soixante unités, la *pars minuta secunda*, ou « seconde petite part ». C'est de la traduction de ces phrases latines que nous viennent les termes « minute » et « seconde », nos unités de temps, vestige le plus tangible de l'ancienne pratique du comptage par groupes de soixante.

Disposant enfin d'un système numéral approprié, l'astronome grec Hipparque s'est lancé dans l'étude du rapport entre les angles et les côtés d'un triangle. Il a procédé en considérant la « corde », une droite reliant deux points d'un cercle, ainsi nommée parce qu'elle ressemble à la corde tendue d'un arc. Toute corde constitue un triangle avec le centre du cercle, comme illustré ci-contre.

Si la taille du cercle est fixe, alors, pour chaque angle constitué avec le centre, la corde possède une longueur différente. Hipparque

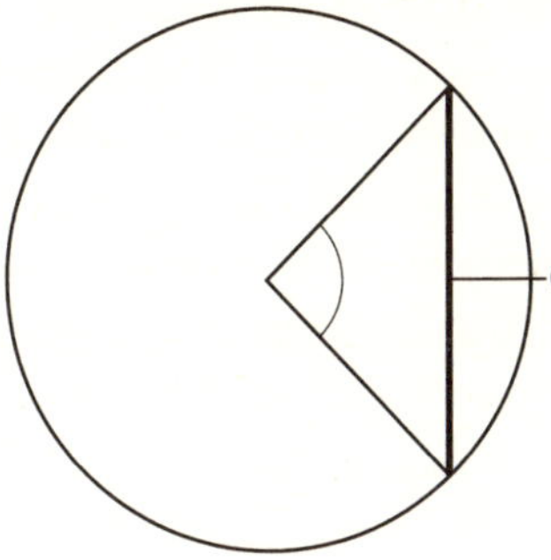

a constitué une table des angles multiples de 7,5 degrés, avec la longueur correspondante de la corde. Au IIe siècle de notre ère, l'astronome Ptolémée a poussé l'idée plus loin. Il a rédigé une table de cordes pour un cercle de rayon soixante, listant l'angle de chaque demi-degré entre zéro et cent quatre-vingts degrés, avec la longueur de la corde jusqu'à trois sexagésimales. Les tables de cordes d'Hipparque et Ptolémée ont été précieuses pour les astronomes occidentaux, qui ont calculé les distances en considérant la Terre et les corps célestes comme le sommet de triangles interplanétaires. Le triangle a ainsi été le premier télescope de l'humanité, il a permis de ramener pour la première fois des localisations extraterrestres dans le champ de nos mesures.

L'astronomie a considérablement progressé en Inde au milieu du premier millénaire de notre ère pour les mêmes raisons qu'elle l'avait fait à Babylone : les Indiens employaient un système de notation positionnelle permettant la description des nombres très petits et très grands. Le système indien, en fait, était même supérieur au babylonien parce qu'il reposait sur les dizaines, qui est un mode de groupage plus gérable que les soixantaines, et parce qu'il traitait le 0 comme un chiffre à part entière, pas seulement comme un occupant de places vacantes, à la façon du système babylonien. Les astronomes indiens utilisaient aussi des tables de longueurs de triangles. Au lieu de cordes, toutefois, ils établissaient des tables de demi-cordes. La demi-corde, illustrée ci-après à gauche, est aussi le côté d'un triangle rectangle qui a pour rayon l'hypoténuse, et dont le troisième côté est une partie de la bissectrice perpendiculaire à la corde. La demi-corde est une notion plus commode pour le calcul car, on l'a vu, n'importe quel triangle peut se réduire à un triangle rectangle. Le système de notation positionnelle des Indiens, ajouté à leur goût pour la longueur des triangles, s'est répandu dans le monde arabe, d'où il a fini par gagner l'Europe. Les nombres que nous utilisons aujourd'hui – les chiffres de 0 à 9 – proviennent du système indien, tout comme la préférence moderne pour la demi-corde.

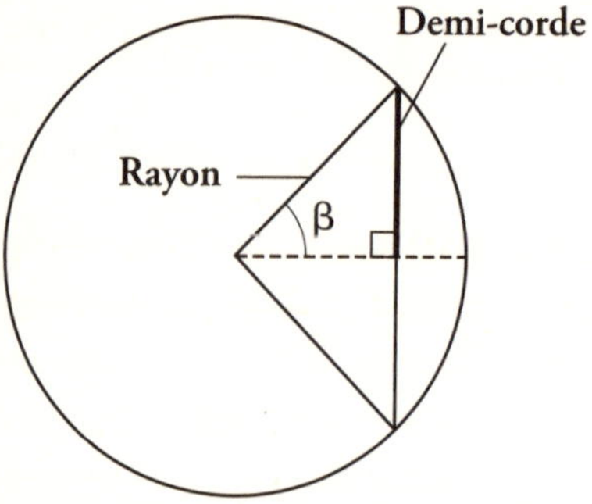

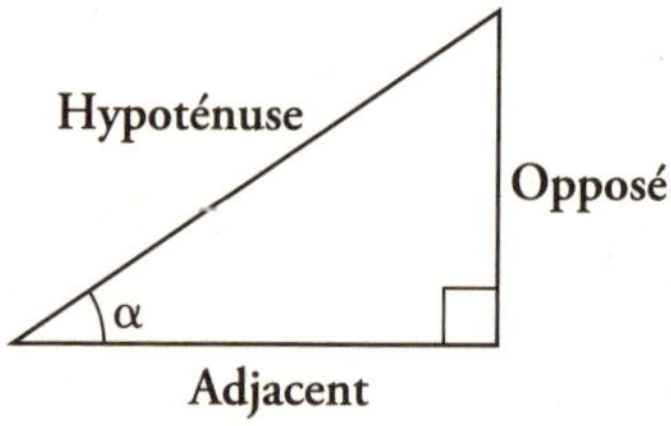

Au VIe siècle av. J.-C., Thalès avait déjà perçu la propriété essentielle du triangle, qui sous-tend tout ce que l'on sait à son sujet : si ses angles sont égaux, les proportions relatives de ses côtés le sont aussi.

Faisons un saut de deux mille ans, et voilà que les mathématiciens inventent trois nouvelles notions fondées sur cette propriété :

SOH-CAH-TOA !

Petit rappel pour ceux qui auraient oublié ce cri de guerre des salles de classe :

$$\textbf{s}\text{inus} = \frac{\textbf{o}\text{pposé}}{\textbf{h}\text{ypoténuse}} \qquad \textbf{c}\text{osinus} = \frac{\textbf{a}\text{djacent}}{\textbf{h}\text{ypoténuse}} \qquad \textbf{t}\text{angente} = \frac{\textbf{o}\text{pposé}}{\textbf{a}\text{djacent}}$$

Sinus, cosinus et tangente sont dits « rapports trigonométriques » et ils ne s'appliquent qu'aux triangles rectangles, comme celui illustré ci-dessus à droite. Ils se définissent par le fait que le sinus de l'angle α est la longueur du côté opposé divisée par celle de l'hypoténuse, le cosinus de α est la longueur du côté adjacent divisée par celle de l'hypoténuse, et la tangente de α est le côté opposé divisé par le côté adjacent.

Je pourrais agrandir à l'envi mon triangle rectangle de l'illustration, que les proportions entre côtés ne changeraient pas, ce qui signifie que le sinus, le cosinus et la tangente de α (sin α, cos α, tan α), sont constants. Les rapports trigonométriques sont en quelque sorte un numéro d'identification de la forme des triangles rectangles : celle-ci est définie par les angles intérieurs, et une fois ces angles déterminés, sinus, cosinus et tangente le sont aussi.

Le lien entre le sinus et la demi-corde devient apparent lorsqu'on regarde les deux illustrations qui précèdent. Le sinus de l'angle β est $\frac{\text{opposé}}{\text{hypoténuse}}$, qui est aussi $\frac{\text{demi-corde}}{\text{rayon}}$. Si le rayon vaut 1, le sinus de β *est* la demi-corde.

L'étymologie du terme « sinus » témoigne de son parcours depuis l'Inde. En sanscrit, la demi-corde se disait *jya-ardha* ou « corde moitié ». Les Arabes en ont fait la translittération pour obtenir *jiba*, terme dépourvu de sens mais qui ressemble à *jaib*, qui signifie « sein », ou « baie », qu'ils ont continué d'employer. Dans les versions latines des textes arabes, on a traduit *jaib* par *sinus*, terme qui désigne le pli de la toge sur la poitrine des femmes. Et ce mot est resté.

Voici une petite table trigonométrique. Les angles bien nets ne donnent pas toujours des rapports bien nets. Entre zéro degré et quatre-vingt-dix degrés, le sinus évolue de 0 à 1, le cosinus de 1 à 0 et la tangente de 0 à l'infini. C'est aux XVe et XVIe siècles qu'ont été compilées les premières tables trigonométriques à l'aide de méthodes géométriques et arithmétiques, ce qui a préparé le terrain de l'âge d'or du triangle.

sin 1° = 0,017 5	cos 1° = 0,999 8	tan 1° = 0,017 5
sin 10° = 0,173 6	cos 10° = 0,984 8	tan 10° = 0,176 3
sin 30° = 0,500 0	cos 30° = 0,866 0	tan 30° = 0,577 4
sin 40° = 0,707 1	cos 40° = 0,707 1	tan 40° = 0,000 0
sin 60° = 0,866 0	cos 60° = 0,500 0	tan 60° = 0,732 1
sin 90° = 0,000 0	cos 90° = 0,000 0	tan 90° = ∞

Les questions techniques étant réglées, nous pouvons mettre nos nouveaux outils à l'ouvrage. Si l'on souhaite mesurer par exemple la hauteur d'un arbre, il n'y a qu'à transformer le problème de façon qu'il implique un triangle rectangle, comme montré ci-après.

Si P est un point au sol d'où l'on voit la cime de l'arbre et α l'angle de cette perspective, alors :

$$\tan\alpha = \frac{\text{hauteur de l'arbre}}{\text{distance du point de vue à l'arbre}} = \frac{h}{d}$$

qui se réécrit :

$$h = d \times \tan\alpha$$

ou plus communément :

$$h = d\tan\alpha$$

Un arpenteur de la Renaissance aurait su mesurer α à l'aide d'un rapporteur et d'un viseur et n'aurait plus eu qu'à consulter ses tables trigonométriques pour trouver tan α. Il aurait mesuré *d* à l'aide d'un simple mètre ruban ou d'une corde. Et voilà comment mesurer la hauteur de l'arbre sans quitter le sol.

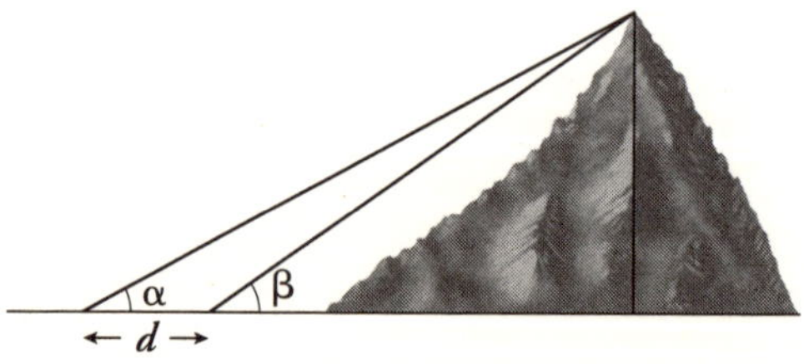

Pour mesurer la hauteur d'une montagne, il faut faire un dessin comportant deux triangles, comme illustré ci-dessus, car il est impossible d'accéder au coin du triangle situé directement sous le sommet. Le topographe résout ce problème en observant le sommet de la montagne depuis deux points distincts, alignés par rapport au sommet, et qui produisent les angles α et β. Il mesure aussi la distance *d* séparant ces deux points. On peut calculer la hauteur de la montagne à partir des valeurs de tan α, tan β et *d* (j'explique comment à l'annexe 3, p. 323).

Les rapports des triangles ont littéralement transfiguré des domaines comme la navigation ou la guerre, puisqu'ils ont permis à marins et soldats de mesurer la distance les séparant d'objets qu'ils ne pouvaient atteindre sans couler ou risquer leur peau. Ils ont aussi permis au savant arabe Al-Bîrunî de démentir l'estimation d'Ératosthène de la circonférence de la Terre.

Au XIe siècle de notre ère, Al-Bîrunî séjournait dans un fort du Salt Range, dans le Pendjab, quand il s'est trouvé dans le type de paysage idéal pour mesurer la hauteur d'une montage : un sommet élevé surplombant une plaine bien plate. L'occasion était trop belle de faire un peu de trigonométrie. Une fois la chose accomplie, au lieu de ramasser ses affaires et de poursuivre son chemin, Al-Bîrunî a grimpé jusqu'au sommet, où il a mesuré l'angle entre sa propre vision horizontale et l'horizon, nommé θ sur l'illustration ci-dessous. Joignant le point où l'horizon rencontrait la surface terrestre et celui du sommet où il se trouvait à la verticale du centre de la Terre, il a constitué un triangle rectangle qui lui a permis de déduire par la trigonométrie ceci :

$$\text{rayon de la Terre} = \text{hauteur de la montagne} \times \frac{\cos\theta}{1 - \cos\theta}$$

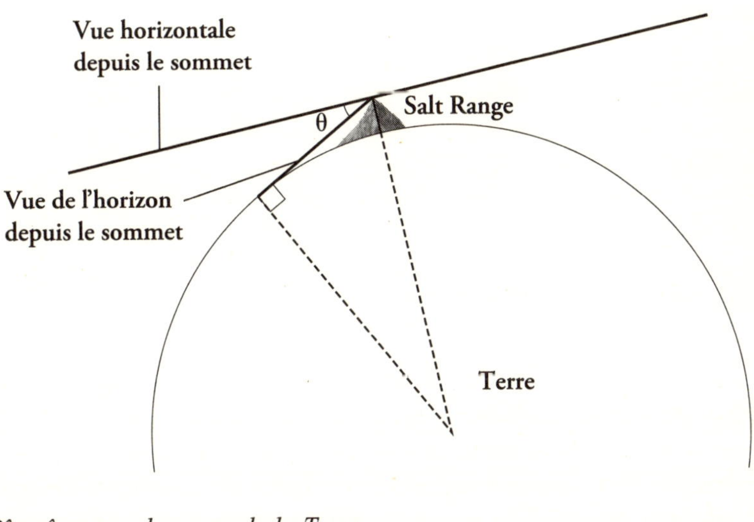

Al-Bîrunî mesure le rayon de la Terre.

(La démonstration de cela aussi se trouve à l'annexe 3, p. 324.) Ses calculs ont donné un rayon pour la Terre de six mille trois cent trente-cinq kilomètres, soit une circonférence de trente-neuf mille huit cents kilomètres, une estimation inférieure de 0,5 % à la réalité, et près de dix fois plus juste que celle d'Ératosthène.

Pour les architectes, les astronomes, les artilleurs, les scientifiques et les gens de la mer, les rapports des triangles ont tout changé. Mais ils ont aussi ouvert la voie à de nouvelles mathématiques, abstraites, qui éclairaient d'un jour nouveau les classiques de la géométrie tel le théorème de Pythagore.

Rappelons ce théorème, illustré en p. 79. Il établit que :

$a^2 + b^2 = c^2$, où c est l'hypoténuse et a et b sont les deux autres côtés.

Si l'on nomme α l'angle entre b et c, alors :

$$\sin\alpha = \frac{a}{c} \qquad \cos\alpha = \frac{b}{c}$$

Autrement dit, $a = c \sin \alpha$ et $b = c \cos \alpha$, que l'on peut remplacer dans l'équation pythagoricienne :

$$(c \sin \alpha)^2 + (c \cos \alpha)^2 = c^2$$

que l'on peut développer :

$$c^2(\sin \alpha)^2 + c^2(\cos \alpha)^2 = c^2$$

qui se réduit :

$$(\sin \alpha)^2 + (\cos \alpha)^2 = 1$$

Bien joué ! Nous voici dotés d'une formule concise qui nous montre comment calculer le sinus à partir du cosinus, et réciproquement, sans même avoir à songer à tracer un triangle. C'est la plus simple de ce qu'on appelle les « identités trigonométriques », des équations qui comportent des combinaisons de rapports trigonométriques. C'est au mathématicien arabe Ibn Yunus, contemporain d'Al-Bîrunî, que l'on doit ce qui suit :

$$\cos\alpha \times \cos\beta = \frac{\cos(\alpha + \beta) + \cos(\alpha - \beta)}{2}$$

Cette formule a tout changé, même si les mathématiciens allaient mettre cinq siècles à comprendre pourquoi. L'équation d'Ibn Yunus nous offre un moyen de transformer une multiplication, opération arithmétique difficile, en addition, opération beaucoup plus simple.

Imaginons que nous cherchions à multiplier 0,2897 par 0,3165.

Étant tous deux situés entre 0 et 1, ces nombres sont forcément le cosinus de certains angles. Cherchons-les sur nos tables trigonométriques. On a :

$$\cos 73{,}160° = 0{,}2897$$
$$\cos 71{,}548° = 0{,}3165$$

De sorte qu'on peut écrire :

$$0{,}2897 \times 0{,}3165 = \cos 73{,}160° \times \cos 71{,}548°$$

L'identité ci-dessus nous dit que cette multiplication est égale à :

$$\frac{\cos(73{,}160 + 71{,}548)° + \cos(73{,}160 - 71{,}548)°}{2}$$

$$= \frac{\cos 144{,}708° + \cos 1{,}612°}{2}$$

Consultons les tables :

$$\frac{\cos 144{,}708° + \cos 1{,}612°}{2} = \frac{-0{,}8162 + 0{,}9996}{2}$$
$$= \frac{0{,}1834}{2}$$
$$= 0{,}0917$$

C'est bien le résultat de la multiplication requise, 0,289 7 × 0,316 5. Il est précis à l'extrême. Entrez les deux nombres dans votre calculette et vous obtiendrez 0,091 7, en arrondissant à quatre chiffres après la virgule.

L'ensemble de la procédure peut paraître un peu compliqué pour une simple multiplication, mais à la fin du XVIe siècle, c'était de loin ce qu'il y avait de plus simple. Au lieu de poser une multiplication longue, qui demande du temps et des efforts, il n'y avait plus qu'à consulter un livre de tables, additionner deux nombres, soustraire deux nombres, consulter à nouveau le livre, ajouter deux nombres et diviser par 2. C'est ce qu'on appelle la « prostaphérèse », du grec *prosthesis* (addition) et *aphaeresis* (soustraction).

S'inspirant de la prostaphérèse, l'Écossais John Napier a cherché une nouvelle méthode de transformation des multiplications en additions, ce qui l'a conduit, en 1614, à découvrir les logarithmes. Au lieu de multiplier deux nombres, il suffit d'additionner leurs logarithmes. Les logarithmes de Napier ont simplifié encore un peu plus la multiplication et rendu la prostaphérèse obsolète. Mais pendant quelques glorieuses décennies, le triangle rectangle – quintessence de la géométrie – a tenu également le rôle d'arme secrète de l'arithmétique.

Les triangles ont une utilité individuelle, mais ce sont aussi des joueurs d'équipe particulièrement dynamiques. Si l'on dessine un réseau de triangles, comme illustré ci-contre, et que l'on mesure tous les angles qui s'y trouvent, il suffit de mesurer une droite du réseau pour calculer les longueurs de toutes les autres. Mettons que la seule droite dont nous connaissions la longueur l soit celle en gras. L'identité trigonométrique appelée « loi des sinus » nous procure une formule pour les deux autres longueurs :

$$\frac{l \sin \beta}{\sin \alpha}$$

$$\frac{l \sin \gamma}{\sin \alpha}$$

où α est l'angle opposé à la droite en gras, et β et γ sont les autres angles. Tous les angles du réseau étant connus, chaque nouvelle longueur peut à présent servir à en calculer deux autres, et ainsi de suite jusqu'à ce que toutes les longueurs du réseau soient connues. La méthode vaut pour tous les triangles, pas seulement les triangles rectangles.

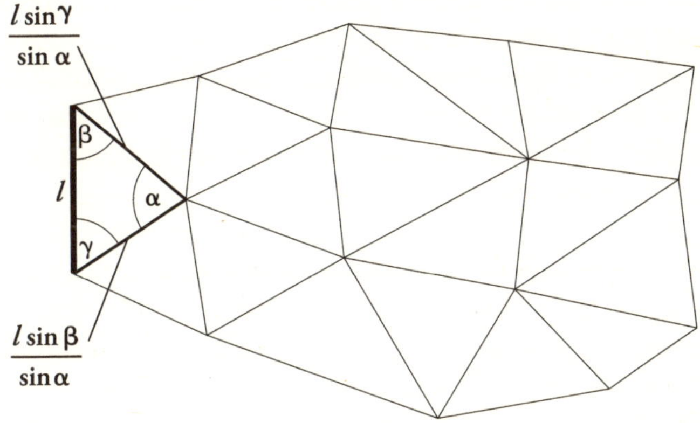

Triangulation.

En 1533, le mathématicien hollandais Gemma Frisius s'est aperçu que cette technique, la triangulation, était idéalement adaptée à la cartographie[10], puisqu'il est beaucoup plus facile de mesurer des angles que de grandes distances à travers champs. Son idée consistait à choisir certaines proéminences du paysage selon le principe qu'on puisse en voir au moins deux autres depuis chacune, puis à transformer ces points en réseau de triangles. Il a mesuré l'angle entre les points à l'aide d'un théodolite, qui est en gros un rapporteur circulaire installé sur un socle. En mesurant une seule distance au sein du réseau, la ligne de base, il pouvait déduire toutes les autres à l'aide des tables trigonométriques, et par conséquent tracer une carte précise.

La France est le premier pays à avoir entrepris une triangulation nationale, en 1668. Le plus difficile, dans n'importe quel exercice de triangulation, c'est de mesurer la ligne de base. L'abbé Jean Picard a choisi un tronçon de onze kilomètres de route bien droite des environs de Paris, entre un moulin de Villejuif et un pavillon de Juvisy-sur-Orge, qu'il a méticuleusement mesuré à l'aide de règles en bois. Il s'est ensuite dirigé vers le nord, prenant pour repères des clochers ou le sommet de collines dont il faisait les coins de ses triangles, et ne mesurant que les angles entre eux. Quand Picard a atteint l'océan Atlantique, il a découvert que la côte française était sensiblement plus proche de Paris qu'on ne le pensait. « Vos chers travaux m'ont coûté une partie de mon royaume ! » s'est offusqué Louis XIV. La triangulation entamée par Picard s'est poursuivie pendant un siècle après sa mort, jusqu'à ce que la France entière soit couverte de quatre cents triangles. La célèbre carte nationale qui en est issue était plus détaillée que toutes celles réalisées jusque-là, à une échelle très voisine de celle des cartes touristiques Michelin jaunes que l'on connaît aujourd'hui.

Entre les Français et le triangle, c'était l'*amour fou**. En 1735, Louis XV a envoyé deux équipes de triangulation à deux extrémités opposées de la Terre pour régler une querelle scientifique pressante. La Terre n'étant pas une sphère parfaite, la question de savoir si elle était aplatie aux pôles, comme un pamplemousse, ou bien à l'équateur, comme un citron, faisait l'objet d'un houleux débat entre les Britanniques, défenseurs de la première thèse, et les Français, partisans de la seconde. Les Français avaient compris qu'il serait possible de trancher entre les agrumes en comparant la distance terrestre couverte par un degré de latitude près du pôle Nord, et un autre près de l'équateur. Si la Terre était une sphère parfaite, la distance couverte par un degré de latitude serait identique partout – le trois cent soixantième du tour du globe. Mais si cette distance était plus grande près du pôle, cela signifiait que le globe s'y aplatissait, et si elle était plus petite, qu'il s'aplatissait à l'équateur. Les Français ont donc envoyé une expédition en Laponie et une autre en Amérique du Sud, dans l'actuel Équateur. Grâce aux étoiles, ils ont calculé la latitude de départ pour dessiner leur triangle, vers le nord en Laponie, vers le sud en Équateur. Au point d'arrivée de chaque triangulation, ils ont de nouveau déterminé la latitude d'après les étoiles. Harcelées par les tempêtes de neige et les moustiques en Laponie et par le mal des montagnes dans les Andes, les équipes ont déterminé que la longueur d'un degré de latitude était supérieure en Laponie. Les Britanniques avaient donc choisi le bon fruit : le monde était bel et bien un *pamplemousse*** géant.

Pour les Français, le triangle aura été le moteur du progrès social et scientifique. La Grande-Bretagne, pour sa part, l'a mis au

* En français dans le texte.

** En français dans le texte.

service de l'Empire[11]. Le grand relevé trigonométrique de l'Inde (Great Trigonometric Survey of India), conduit sur l'essentiel du XIXe siècle, a été la grande entreprise scientifique de son temps. Il se dit qu'il a coûté plus cher en vies humaines et en argent qu'un grand nombre des guerres indiennes d'alors. Partant de l'extrémité sud du pays, l'expédition est remontée à travers la jungle, le plateau du Deccan et les plaines du nord avant d'atteindre l'Himalaya, sous le commandement du colonel George Everest (qui se prononce « iverest »).

Lors de la triangulation, on commence par mesurer les angles horizontaux et verticaux. Le réseau de triangles est tridimensionnel, ce qui permet au topographe de calculer la hauteur aussi bien que la distance au sol. Les sommets de l'Himalaya présentaient un intérêt particulier. À cette époque, on considérait que la plus haute montagne du monde était le Chimborazo, en Équateur, mesuré un siècle plus tôt par la triangulation des Français. On connaissait bien l'existence des neiges éternelles de l'Himalaya et nul ne niait la

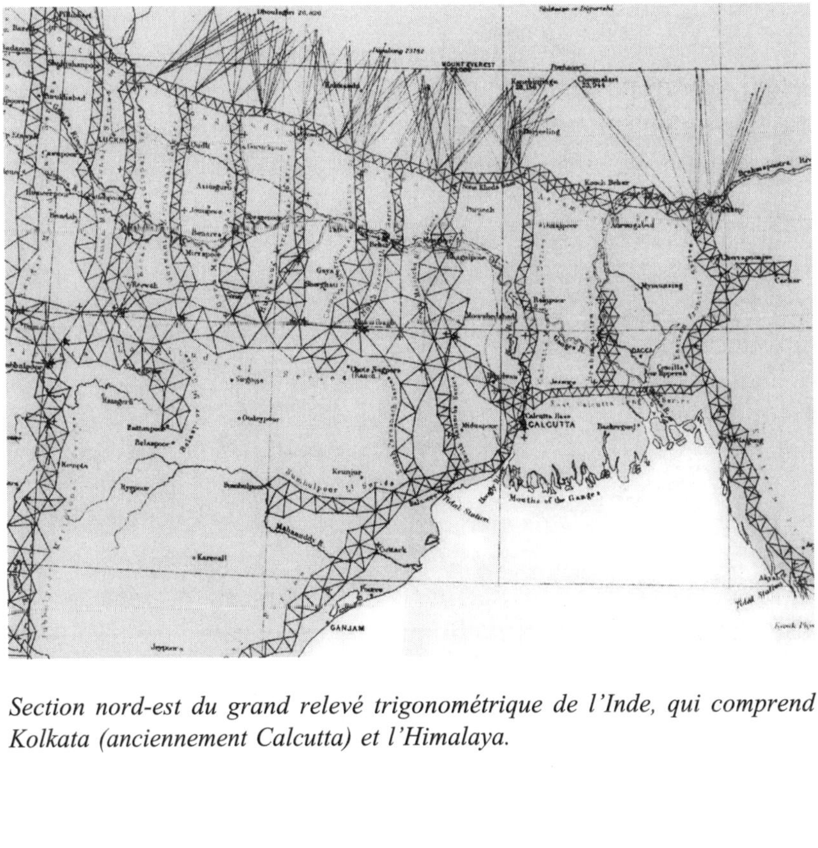

Section nord-est du grand relevé trigonométrique de l'Inde, qui comprend Kolkata (anciennement Calcutta) et l'Himalaya.

majesté de cette chaîne, mais on prenait les allégations de ceux qui la disaient plus haute que les Andes pour une fable parmi tant d'autres venues du pays des charmeurs de serpents et des cordes qui dansent. Tout a changé le jour où l'expédition britannique a atteint cet ensemble de sommets impressionnants, dont le plus élevé n'avait pas de nom localement connu. On a fini par donner au toit du monde celui de « mont Everest », en hommage au colonel, dont le nom continuera d'être écorché pour l'éternité.

La première triangulation nationale du territoire britannique a été conduite entre 1783 et 1853. (Le site d'une extrémité de sa ligne de base est aujourd'hui un parc de stationnement de l'aéroport Heathrow, où un petit monument subsiste. Les lignes de base partagent avec les aéroports le goût des terrains plats.) Une « retriangulation » a été lancée en 1935 pour s'achever en 1962. C'est alors que les services officiels de cartographie ont érigé plus de six mille bornes de béton aux sommets des triangles, qui serviraient de fondement à un système de quadrillage encore en vigueur sur les cartes officielles aujourd'hui.

Cette retriangulation est néanmoins quasi immédiatement devenue obsolète. Les triangulations nationales doivent leur existence au fait qu'il est nettement plus facile de mesurer un angle qu'une distance au sol. Mais dans les années 1960, une nouvelle technologie, le laser, a permis la mesure de longues distances. On place un émetteur à un point, un récepteur à l'autre, et le rayon relie l'un et l'autre à la vitesse de la lumière. La distance séparant l'origine de la cible est égale à la vitesse de la lumière multipliée par le temps écoulé. Aussitôt que les topographes ont disposé du laser, ils n'ont plus eu besoin de triangles.

Les six mille deux cents postes de béton qui jalonnent encore la Grande-Bretagne sont aujourd'hui des lieux de pèlerinage, pas seulement pour les collectionneurs comme Rob Woodall, mais pour les promeneurs de toute confession. La simplicité géométrique de ces bornes – un obélisque pyramidal aplati au sommet – leur confère un charme mystique sans âge qui, à présent qu'elles ont été battues par tous les vents, incite à se demander si elles n'auraient pas été mises là par des druides plutôt que des géographes.

Les nouvelles technologies, toutefois, n'ont pas abandonné le triangle. Les rapports trigonométriques font partie intégrante du

Global Positioning System (GPS), l'infrastructure à base de satellites qui localise très précisément un smartphone ou l'ordinateur d'une voiture partout sur terre. Chaque satellite du réseau évolue sur une orbite indépendante, déterminée par un ensemble de paramètres établis à l'aide de sinus et de cosinus. Pour que mon téléphone calcule sa position, il doit recevoir ces paramètres d'au moins quatre satellites. Quand c'est le cas, il traite les données en se référant à la table de sinus et de cosinus stockée dans sa mémoire.

Les scientifiques ont utilisé les tables de rapports trigonométriques pendant deux mille ans. Aujourd'hui, chacun de nous en transporte une dans sa poche. Le principe selon lequel des triangles de mêmes angles ont l'un par rapport à l'autre des côtés de même proportion a fait l'objet de la première démonstration mathématique de l'histoire, et il n'a rien perdu de son importance à l'âge de l'information.

4

Des cônes dans la tête

Prenons un triangle rectangle et transformons-le. Enroulons-le autour de l'un de ses petits côtés. L'objet tridimensionnel ainsi obtenu est un cône, un solide dont la base est circulaire et le sommet pointu. Ce n'est pas une forme particulièrement pratique : on ne peut pas la faire rouler comme la sphère ni l'empiler comme le cube, mais historiquement le cône a trouvé sa niche dans le domaine des couvre-chefs. Les cultivateurs de riz vietnamiens, les sorciers ou encore les cancres et leur bonnet d'âne portent un chapeau pointu. D'ailleurs, dans la Grèce antique, on coiffait déjà le *pileus*, un bonnet conique de feutre ou de cuir. Reste que cette tendance était moins vestimentaire qu'intellectuelle car, en termes de mathématiques, le cône est une véritable merveille.

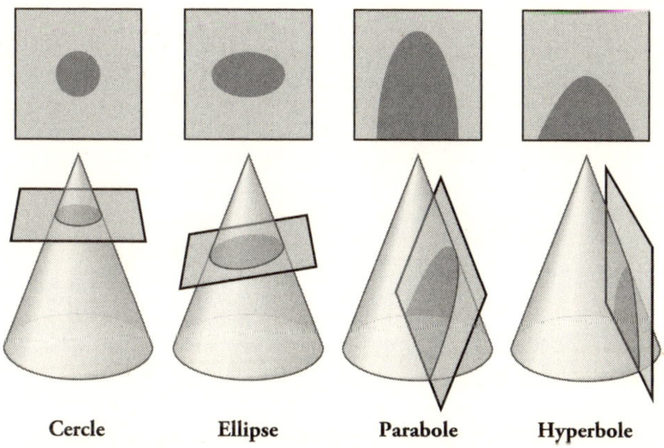

Les sections coniques.

Si l'on tranche un cône au couteau, on peut obtenir quatre courbes distinctes : le cercle, l'ellipse, la parabole ou l'hyperbole. Ces courbes, dites « sections coniques », dépendent de l'angle de la lame. Une coupe horizontale produit un cercle, une coupe non horizontale mais qui traverse quand même entièrement le cône produit une ellipse, une coupe parallèle au côté donne une parabole, et toutes les coupes plus profondes produisent une hyperbole, comme on le voit sur l'illustration qui précède. L'analyse des sections coniques est l'un des hauts faits de la géométrie grecque, c'est un cas frappant de sujet étudié pour lui-même et qui, des millénaires plus tard, trouverait des applications capitales. Le modeste cône recelait en fait la réponse à des questions fondamentales sur l'univers.

Le cercle est une forme familière, c'est le lieu géométrique des points équidistants du centre. Attachez un crayon à une punaise par un bout de ficelle, il tracera un cercle lorsque la ficelle est tendue. Installez à présent une boucle de ficelle entre deux punaises, comme illustré ci-dessous. La trajectoire d'un crayon autour des punaises en tendant la ficelle est une ellipse. Tous les cercles présentent la même forme, c'est-à-dire qu'il suffit de rétrécir un cercle ou de l'agrandir pour le rendre identique à n'importe quel autre. L'ellipse, par contre, présente de nombreuses formes, qui varient selon la position relative des punaises, les foyers. Plus les foyers

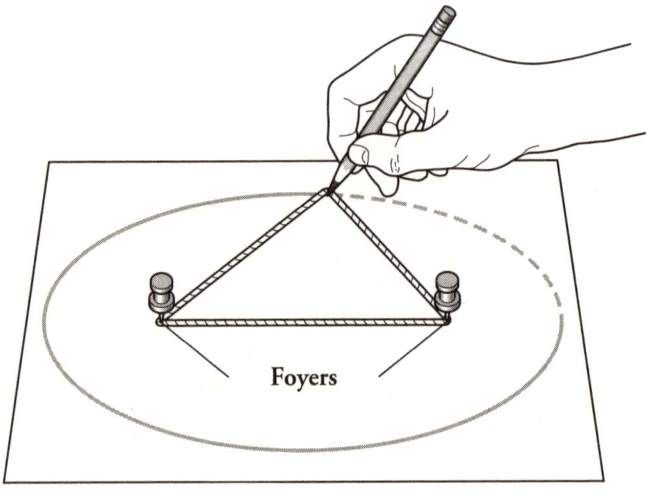

Tracé d'une ellipse.

sont rapprochés, plus l'ellipse ressemble à un cercle. Quand ils se rencontrent, l'ellipse *est* un cercle. D'ailleurs, les mathématiciens considèrent que le cercle n'est qu'un cas particulier d'ellipse survenant lorsque les foyers coïncident.

Quand on regarde un cercle de biais, on voit une ellipse. Roues, pièces de monnaie, cadrans d'horloge, cerceaux, bagues et disques, tout cela ressemble toujours à une ellipse, sauf quand on le regarde bien en face, ce qui demeure assez rare. De la même façon, il existe pour chaque ellipse un angle de vision qui lui donne l'apparence d'un cercle. (Prenez ce livre et cherchez la bonne orientation, n'importe quelle représentation d'ellipse vous apparaîtra comme un cercle.)

L'ellipse possède une propriété géométrique d'un intérêt historique pour les amateurs de billard. Sur une table en forme d'ellipse, toute boule provenant d'un foyer rebondira toujours en direction de l'autre – quelle que soit la direction initiale. Cette caractéristique plaisante découle de la propriété suivante : la droite qui relie un foyer à un point de l'ellipse décrit le même angle par rapport à la courbe que celle reliant ce point à l'autre foyer, comme on le voit ci-dessous à gauche. Quand on fait rebondir une boule sur la bande d'une table de billard ordinaire, l'angle de la trajectoire de la boule à l'approche du bord est le même que celui qu'elle décrit en repartant[1], quiconque a eu l'occasion de bleuir une queue de billard le sait bien, de sorte que sur notre table elliptique, le coup provenant d'un foyer rebondit toujours en direction de l'autre.

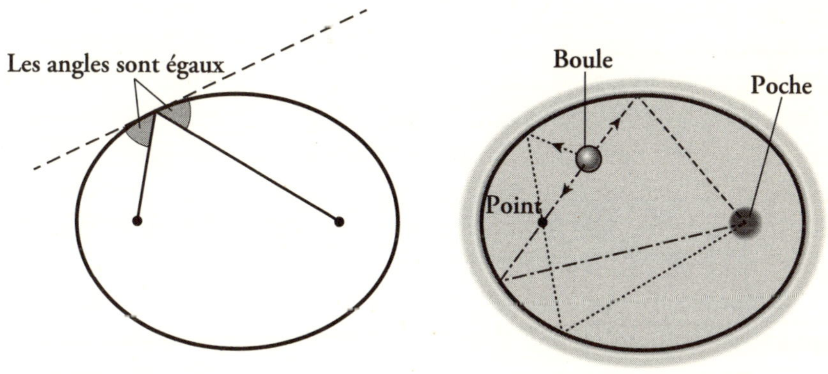

Les droites reliant la courbe aux foyers décrivent le même angle, offrant aux joueurs de billard trois voies indirectes pour empocher la boule.

Au début des années 1960, un lycéen du Connecticut nommé Art P. Frigo Jr s'est lancé dans la construction d'un billard elliptique après avoir abordé la question des sections coniques au club de maths du lycée. Sur la table d'Art figuraient un point noir à l'emplacement d'un foyer, une poche à celui de l'autre, mais aucune poche sur la bande. Avec une seule boule sur la table, comme illustré sur la figure précédente, il y avait trois façons d'empocher sans viser directement la poche : quand on tirait en direction du point noir, la boule roulait dessus, heurtait la bande et rebondissait jusque dans la poche ; dans la direction opposée à celle du point noir, la boule rebondissait encore jusque dans la poche ; et dans la direction opposée à celle de la poche, la boule rebondissait une fois, passait sur le point noir et rebondissait à nouveau avant d'atteindre la cible. Cette table était une véritable machine à empocher ! Art a choisi de faire commencer les parties de son Elliptipool avec une boule blanche et six de couleur. La forme peu orthodoxe de sa table créait de fascinants nouveaux schémas de jeu.

Après avoir fabriqué son prototype au lycée, Art l'a emporté avec lui à l'Union College, à Schenectady. Sa table a connu un tel succès parmi ses camarades de cité universitaire qu'on en a parlé au journal télévisé. Puis il l'a brevetée, et a reçu la proposition d'un important fabricant de jouets.

— Ils avaient quatre-vingt mille tables en commande. J'avais vingt et un ans, et je me suis dit : « Je vais devenir millionnaire ! » raconte-t-il.

Pour la campagne de publicité, le fabricant a fait appel à Paul Newman, qui venait de tenir le premier rôle dans *L'Arnaqueur*, un film dont l'action se déroule dans le monde du billard. Mais il y a eu quelques pépins : il a fallu près d'un an pour que les tables arrivent sur le marché, et le bois du modèle distribué avait tendance à se voiler. Une version plus robuste, pourvue d'un monnayeur, a ensuite été fabriquée et livrée à des centaines de bars des grandes villes. Mais le jeu n'a pas pris pour autant.

À chaque fois qu'Art se rendait quelque part pour voir les gens y jouer, il constatait à son grand dépit que la table était à l'abandon.

— Je me suis rendu compte avec tristesse que les gens ne comprenaient pas le jeu. Ils ne voyaient de différence que dans la rondeur de la table. Pour ceux qui ignoraient tout des foyers, la boule ne voulait jamais rentrer. Incapables de réussir le moindre coup, ils n'avaient aucune chance de s'en sortir tout seuls.

N'empêche, l'expérience lui a au moins appris comment *ne pas* lancer un produit, et cela n'a pas manqué de servir sa carrière ultérieure d'entrepreneur dans les diamants et les balais éponges. Il vit aujourd'hui en Floride, où il importe de l'huile d'olive.

La relation mathématique entre les foyers d'une ellipse n'a peut-être pas illuminé la culture des bars en Amérique, mais elle a été magnifiquement exploitée par l'industrie de l'éclairage. À l'instar de la boule de billard qui, provenant d'un foyer, rebondit en direction de l'autre, une source de lumière placée au foyer d'une ellipse constituée d'un matériau réfléchissant verra tous ses rayons réfléchis vers l'autre foyer. Quand on fait pivoter une ellipse autour de la droite invisible qui relie les deux foyers, on obtient une forme tridimensionnelle nommée « ellipsoïde ». Installez une ampoule en l'un des foyers d'une coquille ellipsoïde dont la surface intérieure est tapissée d'un miroir et vous aurez le composant principal du projecteur de théâtre. Il n'existe pas de meilleur procédé pour créer un faisceau de lumière étroit. En se réfléchissant dans le deuxième foyer, la lumière émise par l'ampoule produit un faisceau contracté qui est ensuite réfracté à travers une lentille. En fait, les applications optiques des sections coniques rendent compte de l'origine du terme « focus » : en latin, il signifie « foyer ». L'étymologie est encore plus limpide en allemand : « focus » se dit *Brennpunkt*, « point brûlant ».

Les bâtiments dotés d'un toit ellipsoïde possèdent des propriétés remarquables, car le son produit en un foyer rebondira partout au plafond en direction de l'autre foyer. Le dôme gigantesque du tabernacle mormon de Salt Lake City[2], par exemple, a été sciemment édifié en forme de demi-ellipsoïde. Une épingle qui tombe sur un pupitre situé dans un foyer sera très distinctement entendue dans l'autre, cinquante-deux mètres plus loin.

L'essor des mathématiques de la Grèce antique a duré près d'un millénaire[3], de Thalès, autour de 600 av. J.-C., à Pappus d'Alexandrie, leur dernier représentant significatif, vers 300 de notre ère. Trois hommes en ont été les principaux architectes : Euclide, Archimède et Apollonios de Perga, ou la sainte trinité du mathématicien classique. Tous ont vécu au IIIe siècle av. J.-C. Nous reviendrons plus loin à Euclide et Archimède. Apollonios, le plus jeune des trois, a étudié et enseigné à Alexandrie, il a aussi vécu à Perga, en

Turquie, qui abritait la deuxième grande bibliothèque de l'Empire grec. Apollonios est peut-être aujourd'hui le moins reconnu de ces trois géants, mais on le surnommait en son temps *megas geometris*, le « grand géomètre ». De ses nombreux ouvrages, un seul a survécu, *Coniques*, un traité sur les cônes.

Dans *Coniques*, Apollonios a montré que le découpage d'un cône donne trois types de section, qu'il a nommés respectivement « ellipse » (du grec *leipein*, qui signifie « laisser »), « parabole » (de *para*, « égale » ou « à côté ») et « hyperbole » (de *hyper*, « plus que » ou « au-delà »), le suffixe *bola* signifiant « lancé »[4]. Apollonius a choisi ces noms en fonction des propriétés des aires de ces courbes, trop complexes pour être expliquées ici, mais on peut le comprendre en établissant une analogie avec l'angle de la coupe, comme sur l'illustration de la p. 97. Lorsque l'angle de la coupe est inférieur à l'angle ou à la pente du côté, la section est une ellipse. Quand l'angle y est égal, c'est une parabole, et quand l'angle y est supérieur, c'est une hyperbole. *Coniques* contient trois cent quatre-vingt-sept propositions et sa lecture n'est pas facile, notamment parce que Apollonios emploie un système de notation encombrant et obsolète. Son œuvre n'en est pas moins immense, c'est un sommet reconnu de la géométrie grecque. L'acharnement de son auteur à explorer les propriétés du cône l'a conduit à poser les jalons techniques de certaines avancées scientifiques majeures qui ne surviendraient pas avant deux millénaires.

Dans *Coniques*, Apollonios déclare avec une certaine condescendance que le sujet ne vaut d'être étudié qu'à des fins d'amusement, et qu'il travaille par ailleurs à des mathématiques possédant de réelles applications. Les premiers scrutateurs d'étoiles avaient observé que les planètes ne se déplacent pas en ligne droite – elles décrivent des méandres dans le ciel, revenant parfois temporairement sur leurs pas (d'où le terme « planète » qui les désigne, *planetes* en grec signifiant « errant »). Platon avait dit que les planètes décrivaient un cercle parfait, la plus simple et élégante des formes. Cette affirmation reposait sur la certitude que le monde était édifié sur la simplicité et l'élégance géométrique, alors même que les données indiquaient très manifestement autre chose. Cela mettait les penseurs au défi d'expliquer le vagabondage céleste par une combinaison ou une autre de mouvements circulaires. Relevant le défi, Apollonios a conçu un système qui tiendrait lieu de modèle reconnu pendant près de deux mille ans.

La solution d'Apollonios au mouvement des planètes place la Terre au centre du cosmos. Chaque planète décrit un petit cercle, l'épicycle, qui en décrit lui-même un plus grand, le déférent, dont le centre est la Terre, comme illustré ci-dessous. L'orbite aux airs de napperon brodé qui répond à cette description ressemble à un dessin au spirographe, ce jouet constitué d'une roue dentée équipée d'un crayon que l'on fait tourner autour d'une autre plus grande. L'orbite d'une planète qui décrit un épicycle le long d'un déférent comporte des phases de retour en arrière, ce qui permettait d'expliquer que les planètes semblent parfois revenir sur leurs pas. Le système d'Apollonios correspondait aux observations à quelques détails mineurs près, et il s'améliorait si l'on y ajoutait encore un épicycle. La planète était donc à présent soumise à trois mouvements circulaires : elle décrivait un cercle, qui tournait lui-même autour d'un autre, qui a son tour suivait l'orbite d'un troisième autour de la Terre.

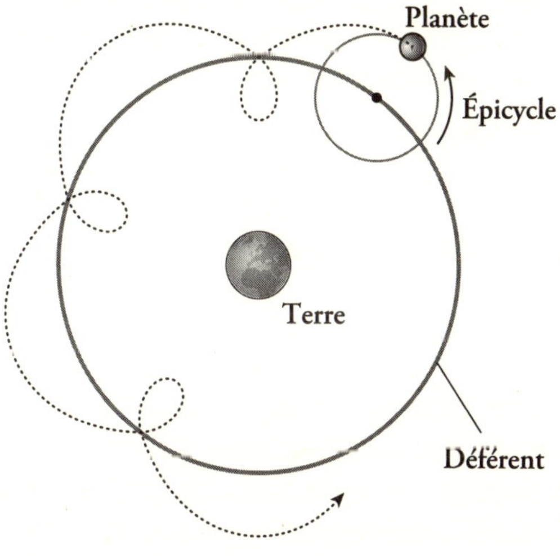

Dans l'*Almageste*, rédigé au IIᵉ siècle de notre ère, l'astronome grec Ptolémée décrivait un système d'épicycles sur un déférent qui serait universellement admis comme la représentation fidèle du cosmos jusqu'au XVIᵉ siècle. Pendant quatorze siècles, personne n'a contesté le modèle ptoléméen, alors même qu'avec le progrès des mesures il fallait ajouter un nombre sans cesse croissant d'épicycles. Dans la version finale, on comptait pas moins de trente-neuf cycles et épicycles, nécessaires à l'explication de la trajectoire des cinq planètes, du Soleil et de la Terre[5]. Le rêve platonicien d'élégance géométrique avait fait place à un épouvantable capharnaüm, critiqué jusque par l'Église, qui y voyait un dessein dépourvu d'intelligence. « Si le Tout-Puissant m'avait consulté avant de s'engager dans la Création, je lui aurais recommandé de faire plus simple », grommela au XIIIe siècle le roi Alphonse X de Castille, dit el Sabio (le Sage).

On sait à présent qu'Apollonios se trompait. Il existe bien un modèle plus simple des orbites planétaires, nous y viendrons sous peu. D'ailleurs, en anglais, l'expression *adding epicycles* (« accumuler les épicycles ») désigne aujourd'hui une mauvaise pratique scientifique, la tendance à peaufiner interminablement une fausse théorie dans l'espoir qu'elle finisse par fonctionner. Cela dit, si le système des épicycles a tenu si longtemps, c'est parce qu'il remplissait extrêmement bien sa fonction. En général, une théorie est abandonnée quand on démontre qu'elle est fausse. Mais celle des épicycles n'a jamais été démentie, parce que c'est impossible. Remarquablement, les cycles et épicycles permettent de décrire n'importe quelle orbite fermée et continue[6]. La théorie d'Apollonios fonctionnait suffisamment bien pour que nul n'éprouve le besoin d'aller chercher plus loin.

En 2005, les Argentins Christián Carman et Ramiro Serra se sont mis en tête de décrire une orbite d'une complexité inouïe pour ensuite trouver les épicycles qui peuvent la reproduire[7]. Ils ont choisi une représentation d'Homer Simpson, d'abord parce qu'elle ne ressemble absolument pas à une orbite, ensuite parce que – doh ! – c'est Homer Simpson. Le méga-gribouillage ci-contre est leur modèle de l'orbite homérienne. Le grand cercle est le déférent, et l'embrouillamini de petits cercles comporte neuf mille neuf cent quatre-vingt-dix-neuf épicycles de tailles différentes. La planète tourne autour du neuf mille neuf cent quatre-vingt-dix-neuvième épicycle, qui tourne lui-même autour du neuf mille neuf cent quatre-vingt-dix-huitième et ainsi de suite jusqu'au premier épicycle, qui tourne autour du déférent. Quand la planète aura accompli le tour complet du déférent – c'est-à-dire qu'elle aura fait deux tours du premier épicycle, trois tours du deuxième et ainsi de suite jusqu'à dix mille tours du neuf mille neuf cent quatre-vingt-dix-neuvième épicycle –, elle aura tracé le célèbre personnage de dessin animé. Carman et Serra ont été « très excités et heureux » d'avoir réussi à faire fonctionner leur modèle. Nul doute que Platon aurait apprécié lui aussi toute la poésie d'Homer.

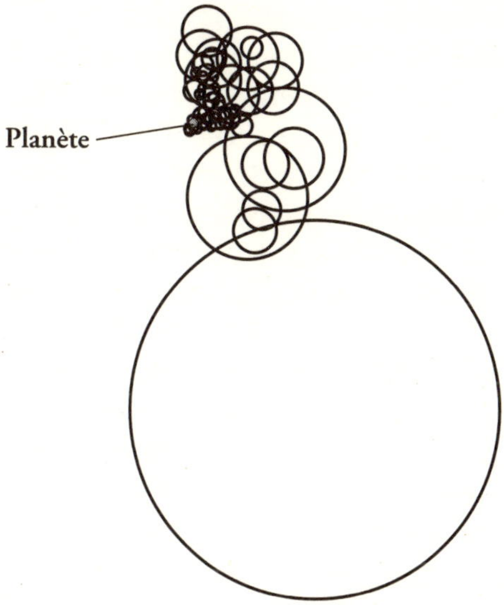

On dirait Marge, mais il s'agit bien d'Homer : une planète dont l'orbite correspondrait au parcours produit par ces dix mille cercles donnerait l'image du pater familias des Simpson.

C'est à 4 h 37 du matin, le 16 mai 1571, dans la petite ville allemande de Weil der Stadt, qu'a été conçu Johannes Kepler[8]. Il est né deux cent vingt-quatre jours, neuf heures et cinquante-trois minutes plus tard, à 14 h 30, le 27 décembre. Ces détails nous viennent de l'horoscope de Kepler établi par lui-même à l'âge de vingt-six ans ; on y apprend aussi qu'il a failli succomber à la variole, que ses mains étaient lourdement handicapées, qu'il souffrait incessamment de maladies de peau et qu'il a perdu sa virginité à vingt et un ans, « avec les pires difficultés, subissant la plus vive douleur à la vessie ». On peut en déduire certains traits de caractère qui l'ont probablement accompagné toute la vie : hypochondrie, introspection, obsession pour les étoiles et amour des nombres.

Quand il a réalisé cet horoscope, Kepler avait déjà publié son premier ouvrage, le *Mysterium cosmographicum*, où il présentait un modèle de système planétaire fondé sur la théorie révolutionnaire proposée un demi-siècle auparavant par Nicolas Copernic, selon laquelle les planètes tournaient autour du Soleil. Bien qu'ayant été le fossoyeur du géocentrisme, Copernic croyait encore que les planètes se déplaçaient par épicycles. Kepler est allé plus loin en créant un modèle dans lequel les orbites de toutes les planètes s'assemblaient dans une superstructure d'objets géométriques, les solides platoniciens – c'est-à-dire le cube, le tétraèdre, l'octaèdre, l'icosaèdre et le dodécaèdre –, de tailles différentes, et articulés autour du Soleil. Le modèle était faux, bien sûr, mais le *Mysterium* a permis à Kepler de se faire un nom parmi les savants, et quand le célèbre astronome danois Tycho Brahe s'est lancé dans la création d'un nouvel observatoire près de Prague, il a pris le jeune Allemand ambitieux pour assistant.

Brahe était un aristocrate haut en couleur, qui portait une prothèse nasale d'or et d'argent depuis que son cousin lui avait tranché le nez lors d'un duel motivé par une formule mathématique. Il vivait aussi en compagnie d'un élan domestique, qui a fait un soir une chute mortelle après avoir bu trop de bière au dîner. Le Danois mettait heureusement beaucoup plus de soin dans le traitement de ses données d'astronomie, réputées aux quatre coins de l'Europe pour être les plus justes et les plus complètes jamais rassemblées. Il a confié à Kepler la mission de s'efforcer de comprendre l'orbite de Mars, la planète qui s'écartait le plus d'une trajectoire circulaire. C'était une tâche pénible, laborieuse, qui supposait l'invention d'orbites possibles, le calcul prédictif de positions et la vérification auprès des données observées : « Si le lecteur trouve pénible la description de cette méthode, expliquerait Kepler, qu'il ait pitié de l'auteur, car il m'a fallu recommencer au moins soixante-dix fois. »

Pendant qu'il était aux prises avec Mars, Kepler a quand même profité d'un moment de relâche pour inventer l'optique moderne. On trouve dans *Astronomia pars optica* (La part d'optique de l'astronomie) un passage sur les miroirs ayant la forme de sections coniques : l'ellipse, la parabole et l'hyperbole. C'est d'ailleurs là que Kepler introduit le terme « focus » pour désigner le point brûlant de faisceaux lumineux réfléchis. Revenant alors à Mars, exaspéré de ne pas trouver de système de mouvements circulaires combinés concordant avec les données, Kepler a décidé de se débarrasser de la théorie des épicycles. Cette nouvelle orientation ne lui inspirait manifestement pas beaucoup d'optimisme. « J'ai débarrassé les écuries d'Augias de l'astronomie des cycles et des spirales, se lamentait-il, et n'ai laissé derrière moi qu'une seule charretée de fumier. » Pendant une année, Kepler a multiplié les expériences avec une orbite ovoïde, un ovale aplati à une extrémité et plus pointu à l'autre, malgré toute la répugnance que lui inspirait cette forme guère plus symétrique qu'harmonieuse. Toutefois, dans ses calculs d'approximation de l'ovale, il en est venu à employer une ellipse – un accessoire géométrique qu'il connaissait bien depuis ses travaux d'optique sur les sections coniques. C'est là qu'est venue l'illumination : l'accessoire se suffisait à lui-même. « *O me ridiculum !* Ô que j'étais ridicule ! s'est-il alors exclamé. Il n'est d'autre figure de l'orbite d'une planète que l'ellipse parfaite. »

Kepler avait dans un premier temps écarté l'hypothèse de l'ellipse concernant l'orbite de Mars parce qu'elle lui avait paru trop simple pour que ses prédécesseurs aient pu l'ignorer. En outre, le fait qu'une ellipse possède deux foyers semblait en contradiction avec l'unicité du Soleil, a priori censé se trouver au cœur du système plutôt qu'à l'un des deux points d'égale importance. C'est alors que, malgré l'apparente contradiction, il a observé que le Soleil occupe bel et bien l'un des foyers, et que son influence détermine la vitesse orbitale. (Il n'y a rien à l'autre foyer.) Une planète qui décrit une orbite elliptique se déplace plus vite à mesure qu'elle se rapproche du Soleil, mais elle couvre toujours la même surface dans le même laps de temps, comme le montre l'illustration ci-dessous. Le philosophe Norwood Russell Hanson écrivait que la découverte de Kepler avait été l'exercice d'imagination le plus difficile de l'histoire des sciences[9]. « Même les avancées conceptuelles [du XXe siècle] n'ont pas signifié une telle rupture avec le passé. » Le modèle des épicycles d'Apollonios a ainsi fini par

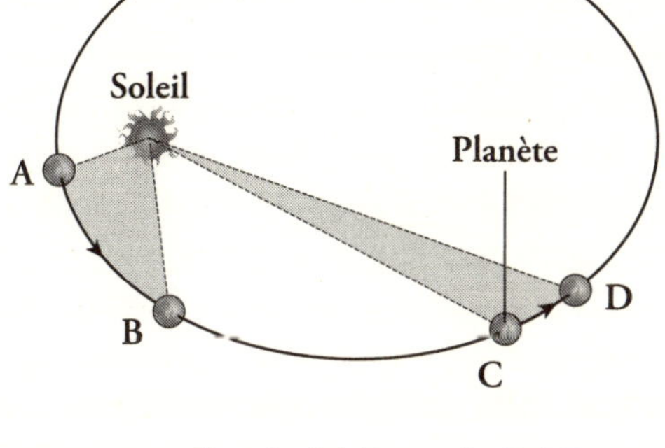

Il faut autant de temps pour aller de A à B que de C à D, car les segments grisés occupent la même surface. Une planète se déplace donc d'autant plus lentement qu'elle est éloignée du Soleil.

laisser la place à l'ellipse, une courbe à laquelle le Grand Géomètre lui-même avait donné un nom et dont il connaissait mieux que personne les propriétés.

En 1610, Kepler a reçu un message de Galileo Galilei, l'éminent astronome demeurant de l'autre côté des Alpes, en Italie :

smaismrmilmepoetale v m i b u n e n u g t t a v i r a s

Galilée détenait apparemment une information trop excitante pour la garder pour lui, mais trop précieuse pour la confier à quiconque risquerait d'en tirer profit dans ses recherches. Il l'avait énoncée sous la forme d'une anagramme, ce qui lui permettait d'établir l'importance de la découverte tout en maintenant le secret sur les détails et sans trop s'avancer, au cas où il y aurait eu une erreur.

L'énigme a mis Kepler dans tous ses états. Il a cru l'avoir résolue en réarrangeant les lettres de ce charabia pour obtenir une phrase qui paraissait faire sens : *Salve umbistineum geminatum Martia proles*, « Salut, brillant jumeau fils de Mars », même si cette version reposait sur une latinisation hasardeuse du mot allemand *umbeistehen*. Kepler était persuadé que son rival avait découvert que Mars possédait deux lunes. Galilée démêlerait ensuite lui-même pour lui son anagramme : *Altissimum planetam tergeminum observavi*, « J'ai observé que la planète la plus lointaine est triple ». Sa découverte ne concernait pas du tout Mars mais Saturne : Galilée y avait aperçu deux bosses sur les côtés, dont nous savons aujourd'hui qu'il s'agit d'anneaux. Mais de façon tout à fait remarquable, il s'avère que Kepler avait aussi raison : Mars possède bien deux lunes, Phobos et Déimos, qui ne seraient découvertes que plus de deux siècles après.

Galilée est revenu taquiner Kepler avec une seconde anagramme, mais le message avait cette fois un sens apparent, délibérément provocateur : *Haec immatura a me iam frustra leguntur – oy*, « Ces choses immatures sont lues en vain par moi – oy ». Là encore, Kepler a trouvé une solution intelligible : *Macula rufa in Jove est gyratur mathem etc.*, « Il y a une tache rouge sur Jupiter qui tourne mathématiquement », et là encore, il se trompait. Ce que lui communiquait Galilée, c'était : *Cynthiae figuras aemulatur Mater Amorum*, « La mère de l'amour [Vénus] imite les figures de Diane [la Lune] », ce qui signifiait que Vénus connaissait des phases comme la Lune. Mais dans son erreur, Kepler s'était à nouveau montré prophétique : cinquante ans plus tard, les astronomes observeraient que Jupiter possède effectivement une tache de sang, un anticyclone gigantesque appelé la « Grande Tache rouge ».

Avec Galilée et Kepler, les scientifiques ont cessé d'être perçus comme des érudits passifs pour devenir des héros explorateurs. Il n'y avait qu'un univers, et chacun voulait être reconnu comme étant le premier à l'avoir cartographié. Bien d'autres après Galilée, notamment Robert Hooke, Christiaan Huygens et Isaac Newton, auraient recours à l'indéchiffrable anagramme pour protéger leur propriété intellectuelle, jusqu'au XVIIIe siècle, où la publication dans une revue deviendrait la façon ordinaire d'annoncer une découverte scientifique.

Galilée admettait la théorie copernicienne selon laquelle la Terre tournait autour du Soleil, mais pas l'hypothèse de Kepler qui voulait que l'orbite des planètes soit elliptique[10]. Cela ne l'a pas empêché de pousser très loin l'étude du mouvement d'autres types d'objets sphériques. À l'été 1592, alors qu'il n'était encore qu'un jeune professeur de mathématiques, il a rendu visite à son ami et protecteur le marquis Guidobaldo Del Monte dans son château près d'Urbino. Dans le cadre de ses fonctions d'inspecteur des fortifications de Toscane, le marquis s'intéressait de près à la trajectoire des boulets de canon : s'envolaient-ils en ligne droite avant de retomber en ligne droite aussi, comme le prétendait la mécanique aristotélicienne traditionnelle, ou bien décrivaient-ils quelque courbe avant d'atteindre leur destination ? Pour le savoir, les deux hommes ont réalisé une expérience tellement simple qu'on peine à croire que nul n'y ait songé avant eux. Ils ont enduit d'encre une bille métallique et l'ont projetée vers le haut en diagonale sur un plan incliné. La trace déposée décrivait un arc symétrique.

Galilée a ainsi constaté que les objets s'élèvent exactement comme ils redescendent ; la trajectoire de la montée est la réplique en miroir de celle de la chute. Cette symétrie l'a conduit à comprendre que le mouvement pouvait se subdiviser sous forme de composants horizontaux et verticaux. Le comportement latéral d'un objet en vol libre est indépendant de son comportement de haut en bas. Galilée a ensuite effectué d'autres expériences à l'aide de billes encrées qui l'ont conduit à démontrer que lorsqu'un projectile est lancé à l'horizontale depuis une table :

— le déplacement horizontal est proportionnel au temps écoulé (ainsi, si un corps parcourt une unité en une seconde, il en parcourra deux en deux secondes, trois en trois secondes et ainsi de suite) ;

— le déplacement vertical est proportionnel au carré du temps écoulé (ainsi, si un corps tombe à la cadence d'une unité par seconde, il le fera à quatre unités en deux secondes, neuf unités en trois secondes et ainsi de suite).

Connaissant les travaux d'Apollonios sur les sections coniques, Galilée a déduit que la trajectoire d'une bille lancée depuis la surface d'une table, comme illustré ci-dessous à gauche, est une parabole[11]. Quand un projectile, comme un ballon de basket, est lancé selon un certain angle, comme ci-dessous à droite, il décrit aussi une parabole, mais il doit s'élever dans un premier temps avant de retomber. La parabole est la signature d'un objet se déplaçant librement sous l'effet de la gravitation – le jet d'une fontaine, le vol d'une flèche ou la trajectoire en bosse que décrit un ballon envoyé en l'air. Pour le titre de son chef-d'œuvre *L'Arc-en-ciel de la gravité*, le romancier Thomas Pynchon s'est inspiré de la gerbe de vapeur libérée par une fusée allemande V-2, métaphore de l'essor et du déclin des cultures.

Pendant près de deux mille ans, on a vu dans les sections coniques un sommet de la pensée mathématique grecque, des courbes charmantes mais dépourvues de toute fonction pratique.

Puis, simultanément, on a découvert deux applications qui s'offraient pourtant à la vue de tous : les planètes se déplacent en décrivant une ellipse, les projectiles en décrivant une parabole. À la fin du XVIIe siècle, Isaac Newton a démontré que ces deux faits découlaient de ses lois du mouvement et de la gravitation universelle. Galilée et Kepler avaient étudié le même problème à des échelles différentes. (Au sens strict, un caillou lancé en l'air entame en vérité une orbite elliptique autour de la Terre, qu'il mènerait à son terme si la masse de la Terre était accumulée en son centre. Cependant, depuis le point de vue de l'observateur, on peut raisonnablement supposer que les cailloux qu'on lance décrivent une parabole.)

Il est un fait notable et surprenant concernant les paraboles : toutes ont la même forme. De même que n'importe quel cercle peut être rendu identique à un autre en modifiant son échelle, on peut rétrécir ou agrandir une parabole pour la rendre identique à toute autre. Cela découle de notre définition première des sections coniques (p. 98), selon laquelle chaque angle de coupe produit une forme unique. Pour le cercle ou la parabole, un seul angle est possible : horizontal pour le cercle, parallèle à la pente du cône pour la parabole. L'ellipse et l'hyperbole peuvent s'obtenir à travers de nombreux angles de coupe, elles présentent donc de nombreuses formes.

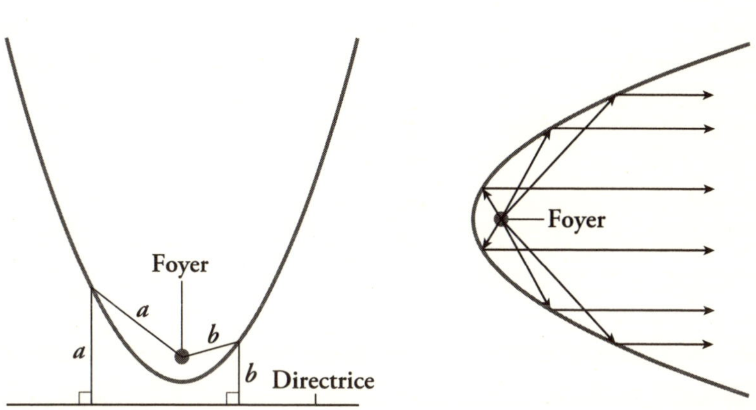

Géométrie de la parabole.

On peut définir la parabole de deux autres façons : c'est le lieu géométrique de tous les points équidistants entre un point fixe et une droite fixe connus sous le nom de « foyer » et de « directrice », illustrés sur la figure précédente, à gauche. Et c'est aussi la courbe qui, lorsqu'elle est constituée d'un matériau réfléchissant, renvoie tout rayon de lumière émanant du foyer sous forme de droites parallèles, comme illustré à droite.

La première définition offre aux amateurs d'origamis un procédé simple pour réaliser une parabole. Tracez un point F sur une feuille de papier, comme montré ci-dessous à gauche. Choisissez arbitrairement un point P sur le bord inférieur et repliez la feuille pour le faire correspondre avec F, comme l'indique la flèche, pour obtenir la pliure en pointillés. Répétez l'opération pour de nombreux points arbitrairement choisis sur le bord inférieur. La forme qui émerge est une parabole. Je laisse au lecteur le soin de découvrir pourquoi. (Indice : chaque pliure représente la droite des points équidistants entre le foyer et un point arbitraire.)

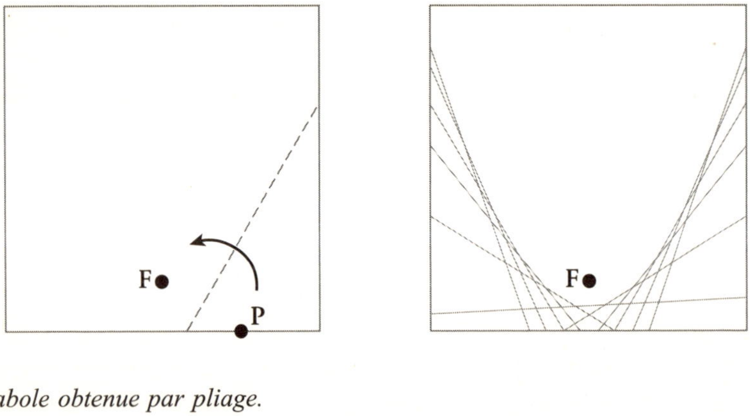

Parabole obtenue par pliage.

La deuxième définition explique pourquoi la parabole est la courbe que l'on trouve le plus souvent dans un magasin de luminaires. Tous les rayons d'une ampoule placée au foyer d'un miroir parabolique se refléteront parallèlement. Faites tourner une parabole sur son axe central et vous obtiendrez un paraboloïde, qui est la forme du miroir réflecteur équipant les lampes de poche, les projecteurs ou les phares de voiture.

Cela fonctionne aussi en sens inverse. Des rayons parallèles de lumière qui pénètrent dans un paraboloïde se refléteront tous vers le foyer. De sorte que si le réflecteur doit servir, par exemple, à concentrer les rayons solaires – qui sont bien parallèles, à cause de la distance du Soleil –, il faut une coquille parabolique. La technologie de l'énergie solaire repose sur les paraboloïdes. Le réflecteur Scheffler, entre autres, est une parabole métallique couramment employée dans le monde en voie de développement pour cuisiner. On oriente la parabole vers le soleil, puis on la fait un peu pivoter de temps à autre à mesure que le soleil se déplace afin d'attraper le plus de lumière possible et la réfléchir continuellement vers le même point, le foyer, où se trouve un réchaud. Le four solaire le plus puissant du monde est un miroir parabolique d'une hauteur de cinquante-quatre mètres, il se trouve à Odeillo, dans les Pyrénées françaises. À cause de sa grande taille, le miroir est fixe, mais il reçoit les reflets de soixante-trois miroirs plus petits rotatifs et plats. Son foyer est occupé par une cible circulaire susceptible d'atteindre 3 500 °C les jours d'ensoleillement, de quoi porter le

Le four solaire d'Odeillo, dans les Pyrénées-Orientales.

plomb à ébullition, faire fondre le tungstène, ou calciner le cochon sauvage.

On emploie aussi des paraboles pour réfléchir vers un foyer les ondes électromagnétiques et sonores provenant d'un objet distant. C'est désormais un élément courant du paysage urbain, que l'on trouve généralement sur le toit des abonnés à la télévision par satellite, mais aussi sur les tours de contrôle du trafic aérien et les installations militaires. C'est à l'aide d'un microphone parabolique que les espions, les ingénieurs du son de la télévision et les amateurs d'ornithologie captent des sons très faibles émis à distance. Le principe est toujours le même. Le paraboloïde est la seule forme qui réfléchit des ondes parallèles vers un point donné.

En 1668, Isaac Newton a construit le premier télescope réfléchissant, dont les composants essentiels n'étaient plus des lentilles mais des miroirs. Il a compris que la meilleure forme à donner au miroir primaire était paraboloïde, mais n'étant pas en mesure d'en fabriquer, il s'est arrangé avec un miroir sphérique. Malgré cette imperfection, le télescope réflecteur s'est avéré nettement supérieur à ses prédécesseurs et la plupart des télescopes bâtis depuis le XVIIe siècle relèvent de cette catégorie.

Newton a aussi fait une découverte concernant les paraboles qui n'a d'abord présenté qu'un intérêt théorique, mais que l'industrie du télescope exploite abondamment aujourd'hui. Quand on fait tourner sur lui-même un récipient cylindrique contenant un liquide, la surface de ce dernier prend une forme paraboloïde. La rotation pousse le liquide vers les bords et crée une dépression au centre si bien que la coupe transversale donne une parabole. Cela signifie qu'il est possible de fabriquer un miroir parabolique en faisant tourner du verre fondu dans un récipient et en le laissant se figer. Ainsi a été bâti le Large Binocular Telescope, l'un des plus puissants télescopes du monde. Ses deux miroirs paraboliques de 8,4 mètres de diamètre ont été fabriqués à Tucson, dans le four rotatif géant d'un laboratoire installé au sous-sol du stade de football de l'université de l'Arizona. Ce laboratoire ne produit pas plus d'un miroir par an, qui coûte plusieurs dizaines de millions de dollars, mais la méthode revient bien moins cher et elle est plus rapide que le polissage du verre.

Moins coûteux encore, le télescope à miroir liquide, un télescope construit sur un tambour rotatif rempli de liquide réfléchissant. Le Large Zenith Telescope, dans les environs de Vancouver, est doté d'une cuvette circulaire de six mètres de diamètre remplie de mercure, qui se transforme en miroir parabolique quand le dispositif tourne. C'est le grand télescope le moins cher du monde, et de loin, mais il présente un inconvénient : la cuvette tournant forcément à l'horizontale, la lunette ne peut que pointer directement vers le zénith.

En 1637, René Descartes a inventé le système des coordonnées et ouvert la voie à de considérables progrès dans la compréhension des sections coniques, qui n'avait pas beaucoup avancé depuis Apollonios. Les coordonnées cartésiennes déterminent la position sur un plan par référence à un axe horizontal et à un axe vertical[12]. Chaque point possède des coordonnées uniques (a, b) où a correspond à l'axe horizontal et b au vertical, comme illustré ci-après (fig. 1). Les coordonnées avaient ceci d'important qu'elles permettaient aux mathématiciens de décrire des courbes à l'aide d'équations et de représenter les équations sous forme de courbes. Elles tendaient donc une passerelle entre la géométrie – l'étude des formes – et l'algèbre – celle des équations – qui jusqu'alors étaient des champs mathématiques bien distincts.

Par convention, nous écrivons les équations à l'aide des variables x et y, qui, lorsqu'on les reporte sur un graphique, désignent la position horizontale et verticale ; autrement dit, ce sont les coordonnées (x, y). Le graphique de l'équation $x = y$, par exemple, est l'ensemble de tous les points (x,y) où $x = y$. Cela comprend les points (1, 1), (2, 2), (3, 3) de la fig. 2. Le graphique de $y = x^2$, en revanche, est l'ensemble de tous les points où $y = x^2$, et cela comprend les coordonnées (0, 0), (1, 1), (2, 4), (3, 9) et ainsi de suite. Cette courbe (fig. 3) est une parabole qui touche l'axe horizontal à l'origine, en (0, 0). En fait, les programmes scolaires faisant primer l'algèbre sur la géométrie – on n'enseigne plus les sections coniques, par exemple –, notre première rencontre avec la parabole survient généralement au moment où l'on place les coordonnées de $y = x^2$. Peut-être aurez-vous reconnu le U, ce vieil ami de l'introduction aux mathématiques élémentaires.

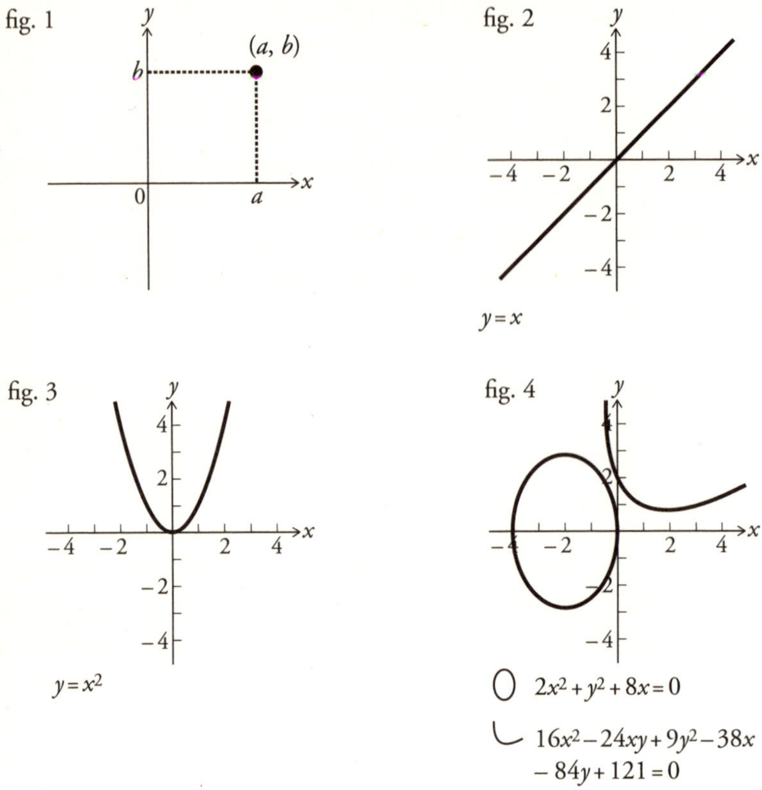

Coordonnées cartésiennes.

L'algèbre est née de la nécessité de résoudre des problèmes pratiques. Quelle est, par exemple, la formule de la surface d'un carré ? Si l'on admet que x est le côté du carré et y son aire, la formule est $y = x^2$. Quand une équation contient un x^2 ou un y^2, mais pas de puissance supérieure de x ou y, on parle d'« équation quadratique », ou « du second degré ». Les Babyloniens avaient trouvé une façon de résoudre ces équations, notamment pour les problèmes impliquant le calcul de surfaces. À la Renaissance, ces équations avaient été étudiées sous toutes les coutures. Que pouvaient-elles cacher encore ?

Grâce aux coordonnées cartésiennes, on s'est aperçu que les équations du second degré correspondaient aussi aux sections coniques. Autrement dit, toute équation du second degré décrit une section conique et toute section conique peut se décrire par une équation du second degré. Deux des domaines mathématiques les plus étudiés, ceux sur lesquels on avait le plus cogité, n'étaient finalement qu'une représentation alternative l'un de l'autre. L'équation générale du second degré $Ax^2 + Bxy + Cy^2 + Dx + Ey + F = 0$, où A, B, C, D, E et F sont des constantes et au moins une parmi A, B et C est non nulle, dessine toujours une section conique sur un graphique de coordonnées, et vice versa : toute section conique tracée sur un graphique peut s'exprimer sous la forme de l'équation qui précède. Dans l'illustration ci-contre (fig. 4), l'équation de l'ellipse est $2x^2 + y^2 + 8x = 0$, et celle de la parabole en diagonale est $16x^2 - 24xy + 9y^2 - 38x - 84y + 121 = 0$.

Au milieu du XIXe siècle, le mathématicien allemand August Ferdinand Möbius a découvert une propriété frappante de la parabole $y = x^2$: c'est une *Multiplicationsmaschine*, une « machine à multiplier »[13].

Möbius avait le goût des petits tours géométriques – au sens propre, dans le cas du ruban qui porte son nom, soit une bandelette de papier à laquelle on a imprimé un tour, comme au figuré, en se demandant comment une parabole pouvait faire de l'arithmétique. La technique est illustrée ci-dessous à gauche. Pour multiplier $a \times b$, tracez une droite entre les points de la parabole où $x = -a$ et $x = b$. Cette droite coupe l'axe des y au point correspondant à la réponse ! Tout ce qu'il faut, c'est être capable de tracer une droite et de repérer le point d'intersection. Ci-dessous à droite figure l'exemple de 2×3. La droite coupe les points de la parabole où x vaut -2 et 3, et croise l'axe des y en 6. La méthode fonctionne pour tout couple de chiffres (vous en trouverez la preuve à l'annexe 4, p. 326).

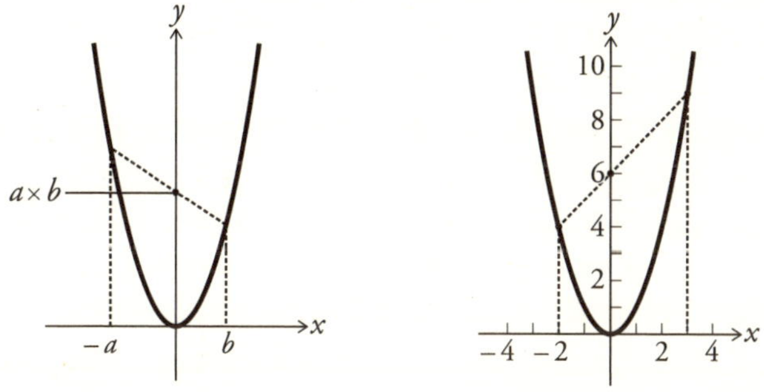

Comment multiplier deux nombres à l'aide d'une parabole.

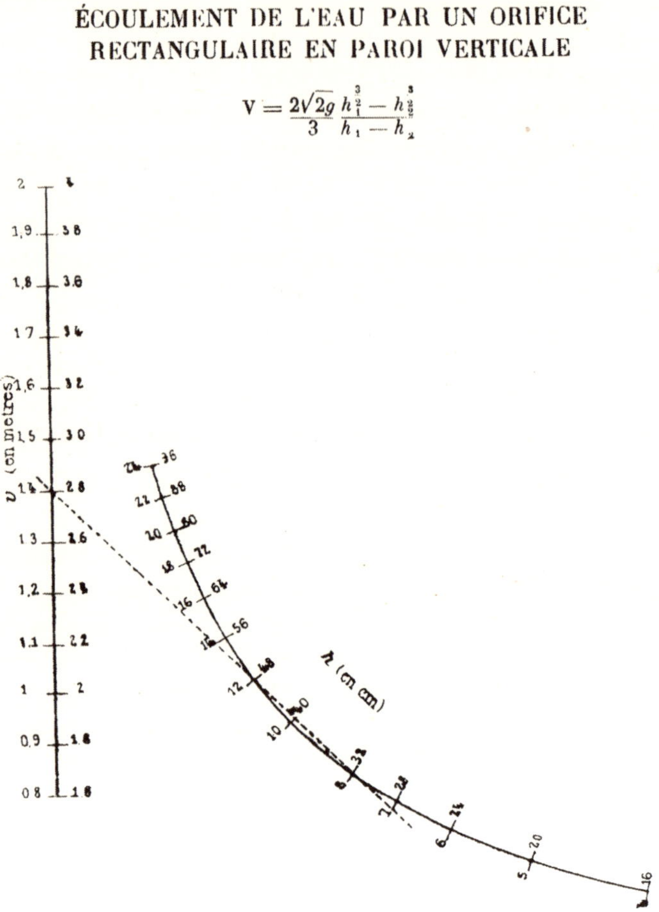

L'instrument de calcul appelé « nomogramme » a couramment servi jusqu'à l'invention de la calculette de poche. Celui-ci, datant de 1921, concerne le débit de l'eau dans un barrage.

C'est en 1841 que Möbius a fait connaître son extravagante machine à multiplier, dans une note en pied de page de l'auguste *Journal für die reine und angewandte Mathematik* (Journal des mathématiques pures et appliquées). Lui-même n'y reviendrait jamais, mais l'idée de résoudre des problèmes arithmétiques par le truchement de la géométrie serait plus tard réinventée par un jeune étudiant français en ingénierie, Maurice d'Ocagne[14]. Ce dernier a découvert qu'outre $a \times b$, un grand nombre d'opérations peuvent s'effectuer en traçant une simple droite entre deux points d'un graphique. En 1891, d'Ocagne a donné le nom de « nomogramme » à tout graphique susceptible de servir ainsi au calcul, et il en a conçu beaucoup. Chaque nomogramme ne fonctionne que pour une formule et une seule. La formule de l'illustration ci-contre, qui décrit la vitesse de l'eau s'écoulant à travers un orifice rectangulaire dans un barrage, où V est la vitesse et h_1 et h_2 sont les hauteurs respectives des bords supérieur et inférieur de l'orifice, se résout par ce nomogramme, qui date de 1921. Une droite traversant les valeurs de h_1 et h_2 sur la courbe traverse aussi la valeur correcte de V sur l'axe vertical. Il suffit donc pour résoudre cette enquiquinante équation d'une règle et d'une main ferme. Permettant d'échapper à de longs et fastidieux calculs, les nomogrammes ont abondamment servi en ingénierie et dans l'armée jusqu'aux années 1970, quand l'apparition de la calculette les a rendus obsolètes du jour au lendemain. Ingénieuse, pratique – et souvent belle –, la nomographie est un art aujourd'hui oublié.

L'hyperbole se distingue des autres sections coniques parce qu'elle comporte deux parties[15]. Pour le comprendre, il faut revenir à notre première définition des coupes effectuées sur un cône (voir p. 98). Quand on prend l'image complète, on s'aperçoit qu'en vérité la lame tranche à travers un double cône, c'est-à-dire deux cônes identiques empilés l'un sur l'autre, joints par la pointe. Pour l'ellipse et la parabole, l'angle de coupe est tel que la lame n'atteint jamais l'autre cône. En revanche, les incisions que produit l'hyperbole traversent à la fois celui du bas et celui du haut, comme illustré ci-après (fig. 1), produisant une paire symétrique d'ailes en forme de U.

L'hyperbole a enrichi la géométrie d'un concept nouveau et envoûtant : l'« asymptote », terme également trouvé par Apollonios. L'asymptote est une droite dont une courbe se rapproche infiniment sans jamais l'atteindre. L'hyperbole est encadrée par deux asymptotes qui se croisent (fig. 2). Chaque section ouverte de la courbe se dirige constamment vers l'asymptote, mais la droite et la courbe jamais ne se rencontreront. « Je crois [...] que le géomètre qui sentirait cette volonté désespérée de l'hyperbole de s'unir à son asymptote, écrit le penseur espagnol Miguel de Unamuno, créerait pour nous cette hyperbole comme une personne, et une personne tragique ! » On trouve des hyperboles partout chez soi. C'est par exemple la forme des petites arcades constituées par le taille-crayon (la pointe est le cône, le côté plat est la tranche) ou l'ombre dessinée par la lampe (le faisceau lumineux est le cône, le mur est la tranche), comme on le voit sur les fig. 3 et 4.

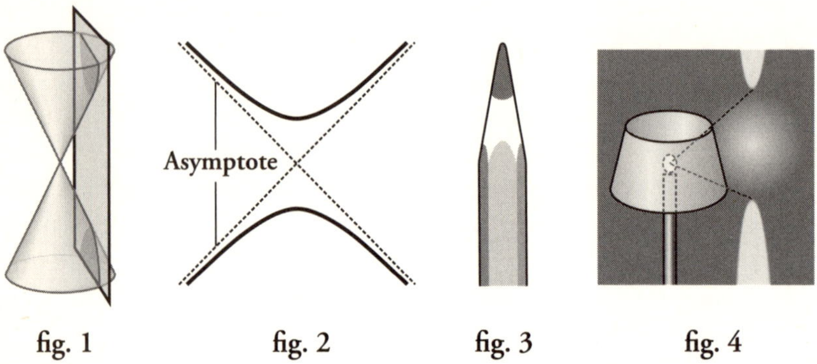

Hyperboles.

L'hyperbole, comme l'ellipse, possède deux foyers. Pour vous représenter une hyperbole, songez à une ellipse qui file vers l'infini dans une direction puis revient dans l'autre sens. On peut aussi définir l'hyperbole par les propriétés de ses foyers, comme on l'a fait pour l'ellipse. L'hyperbole est le chemin d'un point dont les distances entre deux foyers maintiennent une différence constante, alors que pour l'ellipse c'est leur somme qui est constante. Dans l'illustration ci-contre à gauche, a est la distance séparant un point arbitraire P d'un foyer et b celle qui sépare P de l'autre. L'hyperbole est le lieu géométrique de P quand $(a - b)$ est une valeur fixe. En calculant $(b - a)$, on obtient l'autre aile. Une autre définition possible de l'hyperbole se base sur le comportement de la lumière. Les rayons émis depuis l'emplacement d'un foyer se refléteront vers l'extérieur d'un miroir hyperbolique dans la direction opposée à l'autre foyer, comme illustré ci-contre à droite. Le télescope Ritchey-Chrétien, le plus courant des grands télescopes astronomiques, est doté de miroirs hyperboliques.

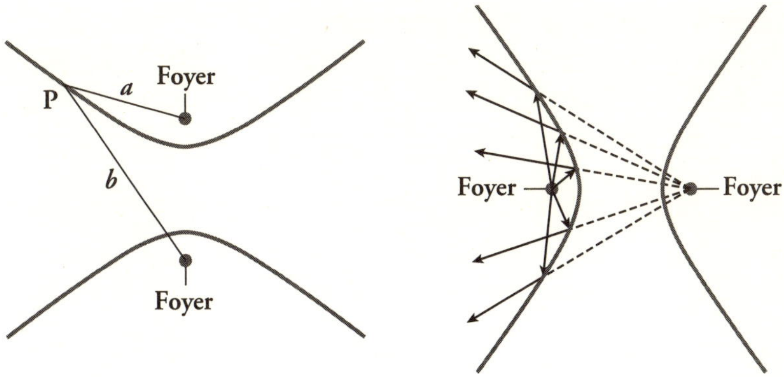

Géométrie de l'hyperbole.

Puisque je vous ai présenté des méthodes de construction d'une ellipse et d'une parabole, je me sens tenu de faire durer le plaisir avec l'hyperbole. Cette fois, le modèle que nous allons construire est en trois dimensions. Nous allons fabriquer un hyperboloïde, une forme qui ressemble à un tabouret de plastique des années 1970, et qui s'obtient en faisant tourner une hyperbole sur son axe, comme illustré ci-après à gauche. Sa construction ne requiert que deux cercles de carton et quelques bouts de ficelle. La première étape, illustrée par la figure centrale, consiste à tendre les ficelles entre les deux disques, de façon à créer le contour d'un cylindre. La seconde, à droite, consiste à faire tourner l'un des disques. La forme qui apparaît est un hyperboloïde.

Au XVIIe siècle, Christopher Wren, jeune professeur anglais d'astronomie, a aperçu dans une vitrine un panier d'osier similaire au modèle de ficelle illustré ci-après[16]. Une propriété extraordinaire de l'hyperboloïde l'a frappé : malgré la douce incurvation de sa surface, il n'est constitué que de lignes droites. Wren y a immédiatement décelé la possibilité de fabriquer des hyperboloïdes à partir de matériaux solides en n'utilisant qu'une seule lame droite. Imaginez un morceau d'argile cylindrique sur un tour de potier. Placez une lame en biais de façon à ce qu'elle morde légèrement dans l'argile. En maintenant la lame dans cette position et en actionnant le tour, le cylindre sera devenu hyperboloïde après une seule rotation. Wren souhaitait fabriquer des lentilles hyperboloïdes pour les télescopes. Il ignorait que sa découverte serait abondamment

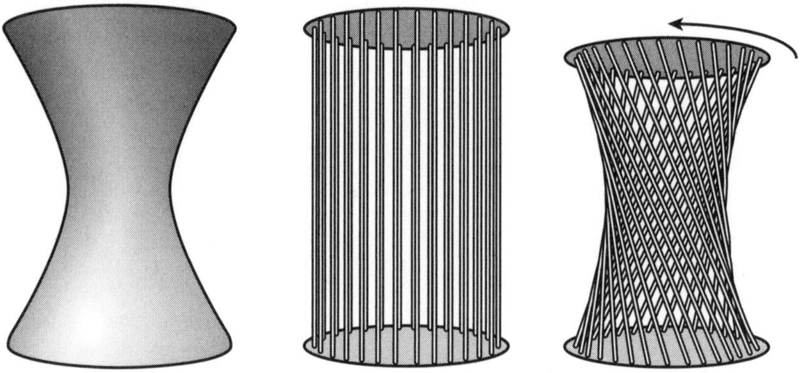

Comment construire un hyperboloïde avec un peu de ficelle.

utilisée des siècles plus tard en architecture, le domaine dans lequel il se ferait précisément connaître lui-même.

Au XIXe siècle, le professeur de mathématiques français Théodore Olivier a fabriqué divers modèles d'hyperboloïdes et de cônes tridimensionnels correspondants pour l'aider dans ses cours. Constitués de bois, d'un cadre métallique et de ficelles de couleur, ces modèles ont été très demandés dans les universités. Plusieurs exemplaires ont atterri au musée des Sciences de Londres, où, dans les années 1930, ils ont envoûté l'artiste britannique Henry Moore au point de lui inspirer l'utilisation de ficelle dans ses sculptures[17]. « Ce n'est pas l'étude scientifique de ces modèles, mais la faculté de voir à travers ces ficelles comme dans la cage d'un oiseau et de distinguer une forme dans une autre qui m'a excité », dirait-il. Les modèles d'Olivier sont des objets d'une grande beauté, fascinants à la façon des illusions d'optique, présentant des surfaces courbes qui, à bien y regarder, ne sont composées que de droites. (La collection personnelle que possédait Olivier de ses propres modèles a été rachetée à la fin du XIXe siècle par l'Union College de Schenectady, où, des années plus tard, Art Frigo lancerait sa table de billard elliptique.)

Dans le modèle à ficelle présenté plus haut, on a fait tourner le disque supérieur dans le sens des aiguilles d'une montre, si bien que les ficelles décrivent une pente descendante de gauche à droite, de forme \. Si l'on avait accompli la rotation dans l'autre sens jusqu'à atteindre le même angle, on aurait obtenu le même hyperboloïde, mais les ficelles auraient décrit une pente de forme /. Pour qu'un panier d'osier hyperboloïde soit solide, il faut des tiges allant dans les deux sens. À plus grande échelle, un hyperboloïde constitué d'un treillage métallique présente une robustesse étonnante, et cela permet de construire de très grandes structures incurvées en n'employant que des poutres droites. Le premier hyperboloïde apparu dans le domaine de l'architecture était un château d'eau de trente-sept mètres de hauteur érigé en 1896 à Nijni Novgorod, en Russie, et beaucoup d'autres ont suivi. Les tours de refroidissement des centrales électriques sont hyperboloïdes, de même que la Canton Tower de Guangzhou, qui avec ses six cents mètres est la quatrième plus haute structure du monde.

Hyperboloïdes rafraîchissants.

Je ne vous ai présenté l'hyperbole qu'après les autres sections coniques, mais nous l'avions déjà rencontrée. Quand deux propriétés sont inversement proportionnelles, comme la fréquence des mots en fonction du rang dans *Ulysse* de James Joyce, leur relation mathématique peut s'exprimer sous la forme $y = \frac{k}{x}$, où k est une constante. Cette équation décrit une hyperbole, dont les asymptotes sont l'axe vertical et l'axe horizontal. Étant donné que beaucoup de lois naturelles comportent des propriétés inversement proportionnelles – la loi de Boyle, par exemple, qui détermine que la pression d'un gaz est inversement proportionnelle à son volume –, on retrouve les hyperboles à peu près partout dans les sciences. L'expression « queue longue », très couramment employée en statistiques, est en fait souvent un euphémisme désignant une hyperbole et son asymptote.

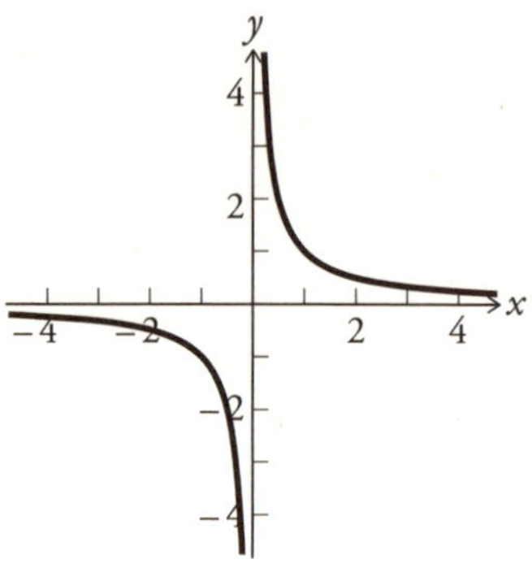

La courbe $y = \frac{1}{x}$ *est une hyperbole.*

Nous avons ouvert ce chapitre en définissant les sections coniques comme étant précisément des tranches d'un cône, avant d'observer les propriétés de chacune individuellement. Nous terminerons par une définition immuable et exhaustive : une section conique est une courbe dont la distance entre un point (le foyer) et une droite (la directrice) présente un rapport constant. Quand le rapport $\frac{\text{de la courbe au point}}{\text{de la courbe à la droite}}$ est supérieur à 1, c'est-à-dire que la courbe est toujours proportionnellement plus proche de la directrice que du foyer, il s'agit d'une hyperbole, comme illustré ci-contre ; quand ce rapport est égal à 1, c'est une parabole ; quand il est inférieur à 1, c'est une ellipse. Ces rapports sont mieux connus sous le nom d'« excentricités » de chaque courbe, puisqu'il s'agit de mesurer à quel point la courbe s'écarte du cercle. Dans notre illustration, les trois courbes partagent le même foyer F et la même directrice. L'ellipse présente une excentricité de 0,75 et l'hyperbole de 1,25.

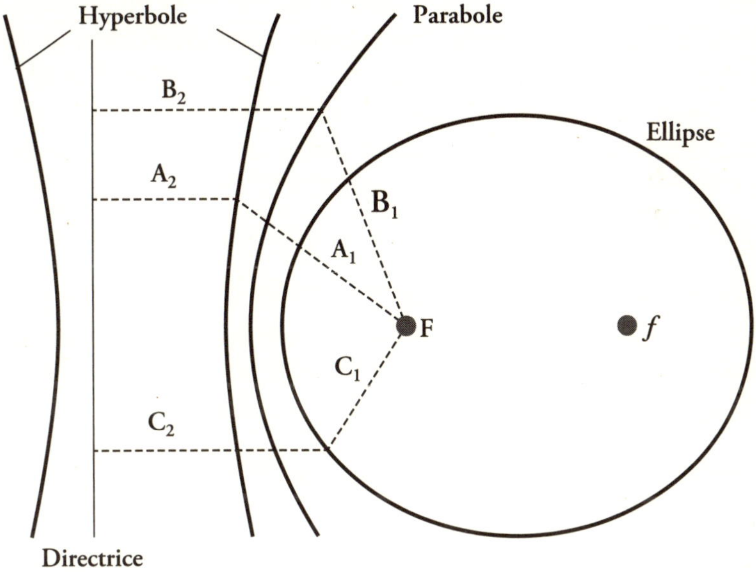

Section conique	Hyperbole	Parabole	Ellipse	Cercle
Excentricité	$\frac{A_1}{A_2} = k > 1$	$\frac{B_1}{B_2} = 1$	$\frac{C_1}{C_2} = k < 1$	0

Les sections coniques : une famille d'excentriques.

Imaginons à présent que vous êtes un astronome et que notre illustration est un modèle du système solaire. Considérons que F est le Soleil. Les sections coniques qui ont F pour foyer composent la gamme de toutes les orbites célestes possibles.

L'orbite des planètes est une ellipse : celle de la Terre possède une excentricité de 0,016 7, on est donc très proche du cercle. La vitesse orbitale de la comète de Halley, par exemple, représente deux fois celle de la Terre. Son orbite ressemble à une planche de surf qui aurait pour nez le Soleil, ce qui explique que pendant l'essentiel des soixante-quinze ans que dure son trajet, elle est trop loin pour qu'on la voie à l'œil nu. L'excentricité de cette comète est de 0,967, on frôle donc la parabole. Lorsque l'excentricité d'une comète atteint 1, son orbite devient une parabole, ce qui signifie qu'elle ne passera qu'une fois devant le Soleil avant de repartir à jamais. Quand l'excentricité d'une comète dépasse 1, son orbite est une hyperbole. Reste que ce type de comète est rare, et celles qui ont été repérées présentent une vélocité très légèrement supérieure à la valeur permettant d'échapper à l'ellipse. La comète C/1980 E1, découverte en 1980, avait une excentricité de 1,057, la plus forte valeur jamais enregistrée.

Imaginons que la directrice et le foyer F de notre diagramme soient fixes. Voyons ce qu'il advient des sections coniques à mesure qu'on fait varier l'excentricité. Quand elle est de 0, la courbe est un point en F. Faisons doucement passer l'excentricité de 0 à 1. Une ellipse apparaît, qui grandit et grandit. F étant fixe, l'autre foyer, *f*, se déplace vers la droite à mesure que l'ellipse grandit. Dès que l'excentricité atteint 1, hop, l'ellipse devient parabole et *f* est à l'infini. Si l'on continue de faire croître l'excentricité au-delà de 1, la courbe devient une hyperbole et *f*, le second foyer, apparaît sur la gauche de la page. À mesure qu'augmente l'excentricité, toutes les courbes sont des hyperboles et *f* poursuit son glissement vers la droite. Johannes Kepler, dans *Astronomia pars optica*, a été le premier à suggérer que les sections coniques peuvent ainsi se transformer les unes dans les autres. Comme bon nombre de ses idées, cela a marqué un tournant en éclairant d'un nouveau jour deux notions avec lesquelles les philosophes se débattaient depuis la nuit des temps : la continuité et l'infini. C'était un pas considérable vers une nouvelle pratique des mathématiques. Nous reviendrons plus loin sur ce géant allemand et ses idées, quand nous aborderons le calcul infinitésimal.

Les sections coniques sont l'un des trésors mathématiques que la Grèce antique nous a légués : elles sont aisément descriptibles, observables partout et se prêtent à de belles théories comme à d'éternelles applications. Je crains d'avoir donné le sentiment jusqu'ici que le cercle est la moins intéressante des ellipses, or il n'en est rien : le cercle mérite un chapitre à lui tout seul.

ff

5

Faites rouler la révolution !

Le cercle incarne la perfection géométrique : il est régulier partout, harmonieux et symétrique. C'est le lieu géométrique des points équidistants d'un centre, la plus simple des formes bidimensionnelles. Mais si l'on divise la longueur du *tour* du cercle (la circonférence) par celle qui le traverse (le diamètre), un hurlement vient déchirer tant de cohésion :

3,141 592 653 589 793 238 462 643 383 279 502 884 197 169 399 375 105 820 974 944 592 307 816 406 286 208…

Ce nombre, la valeur numérique de la circonférence divisée par le diamètre, est constant pour tous les cercles et ses chiffres décimaux font preuve d'une insubordination absolue en s'étendant à l'infini. Au XVIIIe siècle, il s'est fait un nom bien à lui, *pi*, ou π, et c'est devenu une icône dans le monde entier, la plus célèbre constante de la science, une métaphore du caractère insondable de l'univers. On l'apprend dans toutes les écoles, et ce sera pour beaucoup la seule chose qui restera des cours de maths.

Seulement voilà.

Pi est faux.

Le calcul en lui-même est évidemment correct. Diviser la circonférence par le diamètre donne bien le nombre commençant par 3,14 reproduit ci-dessus. Si *pi* est faux, c'est parce qu'il n'est pas approprié pour représenter un cercle. *Pi* est un imposteur, une fausse idole dont la réputation internationale est usurpée.

Telle est en tout cas la thèse soutenue en 2001 par Bob Palais, un mathématicien américain[1]. Selon lui, diviser la circonférence par le rayon aurait fait un bien meilleur choix en tant que constante du cercle, parce que le rayon, qui sépare le centre du côté, est une notion beaucoup plus fondamentale que le diamètre. Beaucoup adhèrent à cette idée, moi compris[2].

Revenons à notre définition du cercle. Le cercle est une longueur fixe, le rayon, qui tourne autour d'un centre. La notion de diamètre, la largeur, ne vient qu'après. Les mathématiques sont une quête d'élégance, de clarté et d'exactitude, et l'on peut déplorer que le plus célèbre de leurs nombres ne soit pas le plus clair, le plus élégant et le plus exact reflet de la vérité à propos du cercle. (À l'école, on ne nous enseigne le mot « diamètre » que pour faciliter la compréhension de *pi*, puis on n'y revient jamais. Pour les mathématiciens, il va de soi que le diamètre n'est guère que le rayon multiplié par 2.)

En 2010, Michael Hartl, un entrepreneur de la Silicon Valley, a fédéré le sentiment anti-*pi* en baptisant le rapport entre la circonférence et le rayon de la lettre grecque *tau*, τ. *Tau* vaut deux fois *pi* parce que la circonférence peut contenir deux fois plus de rayons que de diamètres. Autrement dit :

$$\tau = 2\pi = 6{,}283\ 185\ 307\ 179\ 586\ 476\ 925\ 286\ 766...$$

Comme celui de *pi*, le développement décimal de *tau* est infini et n'obéit à aucun schéma connu.

Dans le « Manifeste de *tau* », Hartl invite les jeunes mathématiciens à substituer *tau* à *pi* dans leurs travaux[3]. Ils pourraient commencer par mettre une mention en ouverture de tous leurs papiers : « Par souci de commodité, nous avons établi $\tau = 2\,\pi$. » Il les prévient qu'il s'agit d'un combat de longue haleine, parce que, après des siècles de propagande, l'ennemi est redoutable. « Certaines conventions, pour malheureuses qu'elles soient, n'en sont pas moins irréversibles, écrit-il. [Mais] le basculement de π vers τ peut… se faire de façon progressive ; ce n'est pas une redéfinition, il n'a pas à survenir d'un coup. »

Le symbole τ est triplement bien trouvé[4]. Il ressemble à un demi-π, alors si l'on perçoit ces symboles comme des fractions où le nombre de pattes tient lieu de dénominateur – le chiffre sous la barre –, τ est en fait le double de π, puisqu'une quantité divisée par 1 vaut deux fois la même quantité divisée par 2. *Tau* peut aussi être considérée comme l'initiale de « tour », comme *pi* était au départ celle de « périphérie ».

Et de même que *pi* fait délicieusement penser à « pizza », un mets généralement présenté sous une forme ronde, *tau* n'est pas sans évoquer le Tao, le chemin spirituel chinois dont le symbole ☯, *yin* et *yang*, exprime l'harmonie et le mouvement au sein du cercle.

Le « Manifeste de *tau* » pose avec légèreté un problème pourtant sérieux : la quintessence du cercle est le tour de son rayon, pas l'étendue de sa largeur. D'ailleurs, les propriétés dynamiques du cercle, comme nous le montre l'exemple de la roue, sont les règles de base sur lesquelles est bâtie la civilisation. Dans ce chapitre, vous allez découvrir que les trois caractéristiques principales du cercle sont la rotation, la rotation et la rotation.

Roulons donc.

La trajectoire que décrit un point d'un cercle qui roule ne ressemble probablement à aucune des courbes que vous ayez pu voir. C'est en tout cas ce qu'en a pensé Galilée, qui lui a donné le nom de « cycloïde » et a été le premier à l'étudier un peu profondément. Galilée, le père de la mécanique moderne, avait un faible pour les courbes générées mécaniquement. La roue se déplace sans heurts, mais elle crée une courbe dotée de pics importants, les points d'inflexion, où la direction s'inverse. Chaque bosse correspond à un tour complet, l'achèvement d'un cycle. La cycloïde ressemble moins à une courbe qu'à une file de tortues endormies.

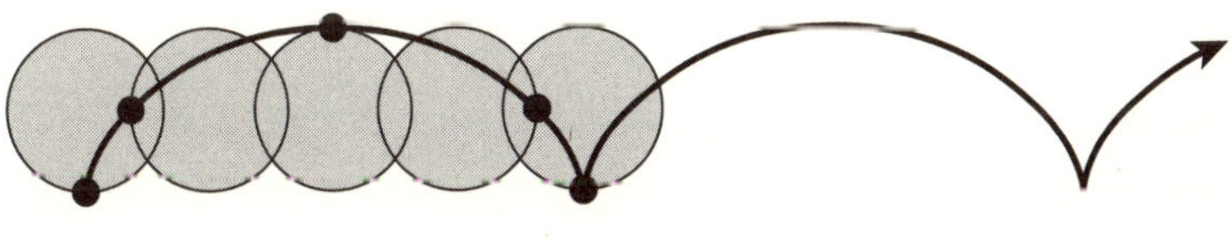

La cycloïde.

Dans l'illustration ci-dessus, j'ai indiqué la position du point à chaque quart de tour, et il apparaît clairement que ce point couvre davantage de distance quand il est dans la moitié supérieure de la roue que dans la moitié inférieure. La roue se déplace dans deux directions : horizontalement le long du sol et de façon rotative autour de son centre, et ces deux mouvements se combinent différemment au cours du cycle. Si la roue tourne à vitesse constante, la vitesse du point par rapport au sol atteint son maximum à la crête de la cycloïde, et son minimum au point d'inflexion, où elle atteint le 0 l'espace d'un instant avant d'accélérer à nouveau. Il est frappant de constater que pour n'importe quelle roue qui roule – même celle d'une voiture de course atteignant trois cents kilomètres-heure –, le point au contact du sol est immobile. Les peintres savent bien que la moitié supérieure d'une roue en mouvement va plus vite que la moitié inférieure, c'est pour cela qu'ils représentent la première de façon floue et la seconde plus nette. De même, les rayons d'une roue de vélo ne sont souvent apparents que près du sol, où ils se déplacent assez lentement pour être vus.

Une roue de train est constituée de deux disques, l'un posé sur le rail et le bord, ou boudin, qui déborde sur le côté. La courbe que dessine un point situé sur le boudin décrit une boucle à chaque passage sous le niveau du rail, comme le montre l'illustration ci-dessous. Dans tout train, par conséquent, il y a toujours des points de la roue qui vont dans le sens opposé de la marche.

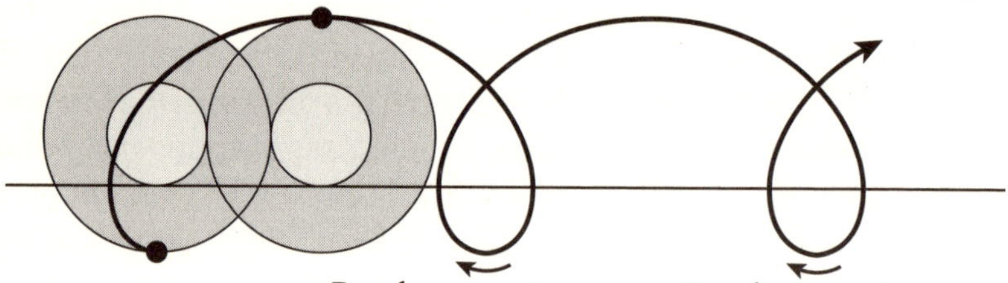

Trajectoire d'un point sur une roue de train.

Jamais dans l'histoire des mathématiques une courbe n'a reçu une attention si frénétique que la cycloïde au XVIIe siècle[5]. La grande beauté de sa forme et l'extrême aigreur des querelles de ses soupirants lui ont valu le surnom d'« Hélène des géomètres ». Le prétendant numéro un, Galilée, a fait preuve de sens pratique dans ses avances. Il a découpé la forme de la courbe dans un matériau et déterminé que le morceau ainsi obtenu était *pi* fois plus lourd qu'un autre, du même matériau, découpé selon la forme du cercle qui la génère. Il en a conclu que l'aire sous la courbe équivalait donc à *pi* fois celle du cercle. Il n'était pas loin du compte – mais il avait tort : cette surface est exactement trois fois supérieure, ainsi que le démontrerait plus tard le mathématicien français Gilles Personne de Roberval.

Roberval (1602-1675) a fait la démonstration d'un grand nombre de théorèmes à propos de la cycloïde, mais n'en a publié aucun.

En effet, pour préserver son emploi de professeur de mathématiques au Collège de France, la plus prestigieuse école du pays, il lui fallait fournir la meilleure réponse à un problème annoncé publiquement tous les trois ans. En tant que professeur, Roberval participait à la définition du problème, ce qui signifie qu'il n'avait aucun intérêt à partager des résultats susceptibles d'aider de potentiels rivaux pour son poste. Sa position lui a sans doute valu prestige et salaire confortable, mais elle a amputé son héritage, et c'est probablement aujourd'hui le moins connu des grands mathématiciens français. Il était par ailleurs réputé irascible, et affichait une frustration particulièrement amère à chaque fois qu'un autre annonçait un résultat que lui-même prétendait avoir déjà démontré. Quand son ami italien Evangelista Torricelli a publié le premier traité sur les cycloïdes en 1644, Roberval, furieux, lui a envoyé une lettre l'accusant de plagiat. Torricelli est mort trois ans plus tard, de la typhoïde, mais la rumeur a circulé que c'était à cause de la honte d'avoir été ainsi accusé d'un crime si déshonorant.

Un soir de 1658, à Paris, tourmenté par une vilaine rage de dents, Blaise Pascal ne trouvait pas le sommeil. Mathématicien reconnu et célébré, il avait tourné le dos aux mathématiques pour pleinement se consacrer à la théologie et la philosophie. Cherchant à oublier sa douleur, il s'est mis à réfléchir à la cycloïde. Comme par miracle, sa rage de dents a disparu – sûrement une incitation divine à poursuivre l'étude de cette divine courbe. Pendant huit jours fiévreux dévolus au sujet, il a découvert beaucoup de nouveaux théorèmes. Mais au lieu de les publier, il a vu une occasion de lancer un défi international. Ses confrères ont ainsi été invités à faire la démonstration de certains de ses résultats, avec à titre de récompense quarante pièces d'or espagnoles au premier prix, vingt au second. Seuls deux mathématiciens ont répondu à son appel, John Wallis, en Angleterre, et Antoine de Laloubère, en France. Mais leurs soumissions comportant certaines erreurs, Pascal n'a pas attribué le prix, à la grande colère des participants. Au lieu de cela, il a publié ses résultats dans une brochure. Il a aussi reçu une lettre de Christopher Wren, où était révélé un fait qui avait échappé au Français. Wren répondait à ce qui est peut-être la question la plus élémentaire que l'on peut poser au sujet de la cycloïde : quelle est sa longueur ? Le savant britannique démontrait qu'elle correspond exactement à huit fois le rayon du cercle qui la produit. Quand Roberval l'a appris, il a évidemment piqué une grosse colère et clamé aux quatre vents qu'il en avait apporté la preuve depuis des années.

La réputation de la cycloïde s'est encore un peu étoffée lorsque Christiaan Huygens lui a découvert une propriété mécanique remarquable. Le scientifique hollandais conduisait des expériences sur les pendules, dont il espérait faire le nouveau fondement de la conception des horloges. Dans sa forme simple, un pendule est un bout de ficelle muni d'un plomb à l'extrémité, comme illustré ci-dessous à gauche. La trajectoire du plomb dessine une section circulaire, et plus son balancement l'éloigne de la position verticale, plus il lui faut de temps pour accomplir un cycle complet. Mais pour que le pendule puisse servir à mesurer le temps, il faut que le plomb accomplisse chaque balancement à intervalle régulier, quelle que soit l'amplitude du mouvement. Inspiré par le défi lancé par son ami Pascal, Huygens s'est aperçu que la trajectoire qu'il cherchait n'était nulle autre qu'une cycloïde inversée, comme illustré ci-dessous à droite, et qu'il pouvait l'obtenir en installant deux « joues » cycloïdes au sommet du pendule[6]. Lors du balancement, la ficelle se plaque tour à tour contre chacune des joues, arrachant le plomb à sa trajectoire circulaire pour l'entraîner dans une trajectoire cycloïdale. Aussi loin que le plomb d'un pendule cycloïdal s'éloigne du centre, il lui faut exactement le même temps pour revenir à son point de départ.

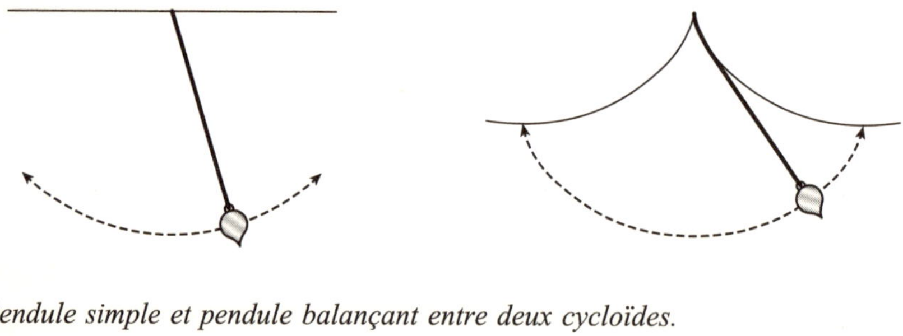

Pendule simple et pendule balançant entre deux cycloïdes.

Pour bien percevoir le caractère merveilleux de cette propriété, imaginons des billes roulant sans friction le long d'un trajet en forme de cycloïde inversée, comme montré ci-contre. Toutes les billes mettront exactement le même temps à atteindre le fond, quelle que soit leur position de départ. Une bille placée plus haut démarre sur une pente plus raide qu'une autre partant de plus bas sur la courbe, ce qui lui donne une accélération initiale plus importante, et donc davantage de vitesse. Les deux billes s'entrechoqueront très précisément au fond de la courbe. On a alors qualifié la cycloïde de « chemin d'égale descente » – ou « tautochrone », du grec *tauto*, « même » et *chronos*, « temps » – et la communauté scientifique s'est de nouveau enflammée pour la belle cycloïde.

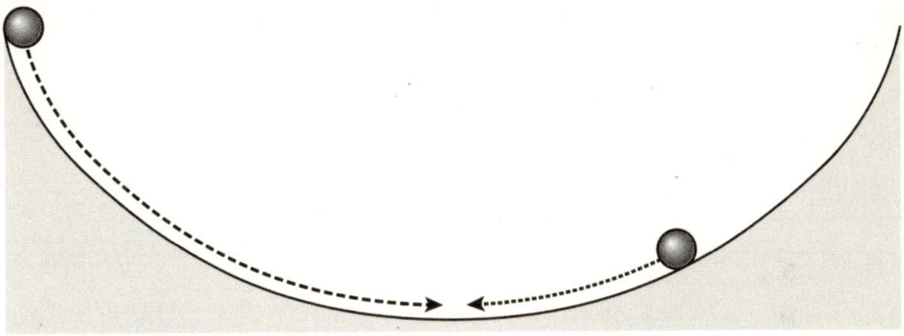

Le chemin d'égale descente.

L'histoire de cette courbe a atteint son point culminant alors que le XVIIe siècle touchait à sa fin. Dans un article des *Acta eruditorum*, un nouveau périodique scientifique imprimé à Leipzig, un appel claironnait : « Moi, Johann Bernoulli, en appelle aux plus brillants mathématiciens du monde. Il n'est rien de plus attrayant pour les gens intelligents qu'un problème honnête et difficile, dont l'éventuelle résolution leur garantirait la célébrité et se perpétuerait à la façon d'un monument éternel… Si quelqu'un me communique la solution du problème ici proposé, je le déclarerai publiquement digne d'éloges. » Le problème annoncé – dont il connaissait déjà la réponse – se résumait à cette question : « Quelle est la courbe de plus prompte descente ? » Autrement dit, quelle doit être la forme d'une pente sans aspérités pour qu'un objet se rende sans frottement d'un point à un autre le plus rapidement possible ? La courbe recherchée a reçu le nom de « brachistochrone », du grec *brachistos*, « plus court », et *chronos*, « temps ». Indice : Bernoulli a dit que ce n'était pas une ligne droite, mais qu'elle n'en était pas moins bien connue. La réponse, comme vous l'avez certainement deviné, est la cycloïde.

L'illustration ci-après montre la voie de descente la plus rapide entre les points A et B et entre A et C. La cycloïde ne connaissant qu'une forme, tout consiste à choisir l'échelle adaptée, en fonction des positions relatives des points de départ et d'arrivée. La trajectoire peut être exclusivement descendante, comme entre A et B, ou

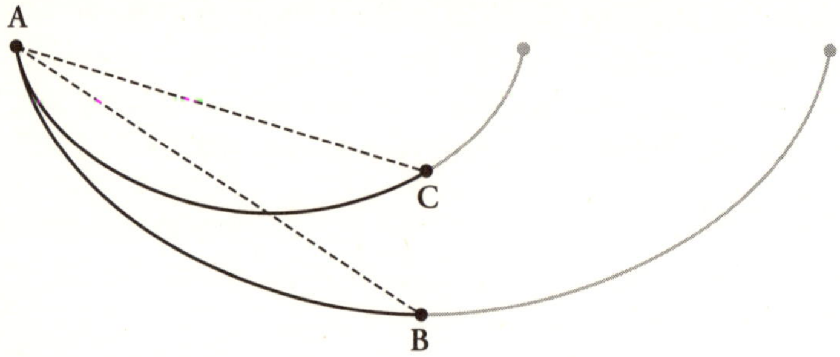

Le chemin de descente le plus rapide.

descendante puis ascendante, comme entre A et C. Dans le second cas, le bénéfice d'une descente plus raide et plus longue au départ l'emporte sur l'effet ralentissant de la montée finale. Si l'on construit un modèle de cycloïde inversée, et qu'on y fait rouler une bille de métal du point A au point B, par exemple, tout en faisant descendre une autre bille le long d'une droite (en pointillés), l'effet est saisissant, même si l'on sait pertinemment quelle bille va l'emporter. À côté de sa voisine qui dévale la cycloïde, la bille sur la pente régulière semble rouler dans la gadoue.

À partir du début du XVIIIe siècle, universités et musées se sont mis à fabriquer des cycloïdes de bois pour faire la démonstration du brachistochrone. Ces modèles permettaient aussi de faire celle du tautochrone : on place les billes de chaque côté de la cycloïde inversée et, quel que soit leur point de départ, elles se percutent toujours au point le plus bas.

Après six mois, Bernoulli n'avait reçu qu'une seule réponse juste au défi qu'il avait lancé, celle de son ami allemand Gottfried Leibniz. Il a donc fait paraître un nouvel appel dans les *Acta*, déplorant le silence de « ceux qui se vantent d'avoir, à travers certaines méthodes particulières […] non seulement pénétré les plus profonds secrets de la géométrie, mais aussi repoussé ses limites de merveilleuse façon ». La pique était adressée à Isaac Newton et à sa méthode des fluxions, un nouvel outil mathématique puissant qui promettait de résoudre des problèmes de l'ordre de celui du brachistochrone, et que nous aborderons dans un prochain chapitre. Pour être bien sûr que Newton recevait le message, Bernoulli lui a fait parvenir un exemplaire du périodique. À cinquante ans passés, Newton n'enseignait plus à Cambridge, il dirigeait la Monnaie royale à la Tour de Londres. C'est en rentrant chez lui du travail, fatigué, qu'il a trouvé la lettre de Bernoulli, et il n'est pas allé se coucher avant d'avoir trouvé la solution, à quatre heures du matin. « Je n'apprécie guère [...] d'être [...] taquiné par des étrangers à propos de questions mathématiques », a-t-il grommelé. Newton a soumis sa réponse de façon anonyme. On dit qu'après l'avoir lue, Bernoulli aurait déclaré : *Ex ungue leonem*, « Je reconnais le lion à sa griffe ».

Ainsi donc la cycloïde, après avoir déjà suscité tant de querelles, a été l'étincelle d'une première escarmouche de la grande bataille rangée qui allait déchirer la communauté scientifique des Lumières. Les fluxions de Newton équivalaient mathématiquement au calcul infinitésimal de Leibniz et, nous le verrons, une vilaine querelle de priorité a éclaté entre les deux hommes, dressant l'une contre l'autre les communautés scientifiques anglaise et européenne pendant plus d'un siècle. L'ego des intéressés n'a toutefois pas suffi à ternir l'image bénie de la courbe. Sur la page de titre des œuvres complètes de Bernoulli figure la représentation d'un chien qui contemple amoureusement une cycloïde, surplombé de la devise *Supra invidiam*, « Plus haut que l'envie ».

La cycloïde étant la courbe de plus prompte descente, on s'attendrait à ce que ce soit la forme idéale pour une rampe de skate-board. Mais j'ai beau chercher, je ne trouve qu'un seul modèle de ce type, bâti par l'artiste français Raphaël Zarka à New York en 2011, dans le cadre d'un projet mêlant la physique, la sculpture et l'espace public. Les skateurs n'ont pas apprécié cette construction, elle leur a paru trop inhabituelle. « Si j'étais parfaitement rond, comme une bille lâchée depuis le sommet de la rampe cycloïde, j'aurais probablement été en mesure de mieux ressentir la montée et la descente, a dit l'écrivain et skateur Ted Barrow. Mais en tant que skateur contraint de batailler pour maîtriser tout un ensemble d'aptitudes visant surtout à tenter de garder l'équilibre et NE PAS tomber de mon skate quand la vitesse augmente, mon expérience a davantage consisté à contrôler la vitesse et adapter mes gestes aux courbes étranges des parois qu'à éprouver la plus prompte descente. » La rampe cycloïde de skate-board, a-t-il ajouté, n'a que peu de chances de prendre.

La cycloïde appartient à une famille de courbes nommées « roulettes », dont chacune se constitue du parcours d'un point sur une roue qui roule. Les roulettes roulent sur tout type de terrain. La trajectoire d'un point d'une roue tournant autour d'un cercle de même taille est dite « cardioïde », ainsi nommée pour sa forme en cœur, ci-dessous à gauche. Si la roue tourne autour d'un cercle faisant deux fois son rayon, la trajectoire du point est dite « néphroïde », parce qu'elle évoque une paire de reins, ci-dessous au centre. Les fesses que dessine la lumière dans la tasse de thé que vous buvez auprès de la fenêtre correspondent en fait aux deux reins d'une néphroïde, puisque c'est l'ombre produite par une lumière horizontale se réfléchissant à l'intérieur d'un cercle, comme on le voit à droite.

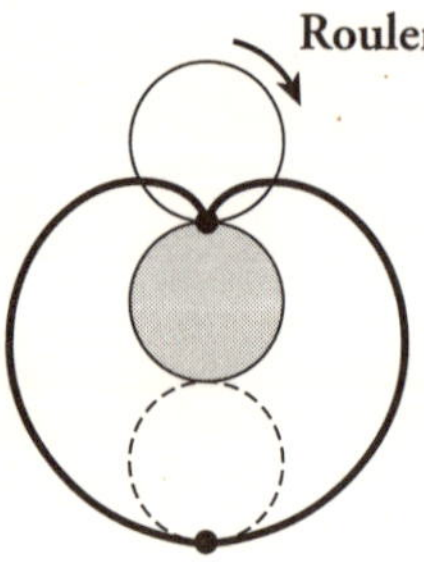

Cardioïde

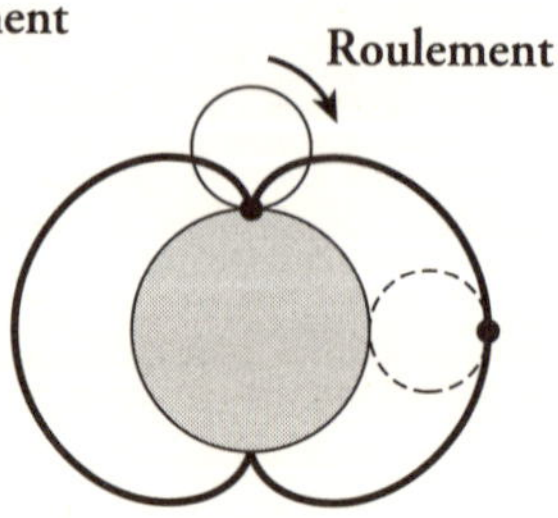

Néphroïde

Tasse de thé

La première machine à tracer des courbes à des fins aussi bien esthétiques que scientifiques produisait des roulettes. La plume géométrique inventée par l'Italien Giambattista Suardi au XVIIIe siècle se constituait d'un trépied muni d'un bras pivotant, sur lequel un rouage rotatif tenait une plume. « Nul instrument, sans doute, n'a jamais permis de tracer autant de courbes que la plume géométrique », s'est extasié George Adams Jr., manufacturier d'instruments du roi George II. Les dessins obtenus étaient fascinants, magiques. Au XIXe siècle, à Vienne, P. H. Desvignes a conçu un appareil à tracer des roulettes, le spirographe, muni d'une pointe de diamant qui gravait des courbes sur une plaque de cuivre. Cet engin a servi à créer les motifs élaborés qui ornaient les billets de banque afin d'éviter la contrefaçon. Quant aux roulettes que l'on trace à l'aide d'un jeu de rouages de plastique également appelé « spirographe », un jouet lancé en 1965, elles constituent encore aujourd'hui tout un rite initiatique pour les gamins un peu plus portés sur les sciences que sur le sport.

L'un de mes casse-tête mathématiques de comptoir favoris consiste à faire rouler une pièce de monnaie autour d'une autre.[7] Posez deux pièces identiques à plat sur une table, comme indiqué ci-dessous, côté face, la tête de l'effigie à l'endroit. À présent, faites tourner celle de gauche autour de celle de droite. Quelle sera l'inclinaison de la tête quand elle atteindra le côté droit ?

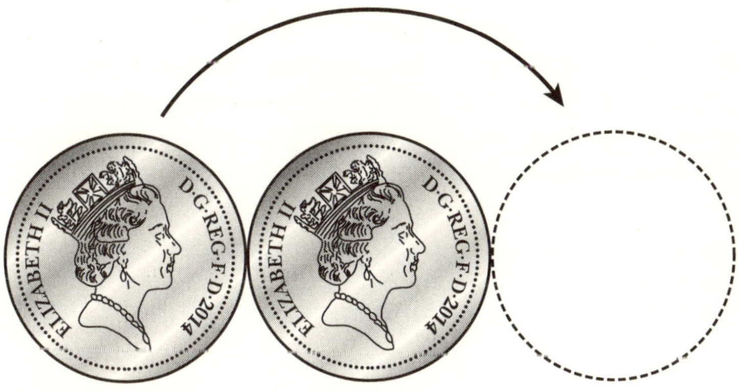

Roule la monnaie !

La première fois, je me suis dit que la pièce qui roule devait finir à l'envers, puisqu'elle n'aurait parcouru que la moitié de l'autre. J'avais tort. Sur les pence ou les livres, la reine fait une révolution complète. Il y a quelque chose d'étrange et d'incommodant à la voir royalement se presser d'accomplir son tour pour rester à l'endroit, comme s'il en allait de sa dignité. Ce mouvement découle d'une propriété que partagent toutes les roulettes : leur mouvement combine deux directions indépendantes. Ici, la pièce tourne sur elle-même, mais aussi autour de l'autre pièce. Pour chaque degré parcouru autour de celle de droite, la pièce de gauche en accomplit deux autour d'elle-même.

C'est en faisant tourner une roue qu'on fabrique des roulettes. On peut aussi générer des courbes en faisant tournoyer *sur elle-même* une roue dont le centre est fixe. Ces courbes sont mathématiquement plus simples que les roulettes, puisqu'on n'a affaire qu'à une seule direction de mouvement, la rotation autour du centre.

Considérons un point du bord d'une roue tournant en sens contraire des aiguilles d'une montre, comme illustré ci-contre (fig. 1). Si l'on trace le schéma de la hauteur relative de ce point par rapport à l'angle de rotation et qu'on la projette sur un axe horizontal, on obtient une courbe dite « sinusoïde » ou « onde sinusoïdale ». J'ai indiqué l'emplacement du point sur le cercle à zéro, quarante-cinq, quatre-vingt-dix, deux cent vingt-cinq et deux cent soixante-dix degrés. La sinusoïde atteint son pic à quatre-vingt-dix degrés, retrouve l'axe horizontal à cent quatre-vingts degrés, plonge sous l'axe et revient à son point de départ après un tour complet. Si la roue continue de tourner, la courbe se reproduira une fois par rotation, traçant des ondulations symétriques à l'infini.

Peut-être vous demandez-vous pourquoi le nom de cette onde serpentine évoque le sinus, c'est-à-dire le rapport entre deux côtés d'un triangle rectangle, alors que tout sépare les ondes des triangles. Cela apparaît pourtant parfaitement logique aussitôt qu'on se souvient que la notion de sinus provient au départ du cercle : c'est la demi-corde. C'est plus apparent dans l'illustration ci-contre (fig. 2), où l'on a créé un triangle rectangle à l'intérieur de la roue. Admettant que l'hypoténuse vaut 1, alors $\sin \alpha = \frac{\text{opposé}}{\text{hypoténuse}} = \frac{\text{hauteur du point}}{1} =$ hauteur du point.

Fig. 1

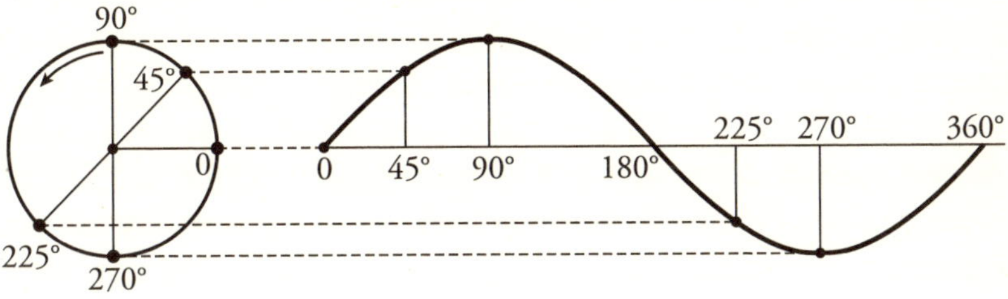

Fig. 2

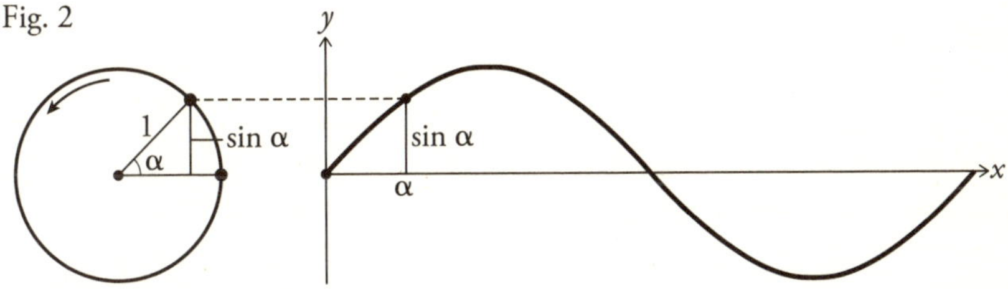

La variation de la hauteur d'un point en rotation par rapport à l'angle de sa rotation produit une onde sinusoïdale.

Le premier à avoir dessiné une sinusoïde est Gilles de Roberval, au XVIIe siècle[8]. Il l'a qualifiée de « compagne » de la cycloïde. Cette compagne n'a pas tardé à ravir la première place dans le cœur (et l'oreille) des scientifiques et des mathématiciens.

La sinusoïde est ce qu'on appelle une « onde périodique », une entité où une courbe se répète inlassablement le long de l'axe horizontal. La sinusoïde est la plus simple des ondes périodiques parce que le cercle, qui la génère, est la plus simple des formes géométriques. Pourtant, si élémentaire soit-elle, cette onde est représentative d'un grand nombre de phénomènes physiques. Le monde est un immense festival de sinusoïdes. La position verticale dans la durée d'un poids rebondissant sur un ressort décrit une sinusoïde, comme représenté ci-après, à gauche[9]. Le poids atteint sa vitesse maximale au milieu de l'oscillation et ralentit quand il atteint le sommet ou le bas, et cela produit la courbe que nous connaissons (ici amincie car l'échelle horizontale a été réduite). La position horizontale dans le temps d'un pendule qui se balance latéralement décrit aussi, pour les petits balancements, une sinusoïde. Imaginons que le plomb du pendule déverse du sable fin par un orifice situé à la base, comme montré ci-dessous à droite. Un plomb oscillant entre le nord et le sud qui déposerait le sable sur un tapis roulant d'est en ouest dessinerait une onde sinusoïdale. De ces objets qui oscillent dans la durée de façon sinusoïdale, comme le ressort et le pendule, on dit qu'ils décrivent un « mouvement harmonique simple ».

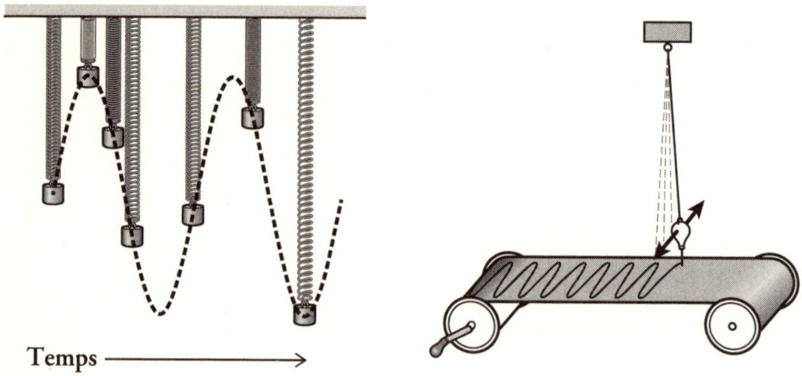

Un poids rebondissant sur un ressort et un pendule qui se balance décrivent un mouvement harmonique simple.

Nous avons vu plus haut que les roulettes dessinent de jolis motifs. Les sinusoïdes aussi. Dans les années 1840, le mathématicien écossais Hugh Blackburn a réalisé des expériences avec un pendule rempli de sable. Il a suspendu le plomb à deux fils en Y, comme illustré ci-contre, réunis par un anneau en *r*. Retenant l'anneau, il a fait basculer le plomb de droite à gauche. Puis il a tiré l'anneau vers lui et l'a relâché, ajoutant au premier mouvement une oscillation d'avant en arrière. Le plomb répondait donc à deux balancements perpendiculaires, et le résultat était spectaculaire. Chacun poussant et tirant l'autre, les deux mouvements sinusoïdaux concurrents se livraient à un pas de deux mathématique qui laissait au-dessous un motif de sable d'une complexité ahurissante. Il n'a pas fallu longtemps pour que d'audacieux fabricants produisent une machine à dessiner, l'harmonographe, constituée de deux pendules qui faisaient simultanément osciller un crayon dans deux sens. L'utilisateur ajustait la longueur des pendules, réglait l'amplitude de leur balancement et les libérait une fois le crayon sur le papier. Au gré de ses boucles et lacets, le crayon traçait alors de splendides formes géométriques qui, bien que mécaniques, semblaient animées.

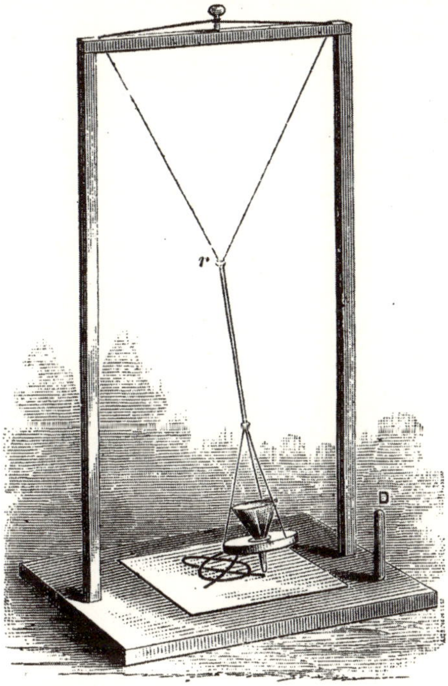

Le pendule en Y de Blackburn, tiré d'un ouvrage de vulgarisation scientifique de 1879.

L'harmonographe victorien avait l'air d'un croisement entre un secrétaire et une pendule de grand-père[10]. On était envoûté par la vision du crayon traçant son dessin, c'était un spectacle autant qu'un processus. La perte d'énergie due à la friction, appelée « amortissement », générait des courbes en spirale vers l'intérieur, à mesure que le crayon se rapprochait du point d'équilibre et de l'immobilité. Avec certains des plus grands modèles, le balancement se prolongeait plus d'une heure avant que le pendule s'arrête complètement.

Le succès de l'harmonographe a fait apparaître beaucoup d'autres machines reposant sur le même principe : le sympalmographe, le pendulographe, le pendule duplex, le pendule à quadruple mouvement harmonique puis, au début du XXe siècle, la machine de Creighton à mouvement harmonique composé et le photoratiographe, qui traçait les courbes sur du papier photographique au moyen d'un point de lumière. Dans les années 1950, l'artiste américain John Whitney a construit un harmonographe à partir de matériel militaire de la Seconde Guerre mondiale. S'étant procuré un vieux poste de conduite de tir antiaérien M5 – une grande boîte métallique hérissée de manivelles et de leviers, un genre d'ordinateur analogique d'antan qui calculait l'angle de tir pour atteindre les avions –, il l'a bricolé de façon que ses éléments déplacent un stylet selon un mouvement harmonique simple dans deux sens. Whitney pouvait régler la vitesse et la taille des sinusoïdes par le truchement de l'électronique, ce qui lui donnait bien plus de maîtrise et éliminait les effets de l'amortissement. Il a obtenu des schémas fascinants, au point que certaines images allaient compter parmi les plus emblématiques de l'histoire de l'art mathématique. Ce sont celles, par exemple, du générique et des affiches du célèbre *Vertigo*, d'Alfred Hitchcock, en 1958, où les boucles concentriques, tourbillonnantes, hypnotiques constituent une métaphore visuelle idéale pour le paysage intérieur tourmenté du film. Non seulement les schémas de Whitney ont été les premières images générées informatiquement à figurer dans un film hollywoodien, mais son harmonographe électronique a aussi été le premier engin d'animation assistée par ordinateur de l'histoire.

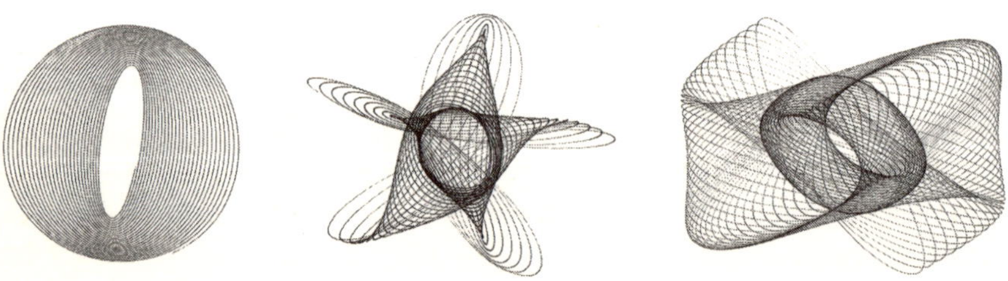

Bonnes vibrations : figures obtenues par harmonographe.

Alors que l'harmonographe faisait fureur dans les salons victoriens, un physicien s'est aperçu à Paris qu'il pouvait générer les mêmes figures à l'aide de deux diapasons et un faisceau lumineux[11]. Les démonstrations de Jules Antoine Lissajous comptent parmi les plus belles expériences du XIXe siècle. Quand le diapason produit du son, ses branches métalliques oscillent selon un mouvement harmonique simple. Lissajous a fixé au diapason un petit miroir sur lequel il a projeté un faisceau lumineux réfléchi en direction d'un écran où il apparaissait sous forme de point. Quand le diapason vibrait, le point s'étirait pour devenir une ligne horizontale. Il ne faisait en vérité que se déplacer très rapidement de gauche à droite, mais les spectateurs voyaient une ligne parce que son image à chaque emplacement persiste dans la vision pendant une fraction de seconde de plus qu'il ne s'y trouve réellement. Lissajous a alors agrémenté le dispositif d'un second diapason, également muni d'un miroir, perpendiculaire au premier, de façon que le faisceau lumineux rebondisse sur le miroir du premier diapason, qui oscillait dans un sens, vers le miroir du second diapason, où l'oscillation était perpendiculaire, puis jusque sur l'écran. Les diapasons, en fait, fonctionnaient à la façon des pendules d'un harmonographe, en déplaçant le faisceau selon deux oscillations sinusoïdales concurrentes. Sauf qu'au lieu d'environ une oscillation par seconde, ils en décrivaient plusieurs centaines. Sur l'écran, le public voyait des images saisissantes, qui ont conservé le nom de « figures de Lissajous ».

Différentes combinaisons des diapasons produisent différentes courbes. Lorsqu'on fait vibrer deux diapasons identiques au même volume, les sinusoïdes sont identiques et la courbe ressemble à l'une des images de la première rangée sur l'illustration ci-après : une ellipse, une droite ou un cercle. Cela dépend en fait du point de départ d'une oscillation par rapport à l'autre. Lissajous ajustait cet écart en modifiant la distance entre les deux diapasons. Lorsqu'un diapason oscille au double de la fréquence de l'autre, on obtient l'une des courbes de la deuxième rangée : une parabole ou un 8. Les rangées suivantes de l'illustration présentent des figures de Lissajous correspondant aux autres rapports de nombres entiers entre les fréquences des sinusoïdes. Lorsque ce rapport de fréquences n'est pas descriptible par deux entiers, le faisceau ne revient jamais au point de départ et l'on n'obtient qu'un gribouillage.

La fréquence d'oscillation d'un diapason détermine sa note. S'il vibre aux alentours de deux cent soixante-deux ondulations par seconde, par exemple, on obtient le *do* central. Les expériences

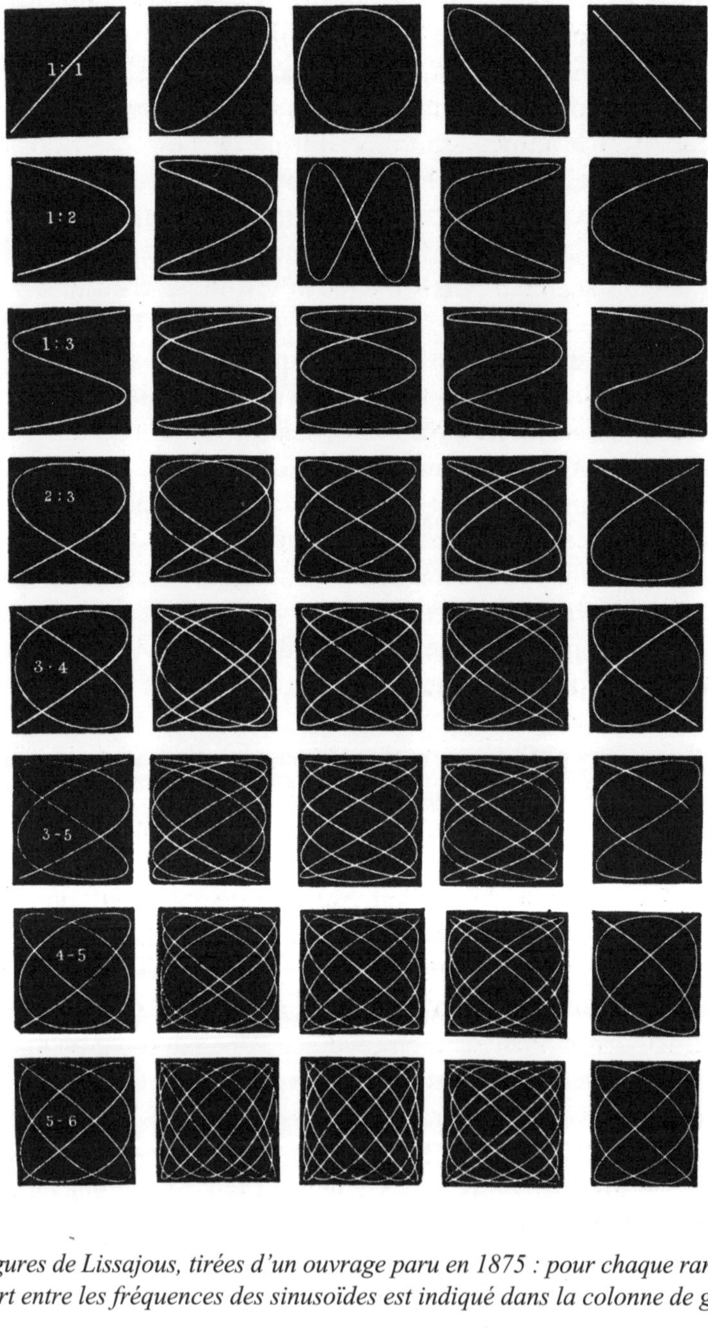

Les figures de Lissajous, tirées d'un ouvrage paru en 1875 : pour chaque rangée, le rapport entre les fréquences des sinusoïdes est indiqué dans la colonne de gauche.

de Lissajous ont donc fourni à l'industrie musicale une méthode de calibrage des diapasons. Au lieu de juger à l'oreille si deux diapasons étaient accordés, on pouvait à présent le faire avec les yeux. Les fabricants ont installé des faisceaux lumineux dans leurs ateliers. Si la tonalité des deux diapasons était légèrement discordante, leurs fréquences l'étaient aussi, et la courbe obtenue par le double reflet du faisceau était brouillonne. Les techniciens prenaient un diapason pour étalon, puis limaient l'autre jusqu'à ce qu'apparaisse une ellipse sur le mur, indiquant que les notes étaient identiques.

Les figures de Lissajous naissent de la combinaison de deux oscillations sinusoïdales perpendiculaires. Peut-on combiner des sinusoïdes oscillant sur le même axe ? Parfaitement ! Et cela débouche sur l'un des théorèmes mathématiques les plus riches et les plus utiles qui soient. Pour nous en faciliter la compréhension, permettez-moi de définir trois concepts essentiels en matière d'ondes : la fréquence, l'amplitude et la phase. La fréquence est le nombre de fois qu'une onde oscille par intervalle donné, l'amplitude est la distance verticale entre les pics et les creux et la phase est une mesure de la position horizontale.

Armés de ces trois notions, nous pouvons à présent esquisser une arithmétique des sinusoïdes, illustrée ci-après :

Fig. 1 : Cette courbe est l'onde sinusoïdale de base, dont l'équation est $y = \sin x$.

Fig. 2 : Quand on double la fréquence, ce qui signifie que l'onde survient deux fois dans l'intervalle de temps au lieu d'une seule à l'origine, l'équation devient $y = \sin 2x$.

Fig. 3 : Quand on double l'amplitude, c'est-à-dire que l'onde oscille deux fois plus haut, l'équation est $y = 2\sin x$.

Fig. 4 : Lorsqu'on altère la phase en décalant l'onde d'un quart d'oscillation vers la gauche, on obtient l'onde cosinus de base, $y = \cos x$.

Toutes les ondes produites par modification de la fréquence, de l'amplitude ou de la phase d'une sinusoïde sont des sinusoïdes. Pour se représenter la fréquence, l'amplitude et la phase, il peut être utile de se souvenir que les sinusoïdes sont engendrées par un point rotatif : la vitesse de la rotation détermine la fréquence, le rayon du cercle détermine l'amplitude et la position de départ du point détermine la phase.

Fig. 5 : Ici, j'ai ajouté l'onde sinusoïdale de base à l'onde cosinus de base. Pour additionner deux ondes, il suffit d'additionner la valeur verticale pour chaque point de l'axe horizontal. Comme par magie, le résultat de l'addition des ondes sinus et cosinus donne aussi une sinusoïde, même si sa phase est différente et son amplitude est $\sqrt{2}$. D'ailleurs, quand on additionne deux sinusoïdes de même fréquence, on obtient toujours une sinusoïde, quelles que soient l'amplitude et la phase.

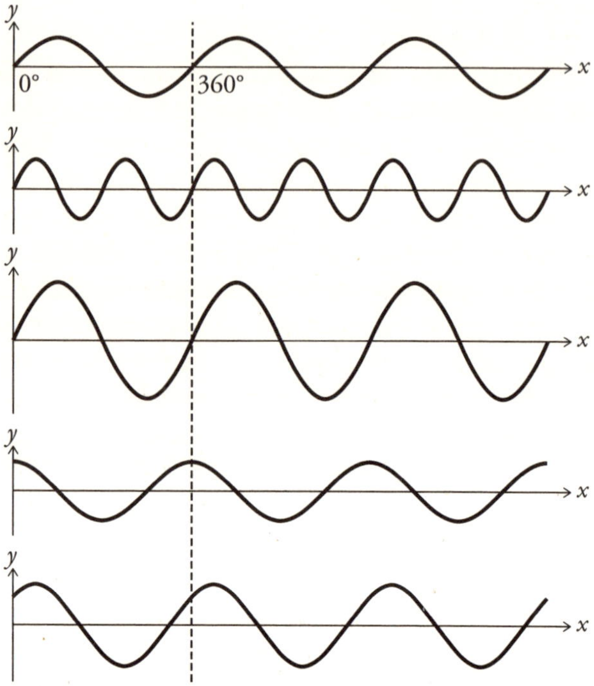

Fig. 1 $y = \sin x$

Fig. 2 $y = \sin 2x$

Fig. 3 $y = 2\sin x$

Fig. 4 $y = \cos x$

Fig. 5 $y = \sin x + \cos x$

Autrement dit, une sinusoïde ajoutée à tout nombre de sinusoïdes de même fréquence, mais d'amplitude et de phase différentes, reste une sinusoïde, comme ces monstres de science-fiction qui reprennent toujours leur forme de départ. Nous reviendrons sous peu sur l'arithmétique des points rotatifs, mais faisons d'abord un petit détour par un autre type de révolution, la Révolution française.

En 1798, Joseph Fourier, trente ans, professeur à l'École polytechnique de Paris, a reçu un message urgent du ministère de l'Intérieur l'informant que son pays avait besoin de lui et qu'il fallait se tenir « prêt à partir au premier appel »[12]. Deux mois plus tard, il embarquait à Toulon, parmi les vingt-cinq mille hommes de la flotte rassemblée par le général Napoléon Bonaparte avec l'objectif inavoué d'envahir l'Égypte.

Fourier était l'un des cent soixante-sept savants convoqués pour l'expédition d'Égypte. Leur présence témoignait de l'idéologie révolutionnaire du progrès scientifique et Napoléon, lui-même mathématicien amateur à ses heures, aimait s'entourer de personnes partageant ses centres d'intérêt. On raconte qu'au moment où les troupes françaises atteignaient la grande pyramide de Gizeh, Napoléon, assis à l'ombre, a griffonné quelques notes et annoncé que la pyramide comportait suffisamment de pierres pour construire un mur épais d'un mètre et haut de trois qui ceindrait presque parfaitement la France[13]. Gaspard Monge, son chef mathématicien, a confirmé que l'estimation du général était bonne[14].

Au Caire, Fourier a occupé un grand nombre de fonctions administratives, la principale étant celle de secrétaire permanent de l'Institut d'Égypte, une académie savante inspirée de l'Institut de France à Paris. Quand l'Institut a réuni l'ensemble de ses découvertes scientifiques et archéologiques, publiées en trente-sept volumes sous le titre *Description de l'Égypte*, Fourier en a écrit l'introduction. Il est, de fait, le père de l'égyptologie.

Au retour d'Égypte, Napoléon a nommé Fourier préfet de l'Isère, à Grenoble. De santé fragile, extrêmement sensible au froid, Fourier ne sortait jamais de chez lui sans manteau, même en été, allant généralement jusqu'à s'assurer qu'un serviteur l'accompagne toujours muni d'un second, au cas où. Sa chambre était toujours maintenue à une température élevée. À Grenoble, ses recherches aussi tournaient autour de la chaleur. En 1807, il a publié un article qui ferait date, « Mémoire sur la propagation de la chaleur dans les corps solides », où il révélait une découverte remarquable concernant les sinusoïdes.

Le célèbre théorème de Fourier établit que toute onde périodique peut se construire par addition de sinusoïdes. Son résultat est étonnant. Les contemporains de Fourier l'ont accueilli avec incrédulité. Un grand nombre d'ondes ne ressemblent absolument pas à une sinusoïde, comme l'onde carrée, illustrée ci-après, qui évoque les créneaux d'un château fort. L'onde carrée se constitue de droites, alors que la sinusoïde est continuellement courbe. C'est pourtant Fourier qui avait raison : on peut construire une onde carrée exclusivement à partir de sinusoïdes.

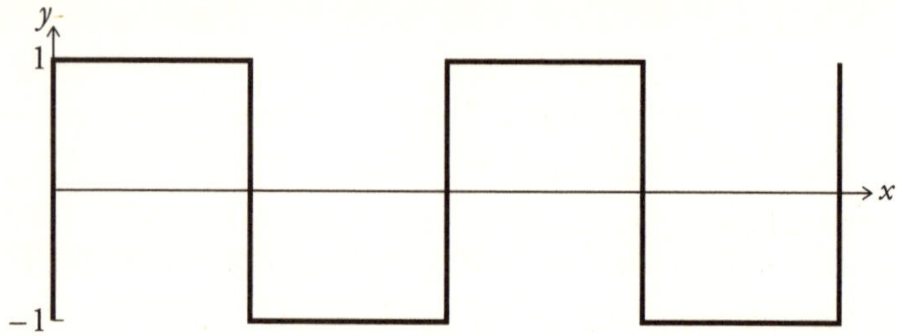

Voici comment. Dans l'illustration ci-dessous se trouvent trois ondes sinusoïdales : l'onde de base, une autre plus petite avec une fréquence trois fois supérieure et une amplitude trois fois inférieure, et une troisième, plus petite encore, avec une fréquence multipliée par 5 et une amplitude divisée par 5. Ces trois ondes peuvent respectivement s'écrire : $\sin x$, $\frac{\sin 3x}{3}$ et $\frac{\sin 5x}{5}$.

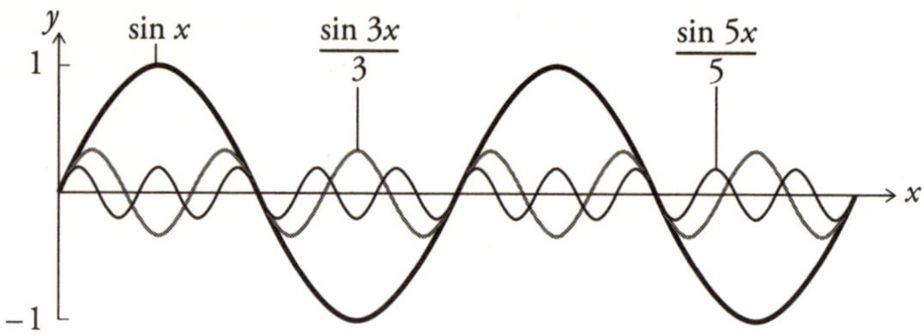

Dans l'illustration suivante, je commence à additionner ces ondes ensemble. On voit l'onde de base, sin x. La somme :

$$\sin x + \frac{\sin 3x}{3}$$

donne une onde qui ressemble à une rangée de molaires. La somme :

$$\sin x + \frac{\sin 3x}{3} + \frac{\sin 5x}{5}$$

donne une onde aux airs de filament d'ampoule électrique. À mesure que l'on continue d'additionner les termes de la série :

$$\sin x + \frac{\sin 3x}{3} + \frac{\sin 5x}{5} + \frac{\sin 7x}{7} + \ldots$$

on se rapproche de plus en plus de l'onde carrée. À la longue, en additionnant une infinité de termes, on l'obtiendra. Il est frappant de constater qu'une forme aussi rigide puisse se construire à base d'ondulations serpentines. Toute onde périodique, qu'elle soit en dents de scie, tout en rondeurs ou même les deux à la fois, est constructible à partir de sinusoïdes.

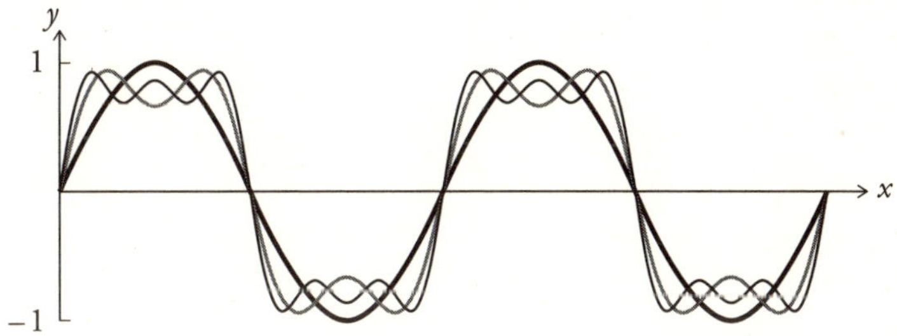

La somme des sinusoïdes qui constituent une onde s'appelle la « série de Fourier »[15]. Le concept est remarquable d'utilité puisqu'il permet de comprendre une onde continue en termes de signaux individuels. Les termes de la série de l'onde carrée, par exemple, peuvent donc se représenter sous forme d'histogramme :

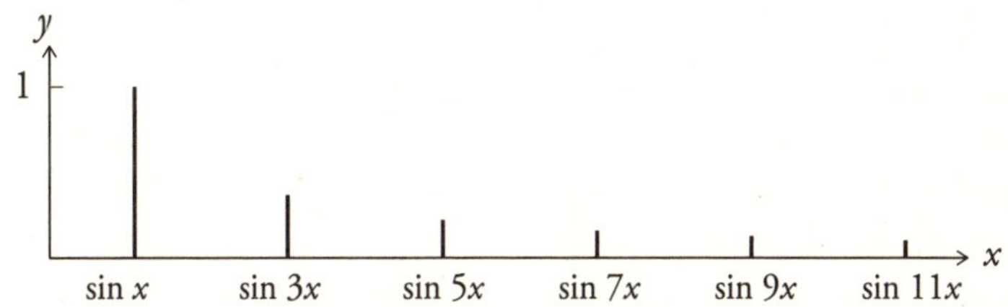

L'axe horizontal représente la fréquence des sinusoïdes, l'axe vertical leur amplitude. Chaque barre représente une sinusoïde, celle à l'extrême gauche étant la sinusoïde de fréquence dite « fondamentale ». Ce type de graphique s'appelle le « spectre en fréquences » ou la « transformée de Fourier » de l'onde.

Le théorème de Fourier a été l'une des avancées mathématiques les plus significatives du XIXe siècle, parce que les phénomènes observés dans de nombreux champs – de l'optique à la mécanique quantique, en passant par la sismologie et l'ingénierie électrique – sont modélisables sous forme de simples sinusoïdes. Bien souvent, la meilleure façon d'étudier ces ondes consiste à les décomposer en sinusoïdes simples. La science de l'acoustique, par exemple, est en grande mesure une application des découvertes de Fourier.

Le son, c'est la vibration de molécules d'air. Les molécules oscillent dans le sens de déplacement du son, comme illustré ci-contre pour la clarinette, formant des aires alternées de compression et de raréfaction. La variation de la pression de l'air à tout instant est une onde périodique. On le voit, l'onde de la clarinette est en dents de scie et complexe. Mais le théorème de Fourier nous dit qu'on peut la décomposer sous forme de somme de sinusoïdes, dont les fréquences sont des multiples de la fréquence fondamentale du premier terme. Autrement dit, on peut représenter l'onde sous forme de spectre en fréquences avec différentes amplitudes. L'image ci-contre montre le spectre de fréquences de l'onde de la clarinette sous forme d'histogramme.

Rappelez-vous, l'onde en dents de scie et l'histogramme représentent exactement le même son, mais l'information est codée différemment. Pour l'onde, l'axe horizontal est celui de la durée, alors que sur l'histogramme, il représente la fréquence. Les ingénieurs du son disent que l'onde est dans le « domaine de temps » et la transformée dans le « domaine de fréquence ».

Le domaine de fréquence nous livre aussi toutes les informations nécessaires pour recréer le son de la clarinette en n'utilisant que des diapasons. Chaque barre du graphique représente une sinusoïde oscillant à une fréquence déterminée. Rappelons-nous les expériences réalisées par Lissajous avec le diapason, évoquées plus haut. L'onde sonore produite par un diapason est une sinusoïde. Par conséquent, pour recréer le son d'une clarinette, il suffit de faire jouer une série de diapasons aux fréquences et aux amplitudes décrites par l'histogramme. De la même façon, le spectre en fréquences du violon nous fournirait les instructions sur la façon d'utiliser des diapasons pour produire le son du violon. La différence de timbre entre le *do* central de la clarinette et celui du violon se doit à la

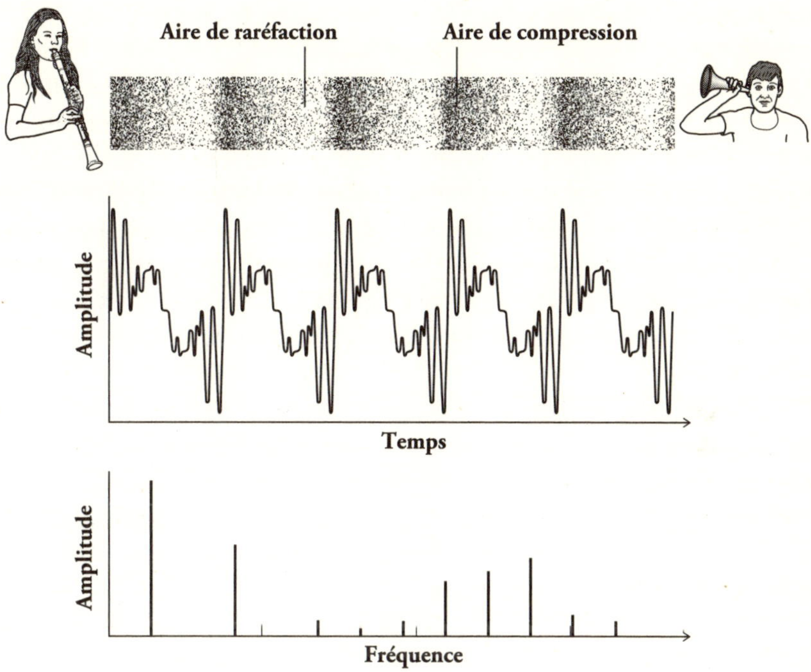

L'onde sonore et le spectre en fréquences de la clarinette.

différence des amplitudes relatives du même ensemble de diapasons. Conséquence du théorème de Fourier, il serait donc théoriquement possible d'interpréter les œuvres complètes de Beethoven avec des diapasons, et le résultat serait parfaitement indiscernable de celui d'un orchestre symphonique.

Lorsqu'un camion de pompiers passe sous les fenêtres des laboratoires Dolby, à San Francisco, tout le monde se bouche les oreilles – et plus particulièrement les « oreilles d'or », les employés à l'ouïe exceptionnelle – pour protéger ses facultés auditives des bruits nuisibles. Dolby s'est fait sa réputation sur des systèmes de réduction du bruit de fond pour l'industrie de la musique et du cinéma, et l'entreprise crée aujourd'hui des logiciels sonores de qualité pour les appareils électroniques grand public, à partir d'une technologie entièrement basée sur les sinusoïdes.

L'avantage de pouvoir faire passer une onde sonore du domaine de temps au domaine de fréquences, c'est que certaines tâches vraiment difficiles dans l'un le sont beaucoup moins dans l'autre. Tous les sons qu'émettent nos appareils numériques – le téléviseur, le téléphone ou l'ordinateur – sont stockés sous forme de données dans le domaine de fréquences plutôt que dans celui de temps.

— L'onde sonore est comme un spaghetti : elle est insaisissable, me dit Brett Crockett, directeur de recherche en technologie du son.

Les fréquences sont beaucoup plus faciles à stocker parce que c'est un ensemble de valeurs individuelles. Le fait que l'oreille humaine ne capte pas toutes les fréquences facilite les choses.

— Les oreilles n'ont pas besoin de tout le tableau, précise Crockett.

Le logiciel de Dolby transforme les ondes sonores en sinusoïdes, puis il dépouille celles qui ne sont pas essentielles de façon à ce que le meilleur son possible soit enregistré et stocké avec le moins d'informations possible. Quand l'information est reproduite sous forme de son, le spectre des fréquences restantes est reconverti en onde dans le domaine de temps.

Cela paraît facile, mais dans la pratique, la tâche consistant à découper des sinusoïdes du spectre de fréquences est extrêmement complexe. Il faut en premier lieu ce qu'on appelle une « transformée de Fourier rapide », un algorithme informatique qui transforme l'onde en ses fréquences en temps réel. Ensuite, différents instruments, différents styles musicaux et différentes voix requièrent différentes solutions. L'un des sons les plus difficiles à restituer est celui de l'harmonica, parce que son spectre en fréquences ressemble à une palissade – l'amplitude des différentes fréquences est de même hauteur, ce qui oblige à se défaire de fréquences audibles. Malgré le savoir-faire extraordinaire de Dolby, le morceau dont la restitution donne le plus de fil à retordre à son logiciel est « Moon River », la chanson délicieusement envoûtante composée par Henry Mancini en 1961[*]. Les oreilles d'or de Brett Crockett évaluent la qualité des nouvelles technologies Dolby au degré de fidélité de la restitution d'un air d'harmonica interprété il y a plus d'un demi-siècle.

Joseph Fourier a été le premier à transformer une onde périodique en spectre de fréquences. Beaucoup plus tard, les biologistes ont compris le fonctionnement de l'oreille. L'organe qui entend

* Chanson originellement interprétée par Audrey Hepburn dans le film *Diamants sur canapé*, de Blake Edwards.

s'appelle la « cochlée », c'est un conduit rempli de liquide et tapissé de cellules ciliées, enroulé dans l'oreille interne. Les cils vibrent en fonction de la fréquence de l'onde sonore entrante, les plus basses fréquences faisant vibrer les cils situés à une extrémité de la cochlée, les aiguës à l'autre. Si l'on déroulait la cochlée en ligne droite, elle ressemblerait à l'axe horizontal d'une transformée de Fourier. La nature isole ainsi les fréquences des ondes sonores depuis que les créatures ont des oreilles pour entendre.

À présent que nous avons traité de l'aspect mathématique des trajectoires circulaires, rompons le cycle. Qu'arrive-t-il aux choses qui grandissent, grandissent et grandissent encore ?

!
!
!
10!

6

Tout sur *e*

À Boulder, dans le Colorado, je rends visite à l'auteur de ce qui est peut-être la conférence prononcée le plus grand nombre de fois dans l'histoire des sciences[1]. Intitulée « Arithmétique, population et énergie », c'est en 1969 qu'Albert Bartlett, professeur émérite de physique à l'université du Colorado, la donne pour la première fois. Au moment de notre rencontre, il en est à sa mille sept cent douzième représentation et bien qu'étant bientôt nonagénaire, il tient son propos encore une vingtaine de fois par an[2]. Grand, costaud et surmonté d'un imposant crâne dégarni, Bartlett porte un bolo du Far West dont l'agrafe est ornée d'une planète et d'étoiles. Dans sa célèbre conférence, il met en garde l'humanité contre ce qu'il tient pour la plus grave de ses défaillances : l'incapacité à comprendre la croissance exponentielle. Ce message simple et puissant a dernièrement fait de lui une star d'Internet : sous le titre *The Most IMPORTANT Video You'll Ever See* (La plus IMPORTANTE vidéo que vous verrez jamais), l'enregistrement de sa conférence totalise plus de cinq millions de consultations.

On parle de « croissance exponentielle » (ou « proportionnelle ») quand une quantité croît répétitivement selon la même proportion, en doublant par exemple :

1, 2, 4, 8, 16, 32, 64…

ou en triplant :

1, 3, 9, 27, 81, 243, 729…

ou même en ne croissant que de 1 % :

1 ; 1,01 ; 1,020 1 ; 1,030 3 ; 1,040 6 ; 1,051 01 ; 1,061 52…

On peut reformuler ces nombres par la notation suivante :

$2^0, 2^1, 2^2, 2^3, 2^4, 2^5, 2^6$…

$3^0, 3^1, 3^2, 3^3, 3^4, 3^5, 3^6$…

$1{,}01^0$; $1{,}01^1$; $1{,}01^2$; $1{,}01^3$; $1{,}01^4$; $1{,}01^5$; $1{,}01^6$…

Le petit chiffre surélevé à droite s'appelle « exposant », ou « puissance », et il indique le nombre de fois qu'il faut multiplier par lui-même le nombre auquel il est affecté. Une séquence qui augmente de façon proportionnelle connaît une croissance exponentielle car à chaque nouveau terme, l'exposant augmente d'une unité.

Quand un nombre croît de façon exponentielle, plus il devient grand, plus vite il grandit, et il suffit de quelques répétitions pour qu'il prenne des proportions affolantes. Prenons le cas d'une feuille de papier que l'on plie. Chaque pli double l'épaisseur totale. Cette dernière étant au départ d'environ 0,1 millimètre, l'épaisseur après chaque pli est de :

0,1 ; 0,2 ; 0,4 ; 0,8 ; 1,6 ; 3,2 ; 6,4…

ce qui correspond à la suite de doubles que nous avons vue plus haut, sauf que la virgule s'est décalée d'un cran à gauche. À mesure que s'épaissit la feuille, chaque pliage requiert davantage de force, et dès le septième il est physiquement impossible d'aller plus loin. Notre feuille est à présent cent vingt-huit fois plus épaisse qu'à l'origine, c'est devenu un livre de deux cent cinquante-six pages.

Mais continuons, juste pour voir – en théorie du moins –, quelle épaisseur peut venir à prendre notre feuille. Après six pliures supplémentaires, elle atteint près d'un mètre. Encore six pliures, et on est à la hauteur de l'Arc de triomphe, puis encore six et on est à trois kilomètres dans le ciel. Il n'y a rien de plus ordinaire que la multiplication par 2, mais à force de répétition ses résultats deviennent très vite extraordinaires. Notre feuille dépasse la Lune après quarante-deux pliures, et si l'on veut atteindre les confins de l'univers observable, il n'en faut au total guère plus de quatre-vingt-douze.

Bien plus que le fin fond du cosmos, c'est la planète où nous vivons qui intéresse Albert Bartlett, dont la conférence comporte une analogie brillante et persuasive avec la croissance exponentielle. Imaginons une bouteille contenant des bactéries dont le nombre double toutes les minutes. À 11 heures, il ne s'y trouve qu'une seule bactérie, et une heure plus tard, à midi, elle est pleine. Si l'on compte à rebours, la bouteille était donc remplie à moitié à 11 h 59, au quart à 11 h 58 et ainsi de suite. « Si vous étiez une bactérie parmi les autres dans la bouteille, demande Bartlett, à quelle heure vous rendriez-vous compte que vous manquez de place ? » À 11 h 55, la bouteille semble encore très vide – elle n'est remplie qu'au trente-deuxième, soit à peu près 3 %, ce qui laisse encore 97 % d'espace pour l'expansion. La bactérie se rendrait-elle compte qu'il ne lui reste que cinq minutes avant d'atteindre la pleine capacité ? La bouteille de Bartlett est une fable morale à propos de la Terre. Une population qui croît de façon exponentielle est appelée à manquer d'espace bien plus vite qu'elle l'imagine.

Prenons le cas de la ville de Boulder. Entre 1950, l'année où Bartlett s'y est installé, et 1970, la population a crû au rythme moyen de 6 % par an. Il faut donc multiplier la population initiale par 1,06 pour obtenir celle de la fin de la première année, par $1{,}06^2$ pour obtenir celle de la fin de la deuxième année, par $1{,}06^3$ pour obtenir celle de la fin de la troisième année et ainsi de suite, ce qui est incontestablement une progression exponentielle.

Six pour cent par an, en soi, ça ne paraît pas énorme, mais après vingt ans cette population aura plus que triplé, passant de vingt mille à soixante-sept mille habitants. « Ce sont des quantités tout bonnement ahurissantes, dit Bartlett, et nous n'avons cessé de batailler pour les faire baisser » (on en est aujourd'hui à près de cent mille habitants). La fougue que met Bartlett à expliquer la croissance exponentielle lui vient de sa détermination à préserver la qualité de vie de sa jolie petite ville de montagne.

Il est important de retenir que lorsque le pourcentage par unité de temps augmente de façon constante, la croissance est exponentielle, et cela signifie que même si la quantité en question commence par croître lentement, elle le fera bientôt plus vite et atteindra en un clin d'œil une valeur immense contraire à ce qu'on aurait pu imaginer.

La quasi-totalité des mesures de la croissance économique, financière et politique – ventes, bénéfices, cours des actions, PIB et population, par exemple, mais aussi inflation et taux d'intérêt – se calculent sous la forme de pourcentage de changement par unité de temps, la croissance exponentielle est donc un outil essentiel pour comprendre le monde. C'était d'ailleurs le cas voici un demi-millénaire, quand l'intérêt pour la croissance exponentielle a abouti à l'adoption d'une règle empirique de l'arithmétique : la règle des 72, évoquée pour la première fois dans la *Summa de arithmetica* de Luca Pacioli, la bible mathématique de la Renaissance. Lorsqu'une quantité croît de façon exponentielle, à un moment déterminé elle atteint son double, c'est ce qu'on appelle le « temps de doublement ». La règle des 72 établit qu'une quantité croissant à X % à chaque intervalle de temps atteindra son double après environ $\frac{72}{X}$ intervalles (vous en trouverez l'explication à l'annexe 5, p. 327). Par conséquent, une population qui croît au rythme de 1 % par an mettra environ $\frac{72}{1}$, soit soixante-douze ans, à atteindre son double. Si elle croît de 2 % par an, cela prendra environ $\frac{72}{2}$, soit trente-six ans, et à 6 % par an, comme à Boulder, il ne faudra que $\frac{72}{6}$, soit douze ans.

Le temps de doublement est une notion particulièrement utile, car elle permet de facilement se représenter l'avenir et le passé. Si la population de Boulder double en douze ans, elle quadruplera en vingt-quatre ans, et sera huit fois plus nombreuse après trente-six ans (en supposant que le taux de croissance ne change pas, évidemment). De même, si l'on remonte dans le passé, une quantité qui croît de 6 % par an possédait la moitié de sa valeur actuelle il y a douze ans, le quart il y a vingt-quatre ans, et le huitième il y a trente-six ans.

Convertir un pourcentage en temps de doublement donne une meilleure notion de la variation accélérée de la quantité, si bien que la règle des 72 est indispensable quand on réfléchit à la croissance exponentielle. J'entends encore mon père me l'expliquer quand j'étais jeune, et lui-même la tenait du sien, qui en tant que négociant textile de l'Est londonien avant l'ère de la calculette n'avait certainement pas manqué d'y recourir dans son métier. Si l'on emprunte de l'argent à un taux annuel de 10 %, la règle des 72 nous permet de savoir sans trop d'effort que la dette aura doublé dans environ sept ans et quadruplé dans quatorze.

Il n'a pas fallu longtemps pour que la passion d'Albert Bartlett pour les fonctions exponentielles déborde de Boulder, sa surpopulation, sa pollution et ses embouteillages, car les arguments qu'il opposait à sa mairie valent pour le monde entier. La Terre ne peut supporter une population mondiale croissant chaque année de façon exponentielle, en tout cas pas très longtemps. Combien de minutes nous reste-t-il, demande-t-il, avant que les bactéries aient rempli la bouteille ? Ses idées ont fait de Bartlett une version moderne de Thomas Malthus, le pasteur anglais qui affirmait il y a deux siècles que la croissance démographique conduit inévitablement à la famine et à la maladie, parce que la production alimentaire ne peut suivre le même type de croissance exponentielle. « Malthus avait raison ! dit Bartlett. Il n'avait pas prévu le pétrole et la mécanisation, mais son raisonnement était juste. Il faisait bien la différence entre croissance exponentielle et linéaire. La population est capable de croître plus rapidement que nous ne pouvons accroître la production d'aucune des ressources indispensables à la survie. » Et d'ajouter : « Selon toutes les hypothèses, la population va atteindre son plafond au milieu de ce siècle, d'ici une quarantaine d'années. »

Bartlett est un conférencier captivant. Il a le génie de transformer le vertige que nous inspire la croissance exponentielle en crainte d'une imminente apocalypse. Par ailleurs, son discours ne manque pas de fraîcheur, en ce sens qu'il apporte les outils de la physique – saisie de l'essence du problème, mise en évidence de la loi universelle – à un débat généralement dominé par les économistes ou les chercheurs en sciences sociales. Une bonne part de sa colère s'adresse aux économistes, qu'il accuse d'aveuglement collectif. « Ils ont bâti une société dans laquelle la croissance de l'emploi repose sur la croissance démographique. Mais la croissance n'est jamais payante par elle-même, elle finit par conduire à la catastrophe. » La seule option viable pour la société, dit-il, c'est de se libérer de l'addiction aux exponentielles.

Les détracteurs de Bartlett expliquent que la science trouvera bien des solutions pour augmenter la production alimentaire et énergétique, comme elle l'a fait jusqu'ici, et que de toute façon le taux de natalité mondial est en baisse. Ils répondent à côté du sujet, selon Bartlett. « Les économistes m'ont souvent dit que je ne comprends pas bien le problème, que c'est plus compliqué que ce truc tout bête. Je leur dis que s'ils n'en comprennent pas les aspects les plus simples, ils ne peuvent espérer saisir les plus complexes ! » Puis, dans un gloussement : « Ça ne mène nulle part. Nous ne pouvons pas supporter davantage de croissance de la population, ou de consommation des ressources, un point c'est tout. Fin de la discussion. Il n'y a pas de débat, à moins de vouloir remettre en cause l'arithmétique. »

Pour Bartlett, l'incapacité à comprendre la croissance exponentielle est le plus grave défaut de l'espèce humaine. Mais pourquoi cela nous est-il si difficile ? En 1980, le psychologue Gideon Keren, de l'Institute for Perception, aux Pays-Bas, a mené une étude pour rechercher la présence de différences culturelles dans l'incompréhension de la croissance exponentielle[3]. Il a demandé à un groupe de sujets canadiens de prédire le prix d'un certain morceau de viande qui augmentait de 13 % par an. On leur a donné l'évolution du prix entre 1977 et 1980, où il en était à 3 dollars, et ils devaient estimer celui qu'il atteindrait treize ans plus tard, en 1993. La réponse moyenne a été 7,70 dollars, soit à peu près la moitié de la réponse exacte, 14,70 dollars, ce qui n'est pas une mince erreur. Keren a ensuite posé la même question à un groupe de sujets israéliens dans leur monnaie locale, la livre israélienne, le prix de ce morceau de viande étant en 1980 de 25 livres. L'estimation moyenne pour 1993 a été de 106,40 livres, ce qui était certes en dessous de la réalité – la réponse correcte était 122,40 livres – mais beaucoup plus proche que celle des Canadiens. Keren a expliqué la meilleure performance des Israéliens par le fait que leur pays connaissait au moment de l'enquête une inflation annuelle proche de 100 %, contre environ 10 % au Canada. Il en a conclu que grâce à leur expérience directe d'une forte croissance exponentielle, les Israéliens y étaient plus sensibles, même si leurs estimations restaient un peu basses.

En 1973, Daniel Kahneman et Amos Tversky ont démontré que les gens produisent des estimations bien plus basses quand on leur demande d'évaluer $1 \times 2 \times 3 \times 4 \times 5 \times 6 \times 7 \times 8$ que quand il s'agit de $8 \times 7 \times 6 \times 5 \times 4 \times 3 \times 2 \times 1$, dont le résultat est identique, ce qui révèle une influence pernicieuse de l'ordre dans lequel nous lisons les nombres[4]. (La réponse moyenne pour la séquence croissante a été de 512, contre 2 250 pour la décroissante. En fait, les deux estimations étaient très loin du compte, puisque la bonne réponse est 40 320.) Les travaux de Kahneman et Tversky nous donnent une idée de ce qui nous incitera toujours à sous-estimer la croissance exponentielle : devant toute suite mathématique, nous sommes inconsciemment retenus, ou « ancrés », par les premiers termes, et cet effet est particulièrement accentué lorsqu'il s'agit d'une suite ascendante.

La croissance exponentielle peut se faire pas à pas ou de façon continue. Dans l'analogie des bactéries dans la bouteille, une bactérie en devient deux, qui en deviennent quatre, qui en deviennent huit et ainsi de suite. La population croît par nombres entiers à intervalle fixe. Les courbes de l'illustration ci-dessous, en revanche, croissent de façon exponentielle *et* continue. À chaque point, la courbe grimpe à un taux proportionnel à sa hauteur.

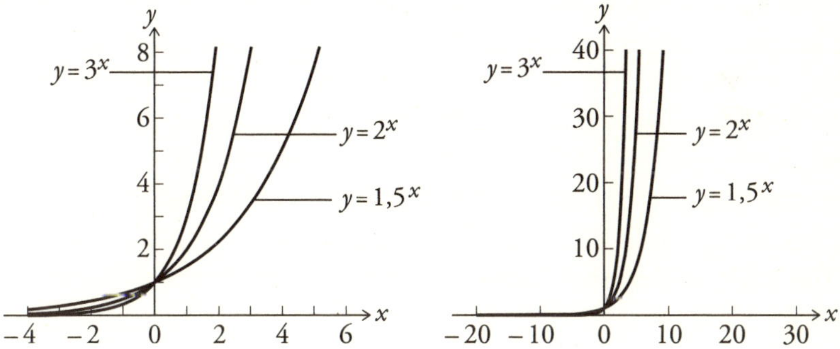

Courbes exponentielles.

Lorsqu'une équation se présente sous la forme $y = a^x$, où a est un nombre positif, la courbe affiche une croissance exponentielle continue. Les courbes ci-dessus se traduisent par les équations $y = 3^x$, $y = 2^x$, et $y = 1{,}5^x$, ce sont les courbes continues de la suite des triples, de celle des doubles et de celle dont chaque nouveau terme croît de 50 %. Dans le cas de $y = 2^x$, par exemple, lorsque x vaut 1, 2, 3, 4, 5…, y vaut 2, 4, 8, 16, 32…

Sur le graphique à petite échelle, à gauche, les courbes ressemblent à des rubans qu'on aurait punaisés au point 1 de l'axe vertical. Sur l'autre, à plus grande échelle, on voit que toutes subissent le même sort : elles se rapprochent de la verticale après seulement quelques unités sur l'axe des x. On a l'impression qu'elles ne traverseront jamais le plan à l'horizontale, mais elles finiront inévitablement par le faire. Si l'on voulait représenter $y = 3^x$ du graphique de droite quand $x = 30$, la page devrait s'étirer sur plus de cent millions de kilomètres à la verticale.

Lorsqu'une courbe croît de façon exponentielle, plus elle s'élève, plus elle se dresse. Plus on gravit le long de la courbe, plus vite elle croît. Mais avant de poursuivre, faisons connaissance avec un nouveau concept : l'inclinaison, ou la mesure mathématique de la raideur d'une pente. L'inclinaison d'une pente est égale à $\frac{\text{changement de hauteur}}{\text{changement de distance}}$ et quiconque a déjà parcouru une route de montagne en voiture ou à vélo sait bien de quoi il s'agit. Quand une route s'élève de cent mètres sur une distance horizontale de quatre cents mètres, comme illustré ci-dessous, son inclinaison est de $\frac{100}{400}$, ou $\frac{1}{4}$, ce qui sera exprimé sur le panneau routier par 25 %. Cette façon de le présenter ne manque pas de logique, puisque aux routes plus escarpées correspondent de plus fortes inclinaisons, mais il faut toutefois se méfier. Une route dont l'inclinaison est de 100 % parcourt la même distance en hauteur qu'en longueur, c'est-à-dire que son angle n'est en vérité que de quarante-cinq degrés. Il est théoriquement possible que l'inclinaison d'une route soit supérieure à 100 %, elle pourrait même être infinie, et la route serait alors verticale.

L'inclinaison de la route illustrée ci-dessus est constante. Celle des vraies routes, toutefois, est généralement variable – ça grimpe, ça s'aplanit, ça grimpe à nouveau. Pour obtenir l'inclinaison en un point d'une route, ou d'une courbe, à l'inclinaison changeante, il faut tracer la tangente en ce point et déterminer son inclinaison. La tangente est la droite qui touche la courbe en ce point mais ne la traverse pas (le mot « tangente » vient du latin *tangere*, « toucher »). Dans l'illustration ci-contre d'une courbe à l'inclinaison variable, j'ai choisi un point P et tracé sa tangente. Pour trouver l'inclinaison de la tangente, on trace un triangle rectangle qui nous donne le changement de hauteur, a, selon le changement horizontal, b, puis on calcule $\frac{a}{b}$. Peu importe la taille du triangle, car le rapport entre hauteur et largeur ne changera pas. L'inclinaison au point P est l'inclinaison de la tangente de P, qui est $\frac{a}{b}$.

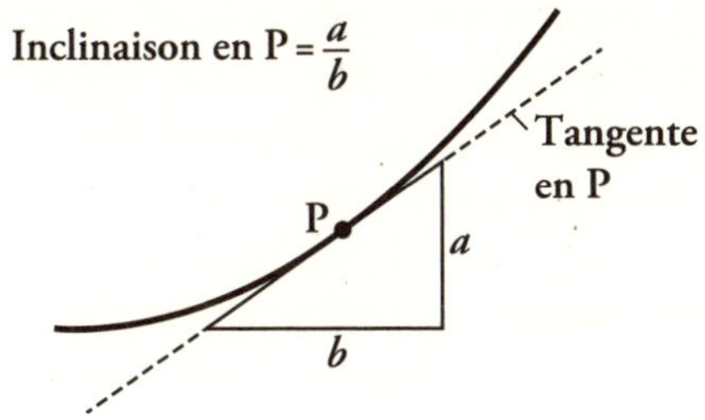

Revenons à notre description des courbes exponentielles : plus on avance, plus la pente devient raide. Autrement dit, plus on monte, plus forte est l'inclinaison. En vérité, on peut même aller jusqu'à dire que pour toute courbe exponentielle, *l'inclinaison est toujours un pourcentage fixe de la hauteur*. Ce qui appelle immédiatement une question évidente : quelle est la courbe d'or, celle dont l'inclinaison et la hauteur sont toujours égales ?

Cette courbe « idéale » se révèle être :

$$y = (2{,}718\ 281\ 828\ 4\ldots)^x$$

Quand la hauteur est de 1, l'inclinaison est de 1, quand la hauteur est de 2, l'inclinaison est de 2, quand la hauteur est de 3, l'inclinaison est de 3, comme l'illustre le triptyque ci-dessous. Par conséquent, si la hauteur est de *pi*, l'inclinaison sera de *pi*, et si elle est d'un million, l'inclinaison sera d'un million. À mesure qu'on progresse le long de la courbe, ses deux propriétés fondamentales – hauteur et inclinaison – demeurent égales et augmentent ensemble, en joyeuse synchronie, comme les amants qui s'envolent vers l'azur dans un tableau de Chagall.

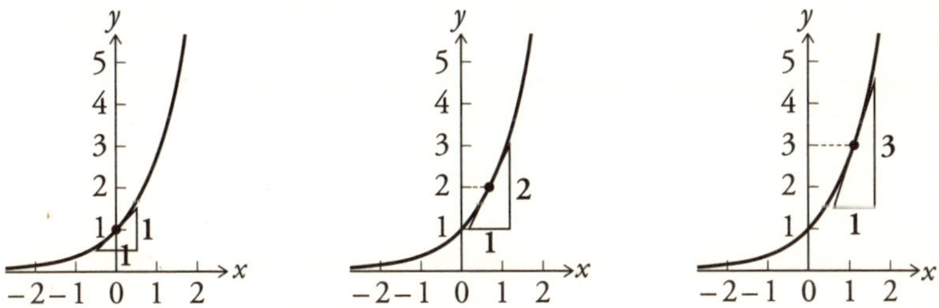

La courbe de $y = e^x$: la hauteur d'un point de la courbe est toujours égale à l'inclinaison en ce point.

La beauté géométrique de la courbe, toutefois, tranche nettement avec la laideur de sa progéniture : une ribambelle de décimales qui commence par 2,718 et se poursuit à l'infini sans jamais se répéter. Par souci pratique, on représente ce nombre par la lettre *e*, appelée « constante exponentielle ». Il s'agit après *pi* de la plus connue des constantes mathématiques. Mais à la différence de *pi*, qui suscite l'intérêt depuis des millénaires, *e* est une nouvelle venue.

Comme on lui demandait quelle était la plus grande invention de tous les temps, Einstein aurait lancé : « L'intérêt composé. » Ce dialogue n'a probablement jamais eu lieu, mais s'est transformé en légende urbaine parce que c'est le type de réponse spirituelle qu'on prête volontiers au personnage. L'intérêt, c'est la commission que l'on paye à celui qui nous prête de l'argent ou que l'on perçoit lorsqu'on est le prêteur. Il correspond généralement à un pourcentage de la somme empruntée ou prêtée. L'intérêt simple est un supplément à la somme originale, il reste fixe à chaque versement. De sorte que si une banque perçoit 20 % d'intérêt annuel simple sur un prêt de 100 euros, après un an la dette est de 120 euros, après deux ans elle est de 140 euros, après trois ans elle est de 160 euros et ainsi de suite. Mais dans le cas de l'intérêt composé, chaque versement est une proportion du total *composé*, ou cumulé. Ainsi, pour une banque percevant des intérêts composés à 20 % par an, un emprunt de 100 euros sera de 120 euros après un an, de 144 euros après deux ans et de 172,80 euros après trois ans, parce que :

Première année : dette + intérêts

$$= 100\,€ + \left(100\,€ \times \frac{20}{100}\right) = 120\,€$$

Deuxième année : dette cumulée + intérêts

$$= 120\,€ + \left(120\,€ \times \frac{20}{100}\right) = 144\,€$$

Troisième année : dette cumulée + intérêts

$$= 144\,€ + \left(144\,€ \times \frac{20}{100}\right) = 172{,}80\,€$$

Et ainsi de suite. L'intérêt composé croît beaucoup plus vite que l'intérêt simple parce qu'il le fait de façon exponentielle. Ajouter X % à une dette équivaut à la multiplier par :

$$1 + \frac{X}{100}$$

de sorte que le calcul qui précède s'exprime aussi :

Première année : $100\text{€}\left(1 + \frac{20}{100}\right)$

Deuxième année : $100\text{€}\left(1 + \frac{20}{100}\right) \times \left(1 + \frac{20}{100}\right) = 100\text{€}\left(1 + \frac{20}{100}\right)^2$

Troisième année : $100\text{€}\left(1 + \frac{20}{100}\right)^2 \times \left(1 + \frac{20}{100}\right) = 100\text{€}\left(1 + \frac{20}{100}\right)^3$

Ce qui est une suite à croissance exponentielle. Les prêteurs d'argent préfèrent depuis toujours l'intérêt composé à l'intérêt simple. D'ailleurs, l'un des premiers problèmes jamais apparus dans la littérature mathématique, trouvé sur une tablette d'argile mésopotamienne datée de 1700 av. J.-C., consistait à déterminer le temps nécessaire à ce qu'une somme soit doublée dans le cas d'un intérêt composé à 20 % par an. Si l'activité bancaire est à ce point lucrative, c'est notamment parce que l'intérêt composé augmente la dette, ou le prêt, de façon exponentielle, ce qui signifie qu'on va assez rapidement finir par payer, ou percevoir, des sommes exorbitantes. Les Romains dénonçaient les intérêts composés comme la pire des formes d'usure. Le Coran y voit un péché. Cela n'empêche pas le système moderne de la finance mondiale de le pratiquer. Ainsi sont en effet calculés nos soldes bancaires, nos factures de carte de crédit et nos crédits immobiliers. L'intérêt composé est le grand catalyseur de la croissance économique depuis l'aube de la civilisation.

À la fin du XVIIe siècle, le mathématicien suisse Jacques Bernoulli – frère aîné de Jean Bernoulli, que nous avons vu au précédent chapitre mettre au défi les plus brillants mathématiciens du monde de trouver la voie de plus prompte descente – a posé concernant l'intérêt composé une question assez élémentaire : de quelle façon l'intervalle de composition influence-t-il la valeur d'un prêt ? Vaut-il mieux percevoir l'ensemble du taux annuel composé une fois par an, la moitié tous les six mois, le douzième chaque mois ou même le trois cent soixante-cinquième chaque jour ? D'instinct, on penserait que plus on compose, plus on y gagne, et c'est en effet le cas, puisque l'argent passe plus de temps à « travailler » pour soi. Permettez-moi toutefois de reproduire le calcul étape par étape, parce qu'il recèle un schéma arithmétique intéressant.

Pour faire au plus simple, mettons que notre dépôt soit de 1 euro et que la banque verse un taux d'intérêt de 100 % par an. Après un an, la valeur du dépôt aura doublé, elle sera de 2 euros. Si l'on divise par 2 le taux d'intérêt et l'intervalle de composition, on obtient un taux de 50 % à composer deux fois. Après six mois, notre dépôt aura atteint :

$$\left(1+\frac{50}{100}\right)€ = 1{,}50\,€$$

Et après un an :

$$\left(1+\frac{50}{100}\right)\left(1+\frac{50}{100}\right)€ = \left(1+\frac{50}{100}\right)^2 € = \left(1+\frac{1}{2}\right)^2 € = 2{,}25\,€$$

Par conséquent, si l'on compose tous les six mois, on y gagne 25 centimes d'euro. De même, si le taux d'intérêt est du douzième de 100 % et qu'il y a douze versements mensuels, le dépôt atteindra :

$$\left(1+\frac{1}{12}\right)^{12} € = 2{,}6130\ €$$

En composant mensuellement, on gagne donc 61 centimes. Et avec un taux d'intérêt du trois cent soixante-cinquième de 100 % et trois cent soixante-cinq versements quotidiens, le dépôt atteindra :

$$\left(1+\frac{1}{365}\right)^{365} € = 2{,}7146\ €$$

Ce sont cette fois 71 centimes que l'on gagne.

Le schéma est clair. Plus il y a d'intervalles de composition, plus l'argent rapporte. Mais jusqu'où peut-on pousser cette logique ? Jacques Bernoulli voulait savoir s'il y avait une limite à la croissance de la somme à mesure que se réduisent les intervalles de composition.

On l'a vu, si l'on divise le taux annuel par n et qu'on le compose n fois, le solde en euros est à la fin de l'année :

$$\left(1+\frac{1}{n}\right)^n$$

Pour reformuler la question de Bernoulli sous forme algébrique, il demandait en fait ce que devient ce terme lorsque n tend vers l'infini. Croît-il lui aussi à l'infini ou bien tend-il vers une limite finie ? Pour me représenter ce problème, j'emploie volontiers l'image d'une partie de tir à la corde le long de l'axe horizontal d'un graphique. À mesure que croît n, $\left(1+\frac{1}{n}\right)$ devient plus petit, tirant le terme vers la gauche. De son côté, l'exposant n tire le terme vers la droite, puisque plus on multiplie ce qui se trouve entre parenthèses, plus importante sera la somme. Au début de la lutte, c'est l'exposant qui gagne, puisqu'on a vu que quand n vaut 1, 2, 12 et 365, la valeur de $\left(1+\frac{1}{n}\right)^n$

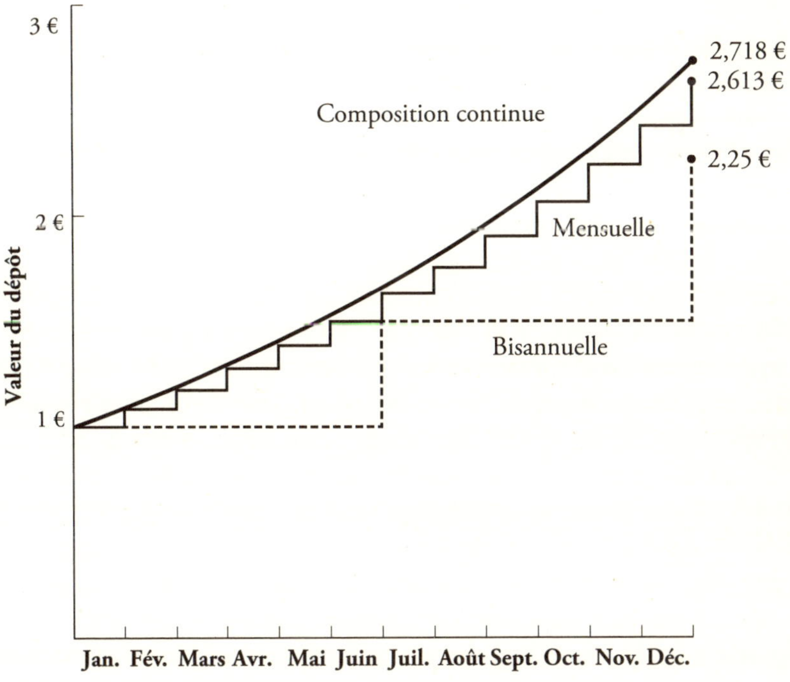

La valeur de 1 euro sur un an lorsqu'un taux d'intérêt annuel de 100 % est composé de façon bisannuelle, mensuelle et continue.

croît de 2 à 2,25, puis à 2,613 0 et 2,716 4. Sans doute percevez-vous déjà où cela mène. Quand n progresse vers l'infini, le tir à la corde atteint l'équilibre. Sans le vouloir, Bernoulli est tombé sur la constante exponentielle, puisqu'à la limite, quand n tend vers l'infini, $\left(1+\frac{1}{n}\right)^n$ tend vers e.

Visualisons le processus. L'illustration précédente montre trois scénarios possibles sur un an pour un dépôt de 1 euro à un taux d'intérêt de 100 % par an, proportionnellement composé selon différents intervalles. La courbe en pointillés représente la composition bisannuelle et l'autre la composition mensuelle. La courbe qui comporte le plus de marches monte plus haut. Quand ces marches sont infiniment petites, la courbe est $y = e^x$, c'est l'archétype de la croissance exponentielle.

On dit de cette courbe qu'elle est en « composition continue », ce qui signifie que la valeur de notre dépôt augmente à chaque instant du début à la fin de l'année. Après un an, le solde est de 2,718… euros, c'est-à-dire e euros.

C'est en étudiant l'intérêt composé que Bernoulli a découvert e[5]. Sans doute serait-il heureux d'apprendre que sa trouvaille est aujourd'hui le soubassement du système bancaire moderne (avec des taux d'intérêt plus réalistes, bien entendu). Les institutions financières britanniques, par exemple, ont en effet l'obligation légale de déclarer le taux d'intérêt composé continu de tous les produits qu'elles vendent, qu'elles choisissent de les rétribuer de façon mensuelle, bisannuelle, annuelle ou autre.

Mettons qu'une banque propose un compte de dépôt qui rapporte 15 % par an, composés en un versement annuel, ce qui signifie qu'après un an un dépôt de 100 euros aura atteint 115 euros. Si ces 15 % sont composés sous forme continue, une formule dérivée des propriétés de e nous dit qu'après un an, le dépôt atteindra 100 € × $e^{15/100}$, ce qui donne 116,18 euros, ou un taux d'intérêt annuel de 16,18 %. La banque est légalement tenue de déclarer que ce compte de dépôt spécifique rapporte 16,18 %. Il paraît sans doute curieux qu'une banque déclare un taux qui en pratique ne sert pas, mais la loi vise à permettre au client de comparer ce qui est comparable. Le compte qui rapporte tous les mois comme celui qui rapporte tous les ans sont jugés à leur taux en composition continue. Étant donné que la quasi-totalité des produits financiers pratiquent l'intérêt composé, et que tout calcul d'intérêt composé comporte obligatoirement la constante exponentielle, on peut légitimement dire que *e* est le nombre pivot dont dépend la totalité du système financier.

Assez parlé d'argent. On trouve la croissance exponentielle dans bien d'autres phénomènes, comme la propagation des maladies, la prolifération des micro-organismes, l'escalade d'une réaction nucléaire en chaîne, l'expansion du trafic sur Internet ou le larsen d'une guitare électrique. Dans chacun de ces cas, les scientifiques font appel à *e* pour modéliser la croissance.

J'ai écrit plus haut que l'équation $y = a^x$, où a est un nombre positif, traduit une courbe exponentielle. On peut reformuler cette équation de façon à y intégrer *e*. Selon l'arithmétique des exposants, le terme a^x équivaut au terme e^{kx} pour un nombre k unique et positif. La courbe de la suite des doubles, par exemple, s'écrit par l'équation $y = 2^x$, mais elle peut aussi se noter $y = e^{0{,}693x}$. De même, la courbe de la suite des triples, $y = 3^x$, peut s'écrire $y = e^{1{,}099x}$. Si les mathématiciens préfèrent convertir l'équation $y = a^x$ en $y = e^{kx}$, c'est parce que *e* représente la croissance sous sa forme la plus pure. Cela simplifie l'équation, facilite les calculs et c'est plus élégant. La constante exponentielle *e* est l'élément central des mathématiques de la croissance.

Pi est la première constante que l'on apprend à l'école, et seuls découvriront *e* ceux qui suivront la filière mathématique, bien plus tard. Pourtant, à l'université, c'est bien *e* qui prévaut. Le fait que le *e* soit aussi la plus commune des lettres dans notre langue relève de la coïncidence, mais on peut déceler dans la fonction mathématique du *e* un parallèle avec son rôle linguistique. Lorsqu'une équation comporte un *e*, c'est le signe d'un bourgeon de croissance exponentielle, d'une floraison, un signe de vie. De la même façon, le *e* donne de la vie au langage écrit, il rend prononçables les consonnes contiguës.

La croissance exponentielle a son contraire, la décroissance exponentielle, où une quantité décroît de façon répétée selon la même proportion. La suite des moitiés par exemple :

$$1, \frac{1}{2}, \frac{1}{4}, \frac{1}{8}, \frac{1}{16}, \frac{1}{32} \ldots$$

connaît une décroissance exponentielle.

Pour la décroissance exponentielle, l'équivalent de la notion de temps de doublement est la « demi-vie », c'est la durée fixe que met une quantité à décroître de moitié. Le terme est courant en physique nucléaire, notamment. Le nombre de particules radioactives dans de la matière radioactive décroît exponentiellement, et avec d'énormes variations : la demi-vie de l'hydrogène-7 est de 0,000 000 000 000 000 000 000 023 seconde, alors que pour le calcium-48, elle est de 40 000 000 000 000 000 000 d'années.

Plus communément, la différence de température entre le thé chaud et la tasse dans laquelle vous venez de le verser décroît exponentiellement, tout comme la pression atmosphérique à mesure que vous grimpez sur la colline.

La plus pure des courbes de décroissance exponentielle est :

$$y = \frac{1}{e^x}$$

qui s'écrit aussi $y = e^{-x}$, représentée ci-dessous, dont l'inclinaison est toujours le négatif de la hauteur. Cette courbe de décroissance n'est autre que la courbe exponentielle $y = e^x$ qu'illustre l'axe vertical. L'une des propriétés intéressantes de cette courbe, c'est que la région (en grisé) qu'elle délimite avec l'axe vertical et l'axe horizontal possède une aire finie, égale à 1, même si elle s'étend à l'infini, puisque la courbe n'atteint jamais l'axe horizontal.

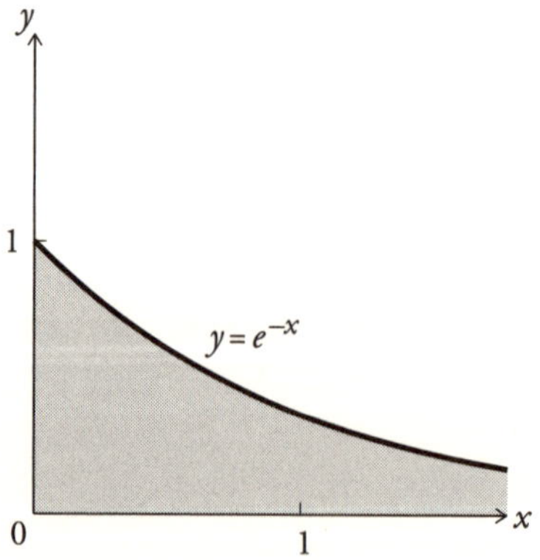

La courbe de décroissance exponentielle $y = \frac{1}{e^x}$.

Dans le numéro de mai 1690 des *Acta eruditorum*, Jacques Bernoulli, le découvreur de *e*, est revenu sur une question qui perturbait les mathématiciens depuis un siècle : quelle est la géométrie exacte de la forme que dessine un fil qui pend entre deux points ? Cette courbe – appelée « chaînette » – survient lorsque le fil est suspendu par ses extrémités et pèse de son propre poids, comme représenté ci-dessous. C'est l'affaissement du câble électrique, le sourire du collier, le U de la corde à sauter, le creux du cordon de sécurité de velours qu'on voit dans les musées. La coupe transversale d'une voile gonflée par le vent décrit aussi une chaînette, après rotation de quatre-vingt-dix degrés puisque le vent agit horizontalement alors que la gravitation le fait verticalement. Contrairement à l'usage d'un grand nombre des autres défis mathématiques lancés au XVIIe siècle, Jacques ne connaissait pas la réponse à la question qu'il posait. Après un an de travail, elle lui échappait encore. C'est son frère cadet Jean qui a fini par trouver, et l'on pourrait croire que cela a mis en joie les Bernoulli, mais il n'en a rien été. La famille Bernoulli est la plus dysfonctionnelle de l'histoire des mathématiques.

Bling-bling mathématique : la chaînette.

Originaires d'Anvers, les Bernoulli avaient fui la persécution espagnole des huguenots pour s'établir au début du XVIIe siècle en tant que marchands d'épices à Bâle, en Suisse. Jacques, né en 1654, a été le premier mathématicien de ce qui allait devenir une dynastie sans équivalent dans quelque domaine que ce soit. Sur trois générations, huit Bernoulli seraient des mathématiciens distingués, chacun associant son nom à une découverte d'importance. Outre ses travaux sur l'intérêt composé, Jacques est surtout connu pour être l'auteur de la première étude majeure sur les probabilités. C'était un homme « opiniâtre, têtu, agressif, vindicatif, assailli par un sentiment d'infériorité et pourtant fermement convaincu de ses capacités », a écrit un historien[6]. Cette disposition le vouait d'emblée à se heurter tôt ou tard à Jean, de treize ans son cadet et doté d'un caractère similaire. Résoudre le problème de la chaînette a fait la délectation de ce dernier, qui n'a pas manqué de relater l'épisode avec jubilation : « Les efforts de mon frère furent sans succès [...] pour moi je fus plus heureux, car je trouvai l'adresse (je le dis sans me vanter, pourquoi cacherais-je la vérité ?) de le résoudre pleinement », écrivait-il, avant d'ajouter : « Il est vrai que cela me coûta des méditations qui me dérobèrent le repos d'une nuit entière... » Une « nuit entière » pour un problème que son frère n'avait pas résolu en un an ? Quelle gifle ! Jean manifestait le même esprit de concurrence avec ses fils qu'avec son frère. Contraint de partager avec le cadet, Daniel, un prix de l'Académie de Paris, la jalousie l'a poussé à le chasser du foyer familial.

La courbe que Jacques Bernoulli avait si ardemment cherché à identifier possédait en fin de compte un ingrédient caché, *e*, le nombre qu'il avait lui-même découvert dans un autre contexte.

Selon la notation moderne, l'équation de la chaînette est :

$$y = \frac{e^{ax} + e^{-ax}}{2a}$$

où a est une constante qui modifie l'échelle de la courbe. Plus a est grand, plus les extrémités de la ficelle pendante sont éloignées, comme illustré ci-dessous.

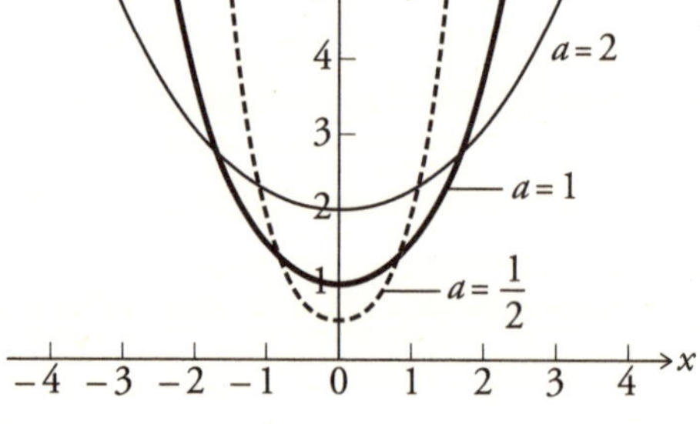

L'équation de la chaînette $\frac{e^{ax} + e^{-ax}}{2a}$ *pour différentes valeurs de a.*

Dans l'équation de la chaînette, lorsque $a = 1$, la courbe est alors :

$$y = \frac{e^x + e^{-x}}{2}$$

Regardez bien cette équation. Le terme e^x représente la croissance exponentielle pure et e^{-x} la décroissance exponentielle pure. L'équation les additionne, puis les divise par 2, ce qui est une opération arithmétique familière ; quand on additionne deux valeurs et qu'on divise le résultat par 2, c'est généralement pour obtenir leur moyenne. Autrement dit, la chaînette est la moyenne des courbes de croissance et de décroissance exponentielles, comme illustré ci-après. Chaque point du U se situe exactement à mi-chemin entre les deux courbes exponentielles.

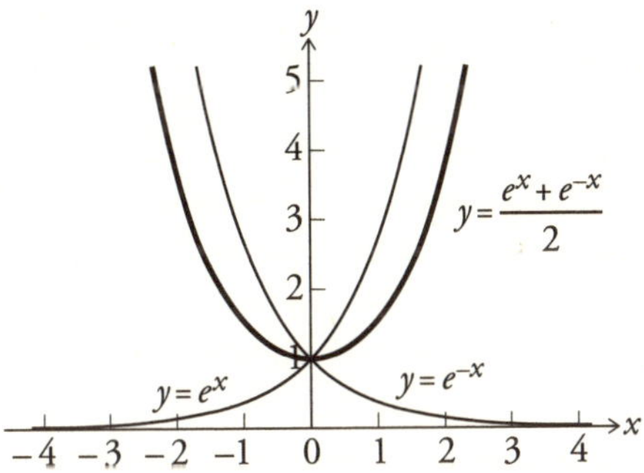

La chaînette est la moyenne de la croissance et de la décroissance exponentielles.

Dès qu'on voit un cercle, on voit *pi*, le rapport entre la circonférence et le diamètre. Et dès qu'on voit pendouiller une chaîne ou un fil d'araignée, on voit *e*.

Au XVIIe siècle, le physicien anglais Robert Hooke a découvert une propriété mécanique extraordinaire de la chaînette : la courbe, si on l'inverse, est la plus solide des formes pour un arc soutenant son propre poids. Lorsqu'une chaînette pend, elle adopte une position où toutes les forces internes tirent dans le sens de la courbe. Une fois la chaînette inversée, ces forces de tension deviennent des forces de compression, ce qui fait de la chaînette le seul arc dont toutes les forces de compression s'exercent le long de la courbe. Il n'y a dans la chaînette aucune force de ploiement : elle supporte seule son propre poids, sans nécessité d'entretoises ou de contreforts. Elle est tellement solide qu'elle ne réclame qu'un minimum de maçonnerie. Des briques posées en chaînette ne demandent même pas de mortier pour rester en place, car elles poussent parfaitement l'une contre l'autre le long de la courbe. Ravi de sa découverte, Hooke a déclaré qu'il s'agissait d'une idée qu'« aucun rédacteur d'architecture n'avait jamais imaginée, et encore moins réalisée ». Cela n'a pas duré, et les ingénieurs se sont très vite emparés de la chaînette. Avant l'ère de l'informatique, le plus rapide pour en construire consistait à suspendre une vraie chaîne, prendre le relevé de la courbe, bâtir un modèle à base d'un matériau rigide et le renverser.

La chaînette, ce sont les jambes de la nature, la meilleure façon de tenir sur ses pieds. Cet arc est d'ailleurs l'un des motifs qui a fait la griffe de l'architecte catalan Antoni Gaudí, à qui l'on doit certains des bâtiments les plus stupéfiants du début du XXe siècle, notamment la basilique de la Sagrada Família, à Barcelone[7]. Gaudí n'était pas seulement attiré par l'esthétique de la chaînette, mais par sa signification mathématique. En y recourant, il a fait de la structure mécanique d'un bâtiment l'une des caractéristiques principales de sa ligne.

Il est toutefois peu commun dans un bâtiment de voir les arcs tenir tout seuls. Ils forment généralement des colonnes ou des voûtes rattachées à des murs, au sol et au toit. Gaudí s'est aperçu qu'il était possible d'esquisser toute l'architecture d'un bâtiment à partir d'un modèle de chaînettes pendantes, et il s'en est donné à cœur joie. Quand on lui a par exemple commandé une église pour la Colonie Güell, dans les environs de Barcelone, il a d'abord bâti un squelette inversé du projet. Au lieu de chaînes métalliques, il a employé de la ficelle, lestée de centaines de sachets remplis de billes de plomb. Le poids de chaque sachet sur la ficelle créait un treillage de chaînettes dites « transformées ». Les arcs de celles-ci constituaient les plus stables des courbes pour soutenir le poids correspondant à chaque emplacement (comme le toit ou les matériaux de construction). Pour voir à quoi ressemblerait son église une fois terminée, Gaudí prenait une photo de sa maquette et la regardait à l'envers. L'église de la Colonie Güell n'a jamais été achevée, mais elle a encouragé l'artiste à reprendre la technique dans ses travaux ultérieurs.

Réplique d'un modèle de chaînettes de Gaudí suspendue au plafond du musée de la Casa Milà (ou Pedrera), de Barcelone. Tenez le livre à l'envers, vous verrez la forme du bâtiment envisagé.

La plus célèbre des chaînettes est sans doute la Gateway Arch, de Saint Louis, dans le Missouri, haute de cent quatre-vingt-douze mètres, bien qu'elle soit légèrement aplatie parce que la maçonnerie est plus fine au sommet. En 2011, les architectes londoniens Foster and Partners ont adopté la chaînette pour un projet particulièrement audacieux : la construction d'un aéroport géant au Koweit, sur l'un des sites les moins hospitaliers du monde. Nikolai Malsch, architecte en chef du projet, m'a expliqué que la meilleure forme pour le toit de ce bâtiment long de 1,2 kilomètre était une coquille dont la coupe transversale serait une chaînette. Cette chaînette sera gigantesque – quarante-cinq mètres de largeur à la base pour trente-neuf mètres de hauteur au centre – mais grâce à l'efficacité de la distribution de son propre poids, elle n'aura pas à dépasser seize centimètres d'épaisseur.

— On pourrait parfaitement adopter une autre courbe que la chaînette, mais il faudrait davantage de matériaux, des poutres à plus grande section et ce serait globalement plus difficile à construire, précise-t-il. Là, même si le revêtement extérieur se décolle, si l'intérieur s'effondre et tout devient poussière et gravats, la chaînette restera debout.

On peut voir dans les bureaux de Foster and Partners la maquette détaillée des plus célèbres projets du cabinet : la tour Gherkin (le Cornichon) de Londres, le Reichstag de Berlin et le viaduc de Millau. Pourtant, ce qui trône sur le bureau devant Nikolai Masch, c'est une chaîne de vélo suspendue.

— Nous adorons la chaînette, dit-il, parce qu'elle raconte comment tient le toit.

La chaînette joue en architecture un autre rôle, moins connu, qu'on a peu de chances de rencontrer dans les plans d'une église ou d'un aéroport : une piste constituée de bosses en forme de chaînette inversée est la surface sur laquelle on peut conduire sans soubresauts une bicyclette à roues carrées, ou jouer au bowling avec des boules cubiques.

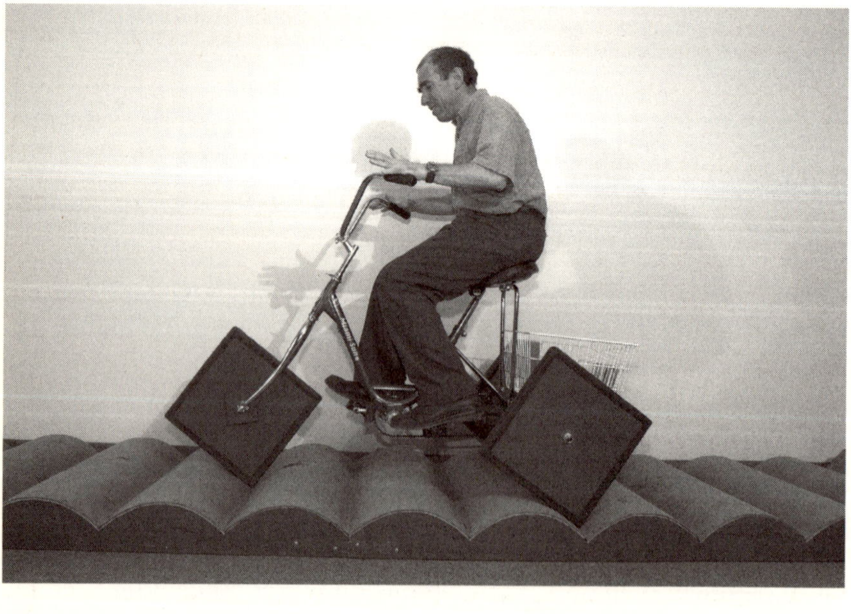

Le mathématicien Stan Wagon conduit son tricycle au Macalester College de Saint Paul, dans le Minnesota.

Les Bernoulli ont incontestablement laissé une empreinte plus importante dans les mathématiques que n'importe quelle autre famille dans l'histoire, mais un autre grand mathématicien de Bâle a aussi marqué leur époque. Leonhard Euler (prononcer « oye-leur »), rejeton brillant et précoce d'un pasteur local, avait un don pour les mathématiques, et c'est Jean Bernoulli, son précepteur du dimanche après-midi, qui l'a découvert puis cultivé. En 1727, à dix-neuf ans, Euler s'est rendu en Russie pour intégrer la toute jeune Académie des sciences de Saint-Pétersbourg, où Daniel, le fils de Jean, occupait la chaire de mathématiques. Le tsar Pierre le Grand offrait alors des salaires mirobolants pour attirer les plus brillants esprits européens, et la vie intellectuelle à Saint-Pétersbourg était beaucoup plus stimulante et relevée qu'en Suisse. Euler est vite devenu la star des savants de la ville.

Euler était un homme paisible, dévoué à sa famille, à mille lieues du cliché du mathématicien génial et asocial. Ses principaux atouts étaient une mémoire prodigieuse – on dit qu'il connaissait par cœur les dix mille vers de l'*Énéide* de Virgile – et une capacité de travail plus prodigieuse encore. Jamais un mathématicien n'a approché son rendement – il rédigeait près de huit cents pages par an en moyenne. En 1783, à sa mort à l'âge de soixante-seize ans, il restait tant de choses sur son bureau que les revues scientifiques ont continué de publier ses articles pendant un demi-siècle. Euler a souffert toute sa vie d'une mauvaise vue, au point de perdre l'usage de l'œil droit avant trente ans et celui de l'œil gauche dans la soixantaine. Une fois totalement aveugle, il a dicté certaines de ses œuvres principales à plusieurs scribes simultanément qui avaient toutes les peines du monde à tenir la cadence. Euler créait des mathématiques, disaient-ils, plus vite qu'on ne pouvait les écrire.

Euler ne s'est pas seulement distingué par la quantité de ses travaux, mais par leur qualité et leur diversité. « Lisez Euler, lisez Euler, implorait le mathématicien français Pierre-Simon Laplace. C'est notre maître à tous. » Euler a apporté sa pierre à quasiment tous les domaines mathématiques de l'époque, de la théorie des nombres à la mécanique en passant par la géométrie et les probabilités, mais il ne s'est pas privé par ailleurs d'en créer de nouveaux. Ses travaux ont eu un tel effet transformateur que la communauté des mathématiciens a adopté son vocabulaire symbolique. C'est grâce à Euler, par exemple, que nous employons les symboles π et e pour désigner les constantes du cercle et des exponentielles. Il n'a pas été le premier à utiliser π – cet honneur échoit à un mathématicien gallois méconnu, William Jones –, mais le symbole ne doit son succès qu'à son adoption par Euler. En revanche, c'est bien lui qui a utilisé le premier la lettre *e* pour désigner la constante exponentielle, dans un manuscrit sur la balistique du boulet de canon. On suppose qu'il a choisi *e* parce que c'était la première lettre restée libre – les textes mathématiques regorgeaient déjà de *a*, de *b*, de *c* et de *d* – pas parce que c'était la première lettre du mot « exponentiel » ou celle de son nom. Malgré sa renommée, Euler a toujours su rester humble.

Concernant *e*, Euler a fait une découverte inattendue sur laquelle je reviendrai après vous avoir présenté un nouveau symbole, le point d'exclamation (qui n'est pas une trouvaille d'Euler). Quand un nombre entier est immédiatement suivi d'un !, cela signifie qu'il faut le multiplier par tous les entiers plus petits que lui. L'opération commandée par ! s'appelle la « factorielle », alors *n*! se lit « factorielle de *n* ».

Voici les premières factorielles :

(0! = 1 par convention)
1! = 1
2! = 2 × 1 = 2
3! = 3 × 2 × 1 = 6
4! = 4 × 3 × 2 × 1 = 24
…
10! = 10 × 9 × 8 × 7 × 6 × 6 × 4 × 3 × 2 × 1 = 3 628 800

Et ainsi de suite. Les factorielles croissent rapidement. À peine atteint-on 20! qu'on est déjà dans les trillions. Peut-être faut-il voir dans l'adoption du point d'exclamation par les mathématiciens allemands du XIXe siècle l'appréciation de cette accélération phénoménale. Certains écrits anglais d'alors suggéraient même que *n*! se dise « *n*-admiration » plutôt que « factorielle de *n* ». Il faut reconnaître qu'on ne peut être qu'admiratif de la trajectoire ascendante du point d'exclamation : la factorielle est plus rapide encore que la croissance exponentielle.

C'est dans le calcul de combinaisons et de permutations que l'on rencontre le plus souvent les factorielles. Par exemple, selon combien de combinaisons peut-on disposer un nombre donné d'invités entre autant de chaises ? De toute évidence, une seule personne ne peut s'asseoir sur une seule chaise que d'une seule façon. Avec deux individus et deux chaises, on a deux choix, les permutations AB et BA. Avec trois personnes et trois chaises, six dispositions sont possibles : ABC, ACB, BAC, BCA, CAB et CBA. Il existe une méthode générale pour déterminer ce total sans avoir à faire l'inventaire de toutes les permutations possibles. Le premier individu dispose de trois choix de chaise, le deuxième de deux et le troisième d'un seul, le total est donc $3 \times 2 \times 1 = 6$. En appliquant la même méthode à quatre individus pour quatre chaises, on obtient $4 \times 3 \times 2 \times 1 = 4! = 24$. Autrement dit, si l'on a n personnes pour n chaises, le nombre de permutations est $n!$. Il est quand même assez impressionnant de se rendre compte que lorsqu'on organise un dîner avec dix convives, il y a plus de trois millions et demi de façons de les disposer autour de la table.

Revenons à *e*. Notre chère constante exponentielle mérite à elle seule tout un tas de points d'exclamation. OMG !!! LOL !!! Il s'avère que si l'on calcule $\frac{1}{n!}$ pour tous les nombres à partir de 0 et qu'on additionne tous les termes, on obtient *e*.

Exprimé sous forme d'équation, cela donne :

$$e = \frac{1}{0!} + \frac{1}{1!} + \frac{1}{2!} + \frac{1}{3!} + \frac{1}{4!} + \frac{1}{5!} + \ldots$$

c'est-à-dire :

$$e = 1 + 1 + \frac{1}{2} + \frac{1}{6} + \frac{1}{24} + \frac{1}{120} + \ldots$$

Commençons à additionner, terme par terme :

1
2
2,5
2,666 66…
2,708 3…
2,716 6…

Notre suite fond à vitesse supersonique sur la valeur précise de *e*. Après seulement dix termes, elle est exacte à six décimales près, ce qui est suffisant pour à peu près toute application scientifique.

Pourquoi *e* trouve-t-il une expression si harmonieuse dans les factorielles ? Comme on l'a vu à propos des intérêts composés, *e* est la limite de $\left(1+\frac{1}{n}\right)^n$ à mesure que *n* tend vers l'infini. Je vous passe les détails de la démonstration, mais le terme $\left(1+\frac{1}{n}\right)^n$ peut se développer sous forme d'addition géante qui se réduit à des fractions individuelles dont le dénominateur comporte une factorielle.

Parce qu'il avait de la recherche une approche ludique, Euler s'est souvent intéressé à des jeux ou des casse-tête frivoles. Quand par exemple un passionné d'échecs lui a demandé s'il était possible qu'un cavalier parcourre tout l'échiquier en n'atterrissant qu'une fois sur chaque case avant de revenir au point de départ, Euler a trouvé la façon d'y parvenir, et cela préfigurait des questions qui font encore l'objet d'études aujourd'hui. Euler s'est aussi pris de curiosité pour un ancien jeu de cartes français, le « jeu de rencontre », qui ressemble à l'un des passe-temps préférés de mon enfance, le snap.

Dans ce jeu, deux joueurs A et B disposent chacun d'un paquet de cartes battues. Chacun retourne une carte de son tas en même temps, et on continue à le faire jusqu'à épuisement des paquets. Si jamais il arrive que les deux cartes retournées soient identiques, c'est A qui gagne. (Et moi je crie : *Snap !*) Si l'on atteint la fin des paquets sans qu'il y ait eu coïncidence, c'est B qui l'emporte. Euler a voulu déterminer les chances de victoire de A, c'est-à-dire la possibilité qu'il se produise au moins une coïncidence en cinquante-deux coups.

Cette question a reparu sous de nombreuses formes au fil des ans. Imaginons par exemple qu'un préposé au vestiaire néglige d'étiqueter tous les articles qui lui sont confiés au cours de la soirée et qu'il les rende au hasard au moment où tout le monde repart. Quelles sont les chances qu'au moins une personne reçoive le bon manteau ? Ou alors mettons qu'un cinéma vende des places numérotées, mais qu'il laisse les spectateurs librement choisir leur fauteuil. Si la salle est pleine, quelles sont les chances qu'au moins un fauteuil soit occupé par le détenteur du ticket correspondant ?

Euler a pris les choses par le commencement[8]. Si le paquet remis à chaque joueur du jeu de rencontre ne comporte qu'une carte, il y a 100 % de chances de coïncidence. S'il en contient deux, ces chances sont de 50 %. Euler a créé des tables de permutation pour les parties jouées avec des paquets de trois puis de quatre cartes avant de déduire le schéma en présence. La probabilité d'une « rencontre » lorsque le paquet comporte n cartes est la fraction :

$$1-\frac{1}{2!}+\frac{1}{3!}-\frac{1}{4!}-...\pm\frac{1}{n!}$$

Attendez voir… mais ce schéma ressemble à celui des séries de e ci-dessus !

Sans entrer dans le détail de la démonstration, sachez que cette suite tend vers $\left(1-\frac{1}{e}\right)$, soit environ 0,63. La suite n'est exactement égale à $\left(1-\frac{1}{e}\right)$ que lorsque n atteint l'infini, mais l'approximation est déjà très, très bonne après quelques termes. Quand $n = 52$, c'est-à-dire le nombre de cartes d'un paquet, la série $\left(1-\frac{1}{e}\right)$ est exacte à près de soixante-dix décimales près.

Par conséquent, les chances que survienne une rencontre dans le jeu du même nom sont d'environ 63 %. Elles sont à peu près deux fois plus nombreuses que celles du contraire. De même, les chances qu'au moins un usager du vestiaire récupère son manteau sont de 63 %, tout comme celles qu'un spectateur du cinéma tombe sur le bon fauteuil. On notera avec intérêt que le nombre de cartes du jeu, de personnes ayant confié leur manteau au vestiaire ou de fauteuils dans le cinéma ne change pas grand-chose aux chances d'obtenir au moins une coïncidence, à condition qu'il y en ait plus de six ou sept. À chaque fois qu'on accroît le nombre de cartes, d'usagers ou de fauteuils, on ajoute un terme à la suite ci-dessus, qui détermine la probabilité d'une coïncidence. Une huitième carte, par exemple, ajoute un huitième terme, $\frac{1}{8!}$, ou 0,000 024 8, ce qui ne modifie les probabilités que de moins d'un quart du centième de 1 %. Une neuvième carte aura encore moins d'incidence. En d'autres termes, les chances de coïncidence ne changent pas vraiment selon qu'on joue avec un jeu complet ou avec une seule couleur, par exemple. De même, il n'y a pas beaucoup de différence selon que le vestiaire ait reçu les manteaux de dix usagers ou de cent, ni qu'il s'agisse de la plus petite salle de votre multiplex local ou du Grand Rex.

La découverte par Euler de la présence de e au sein des jeux de cartes est l'une des premières apparitions de la constante dans un domaine sans rapport évident avec la croissance exponentielle. On la retrouvera quelques siècles plus tard sur un terrain tout aussi compétitif : la quête mathématique d'une épouse.

Pour cela, revenons à Johannes Kepler. Après la mort de sa femme, en 1611, l'astronome allemand a rencontré onze candidates à la position de nouvelle Mme K[9]. La chose a mal commencé, écrira-t-il : la première candidate avait « une haleine fétide », la deuxième avait été « élevée dans un luxe qui dépassait sa situation » et la troisième était promise à un homme qui avait fait un enfant à une prostituée. Il aurait bien épousé la quatrième, « de haute stature et de carrure athlétique » s'il n'avait rencontré la cinquième, qui promettait d'être « modeste, économe, appliquée et d'aimer ses beaux-enfants ». Mais ses tergiversations ont fait perdre patience à ces deux-là, alors il en a rencontré une sixième, aussitôt rejetée parce qu'il « redoutait la dépense de noces somptueuses », puis une septième qui, malgré « une apparence digne d'être aimée », l'a repoussé parce qu'une fois encore il tardait à se décider. La huitième « n'avait rien qui la recommandât, [même si] sa mère était une femme de grande valeur », la neuvième souffrait d'une maladie des poumons, la dixième avait « de vilains traits, fût-ce pour un homme aux goûts simples [...] courtaude et grosse, et issue d'une famille amplement frappée par l'obésité », et la dernière candidate n'était pas assez âgée.

Au terme du processus, Kepler s'est interrogé : « Est-ce la divine providence ou ma propre culpabilité morale qui, depuis moins de deux ans, m'a partagé entre tant d'orientations et fait envisager des unions à ce point différentes ? » Ce type de remise en question désespérée est monnaie courante dans l'univers moderne des rencontres. Ce qui manquait au grand astronome, c'est une stratégie.

Considérons le jeu suivant, inventé, selon l'écrivain spécialiste de mathématiques Martin Gardner, par deux amis, John H. Fox et L. Gerald Marnie, en 1958[10]. Demandez à quelqu'un d'inscrire un nombre positif différent sur autant de morceaux de papier qu'il voudra. Ce peut être n'importe quelle valeur d'une fraction infime à un nombre absurde d'énormité – 1 suivi de cent 0, par exemple. On dispose ensuite les papiers sur la table, face cachée, et on les mélange. Le jeu peut commencer. Il s'agit pour vous de retourner les papiers l'un après l'autre et de vous arrêter après avoir retourné celui comportant le nombre le plus élevé. Vous n'avez pas le droit de revenir en arrière pour choisir un papier déjà retourné. Et si vous allez jusqu'à retourner tous les papiers, c'est le dernier qui sera retenu.

Puisque le joueur qui retourne les papiers n'a aucune idée des nombres qu'ils comportent, on pourrait croire qu'il a peu de chances de trouver le plus grand. Pourtant, aussi invraisemblable que cela paraisse, il est possible de gagner à ce jeu plus d'une fois sur trois, quel que soit le nombre de papiers en jeu. L'astuce consiste à exploiter l'information des nombres déjà apparus pour produire une évaluation de ceux qui restent cachés. La méthode : retournez une certaine quantité de papiers, repérez le nombre le plus élevé de cette sélection ; après cela, choisissez le premier nombre supérieur à celui-ci qui apparaîtra. La meilleure solution, en fait, est de retourner $\frac{1}{e}$ (ou 0,368, c'est-à-dire 36,8 %) du nombre total de papiers puis de choisir le premier nombre supérieur au plus élevé de cette sélection. Les chances d'avoir choisi le nombre le plus élevé de tous sont alors à nouveau de $\frac{1}{e}$, soit 36,8 %.

Dans les années 1960, ce casse-tête était connu sous le nom de « problème de la secrétaire », ou de « problème du mariage », pour son analogie avec la situation du patron face à une liste de postulantes ou d'un homme en quête de la meilleure prétendante. (Où l'on constate de façon flagrante que les mathématiciens étaient alors majoritairement des hommes.)

Imaginez que vous faites passer vingt entretiens pour choisir une secrétaire, en vous fixant pour règle de décider à la fin de chacun si vous embauchez ou non la candidate. Si vous offrez l'emploi à la première, vous ne verrez pas les autres, et si vous n'avez pas choisi au moment du dernier entretien, c'est à celle-là que vous devrez offrir la place. Ou bien imaginez que vous projetez de rencontrer vingt femmes, en sachant que vous devez vous décider au sujet de chacune avant de passer à la suivante. (Mes excuses aux lectrices : l'analogie repose sur l'idée que c'est forcément à l'homme de faire sa proposition à la femme et que cette dernière dira toujours oui.) Si vous choisissez la première, vous ne rencontrerez pas les autres, mais si vous les voyez toutes, c'est la dernière qui sera l'élue. Dans les deux situations, le moyen de mettre le plus de chances de son côté consiste à rencontrer 36,8 % des candidates puis d'offrir le poste ou le mariage à la prochaine qui sera meilleure que toutes les précédentes. La méthode ne *garantit* pas la sélection de la meilleure candidate – les chances ne sont jamais que de 36,8 % –, mais cela reste une excellente stratégie d'ensemble.

Si Kepler, sachant d'avance qu'il s'apprêtait à rencontrer onze femmes, avait suivi cette stratégie, il aurait rencontré 36,8 % d'entre elles, c'est-à-dire quatre, puis fait sa proposition à la suivante qui lui aurait paru préférable à toutes les précédentes. Autrement dit, il aurait choisi la cinquième – précisément celle qu'il a finalement élue après avoir rencontré les onze et leur union s'est avérée heureuse. S'il avait connu le problème du mariage et sa solution, Kepler se serait épargné six rendez-vous infructueux.

Le problème de la secrétaire ou du mariage est devenu l'un des plus célèbres de l'univers des mathématiques récréatives[11], même s'il ne reflète pas la réalité puisque les patrons peuvent rappeler des candidates et que les hommes peuvent revenir (comme Kepler) à une précédente rencontre. Derrière son apparente frivolité, toutefois, se cache tout un champ théorique d'une incroyable utilité : l'arrêt optimal, ou l'estimation mathématique du meilleur moment de s'arrêter. C'est une notion importante dans la finance, pour savoir quand il convient de limiter les pertes sur un investissement, ou de réaliser une option d'achat de titres. Mais on la retrouve aussi dans des domaines aussi divers que la médecine (pour calculer, par exemple, le meilleur moment d'interrompre un traitement donné), l'économie (notamment pour décider du moment d'arrêter d'exploiter les énergies fossiles) ou la zoologie (pour choisir le meilleur moment de cesser de rechercher de nouvelles espèces au sein d'une large population d'animaux et éviter d'engloutir de l'argent dans la quête d'une chose qui ne s'y trouve probablement pas).

L'oligarque milliardaire russe Boris Berezovsky a enseigné les mathématiques à l'Académie des sciences de l'URSS, héritière soviétique de celle qui avait fait éclore Euler[12]. Dans les années 1980, il a coécrit un livre sur le problème de la secrétaire. Plus tard, en 2003, il a émigré au Royaume-Uni. Je lui ai fait plusieurs demandes d'entretien, mais à chaque fois il m'a prié de le rappeler un ou deux mois plus tard. Après un an de tentatives, j'ai pensé que le moment optimal d'arrêter était venu.

L'intérêt de l'arrêt optimal, c'est qu'il permet de prendre des décisions avisées à propos d'événements aléatoires en se fondant sur le savoir accumulé. Voici un jeu dans lequel il existe une façon particulièrement ingénieuse d'exploiter la plus petite bribe d'information (aucun rapport avec *e*, mais j'espère que vous me pardonnerez cette légère digression)[13]. Son résultat est tellement inattendu que lorsqu'il s'est mis à circuler, bon nombre de mathématiciens ont refusé d'y croire.

La règle du jeu est simple. Vous inscrivez deux nombres différents sur deux morceaux de papier que vous posez sur la table, face cachée. Je retourne l'un des papiers, et je dois deviner si le nombre est supérieur ou inférieur à l'autre, qui reste caché. Aussi étonnant que cela paraisse, je trouverai la bonne réponse plus d'une fois sur deux !

Ça ressemble à un tour de magie, mais il n'y a aucun truc. Et ma stratégie ne repose pas sur les caractéristiques du choix de nombres par l'homme ni sur la façon dont vous avez disposé les papiers sur la table. Ce sont les mathématiques, pas la psychologie, qui m'offrent une méthode pour gagner plus souvent que je ne perds.

Supposons que je ne sois autorisé à retourner aucun des papiers. Mes chances de deviner lequel comporte le plus grand nombre sont de 50/50. Deux choix s'offrent à moi, un seul est le bon. J'ai autant de chances qu'à pile ou face.

Mais aussitôt que je découvre l'un des nombres, je peux accroître mes chances en procédant comme suit :

1. Je choisis dans ma tête un nombre au hasard – appelons-le *k*.
2. Si *k* est inférieur au nombre que je retourne, je déclare que ce dernier est le plus élevé.
3. Si *k* est supérieur au nombre que je retourne, je dis que celui qui reste caché est le plus élevé.

Autrement dit, ma stratégie consiste à systématiquement choisir le numéro que je vois, sauf si mon nombre aléatoire *k* est plus grand, auquel cas je désigne celui que je n'ai pas vu.

Si l'on veut comprendre pourquoi cette stratégie m'avantage, il faut considérer la valeur de *k* par rapport aux deux nombres inscrits sur les papiers. Trois cas sont possibles : (i) *k* est inférieur aux deux, (ii) *k* est supérieur aux deux, (iii) *k* est situé entre les deux.

Dans le premier cas, quel que soit le nombre que je vois, je m'y tiens. Mes chances d'avoir raison sont de 50/50. Dans le deuxième, quel que soit le nombre que j'ai vu, je choisis l'autre. Là encore, c'est du 50/50. Le cas qui nous intéresse est le troisième, où je gagne 100 % des fois. Si c'est le plus petit nombre que je vois, je change, et si c'est le plus grand nombre, je m'y tiens. À chaque fois que le nombre que j'ai choisi au hasard tombera entre les deux que vous avez inscrits sur les papiers, je gagnerai !

(Une petite explication s'impose ici sur le choix de *k*, puisqu'il faut qu'il ait toujours une chance de tomber entre les deux autres pour que ma stratégie fonctionne, sans quoi il vous serait trop facile de trouver des scénarios me privant de mon avantage. Si vous inscrivez toujours des nombres négatifs, par exemple, et que mon nombre choisi au hasard est positif, il ne se situera jamais entre les deux et mes chances de gagner resteront de 50/50. Ma solution consiste à choisir un nombre au hasard selon une « distribution normale », car cela donne à tous les positifs et tous les négatifs l'occasion de surgir. Vous n'avez pas à en savoir long sur la distribution normale, seulement qu'elle vous procure un moyen de choisir au hasard un nombre qui a une chance de tomber entre les deux autres.)

Les chances que *k* tombe entre vos deux nombres sont peut-être minces, mais le simple fait qu'elles existent, si infimes soient-elles, signifie qu'après un certain nombre de parties mes chances globales de l'emporter dépassent 50 %. Évidemment, je ne saurai jamais si je suis sur le point de gagner ou de perdre la prochaine partie, mais ce n'est pas ce que je vous ai promis : j'ai simplement dit que je pouvais gagner plus de la moitié des fois. Pour être sûr de maintenir mes chances aussi près que possible de 50/50, vous n'avez qu'à toujours choisir deux nombres aussi proches que possible l'un de l'autre. Mais tant qu'ils ne sont pas égaux, il y aura toujours une chance que le mien se trouve entre eux, et tant que cette chance est mathématiquement possible, je gagnerai à ce jeu plus souvent que je n'y perdrai.

Au précédent chapitre, je vous ai présenté *pi*, qui commence par 3,141 59 et correspond au nombre de fois que l'on peut faire tenir le diamètre d'un cercle dans sa circonférence. Ici, nous avons fait connaissance avec *e*, qui commence par 2,718 28 et constitue l'essence numérale de la croissance exponentielle. Ce sont les deux constantes mathématiques les plus courantes, et on les associe régulièrement malgré le fait qu'elles soient issues de recherches très différentes et qu'elles n'aient pas du tout la même personnalité mathématique. Il est d'ailleurs assez remarquable que leur valeur soit si proche, avec un écart de moins de 0,5. En 1859, le mathématicien américain Benjamin Peirce a proposé l'adoption des symboles  pour *pi* et  pour *e*, comme pour souligner que d'une certaine façon ils se ressemblent, mais cette notation confuse n'a jamais pris.

Nos deux constantes sont des nombres dits « irrationnels », c'est-à-dire que leur développement décimal s'étend à l'infini sans jamais tomber dans une répétition perpétuelle. La recherche d'élégantes combinaisons arithmétiques associant les deux nombres est devenue une espèce de sport mathématique. Jamais nous ne trouverons d'équation exprimant l'égalité parfaite, mais :

$$\pi^4 + \pi^5 = e^6$$

est exact à sept chiffres significatifs.

Dans une veine similaire :

$$e^\pi - \pi = 19{,}999\ 099\ 979$$

ce qui est très, très proche de 20.

Et, plus impressionnant :

$$e^{\pi\sqrt{163}} = 262\ 537\ 412\ 640\ 768\ 743{,}999\ 999\ 999\ 999\ 250\ 07...$$

ce qui est à moins d'un milliardième d'un nombre entier !

En 1730, le mathématicien écossais James Stirling a découvert la formule suivante :

$$n! \approx \sqrt{(2\pi n)n^n e^{-n}}$$

Cela nous donne une approximation de la valeur de $n!$, la factorielle de n, qui, on l'a vu plus haut, est ce qu'on obtient en multipliant $1 \times 2 \times 3 \times 4 \ldots \times n$.

La procédure de la factorielle est simple, il suffit de multiplier les entiers, alors il est frappant de constater que le côté droit de la formule de Stirling comporte à la fois une racine carrée, un *pi* et un *e*.

Quand $n = 10$, l'approximation est exacte à moins de 1 % de la valeur réelle de 10!, et plus n croît, plus l'approximation devient juste en termes proportionnels. Considérant le fait que les factorielles produisent de si grand nombres (10! vaut 3 628 800), cette formule est époustouflante.

Entre *pi* et *e*, il se passe incontestablement un truc.

Leonhard Euler a mis au jour un autre lien entre nos deux constantes, plus étonnant, plus frappant encore que la formule de Stirling. Mais avant d'y venir, il va falloir faire connaissance avec une autre voyelle qu'il a introduite dans notre alphabet mathématique.

Merci d'accueillir *i*.

$i^2 = j^2 = k^2 = ijk$
$= -1$

7

Puissance positive de la pensée négative

À l'hiver 2007, la loterie nationale du Royaume-Uni a émis un nouveau ticket à gratter. Deux nombres y figuraient et le joueur gagnait si celui de gauche était supérieur à celui de droite. On pourrait trouver que c'est extrêmement simple. Mais comme la thématique du jeu portait sur l'hiver, les nombres choisis étaient des températures en dessous de 0. La tâche, par conséquent, consistait à comparer des nombres *négatifs*, ce qui pour certains n'a rien de simple. Beaucoup de joueurs n'ont pas compris, par exemple, que – 8 est inférieur à – 6, et après des dizaines de réclamations, le jeu a été retiré du marché. « Ils m'ont envoyé promener en me sortant une histoire comme quoi – 6 serait supérieur à – 8, pas inférieur, mais on ne me la fait pas, à moi », s'est plaint un gratteur en colère[1].

Il est facile de se moquer de ceux qui ont du mal avec les mathématiques élémentaires, mais gardons-nous de rire trop vite. Les nombres négatifs ont suscité des siècles de torture mentale. Et ce n'est pas fini. C'est la raison pour laquelle dans la plupart des immeubles, les étages souterrains sont signalés par des lettres ou des combinaisons alphanumériques, comme SS1, SS2 et SS3 plutôt que par – 1, – 2 et – 3. Quand on parle d'événements survenus avant la naissance du Christ, comme l'année où Euclide a écrit les *Éléments*, on dit 300 av. J.-C. plutôt que – 300 de notre ère. Quant aux comptables, ils ont mille astuces pour éviter le signe moins : inscrire les dettes en rouge, ajouter l'abréviation DR (débiteur) ou cacher la somme désagréable entre parenthèses.

Pas plus les mathématiques grecques qu'égyptiennes ou babyloniennes n'ont développé la notion de nombre négatif. Dans l'Antiquité, les nombres servaient à dénombrer et mesurer, or comment voulez-vous dénombrer ou mesurer moins que rien de quelque chose ? Mettons-nous un peu à la place des gens de ce temps-là pour percevoir l'effort d'imagination que cela aurait demandé. Si nous savons que 2 + 3 = 5, c'est parce que lorsqu'on a deux morceaux de pain et qu'on nous en donne trois de plus, ça nous en fait cinq. Et nous savons que 2 – 1 = 1 parce que si nous avons deux morceaux et que nous en donnons un, il nous en restera encore un. Mais que peut bien signifier 2 – 3 ? Si je n'ai que deux morceaux de pain, il m'est impossible d'en donner trois. Admettons malgré tout que je *puisse* le faire, et qu'il me reste moins un morceau. Que signifie ce « moins un morceau » ? Ce n'est pas un type de morceau particulier, c'est plutôt une absence de morceau, caractérisée par le fait que si j'y ajoute un autre, je n'ai toujours rien. On comprend que nos ancêtres aient trouvé cela absurde.

Dans l'Asie antique, toutefois, les quantités négatives étaient admises – jusqu'à un certain point[2]. Au temps d'Euclide, les Chinois disposaient d'un système de calcul fondé sur des combinaisons de baguettes de bambou. Les baguettes normales décrivaient les nombres positifs, qu'on disait « vrais », et d'autres, peintes en noir, décrivaient les négatifs, appelés « faux ». On disposait les baguettes sur un damier, comme illustré ci-dessous, de façon que chaque nombre se trouve sur une case individuelle et que chaque colonne représente une équation. Un calculateur habile était capable de résoudre cette équation en déplaçant quelques baguettes. Si la

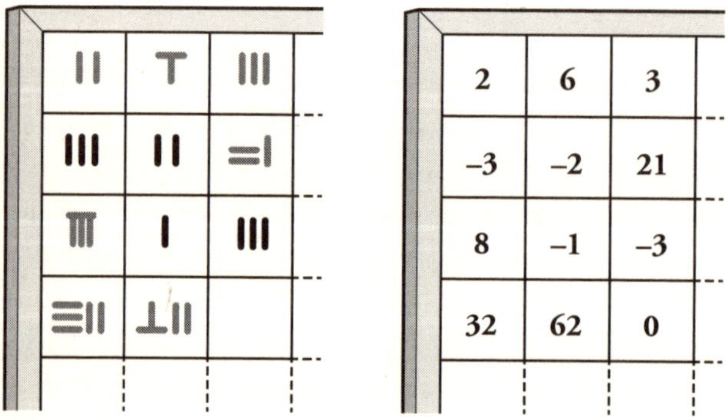

$2x-3y+8z=32$

$6x-2y-z=62$

$3x+21y-3z=0$

Les Chinois exprimaient des équations en disposant des baguettes sur un damier – normales pour les nombres positifs, noires pour les négatifs.

solution était constituée de baguettes normales, le nombre était vrai, et on l'admettait. Si elle se composait de baguettes noires, le nombre était faux, et on le rejetait. L'utilisation par les Chinois d'objets physiques représentant les quantités négatives montrait que ces nombres avaient bien quelque existence, ne serait-ce qu'à titre d'outils permettant le calcul de quantités positives. Les Chinois avaient perçu une vérité fondamentale : si les objets mathématiques ont une utilité, peu importe qu'ils ne correspondent pas à notre expérience du quotidien, laissons cela aux philosophes.

Quelques siècles plus tard, en Inde, les mathématiciens ont trouvé un contexte où les quantités négatives sont plus tangibles : l'argent. Si je vous emprunte 5 roupies, j'ai une dette de 5 roupies, c'est une quantité négative qui ne redeviendra 0 que lorsque je vous aurai rendu 5 roupies. Au VIIe siècle, l'astronome Brahmagupta a rédigé des règles d'arithmétique des nombres positifs et négatifs, qu'il a appelés « biens » et « dettes ». C'est aussi dans ce texte qu'il a introduit le 0 moderne.

Une dette moins zéro est une dette.
Un bien moins zéro est un bien.
Zéro moins zéro est zéro.
Une dette soustraite de zéro est un bien.
Un bien soustrait de zéro est une dette.
Et ainsi de suite…

Brahmagupta a décrit la valeur précise des biens et des dettes à l'aide du 0 et de neuf autres chiffres, ce qui, on l'a vu, est l'origine de la notation décimale que nous employons aujourd'hui. Les nombres indiens se sont propagés au Moyen-Orient, en Afrique du Nord puis, au Xe siècle, en Espagne. Il faudrait malgré tout encore quatre siècles aux nombres négatifs pour entrer en usage en Europe. Ce retard s'explique par divers facteurs : le rapport historique à la dette et par conséquent le péché de l'usure, la suspicion générale à l'égard des méthodes ultramodernes venues du monde musulman et l'influence durable de la pensée grecque, où il était impossible d'avoir une quantité inférieure à rien.

Les comptables ont fini par se familiariser avec l'usage des nombres négatifs dans leur pratique professionnelle, mais les mathématiciens ont longtemps continué à s'en méfier. Aux XVe et

XVIe siècles on qualifiait les nombres négatifs d'« absurdes » – *numeri absurdi* – et au XVIIe beaucoup les trouvaient encore dépourvus de sens[3]. Et l'argumentaire suivant contre les nombres négatifs a continué de se faire entendre jusqu'au XVIIIe[4]. Considérons cette équation :

$$\frac{-1}{1} = \frac{1}{-1}$$

Elle est vraie en termes arithmétiques et néanmoins paradoxale puisqu'elle établit que le rapport d'un petit nombre, – 1, à un nombre plus grand, 1, est égal à celui d'un grand nombre, 1, par un plus petit, – 1. Ce paradoxe a suscité beaucoup de débats, et nul n'a su le démêler. Pour trouver du sens aux nombres négatifs, de nombreux mathématiciens, dont Euler, en sont arrivés à la conclusion bizarre qu'ils étaient supérieurs à l'infini. Cette idée leur est venue en observant la suite :

$$\frac{10}{3}, \frac{10}{2}, \frac{10}{1}, \frac{10}{1/2} \dots$$

c'est-à-dire 3,3 ; 5 ; 10 ; 20… À mesure que le nombre sous la barre de fraction, le dénominateur, diminue de 3 à 2, puis 1 et $\frac{1}{2}$, la valeur absolue de la fraction augmente, et à mesure qu'il tend vers 0, la valeur absolue de la fraction tend vers l'infini. Il était admis que lorsque le dénominateur atteignait 0, la fraction était égale à l'infini et que lorsqu'il était inférieur à 0 – c'est-à-dire négatif –, la fraction devait être supérieure à l'infini. Aujourd'hui, on échappe à ce casse-tête en affirmant qu'il n'y a aucun sens à diviser un nombre par 0. La fraction $\frac{10}{0}$ ne vaut pas l'infini, elle est « indéfinie ».

Parmi tant de confusion, le mathématicien anglais John Wallis a apporté un peu de clarté en trouvant une interprétation visuelle éloquente des nombres négatifs. Dans son *Traité d'algèbre*, écrit en 1685, il commençait par décrire la « ligne des nombres », c'est-à-dire la droite numérique, reproduite ci-contre, où positifs et négatifs représentent une distance du 0 dans des directions opposées. Wallis écrivait qu'un homme qui parcourt cinq yards dans un sens à partir de 0, puis huit en sens inverse « a avancé de trois yards moins que rien […] Par conséquent –3 désigne réellement [un point sur la ligne] ; comme +3 désigne [un point sur la ligne]. Pas vers l'avant, ainsi qu'on le supposait, mais vers l'arrière ». Substituant à l'idée de quantité celle de position, Wallis affirmait que les nombres négatifs ne sont pas « inutiles [ni] absurdes », ce qui s'avérerait pour le moins un euphémisme. L'idée de Wallis allait mettre plusieurs années à se diffuser, mais avec le recul, on peut dire que son diagramme explicatif est le plus abouti de l'histoire, puisque, des graphiques aux thermomètres, il a trouvé une infinité d'applications. À présent que nous pouvons les voir dessinés sur une droite, imaginer les nombres négatifs ne nous pose plus de problème conceptuel.

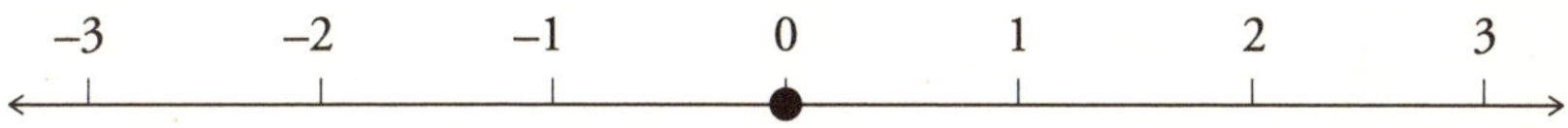

La droite numérique.

Le philosophe allemand Emmanuel Kant s'est mêlé au débat sur les nombres négatifs en déclarant, dans son *Essai pour introduire en philosophie le concept de grandeur négative*, qu'il n'y avait aucun sens à user d'arguments métaphysiques à leur encontre[5]. Il y montrait qu'un grand nombre de choses dans le monde peuvent avoir des valeurs positives et négatives, comme deux forces opposées exercées sur un objet. Un nombre négatif ne représente pas la négation d'un nombre, mais plutôt un opposé compatible.

Pourtant, à la fin du XVIIIe siècle, certains mathématiciens ne démordaient pas de l'idée que les nombres négatifs étaient « un jargon que le sens commun réprouve ; mais, ayant été désormais adopté, comme tant d'autres produits de l'imagination, il trouve ses plus fervents partisans parmi ceux qui aiment recevoir les choses sur la foi d'un autre et haïssent le travail d'une réflexion sérieuse[6] ». William Frend, deuxième meilleur étudiant en mathématiques de sa promotion à Cambridge, écrivait ces mots en 1796, dans un livre qui resterait unique dans la littérature mathématique, puisqu'il s'agit d'une introduction à l'algèbre dépourvue du moindre nombre négatif.

Lorsque nous apprenons les nombres négatifs à l'école, on ne nous dit rien de ces controverses du passé. Ils nous sont présentés à travers l'analogie de la droite numérique, puis on nous lâche immédiatement cette bombe :

Moins par moins égale plus.

Aïe ! La droite numérique n'a pas d'égale en tant que représentation visuelle des nombres négatifs, mais elle ne nous dit absolument rien de ce qu'il arrive quand on multiplie ces nombres ensemble. Les maths ne font que se compliquer encore un peu.

Pourquoi la multiplication de deux négatifs donne-t-elle un positif ? Cela découle des règles de multiplication qui valent pour les positifs. Si l'on accepte que deux négatifs donnent un positif, ce n'est pas au nom de quelque signification dépassant le système mais parce que la cohérence arithmétique est ainsi préservée. C'est un élément structurel fondamental qui empêche la maison des nombres de s'effondrer.

Prenons la ligne numérique. Si j'avance de deux pas depuis 0, j'atteins 2. Si je répète ces deux pas, j'atteins 4, puis 6. De même, si je fais deux pas en arrière depuis 0, j'atteins – 2, et si je recommence deux fois, j'atteins – 6.

Ces procédures peuvent s'écrire sous la forme des équations :

$$2 + 2 + 2 = 6$$
$$-2 - 2 - 2 = -6$$

ce qui équivaut aux multiplications :

$$3 \times 2 = 6$$
$$3 \times -2 = -6$$

Ces équations nous disent qu'un positif multiplié par un positif donnent un positif et qu'un positif multiplié par un négatif donne un négatif. Pour découvrir ce que devient une multiplication de deux négatifs, remplaçons 3 par (4 – 1) dans la dernière équation, pour obtenir :

$$(4 - 1) \times -2 = -6$$

Cela peut se réécrire :

$$(4 \times -2) + (-1 \times -2) = -6$$

puisqu'on sait de l'arithmétique des nombres positifs que lorsqu'on multiplie deux termes entre parenthèses par un seul nombre, il faut multiplier individuellement chaque nombre dans la parenthèse (selon ce qu'on appelle la « loi distributive ».) L'équation devient alors :

$$-8 + (-1 \times -2) = -6$$

et donc :

$$(-1 \times -2) = 2$$

Cette fois nous y sommes : *moins par moins égale plus.*

Si la multiplication des négatifs nous paraît à ce point troublante sur le plan conceptuel, c'est notamment parce que dans la vie beaucoup de situations nous procurent un modèle erroné. À peine la maîtresse nous a-t-elle expliqué la notion qu'elle prend grand soin de nous préciser que deux maux ne donnent pas un bien. En linguistique, deux négations peuvent être soit négatives, soit positives, selon le contexte ou la langue. Quand j'ai pris des cours de portugais, il m'a fallu un certain temps pour admettre que les deux négations de *não sei nada* (je ne sais rien), renforcent le sens négatif au lieu de s'annuler*. Alors qu'en anglais, une double négation donne une phrase positive. Le linguiste J. L. Austin a dit un jour lors d'une conférence qu'il n'existait aucune langue où deux positifs donnent une négation. On raconte que le philosophe Sidney Morgenbesser, assis dans le public, aurait alors répliqué : « Ouais, *ouais*. »

L'un des premiers défenseurs du système numéral indien avec son 0 et ses nombres négatifs a été le mathématicien arabe Muhammad ibn Musa al-Khawarizmi (780-850 env.). Des versions latinisées de son nom serviraient plus tard à désigner les techniques d'arithmétique qu'il a fait connaître, formant la racine du mot « algorithme ». Al-Khawarizmi a aussi développé des mathématiques d'un nouveau type, l'algèbre, dont le nom provient de l'arabe *al-jabr*, qui signifie « restauration ». L'algèbre est la langue des équations, où l'on utilise des symboles comme x et y pour représenter les nombres. En algèbre, la question « quel nombre ajouté à 2 donne 0 ? » se reformule sous la forme d'une recherche de x où $x + 2 = 0$. La réponse est $x = -2$.

---

* Cela se dit en anglais *I know nothing*, qui, à la différence du portugais et du français, ne comporte qu'une marque de négation. *I don't know nothing* se traduirait en français par la triple marque de négation « je ne sais pas rien ».

Que l'on croie ou non que les nombres négatifs signifient quelque chose, le terme – 2 est bel et bien la solution à l'équation. C'est grâce à l'algèbre que les mathématiciens européens de la Renaissance ont fini par étendre la définition de « nombre » aux négatifs : malgré leur apparence absurde, ce n'en était pas moins des nombres.

Bien vite, les algébristes ont rencontré un nouveau problème. Seulement munis des nombres positifs et négatifs et des quatre opérations d'arithmétique que sont l'addition, la soustraction, la multiplication et la division, ils se heurtaient systématiquement à un concept qui les dépassait, la solution de l'équation $x^2 = -1$. La réponse est « la racine carrée de moins un », ou $x = \sqrt{-1}$. Mais voici l'os : quel genre de nombre, multiplié par lui-même, est négatif ? Ce ne peut pas être un positif, puisque plus par plus donne plus. Ce ne peut être non plus un négatif, car moins par moins donne aussi plus. Le premier à avoir étudié la racine carrée d'un nombre négatif est le mathématicien italien Girolamo Cardano, ou Cardan, en 1545[7]. À l'entendre, réfléchir sur ce sujet aurait représenté pour lui une « torture mentale », comme ça l'eût été pour quiconque n'aurait jamais croisé le concept auparavant. Alors il a pris le parti de l'ignorer et déclaré qu'une équation dont la solution est la racine carrée d'un nombre négatif est « aussi raffinée qu'inutile ». Venant d'ouvrir une porte sur tout un nouvel univers mathématique, Cardan l'a aussitôt claquée.

Quelques décennies plus tard, l'un de ses compatriotes, Rafael Bombelli, rouvrait la porte pour timidement la franchir. Les racines carrées de nombres négatifs surgissaient de plus en plus souvent dans les calculs algébriques, et Bombelli a décidé de les traiter exactement comme les nombres positifs et négatifs, en les additionnant, les soustrayant, les multipliant ou les divisant à mesure qu'elles se présentaient. « De l'avis de beaucoup, c'était une idée insensée, écrirait-il. Toute la question semblait reposer sur un sophisme plutôt que sur la réalité. » Pourtant, les racines carrées de nombres négatifs ne se comportaient pas seulement de façon très docile, elles lui permettaient de résoudre des équations jusqu'alors insolubles. Si l'on ne faisait pas trop attention à ce qu'elles signifiaient, elles trouvaient naturellement leur place.

En 1637, René Descartes a qualifié les racines carrées de nombres négatifs d'« imaginaires », un terme qui recevrait le sceau approbateur de Leonhard Euler un siècle plus tard : « Toutes les expressions comme $\sqrt{-1}$, $\sqrt{-2}$, etc. sont par conséquent des nombres impossibles ou imaginaires, puisqu'ils indiquent des racines de quantités négatives. Et c'est de pareils nombres qu'on soutient avec raison qu'ils ne sont ni rien, ni plus que rien, ni moins que rien ; ce qui fait principalement qu'on est obligé de les déclarer impossibles. » Euler a donné à $\sqrt{-1}$ son propre symbole, *i*, comme « imaginaire »[8], et montré que la racine carrée de tout nombre négatif peut s'exprimer comme un multiple de *i*. Par exemple, $\sqrt{-4}$ devient $2i$, puisque $\sqrt{-4} = \sqrt{4 \times -1} = \sqrt{4} \times \sqrt{-1} = 2 \times i = 2i$. Plus généralement, $\sqrt{-n} = \left(\sqrt{n}\right)i$. Les racines carrées de nombres négatifs – qui sont toutes des multiples de *i* – sont connues sous le nom collectif de « nombres imaginaires ».

Les nombres qui ne sont pas imaginaires sont dits « réels », parce qu'ils ont leur place sur la ligne des nombres, aussi peut-on voir qu'ils sont bien là. Les nombres 2 ; 3,5 ; – 4 et π sont tous réels, mais $2i$; $3{,}5i$; $-4i$ et πi sont imaginaires. En fait, les nombres imaginaires sont une espèce de famille miroir des nombres réels : à tout réel *m* correspond un imaginaire *mi*.

Lorsqu'on ajoute un nombre réel à un imaginaire, on obtient une construction hybride, comme $3 + 2i$, appelée « nombre complexe ». Tous les nombres complexes se notent sous la forme $a + bi$, où *a* et *b* sont des nombres réels et *i* est $\sqrt{-1}$. Puisqu'il est impossible d'additionner au sens traditionnel un réel et un imaginaire, le signe plus n'est qu'une façon de séparer les deux parties. On considère qu'un nombre complexe est un seul nombre en deux parties, l'une réelle, l'autre imaginaire. Si la partie réelle est 0, le nombre est purement imaginaire, et si la partie imaginaire est 0, le nombre est purement réel.

La définition du nombre, un concept servant à l'origine à compter les choses physiques, a d'abord été élargie avec l'introduction des négatifs, puis avec celle des imaginaires. Inévitablement, la question s'est posée de savoir si l'algèbre allait nous conduire à un nouveau type de nombre, plus abstrait encore. Quelle est par exemple la racine carrée de la racine carrée de moins 1 ? La notion, à trop y réfléchir, donne le tournis. C'est la solution de l'équation :

$$x = \sqrt{\left(\sqrt{-1}\right)}$$

ou :

$$x^2 = \sqrt{-1}$$

qui donne :

$$x^2 = i$$

Chose étonnante, la solution[9] est :

$$x = \frac{1}{\sqrt{2}} + \left(\frac{1}{\sqrt{2}}\right)i$$

qui est un nombre complexe[10].

Au XVIIIe siècle, les mathématiciens se sont aperçus que pour résoudre les équations, aucun nombre n'était nécessaire au-delà des imaginaires, un fait si important qu'il est resté sous le nom de « théorème fondamental de l'algèbre ». Toute équation comportant des nombres complexes donnera toujours une solution comportant des nombres complexes. La porte qu'avait franchie Rafael Bombelli pour étudier les racines carrées de nombres négatifs ouvrait en fait sur une pièce isolée. Mais quelle pièce ! Après avoir donné des sueurs froides aux mathématiciens, les nombres imaginaires devenaient source de joie. La notion *i* est aujourd'hui considérée comme une extension très naturelle et efficace du système numéral. Pour le prix d'un seul symbole, les mathématiciens ont gagné tout un univers abstrait indépendant. Une affaire en or.

Les nombres imaginaires tiennent le premier rôle dans deux exemples de beauté mathématique parmi les plus célèbres qui soient. L'un est une image (sur laquelle nous reviendrons) et l'autre une équation, l'identité d'Euler, qu'on a trouvée graffitée sur la portière d'un SUV lors d'un attentat écoterroriste perpétré en 2003 contre un concessionnaire automobile de Los Angeles. La nature du graffiti a permis de remonter jusqu'à un doctorant en physique de Caltech[11]. « Tout le monde doit connaître [l'identité d']Euler », a-t-il expliqué au juge. Il avait raison, mais ce n'était pas une raison pour aller la gribouiller sur des voitures. L'identité d'Euler est l'« être ou ne pas être » des mathématiques, la plus célèbre réplique de l'œuvre et un élément de patrimoine culturel qui résonne au-delà de son propre champ :

$$e^{i\pi} + 1 = 0$$

Cette équation est époustouflante. Elle réunit de façon limpide les cinq nombres les plus importants des mathématiques : 1, le premier de tous ; 0, l'abstraction du néant ; π, le rapport de la circonférence du cercle avec son diamètre ; e, la constante exponentielle ; i, la racine carrée de moins 1. Chacun de ces nombres a beau provenir d'un champ de recherche différent, ils s'assemblent ici à la perfection. On n'aurait pas pu imaginer synthèse plus pure de la pensée mathématique. En mathématiques, la beauté est affaire d'élégance et de connexions inattendues. Nulle équation n'est aussi concise ni aussi profonde que celle-là.

Que signifie, toutefois, le fait d'élever un nombre réel, e, à une puissance imaginaire, $i\pi$? « Nous ne pouvons le comprendre, et nous ignorons ce que cela signifie, a répondu au XIXe siècle le professeur de mathématiques à Harvard Benjamin Pierce. Mais nous en avons fait la démonstration, alors nous savons que ce doit être vrai. » Pierce faisait un peu le malin. Les mathématiques partent d'un ensemble de supposés et vont là où ça les conduit. C'est bien ce qu'elles ont d'amusant. D'ailleurs, c'est en cessant de s'attacher au sens qu'Euler a fait sa découverte. Son identité étant l'équation la plus célébrée des mathématiques, je serais bien cruel de ne pas vous en raconter l'histoire, au moins dans ses grandes lignes.

Pour toute préparation, nous admettrons, sans preuve, les trois équations suivantes :

$$e^x = 1 + x + \frac{x^2}{2!} + \frac{x^3}{3!} + \frac{x^4}{4!} + \frac{x^5}{5!} + \ldots$$

$$\sin x = x - \frac{x^3}{3!} + \frac{x^5}{5!} - \frac{x^7}{7!} + \frac{x^9}{9!} - \frac{x^{11}}{11!} + \ldots$$

$$\cos x = 1 - \frac{x^2}{2!} + \frac{x^4}{4!} - \frac{x^6}{6!} + \frac{x^8}{8!} - \frac{x^{10}}{10!} + \ldots$$

Si x est égal à 1, la première suite nous donne la formule pour calculer la constante exponentielle e, que nous avons rencontrée au chapitre précédent. (Rappelez-vous que la factorielle d'un nombre n, notée $n!$, signifie que ce nombre est multiplié par tous les nombres de 1 à n.) Les deux autres suites infinies concernent le sinus et le cosinus de x, les rapports trigonométriques que nous avons également abordés. Mais pour que les suites du sinus et du cosinus fonctionnent, il faut employer une unité de mesure spécifiquement créée, le radian, plutôt que l'unité traditionnelle, le degré. (Le radian doit son nom[12] au fait qu'il s'agit de l'angle au centre d'un cercle qui sous-tend un arc de la circonférence égal au rayon, comme montré ci-dessous. C'est une façon beaucoup plus naturelle de définir un angle que le système de degrés d'inspiration babylonienne évoqué lors d'un précédent chapitre, et les mathématiciens lui accordent leur préférence depuis le XVIIIe siècle.) Un cercle complet, ou trois cent soixante degrés, vaut 2π radians, et un demi-cercle, cent quatre-vingts degrés, vaut π radians.

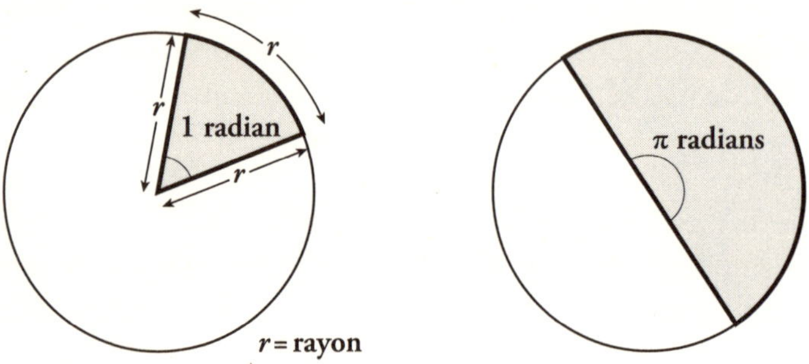

Le radian.

S'il n'y a pas de façon intuitive de comprendre en quoi consiste l'élévation à une puissance imaginaire d'un nombre comme *e*, Euler a perçu que c'était au moins faisable sous forme algébrique en utilisant la suite infinie de e^x énoncée plus haut. Si, par exemple, nous remplaçons x par ix, on obtient l'équation suivante :

$$e^{ix} = 1 + ix + \frac{(ix)^2}{2!} + \frac{(ix)^3}{3!} + \frac{(ix)^4}{4!} + \frac{(ix)^5}{5!} + \ldots$$

qui, une fois les parenthèses supprimées, devient :

$$e^{ix} = 1 + ix + \frac{i^2x^2}{2!} + \frac{i^3x^3}{3!} + \frac{i^4x^4}{4!} + \frac{i^5x^5}{5!} + \ldots$$

On peut encore simplifier, puisque par définition $i^2 = -1$, et :

$i^3 = i \times i \times i = i^2 \times i = -1 \times i = -i,$
$i^4 = i^2 \times i^2 = -1 \times -1 = 1,$
$i^5 = i^4 \times i = 1 \times i = i,$
$i^6 = -1$

Et ainsi de suite. Autrement dit, on peut remplacer les termes i^2, i^4, i^6, i^8… par les valeurs – 1, 1, – 1, 1… et les termes i^3, i^5, i^7, i^9… par les valeurs – *i*, *i*, – *i*, *i*... L'équation peut donc se réécrire ainsi :

$$e^{ix} = 1 + ix - \frac{x^2}{2!} - \frac{ix^3}{3!} + \frac{x^4}{4!} + \frac{ix^5}{5!} - \ldots$$

Le schéma sera plus apparent avec les termes imaginaires en gras :

$$e^{ix} = 1 + \boldsymbol{ix} - \frac{x^2}{2!} - \frac{\boldsymbol{ix^3}}{\mathbf{3!}} + \frac{x^4}{4!} + \frac{\boldsymbol{ix^5}}{\mathbf{5!}} - \ldots$$

que l'on peut réarranger comme suit :

$$e^{ix} = 1 - \frac{x^2}{2!} + \frac{x^4}{4!} - \frac{x^6}{6!} + \ldots + \boldsymbol{i}\left(\boldsymbol{x} - \frac{\boldsymbol{x^3}}{\mathbf{3!}} + \frac{\boldsymbol{x^5}}{\mathbf{5!}} - \frac{\boldsymbol{x^7}}{\mathbf{7!}} + \ldots\right)$$

Et voilà ! Ce sont précisément les termes de l'équation du cosinus et du sinus de *x* figurant p. 201 : $e^{ix} = \cos x + i\sin x$.

En élevant *e* à une puissance imaginaire, Euler a rencontré les rapports trigonométriques. Autrement dit, il a pris deux notions familières mais sans lien entre elles, les a mélangées, et dans un nuage de fumée est apparu l'inattendu : deux notions plus familières encore, venues d'un domaine que l'on croyait distinct. Ce sont bien des mathématiques, mais elles ont un goût d'alchimie.

Pour finir, a dit Euler, admettons que $x = \pi$, ce qui est la mesure du radian de cent quatre-vingts degrés. Étant donné que $\cos \pi = \cos 180° = -1$ et que $\sin \pi = \sin 180° = 0$, le terme imaginaire disparaît : $e^{i\pi} = \cos \pi + i\sin \pi$

qui se réduit à :

$$e^{i\pi} = -1$$

ou :

$$e^{i\pi} + 1 = 0$$

Les travaux révolutionnaires d'Euler ont peut-être placé les nombres imaginaires au cœur des mathématiques, d'où ils n'ont pas bougé depuis, mais pour ses contemporains du XVIIIe siècle comme pour lui-même, il s'agissait quand même de bêtes curieuses, exotiques. Parmi les obstacles à leur pleine adoption, il y avait déjà le fait que leur nom sous-entendait leur inexistence. Au début du siècle, Gottfried Leibniz avait qualifié $\sqrt{-1}$ d'« objet presque amphibie entre l'Être et le Non-être ». Peut-être les mathématiques auraient-elles avancé plus vite si l'expression « nombre amphibie » était entrée dans le vocabulaire plutôt que le terme « imaginaire ».

On l'a vu plus haut, il a fallu que les mathématiciens voient les nombres négatifs sur le papier, en tant que points sur une droite numérique, pour se sentir tout à fait à l'aise avec eux. Il en a été de même avec les nombres imaginaires. L'angoisse philosophique suscitée par les nombres complexes n'a disparu qu'à l'apparition d'une interprétation visuelle simple.

Le plan complexe ci-dessous se constitue d'une droite numérique horizontale pour les nombres réels, et une autre, verticale, pour les imaginaires, comme les axes des x et des y sur un repère normal. Le nombre complexe $a + bi$ désigne le point du plan complexe dont les coordonnées sont (a, b), c'est-à-dire le point de

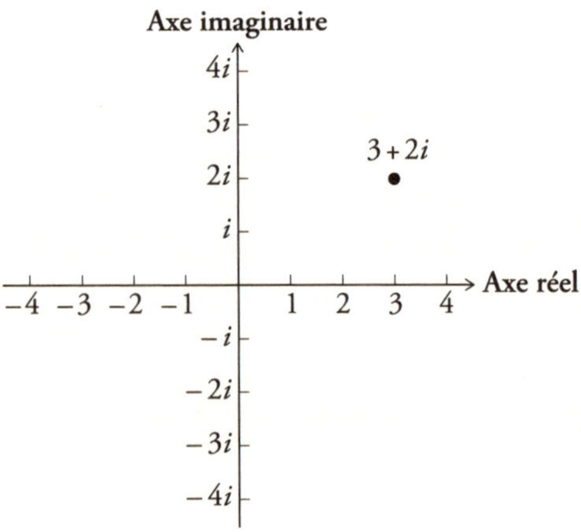

Le plan complexe.

rencontre de *a* sur l'axe horizontal et *b* sur l'axe vertical. Sur notre illustration, j'ai signalé le point 3 + 2*i*, situé en (3, 2). Le plan complexe n'est pas une idée particulièrement compliquée, mais les trois hommes qui l'ont trouvée travaillaient chacun de son côté, en marge du milieu des mathématiciens européens : Caspar Wessel était un arpenteur de Copenhague, Jean-Robert Argand comptable à Paris et l'abbé Adrien-Quentin Buée un clerc français ayant fui la Révolution pour se réfugier à Bath, en Angleterre. Le fait que l'idée du plan complexe ne soit venue à aucun des grands mathématiciens d'alors semble dire à quel point ils prenaient au sérieux la doctrine selon laquelle les nombres imaginaires n'existaient qu'en imagination.

Le plan complexe est une invention brillante. Non seulement c'est une carte de la localisation des nombres complexes, mais cela permet de mieux comprendre comment ceux-ci se comportent.

Prenons une somme élémentaire, l'addition de 1 au nombre 3 + 2*i*, la réponse est 4 + 2*i*. Ou alors ajoutons *i* au nombre 3 + 2*i*, la réponse est 3 + 3*i*.

Observons à présent l'image ci-dessous. L'ajout de 1 au point 3 + 2*i* nous décale d'un cran horizontalement, et celui de *i* le fait verticalement.

Plus on ajoute de 1, plus on avance à l'horizontale, et plus on ajoute de *i*, plus on grimpe à la verticale. En fait, ajouter le nombre complexe *a* + *bi* équivaut à se déplacer de *a* unités à l'horizontale et de *b* unités vers le haut. Ce type de mouvement géométrique s'appelle une « translation ».

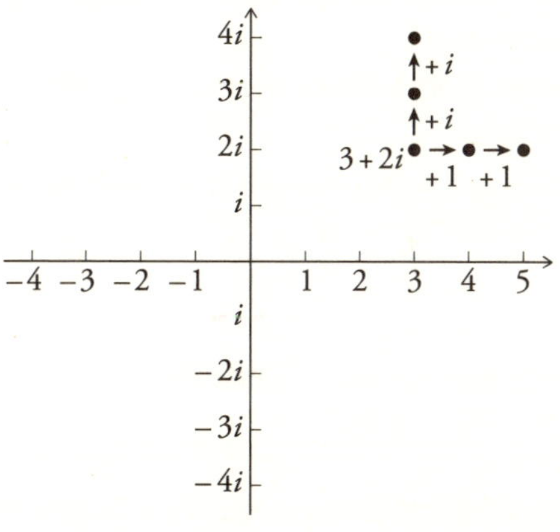

Poussons la chose plus loin, à présent, et multiplions. Si l'on multiplie $3 + 2i$ par 1, on obtient le même nombre. C'est évident : le 1 agit toujours comme ça. Mais lorsqu'on multiplie un nombre par i, une chose intéressante se produit. Multiplions donc $3 + 2i$ par i : $(3 + 2i) = 3i + 2i^2 = 3i - 2 = -2 + 3i$. Regardez l'illustration ci-dessous. Le point $3 + 2i$ a décrit une rotation de quatre-vingt-dix degrés autour du 0 dans le sens inverse des aiguilles d'une montre.

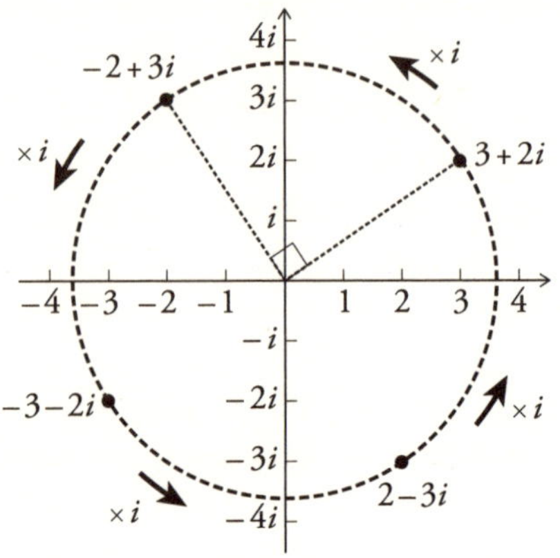

Si l'on multiplie ce nouveau point $-2 + 3i$ par i, on obtient encore une rotation de quatre-vingt-dix degrés autour du 0.

En fait, lorsqu'on multiplie n'importe quel nombre complexe par i, le point décrit sur le plan complexe par ce nombre accomplit un quart de cercle autour de l'origine. Si on le multiplie par $i^2 = -1$, il tourne de cent quatre-vingts degrés ; si on le multiplie par $i^3 = -i$, il tourne de deux cent soixante-dix degrés ; et si on le multiplie par $i^4 = 1$, il décrit un tour complet si bien qu'il revient à sa position de départ.

À présent, choisissons arbitrairement un nombre positif et nommons-le a. Il se situe sur l'axe réel du plan complexe. Multiplions a par -1, on obtient $-a$. Ce nombre figure aussi sur l'axe réel, mais il a basculé vers la position opposée, de l'autre côté du 0. Multiplions à nouveau par -1 et le nombre revient en a. Mais si l'on multiplie a par i, on obtient ai. Le nombre a parcouru quatre-vingt-dix degrés et se trouve à présent sur l'axe imaginaire. Multiplions à nouveau par i et il tourne jusqu'à la position $-a$, de nouveau sur l'axe réel.

Le plan complexe nous permet d'interpréter la multiplication *d'avant en arrière* des nombres négatifs comme une conséquence de la multiplication *en rond* des imaginaires. Ce processus ne nous permet pas seulement de mieux connaître les nombres, il nous procure un langage efficace pour décrire les choses qui tournent.

La physique des particules, l'électrotechnique et le radar, parmi bien d'autres domaines scientifiques, utilisent les nombres complexes pour décrire les rotations. D'ailleurs, dans l'équation d'onde de Schrödinger – qui est au fondement de la mécanique quantique – figure le nombre imaginaire *i*[13]. Cette équation décrit la probabilité qu'une particule subatomique soit détectée à une localisation donnée. Bien entendu, la probabilité d'un événement doit se situer entre 0 et 1, ou entre 0 et 100 %. Mais le meilleur moyen de comprendre l'interaction des particules est de traiter les probabilités comme des nombres sur le plan complexe. Les probabilités ne s'additionnent pas à la façon des nombres réels, elles se renforcent ou s'annulent mutuellement selon leurs positions relatives dans une rotation.

Grâce aux équations comme celle de Schrödinger, les physiciens utilisent à présent les nombres imaginaires pour décrire la nature de la matière elle-même. Du coup, les mathématiciens ont cessé de se triturer les méninges sur le fait que les imaginaires aient ou non un sens à l'extérieur. Il est désormais aussi naturel de se représenter, par exemple, l'existence de $2 + 3i$ sur le plan complexe que celle de -2, par exemple, sur la droite numérique.

Le plan complexe nous offre un nouvel éclairage sur l'identité d'Euler. Pour le comprendre, il faut que je vous présente un autre système de coordonnées pour les nombres complexes. Dans le système habituel, on l'a vu, le point (a, b), où a est la distance horizontale depuis 0 et b la distance verticale depuis 0, représente le nombre complexe $a + bi$. L'autre système, qui utilise des coordonnées dites « polaires », consiste à décrire le point (a, b) comme se trouvant à angle θ et à distance r de l'origine. C'est comme dans les films d'action, quand le commandant du sous-marin annonce qu'un navire se trouve à une distance de r milles, à θ degrés (sauf que nous mesurons notre angle en radians, et dans le sens contraire des aiguilles d'une montre à partir de l'est, plutôt que dans l'autre sens à partir du nord). Dans l'illustration ci-après, le point représente le nombre complexe $a + bi$. J'ai indiqué l'angle θ depuis l'horizontale et la distance r de l'origine, ce qui produit un triangle rectangle dont l'angle est θ, l'hypoténuse r, le côté adjacent a et l'opposé b.

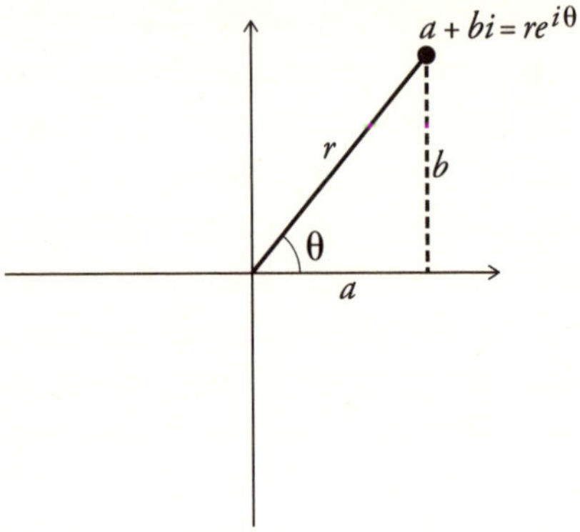

Soh-cah-toa !

Le cri de ralliement de l'étudiant en trigonométrie nous rappelle que :

$$\text{sinus} = \frac{\text{opposé}}{\text{hypoténuse}} \quad \text{cosinus} = \frac{\text{adjacent}}{\text{hypoténuse}}$$

Dans le cas présent, cela signifie que :

$$\sin\theta = \frac{b}{r} \quad \cos\theta = \frac{a}{r}$$

qui peut se réécrire ainsi :

$$b = r \sin \theta \quad a = r \cos \theta$$

Notre nombre complexe peut donc se réécrire en termes de r et de θ :

$$a + bi = r \cos \theta + (r \sin \theta)\, i$$
$$a + bi = r \cos \theta + ri \sin \theta$$
$$a + bi = r (\cos \theta + i \sin \theta)$$

Attendez ! L'équation p. 203 nous dit que $\cos \theta + i \sin \theta = e^{i\theta}$, ce qui signifie que l'on peut substituer les termes entre parenthèses pour obtenir :

$$a + bi = re^{i\theta}$$

Prenons quelques secondes pour savourer l'équation. Le nombre complexe qui se situe à distance r de l'origine et à un angle de θ radians de l'horizontale a pour forme $re^{i\theta}$. Plus tôt dans ce chapitre, nous nous demandions ce que pouvait bien signifier pour e d'avoir une puissance imaginaire, car c'était particulièrement déconcertant. Nous avons à présent la réponse : quand e est élevé à une puissance imaginaire, le terme nous procure une notation prodigieusement efficace pour désigner à la façon d'un commandant de sous-marin une position sur le plan complexe.

Considérons à présent les coordonnées (– 1, 0) sur le plan complexe, qui représentent le nombre complexe $-1 + 0i$, ou simplement -1. Ce point se trouve à une unité de l'origine, à un angle de π radians, comme illustré ci-dessous, et l'on peut donc le noter $e^{i\pi}$.

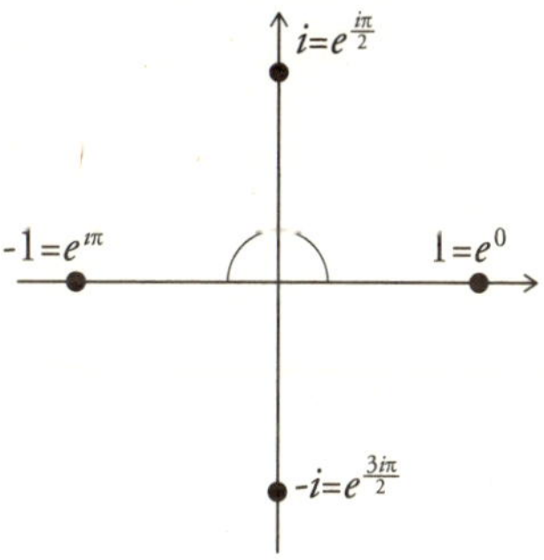

Nous avons redécouvert l'identité d'Euler ! La formule décrivant la position de -1 sur le plan complexe est : $-1 = e^{i\pi}$, ce qui se réécrit : $e^{i\pi} + 1 = 0$. En outre, puisque le point i se trouve à 1 unité de l'origine à un angle de $\frac{\pi}{2}$ radians de l'horizontale, on peut déduire que $i = e^{i\pi/2}$ et puisque le point $-i$ se trouve à 1 unité de l'origine à un angle de $\frac{3\pi}{2}$ radians, on peut déduire que $-i = e^{3i\pi/2}$.

Respirons un bon coup. Nous allons à présent exploiter ces informations pour répondre à une question fracassante qui aurait paru complètement saugrenue quelques pages plus haut seulement : que vaut i^i, ou racine carrée de moins 1, à la puissance racine carrée de moins 1 ? Sachant que $e^{i\pi/2} = i$, on sait aussi que :

$$i^i = (e^{i\pi/2})^i = e^{i^2\pi/2} = e^{-\pi/2} = \frac{1}{e^{\pi/2}} = \frac{1}{\sqrt{e^{\pi}}} = 0{,}20787...$$

Les i s'évaporent, laissant un terme que même les Grecs comprendraient. Qui l'eût cru ?

Le plan complexe nous permet d'outrepasser l'idée troublante que i est la racine carrée d'un nombre négatif. La seule chose qui doit nous intéresser, c'est que le nombre complexe $a + bi$ représente les coordonnées (a, b), où a et b sont des nombres réels, et que lorsqu'on ajoute ou multiplie des coordonnées, elles obéissent à certaines règles. (Évidemment, ces règles s'appuient sur les propriétés de la racine carrée de moins 1, mais ce qui compte ici n'est pas comment elles sont apparues, mais ce qu'elles accomplissent.) Les mathématiciens se sont très vite demandé s'ils pouvaient créer des règles s'appliquant à des coordonnées tridimensionnelles qui procureraient un mode de description des rotations dans l'espace, de la même façon que les règles s'appliquant aux nombres complexes décrivent des rotations en deux dimensions. Nul n'a mis tant d'ardeur à la tâche que le mathématicien irlandais William Rowan Hamilton, mais la réponse s'acharnait à lui échapper. Et un beau jour de 1843, en promenade avec son épouse le long du Royal Canal de Dublin, la solution lui est tombée dessus d'un coup, le poussant à commettre le plus célèbre acte de vandalisme des mathématiques : il a griffonné sur le mur du Brougham Bridge la formule : $i^2 = j^2 = k^2 = ijk = -1$. Une plaque commémore aujourd'hui l'épisode.

Hamilton s'est rendu compte qu'il était impossible de trouver des règles mathématiques viables pour des coordonnées à trois nombres, mais que cela pouvait fonctionner avec quatre. Il a appelé son invention le « quaternion ». De même que le nombre complexe $a + bi$, où a et b sont des nombres réels et i vaut $\sqrt{-1}$, peut s'écrire sous forme de coordonnées (a, b), le quaternion $a + bi + cj + dk$, où a, b, c, et d sont des nombres réels et i, j et k valent tous $\sqrt{-1}$, peut s'écrire (a, b, c, d). Chacune des unités imaginaires i, j et k est égale à $\sqrt{-1}$, mais toutes sont cependant différentes et mises en relation dans l'équation graffitée sur le pont. Pour que ses quaternions fonctionnent, il fallait toutefois à Hamilton une autre règle bizarre : l'ordre dans lequel on multiplie les unités imaginaires compte ; par exemple, $i \times j = k$, mais $j \times i = -k$.

Si peu orthodoxe soit-il, le quaternion d'Hamilton lui a permis de trouver un modèle pour les rotations en trois dimensions. Dans le quaternion (a, b, c, d), les nombres (b, c, d) expriment les coordonnées dans les trois dimensions de l'espace, et le nombre a

correspond au temps, a expliqué Hamilton. Ces nouveaux nombres l'enthousiasmaient tant qu'il s'y consacrerait jusqu'à son dernier jour.

Si les quaternions vous paraissent quelque peu étranges, sachez que vous n'êtes pas le seul. Hamilton a dû essuyer les quolibets de ses pairs, notamment de Charles Dodgson, un professeur de mathématiques à Oxford plus connu sous le nom de Lewis Carroll[14]. Ses célèbres livres pour enfants, *Alice au pays des merveilles* et *De l'autre côté du miroir*, sont parsemés de célèbres casse-tête logiques et jeux mathématiques. Récemment, toutefois, une voix accusatrice a laissé entendre que l'humour surréaliste dont ils sont imprégnés ne provenait pas tant de l'imagination tarabiscotée de Dodgson que de sa volonté de railler la nouvelle orientation des mathématiques victoriennes, qu'il désapprouvait, et plus particulièrement la tendance à l'abstraction qui gagnait l'algèbre. Selon Melanie Bayley, le chapitre « Un thé de fous » serait une satire du quaternion d'Hamilton, le titre étant un jeu de mots à partir de « Un *t* de fous », où *t* serait l'abréviation scientifique du temps. Pendant la fête, le Chapelier, le Lièvre de mars et le Loir tournent autour de la table comme le font les nombres imaginaires *i*, *j*, et *k* dans un quaternion. Le quatrième invité, le Temps, est absent, alors on n'a pas le temps de faire la vaisselle. Quand le Lièvre dit à Alice qu'elle devrait dire ce qu'elle veut dire, elle lui répond : « Du moins, je veux dire ce que je dis – c'est la même chose, n'est-ce pas ? » L'ordre des mots transforme pourtant la signification de la phrase, tout comme l'ordre de *i* et *j* dans une multiplication de quaternion modifie le résultat.

Dodgson pouvait bien afficher tout son mépris des nouvelles mathématiques, il campait du mauvais côté de l'histoire. L'expansion par Hamilton du concept de nombre pour y intégrer les quaternions a tranché le cordon ombilical qui reliait depuis toujours les nombres au bon sens. Les mathématiciens n'ont aujourd'hui aucun mal à créer de nouveaux types de nombres à partir de définitions purement formelles. Peut-être leur trouvera-t-on un jour une « signification » – comme les complexes ont trouvé celle de position dans le plan complexe – ou pas. L'objectif est surtout d'étudier le schéma et la structure et de voir où cela mène.

À la fin du XIXe siècle, le quaternion était déjà dépassé par d'autres théories, mais Hamilton serait fou de joie de savoir que depuis quelques décennies, son bébé est revenu en grâce. Il offre à l'informatique le meilleur moyen de calculer le roulis, le tangage et le lacet, les trois axes de rotation d'un objet en vol. Toutes les entreprises et tous les organismes des secteurs de l'aéronautique et du graphisme par ordinateur – de la NASA à Pixar – l'exploitent dans leurs logiciels.

Il est impossible de créer un système numérique cohérent avec cinq, six ou sept nombres réels ordonnés, mais pas avec huit, ce type de nombre s'appelant un « octonion » et s'écrivant (a, b, c, d, e, f, g, h). L'octonion est une de ces idées qui attendent de trouver leur application, mais cela ne durera peut-être pas. Parmi les principales postulantes à la théorie du tout, qui réconcilie la mécanique quantique et la relativité générale, il y a la théorie M, une version de la théorie des cordes – dans laquelle les particules fondamentales de l'atome sont censées être des cordes[15]. La théorie M requiert onze dimensions, qui selon certains seraient les huit dimensions de l'octonion plus les trois de l'espace. Hamilton a griffonné ses idées sur un pont en Irlande, mais peut-être étaient-elles déjà gravées dans le tissu du cosmos.

Bertrand Russell, le seul mathématicien à avoir obtenu le prix Nobel de littérature[16], a dit de la beauté des mathématiques qu'elle était « froide et austère, comme celle d'une sculpture, sans référence à quelque partie de notre nature fragile, sans les magnifiques illusions de la peinture ou de la musique, et pourtant pure et sublime, capable d'une stricte perfection que seuls les plus grands arts peuvent montrer ». L'identité d'Euler – pure, parfaite et profonde – correspond à cette description. La beauté mathématique peut aussi être littéralement esthétique, même si Russell n'a pas vécu assez longtemps pour en voir un exemple éminent. En 1980, dix ans après sa mort, on a découvert sur le plan complexe une forme si frappante, si inhabituelle qu'elle a changé notre façon de penser non seulement les mathématiques, mais la science.

Avant d'y venir, il me faut toutefois aborder la notion d'itération, le processus qui consiste à répéter une opération encore et encore. Nous l'avons effleurée au chapitre précédent, avec la séquence des doubles : 1, 2, 4, 8, 16, 32, 64, 128… Au lieu d'en écrire quelques termes, j'aurais pu définir cette suite par l'itération $x \rightarrow 2x$, où le premier terme est 1, puisque :

$1 \rightarrow 2$
$2 \rightarrow 4$
$4 \rightarrow 8$
Et ainsi de suite.

Un processus est itératif quand l'aboutissement de chaque opération – en l'occurrence le doublement – sert de point de départ à la suivante. Une itération est une machine rétroalimentée : le nombre qui en sort y est réintroduit, produisant un nouveau nombre, réintroduit à son tour, etc.

Considérons à présent la simple itération $x \to x^2$. En commençant par 1, on génère :

$1 \to 1^2 = 1$
$1 \to 1$
$1 \to 1$

Autrement dit, la suite reste éternellement figée sur 1.

Si l'on commence par 2, on obtient :

$2 \to 2^2 = 4$
$4 \to 16$
$16 \to 256$
$256 \to 65\,536 \to \dots$

La suite prend le chemin de l'infini.

Et si l'on commence par 0,1, cela donne :

$0{,}1 \to (0{,}1)^2 = 0{,}01$
$0{,}01 \to 0{,}000\,1$
$0{,}000\,1 \to 0{,}000\,000\,01 \to \dots$

La suite fond sur 0.

On peut généraliser le comportement de tous les nombres soumis à cette itération. Si le nombre positif n est supérieur à 1, son carré n^2 est supérieur à n, alors le nombre, soumis à itération, devient de plus en plus grand. Si le nombre positif est inférieur à 1, n^2 est une fraction de n, et le nombre soumis à itération devient de plus en plus petit et tend vers 0. Le carré d'un nombre négatif étant positif, tous les nombres inférieurs à – 1 tendent vers l'infini, et tous les négatifs entre – 1 et 0 tendent vers 0.

Donnons à présent le nom d'« évadés » aux nombres qui filent vers l'infini et celui de « prisonniers » à ceux qui ne le font pas. On a vu dans le cas de $x \to x^2$ que 2 est un évadé, mais que 1 et 0,1 sont des prisonniers. Notre propos maintenant sera de trouver les prisonniers de n'importe quelle itération, et nous appellerons cela l'« ensemble des prisonniers ». L'ensemble des prisonniers de $x \to x^2$ est constitué des nombres entre – 1 et 1, indiqués en gras ci-dessous.

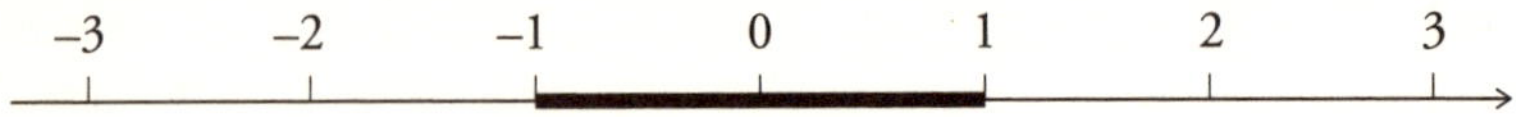

L'ensemble des prisonniers de $x \to x^2$.

Considérons une autre itération : $x \to x^2 + c$, dont c est le nombre de départ. Autrement dit, notre machine rétroalimentée a un peu plus d'appétit que d'habitude. Elle part du nombre c, l'élève au carré et y ajoute c, élève le résultat au carré et y ajoute c, élève le résultat au carré et y ajoute c, et ainsi de suite. Cette légère modification des règles a des conséquences radicales sur la détermination des nombres de départ qui sont des prisonniers et de ceux qui sont des évadés.

Commençons par 1 qui, on l'a vu, est prisonnier dans l'itération $x \to x^2$. Ici, dans l'itération $x \to x^2 + c$, c'est un évadé (puisque nous commençons par 1, $c = 1$) :

$1 \to 1^2 + 1 = 2$
$2 \to 2^2 + 1 = 5$
$5 \to 26$
$26 \to 677 \to 458\,330 \to \dots$

Voyons à présent ce qu'il advient de – 2, qui dans l'itération $x \to x^2$ était un évadé. Dans l'itération $x \to x^2 + c$, – 2 est un prisonnier (puisque nous commençons par – 2, $c = -2$) :

$-2 \to -2^2 - 2 = 2$
$2 \to 2^2 - 2 = 2$
$2 \to 2$
$2 \to 2$
$\dots$

Il s'avère que l'ensemble des prisonniers de $x \to x^2 + c$ contient les nombres allant de – 2 à 0,25, comme signalé ci-dessous en gras.

L'ensemble de prisonniers de $x \to x^2 + c$.

Jouons à présent à « prisonniers contre évadés » sur le plan complexe, le repère de coordonnées où chaque point se définit par un nombre complexe. Procédons d'abord à un petit récapitulatif des règles de multiplication sur le plan complexe : multiplier par *i* équivaut à une rotation de quatre-vingt-dix degrés dans le sens contraire des aiguilles d'une montre. Plus généralement, lorsqu'on multiplie entre eux deux nombres complexes, les angles qu'ils dessinent par rapport à l'horizontale s'additionnent, et leur distance de l'origine se multiplie. (Par convention, on appelle un nombre complexe z, plutôt que $a + bi$.) Dans l'illustration ci-dessous, le nombre complexe z_1 se trouve à θ degrés de l'horizontale, à une distance r, et z_2 est à φ degrés de l'horizontale, à une distance R. Le nombre complexe $z_1 \times z_2$ se situe donc à un angle de $\theta + \varphi$ degrés de l'horizontale, à une distance $r \times \mathrm{R}$ de l'origine. On comprend mieux à présent que la multiplication par *i* produise un quart de tour. La position de *i* sur le plan complexe est (0, 1), une unité vers le haut sur l'axe imaginaire, à angle droit de l'horizontale. Par conséquent, multiplier

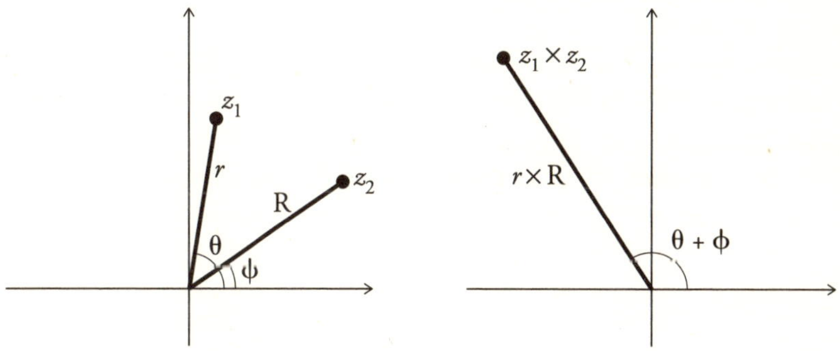

Multiplication sur le plan complexe.

par i un point sur le plan complexe revient à le faire tourner de quatre-vingt-dix degrés dans le sens contraire des aiguilles d'une montre et à multiplier sa distance de l'origine par 1, c'est-à-dire que cette distance ne change pas – c'est précisément la description mathématique du quart de tour.

Qu'advient-il des nombres complexes avec l'itération $z \to z^2$?

Commençons par l'unité imaginaire i :

$i \to i^2 = -1$
$-1 \to 1$
$1 \to 1$

i se trouve donc dans l'ensemble des prisonniers.

Il existe un moyen plus rapide de mettre au jour l'ensemble des prisonniers sur le plan complexe, en exploitant ce que nous venons d'apprendre de la multiplication complexe. Lorsqu'on multiplie deux nombres complexes, on additionne les angles et on multiplie les distances. Par conséquent, lorsqu'on élève au carré un nombre complexe, on double son angle et on élève sa distance au carré. Considérons le cercle trigonométrique, qui est le cercle de rayon 1 centré sur l'origine. Tous les points du cercle trigonométrique se trouvent à une distance 1 de l'origine, ce qui signifie que le carré de n'importe lequel d'entre eux est à une distance $1^2 = 1$ de l'origine. Autrement dit, le carré d'un point du cercle trigonométrique reste sur le cercle trigonométrique, si bien que pour l'itération $z \to z^2$, tous les points du cercle appartiennent nécessairement à l'ensemble des prisonniers. De même, si la distance d'un point est inférieure à 1, le carré de ce point est plus proche de l'origine, et l'itération ne cessera de l'en rapprocher, si bien que tout ce qui se trouve à l'intérieur du cercle trigonométrique appartient aussi à l'ensemble des prisonniers. Mais si la distance entre le point et l'origine est supérieure à 1, le carré de ce point s'éloigne de l'origine, et l'itération continuera de pousser dans ce sens. L'ensemble des prisonniers de l'itération $z \to z^2$ est le disque trigonométrique, comme illustré ci-contre.

À présent, accrochez-vous. Nous cherchons à connaître l'ensemble des prisonniers de $z \to z^2 + c$, où c est le nombre de départ

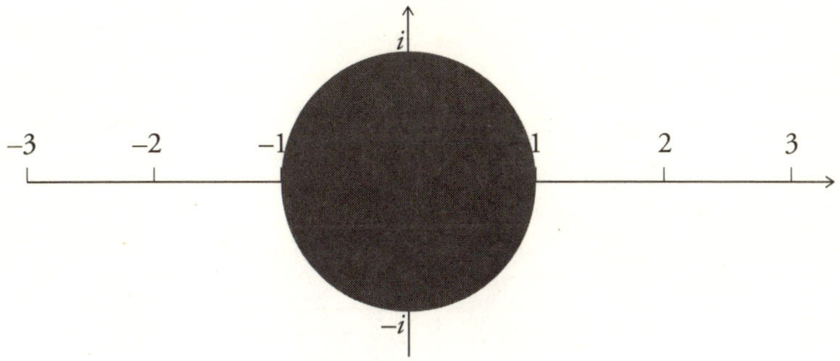

L'ensemble des prisonniers de $z \rightarrow z^2$.

de l'itération. Songeons à ce que signifie cette itération sur le plan complexe. On prend un point c et on l'élève au carré, ce qui le fait tourner autour de l'origine et élève au carré sa distance de l'origine. Puis on *ajoute* c, ce qui déplace le point horizontalement de c. Ce nouveau point subit alors une rotation, sa distance est portée au carré, et il se déplace à nouveau horizontalement de c. Cette itération est une suite alternative sans fin de rotations, d'extensions et de translations : le plan est tourné, étiré et décalé à chaque point. Pour savoir à quoi ressemblera l'ensemble des prisonniers, aucune astuce n'est possible, il faut obligatoirement effectuer l'itération pour des milliers et des milliers de points, ce qui était parfaitement inconcevable avant l'avènement de l'informatique.

En 1979, un mathématicien français employé chez IBM, Benoît Mandelbrot, s'est intéressé à $z \rightarrow z^2 + c$. Ses premières sorties d'imprimante montraient un ensemble des prisonniers aux allures de

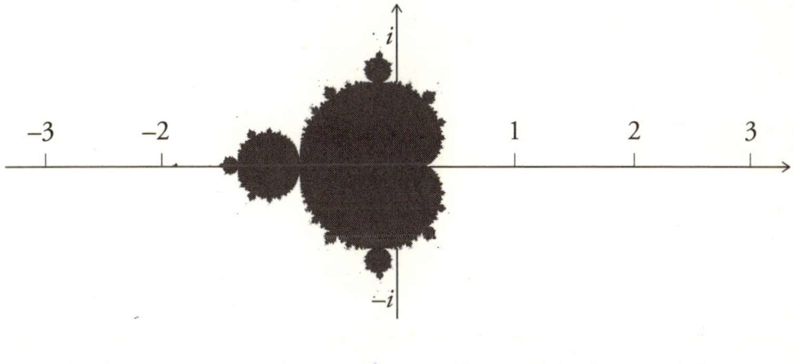

L'ensemble des prisonniers de $z \rightarrow z^2 + c$: l'ensemble de Mandelbrot.

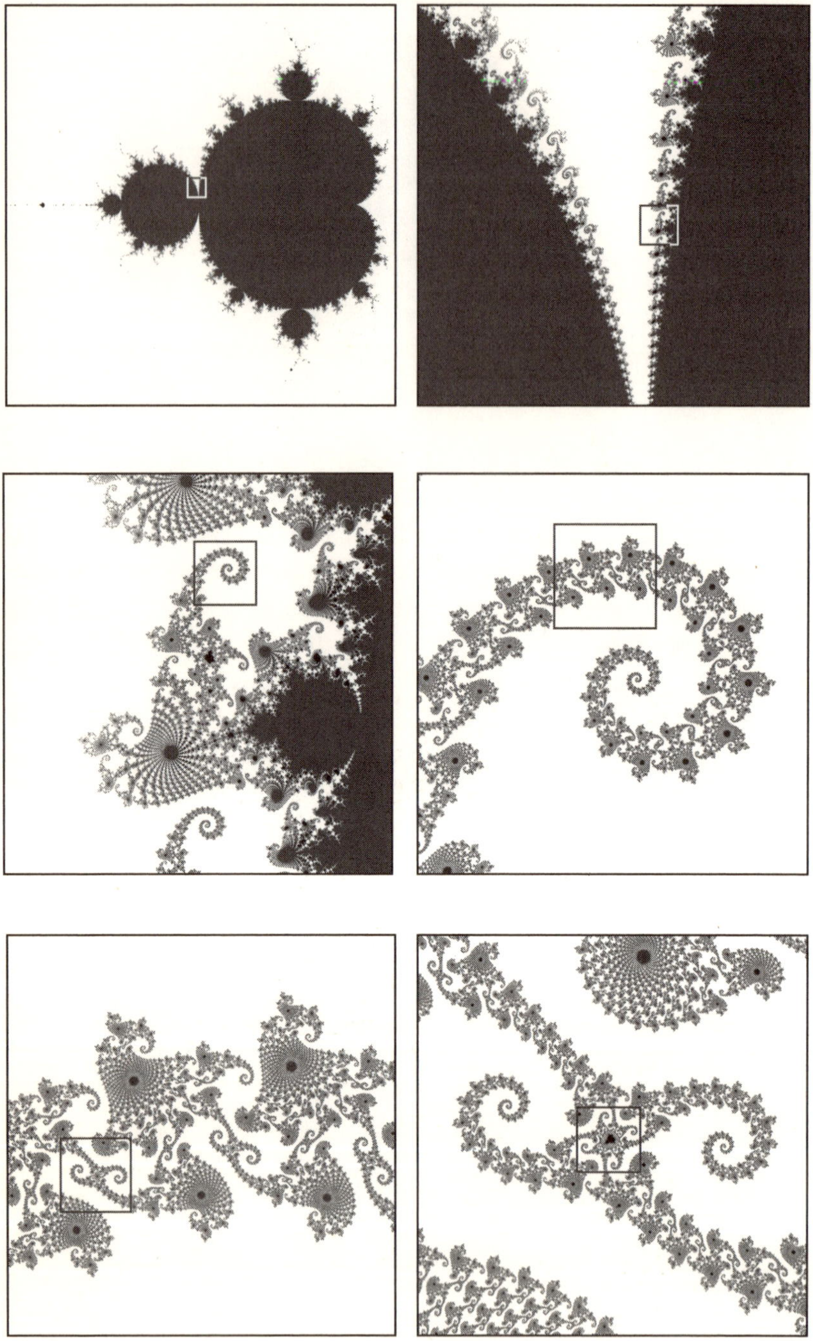

Voyage dans la vallée des Hippocampes.

tache, mais on voyait aussi de minuscules bavures, semblables à des grains de poussière, comme déconnectées de la tache principale. Il a laissé des messages à ses assistants pour les prévenir que ces imperfections n'étaient pas une erreur de la machine, qu'il ne fallait pas les effacer à l'impression. Zoomant sur ces régions, Mandelbrot a découvert des schémas aux ornements frappants, raccordés à l'ensemble des prisonniers par des branches minuscules. Peu à peu, l'image complète est apparue. Cette espèce de scarabée au museau pointu et couvert d'un duvet épineux ne ressemblait à aucun des objets géométriques qu'il ait jamais vus.

À grande échelle, l'ensemble de Mandelbrot est hideux, il a même quelque chose d'effrayant. Mais dès qu'on y regarde de plus près, on découvre des paysages complexes d'une invraisemblable beauté. Les huit images qui précèdent sont un plan rapproché de la vallée des Hippocampes, la région située entre la tête et le corps de l'ensemble. Les boursouflures verruqueuses qui bordent le périmètre sont en vérité des motifs de Paisley ornés de spirales évoquant un hippocampe. Dans ces spirales se trouvent d'autres spirales, puis d'autres à l'intérieur d'autres encore, jusqu'à l'apparition d'une sorte d'ensemble de Mandelbrot miniature, enchâssé comme un insecte préservé dans l'ambre. « Il n'y a pas moyen de s'ennuyer, parce que de nouvelles choses apparaissent tout le temps, ni moyen de s'égarer, parce que celles qui sont familières reviennent et reviennent encore », a écrit Mandelbrot. La variation est à la fois infiniment profonde et infiniment ample : où que porte le regard sur la limite, un gros plan révélera un paysage éternellement changeant ; la bataille entre prisonniers et évadés est si parfaitement équilibrée que de virevoltantes escarmouches ont lieu en tout point et à toute échelle.

L'ensemble de Mandelbrot est une « fractale », selon le terme trouvé par le Français pour désigner toute forme contenant des versions réduites d'elle-même. (Une plaisanterie a circulé selon laquelle le B central de Benoît B. Mandelbrot signifiait lui-même Benoît B. Mandelbrot.) La nature regorge de fractales – un fleuron de chou-fleur possède la même forme que la tête complète, une branche de fougère ressemble à la plante entière – et ce sont les propriétés fractales de l'ensemble de Mandelbrot qui donnent cet aspect organique à ses motifs au déploiement infini. Cette découverte compte parmi ces rares avancées dans les mathématiques pures à avoir eu des répercussions dans la culture populaire. Les fractales se sont étalées à la une de tous les magazines, elles se sont affichées sur les murs de toutes les chambres à coucher, au point de devenir une icône incontournable des années 1980, au même titre qu'Adam Ant ou les épaulettes. Elles possèdent encore leurs dévots, d'ailleurs. À mesure que les ordinateurs sont devenus plus puissants, les explorateurs ont fouillé de plus en plus loin, et la moindre expédition est devenue une quête artistique et spirituelle autant que scientifique.

On peut embellir l'aspect de l'ensemble de Mandelbrot en nuançant la couleur des évadés selon la vitesse à laquelle ils filent vers l'infini, et créer des effets de zoom animé pour donner une impression de chute libre à travers le monde. Orson Wang, ingénieur automobile de Detroit, a acquis trois ordinateurs pour zoomer plus profondément qu'aucun membre de la confrérie Mandelbrot avant lui. Il lui a fallu trois mois pour choisir le bon point de départ, un point proche du nombre complexe – 1,7 + 0,2, situé sur un mini-Mandelbrot du museau. Il a programmé ses ordinateurs pour travailler six mois à obtenir un grossissement par 10^{275}, ce qui équivaut à peu près à zoomer six fois depuis la taille de l'univers observable jusqu'à celle d'un proton. Le résultat est fascinant. Une pointe épineuse se transforme en filament horizontal, en croix, en étoile à huit branches, en entrelacs irrégulier de tiges noueuses, et d'un coup des cercles concentriques explosent au centre, comme un œil tourbillonnant. Impossible de ne pas se laisser envoûter. « Pour moi, l'ensemble de Mandelbrot est à la fois l'incarnation parfaite de l'insurmontable complexité et de l'espoir », a dit Orson Wang.

La découverte de l'ensemble de Mandelbrot a été une victoire de l'ordinateur, parce qu'elle a montré que l'informatique permettait de créer de nouvelles mathématiques. Elle a aussi marqué un changement plus profond dans les sciences. Avant Mandelbrot, il était communément admis que plus on regardait une chose de près, plus elle se simplifiait. La démarche scientifique visait à décomposer les choses en leurs plus simples éléments. Mais cette fois, la forme devenait de plus en plus complexe à mesure qu'on en percevait plus finement les détails. En outre, c'était la preuve qu'il était possible de produire une complexité infinie à partir d'une règle simple. La plus incroyable propriété de l'ensemble de

Mandelbrot, c'est qu'il n'est créé qu'à partir de multiplications et d'additions, deux opérations élémentaires à la portée d'un enfant de sept ans.

Le fond de la vallée des Hippocampes est le point – 0,75. En 1991, s'efforçant de prouver qu'il n'y avait plus de prisonniers directement au-dessus de ce point, le mathématicien Dave Boll s'est mis à itérer des points s'en rapprochant de plus en plus[17]. À partir de – 0,75 + 0,1, il a effectué autant d'itérations nécessaires pour que le nombre complexe de la séquence se trouve à plus de deux unités de l'origine, car on est certain à partir de cette limite que le point de départ est un évadé. Puis il en a fait autant avec – 0,75 + 0,01*i* et ainsi de suite, jusqu'à obtenir ce tableau :

Part imaginaire	**Nombre d'itérations**	**Part imaginaire × nombre d'itérations**
0,1	33	3,3
0,01	315	3,15
0,001	3 143	3,143
0,000 1	31 417	3,141 7
0,000 01	314 160	3,141 60

Voyez-vous où cela nous entraîne ? De plus en plus près de *pi*.

De nombreuses questions de fond demeurent à propos de l'ensemble de Mandelbrot, mais celle qui a occupé les mathématiques récréatives pendant des années concernait la possibilité d'en construire un en trois dimensions. En l'absence de modèle tridimensionnel du plan complexe, il n'y avait pas de solution évidente. Mais en 2009, un professeur de piano de trente et un ans habitant Bedford a résolu le problème. Daniel White a réalisé le transfert de deux à trois dimensions des principes de la multiplication complexe.

Un point du plan peut se définir au moyen de sa distance de l'origine et de deux angles, l'un depuis l'axe horizontal, l'autre depuis l'axe vertical, de la même façon qu'un point du globe se définit par sa latitude (angle vertical) et sa longitude (angle horizontal).

Quand on multiplie deux nombres complexes, on additionne leurs angles et on multiplie leurs distances. Dan White a défini la multiplication de deux points dans l'espace comme l'addition des deux angles horizontaux, l'addition des deux angles verticaux et la multiplication des distances. Fort de cette définition, il a observé l'ensemble de prisonniers de $z \to z^2 + c$ en 3D. Le résultat était décevant. « Ça ressemblait à de la crème chantilly », dirait-il. L'incroyable vitalité de l'ensemble de Mandelbrot perdait tout son lustre, et Daniel White a fait part de sa déception à ses compagnons d'un forum d'Internet consacré aux fractales.

L'illumination est venue quand un ingénieur mécanicien de Los Angeles, Paul Nylander, lui a suggéré d'appliquer plutôt sa méthode à l'itération $z \to z^8 + c$. Ce simple ajustement a transformé la chantilly en planète fractale incrustée de bernicles, avec ses grottes insondables, ses montagnes virevoltantes et ses crevasses étoilées, ce qu'on appelle aujourd'hui un « Mandelbulb ». « J'étais ébahi, dirait Dan White. Comme si on avait découvert un nouvel univers. »

L'ébahissement est bien la seule réaction possible devant le Mandelbulb. On peut y voir un vaisseau spatial, une créature marine ou un virus extraterrestre… tout ce qu'on voudra. Sa surface est plus détaillée, plus fantastique que tout ce dont est capable l'imagination des hommes, et pourtant sa structure tout entière est précisément déterminée par une seule ligne de code : $z \to z^8 + c$.

La découverte de l'ensemble de Mandelbrot a reconnecté les mathématiques aux sciences naturelles. La géométrie fractale a permis d'aborder différemment l'étude de la complexité des phénomènes naturels, des systèmes climatiques aux littoraux en passant par les organismes vivants et les cristaux. Trois cents ans plus tôt, une autre illumination mathématique avait eu encore plus d'influence sur notre perception du monde.

8

Professeur Calculus

Le mathématicien français Cédric Villani n'a pas l'apparence d'un prof d'université ordinaire. Ce bel homme élancé au visage enfantin et aux cheveux mi-longs évoquerait plutôt un dandy de la Belle Époque ou un membre d'un groupe de rock étudiant prétentieux. Il ne se sépare jamais d'un costume trois pièces d'où émerge un grand col blanc amidonné, noué d'une extravagante lavallière, ni de son immense broche scintillante en forme de tarentule épinglée à la poitrine.

— D'une certaine manière, c'était inévitable, dit-il de son accoutrement. C'est instinctif.

J'ai fait la connaissance de Villani à Hyderabad, en Inde, en 2010, à l'ICM, le congrès international des mathématiciens qui réunit la tribu tous les quatre ans. Des trois mille délégués, c'est celui qui attirait le plus les regards, non pour le grand raffinement de sa tenue, mais parce qu'il a reçu la médaille Fields au gala d'ouverture. C'est la plus haute récompense honorifique des mathématiques. Véritable pop star d'un jour, Villani ne pouvait traverser la salle sans être assailli par les demandeurs d'autographes et de photos. Un après-midi, je lui ai demandé en l'attrapant par le bras si les mathématiciens célèbres attiraient les groupies.

— Vous savez, dans le monde des mathématiques on est un peu timide, alors elles ne vont pas se jeter sur moi, s'est-il esclaffé. Malheureusement.

La médaille Fields est attribuée lors de chaque congrès à deux, trois ou quatre mathématiciens de moins de quarante ans. (À Hyderabad, les autres lauréats étaient l'Israélien Elon Lindenstrauss, le

Russe Stanislav Smirnov et le Vietnamien Ngô Bao Châu.) Cette restriction d'âge témoigne de l'intention originale du créateur du prix, le mathématicien canadien John C. Fields : il ne s'agissait pas seulement de reconnaître le travail accompli, mais de miser aussi sur l'avenir. Cependant, à travers le retentissement considérable qu'elle a eu depuis ses deux premiers lauréats, en 1936, la récompense a favorisé l'installation d'un culte de la jeunesse qui sous-entend qu'on serait fini à quarante ans. C'est injuste. Bon nombre de mathématiciens donnent le meilleur de leur œuvre après quarante ans, et les médaillés ont parfois beaucoup de mal à retrouver la concentration une fois distingués, car la célébrité s'accompagne de nouvelles charges. Contrairement à ce que font les communautés de la physique et de la chimie à travers le prix Nobel, celle des mathématiques ne récompense pas l'œuvre d'une vie[1].

Le premier ICM s'est tenu en 1897 à Zurich. Dès le deuxième, à Paris en 1900, l'Allemand David Hilbert a prononcé un discours où il énumérait vingt-trois problèmes mathématiques irrésolus censés déterminer le cours de la discipline pendant le siècle à venir. Les mathématiciens trouvent à l'ICM l'occasion de faire le point sur les progrès qu'ils accomplissent et les citations à la médaille Fields donnent le meilleur instantané des plus excitants de leurs derniers travaux. Lindenstrauss a été nommé pour ses « résultats sur la rigidité des mesures en théorie ergodique et leurs applications à la théorie des nombres », Smirnov pour la « démonstration de l'invariance conforme de la percolation et du modèle d'Ising planaire en physique statistique » et Ngô pour sa « démonstration du lemme fondamental de la théorie des formes automorphes à travers l'introduction de nouvelles méthodes algébro-géométriques ». Sans doute cela provoque-t-il en vous la perplexité que j'ai moi-même éprouvée à l'annonce des attributions lors du congrès – en fait, l'essentiel des délégués étaient également perplexes, même pendant les conférences explicatives qui ont suivi. Le mathématicien britannique Timothy Gowers, lauréat en 1998, a écrit sur son blog : « Si vous cherchez à épater vos amis, voici comment laisser croire que vous comprenez [les travaux de Ngô]. Si l'on vous demande quelle en est l'idée principale, répondez : “Eh bien, la plus profonde de ses idées a été de démontrer que la fibration Hitchin de la partie anisotrope de la formule des traces est un champ Deligne-Mumford.” Si cela ne suffit pas, essayez de lâcher l'expression "faisceaux pervers" dans la conversation – apparemment, il y a un rapport[2]. » Aux plus lointains de leurs avant-postes, les mathématiques sont conceptuellement si difficiles que seuls quelques centaines d'individus dans le monde sont en mesure de comprendre les mérites de chacun des médaillés. Peut-être sont-ils encore moins nombreux dans le cas de Ngô, le penseur le plus abstrait du lot.

La désignation de Villani, cependant, n'était pas aussi sibylline que celle des autres. Elle lui est venue pour ses « preuves de l'amortissement de Landau non linéaire et de la convergence vers l'équilibre dans l'équation de Boltzmann ». Là, au moins, il y avait quelque chose d'accessible aux non-spécialistes. Conçue par le physicien autrichien Ludwig Boltzmann en 1872, cette équation qui concerne le comportement des particules d'un gaz est l'une des plus célèbres de la physique classique. Villani n'a pas seulement la passion des cravates du XIXe siècle, c'est aussi une autorité mondiale sur ses mathématiques.

L'équation de Boltzmann est ce qu'on appelle une équation aux dérivées partielles, ou EDP, et voici à quoi elle ressemble :

$$\frac{\partial f}{\partial t} + v \cdot \nabla_x f = \int_{\mathbb{R}^3} \int_{\mathbb{S}^2} |v - v_*| [f(v')f(v'_*) - f(v)f(v_*)] \, dv_* d\sigma$$

Si vous avez étudié le calcul infinitésimal à l'école, certains de ces symboles ne vous sont pas inconnus, notamment le $\int$ ou le ∂. Dans le cas contraire, ne craignez rien, nous allons voir ce qu'ils signifient. Le calcul infinitésimal a été le parachèvement intellectuel des Lumières, et la médaille Fields de Villani démontre que cela reste un champ très fructueux d'étude. Nous reviendrons à notre Français extravagant et à son équation, mais pour nous doter des outils conceptuels et terminologiques nécessaires, il faut d'abord se transporter du sud de l'Inde de 2010 à la Sicile des environs du IIIe siècle av. J.-C.

Sur la médaille Fields est gravée l'effigie d'un Archimède barbu à l'air satisfait de son aura de plus illustre mathématicien de l'Antiquité. Ce sont pourtant ses contributions aux sciences physiques qui restent dans les mémoires. Quand il s'est rué hors de son bain en criant : « Eurêka ! », par exemple, ce n'était pas à la suite d'une découverte mathématique, mais d'une avancée dans la mécanique des fluides : il avait trouvé le principe de flottabilité. Ses plus célèbres inventions comptent une pince géante à broyer les navires qui cherchaient à envahir Syracuse, sa ville, et une vis à puiser l'eau du fleuve lorsqu'on l'actionne à la main. Selon l'historien Plutarque, pourtant, Archimède tenait l'ingénierie pour une activité « sordide et ignoble », et c'est à la géométrie que revenait toute « son affection et son ambition ». « Bien souvent ses serviteurs le traînaient de force au bain pour le laver, oindre et étuver, là où encore dedans les cendres du foyer il traçait quelques figures géométriques. Et pendant qu'on l'oignait d'huiles de senteur, il tirait avec le doigt des lignes sur son corps nu, tant il était transporté hors de soi en extase du plaisir qu'il prenait à l'étude de la géométrie[3] ».

À l'origine, la géométrie servait à calculer les surfaces. (L'historien Hérodote est le premier à avoir employé le mot « géométrie », mesure de la terre, pour désigner la méthode mise au point par les inspecteurs égyptiens des impôts pour calculer la surface des terres inondées par les crues annuelles du Nil.) Comme chacun le sait, l'aire d'un rectangle est sa largeur multipliée par sa hauteur, et de cette formule on peut déduire que celle d'un triangle est la moitié de la base par la hauteur. Les Grecs ont trouvé des méthodes pour calculer l'aire de formes plus complexes. La plus impressionnante de celles-ci est la quadrature de la parabole d'Archimède, expression de laquelle il désignait le calcul de l'aire délimitée par une parabole et une droite. Archimède a commencé par tracer un grand triangle à l'intérieur de la parabole, comme illustré ci-contre, puis, de chaque côté de celui-ci, il en a tracé un autre, plus petit[4]. Ensuite, de chaque côté de ceux-là, il en a tracé d'autres plus petits encore, et ainsi de suite, veillant à ce que les trois sommets du triangle restent toujours à l'intérieur de la parabole. Plus il traçait de triangles, plus leur aire cumulée se rapprochait de celle de la section parabolique. S'il était possible de prolonger éternellement le processus, une infinité de triangles finiraient par parfaitement couvrir l'aire requise.

Archimède a ensuite démontré que si l'aire du grand triangle est T, celle des deux triangles tracés à ses côtés est $\frac{T}{8}$, celle des quatre triangles aux côtés de ceux-là est $\frac{T}{8^2}$, et ainsi de suite. Autrement dit, l'aire de la section parabolique, qui est la somme de tous ces triangles, donne la suite infinie :

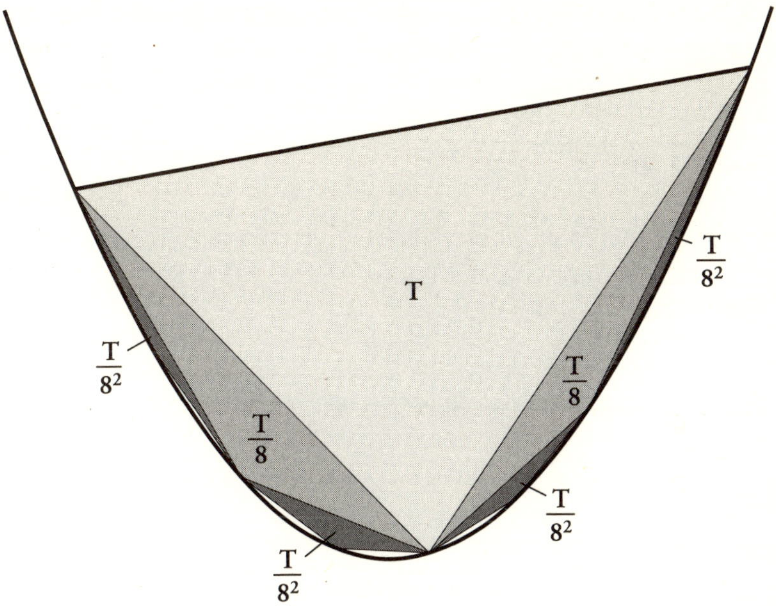

La quadrature de la parabole.

$$T + \frac{2T}{8} + \frac{4T}{8^2} + \frac{8T}{8^3} + \ldots$$

ou :

$$T\left(1 + \frac{1}{4} + \frac{1}{16} + \frac{1}{64} + \ldots\right)$$

ou :

$$T\left(1 + \frac{1}{4} + \frac{1}{4^2} + \frac{1}{4^3} + \ldots\right)$$

Pour finir, il a prouvé que cette série était égale à $\frac{4T}{3}$. Par conséquent, si l'on souhaite mesurer l'aire délimitée par une droite et une parabole, on trace un triangle, on en mesure la base et la hauteur, on en calcule l'aire, et on multiplie la réponse par $\frac{4}{3}$. Je ne reproduirai pas la démonstration qu'Archimède a faite de cette dernière partie, mais je vous montrerai une image qui la contient (voir ci-après). C'est un type de diagramme mathématique qu'on appelle une « preuve sans mots », et celui qui suit est probablement mon préféré dans ce livre. Il établit que :

$$\frac{1}{3} = \frac{1}{4} + \frac{1}{4^2} + \frac{1}{4^3} + \ldots$$

Prenez le temps de l'observer et voyez si vous comprenez pourquoi (sinon, rendez-vous à l'annexe 6, p. 328). Si cette équation est vraie, alors l'aire totale :

$$T\left(1 + \frac{1}{4} + \frac{1}{4^2} + \frac{1}{4^3} + \ldots\right) = T\left(1 + \frac{1}{3}\right) = \frac{4T}{3}$$

CQFD.

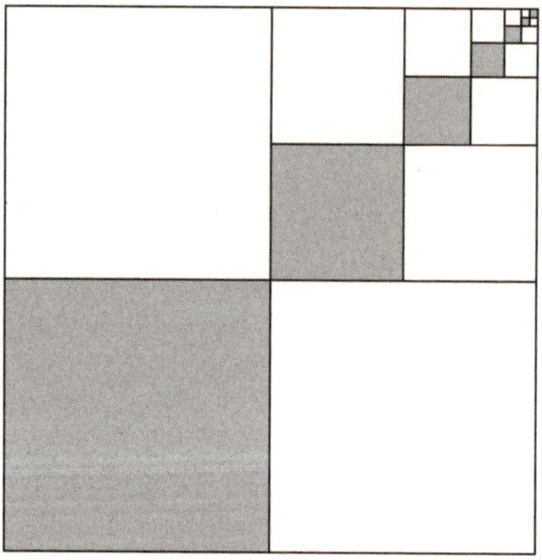

La quadrature de la parabole d'Archimède est l'exemple antique le plus sophistiqué de la méthode d'exhaustion, qui consiste à additionner une suite de petites surfaces convergeant vers une autre plus grande. On estime qu'il s'agit du sommet de sa carrière parce que c'est la première vision « moderne » de l'infini mathématique. Deux siècles avant Archimède, le philosophe Zénon avait lancé des mises en garde à propos de l'infini à travers une série de paradoxes. Le plus célèbre, celui d'Achille et la tortue, montrait que l'addition d'un nombre infini de quantités aboutissait à un non-sens.

Imaginons, a dit Zénon, qu'Achille court pour rattraper une tortue. Lorsqu'il atteint la position qu'occupait la tortue au moment où il s'est mis à courir, l'animal a un peu avancé. Quand il atteint cette deuxième position, la tortue a encore avancé. Achille peut courir autant qu'il voudra, à chaque fois qu'il atteindra la position qu'occupait la tortue au départ de sa dernière étape, l'animal se trouvera encore devant lui. En traitant le mouvement comme un nombre infini de courses sur un nombre infini d'intervalles, Zénon affirmait que le véloce Achille ne rattraperait jamais son indolente rivale. Les Grecs n'ont jamais su dénouer les entrelacs logiques de Zénon, et cela a incité les mathématiciens à éviter l'infini dans leurs travaux. Archimède lui-même, lorsqu'il utilisait la méthode d'exhaustion, n'aurait jamais fait directement référence à une entité complète nommée « suite infinie » comme nous le faisons aujourd'hui. C'est toutefois davantage une différence de terminologie plutôt que d'idée. Archimède est le premier penseur à avoir développé le dispositif de la suite infinie avec une limite finie. Cela n'a pas seulement été important au regard de la conquête de l'aire de formes plus biscornues que la parabole, mais aussi pour accomplir les premiers pas sur la voie conceptuelle qui conduirait au calcul infinitésimal. De tous les géants sur les épaules desquels se hisserait un jour Isaac Newton, Archimède a été le premier.

Si l'infini est le plus grand des nombres, quel est le plus petit ? Au XVIIe siècle, les mathématiciens ont trouvé un nouveau concept, l'infinitésimal, une quantité inférieure à n'importe quelle quantité existante, mais supérieure à 0.

L'infinitésimal était à la fois quelque chose et rien du tout : assez grand pour avoir une utilité mathématique, mais assez petit pour disparaître si nécessaire. Considérons par exemple le cercle ci-après. Il contient un dodécagone, une forme à douze côtés composée de douze triangles identiques partageant un point, un sommet, commun. L'aire cumulée des triangles est à peu près égale à celle du cercle. Si je traçais dans mon cercle un polygone comportant davantage de côtés, cela donnerait davantage de triangles, plus fins, dont l'aire cumulée serait plus proche de celle du cercle. Et si je continuais à augmenter le nombre de côtés, j'obtiendrais à la limite un polygone avec une infinité de côtés contenant une infinité de triangles infiniment fins. L'aire de chaque triangle est infinitésimale, mais leur aire cumulée est celle du cercle.

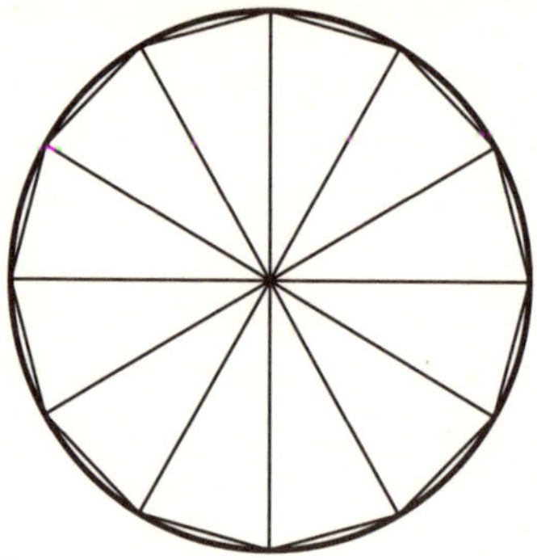

Nous avons déjà croisé l'astronome allemand Johannes Kepler à deux reprises. Rappelez-vous, c'est l'homme qui a compris que l'orbite des planètes est une ellipse et aussi celui à qui il a fallu onze rendez-vous galants pour trouver sa seconde épouse. Une fois sa proposition faite à l'élue, il a bien fallu s'occuper de l'organisation de la noce. Alors qu'il faisait provision d'alcool, il a constaté que le négociant évaluait la contenance d'un tonneau de vin en y insérant une baguette en diagonale par la bonde centrale et en mesurant la distance jusqu'à l'angle opposé. La méthode, grossière, approximative, a dérangé le scientifique, étant donné qu'à la même longueur pouvaient correspondre de nombreux formats de tonneaux, comme on le voit ci-dessous.

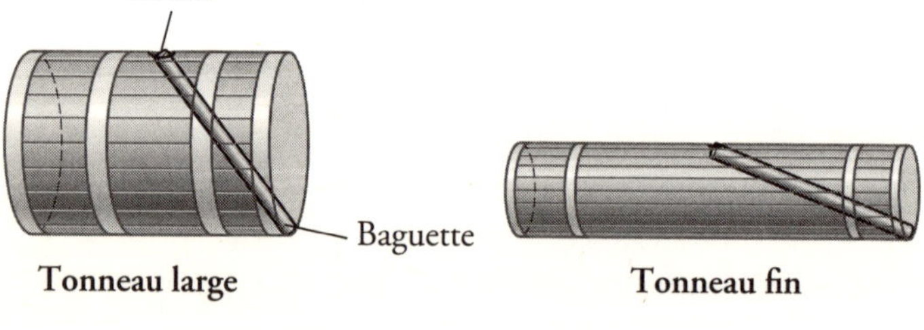

Mesurage de la taille des tonneaux de vin.

Il a commencé par réfléchir à un mode de calcul plus précis des volumes, pour déterminer le profil de tonneau qui, à longueur de baguette équivalente, contiendrait le plus de vin[5]. S'inspirant d'Archimède, il a élaboré une méthode supposant la subdivision de chaque tonneau en un nombre infini de volumes infinitésimalement petits. Il a ensuite démontré que pour une baguette de longueur l entre la bonde et l'angle opposé, le tonneau a une contenance maximale si sa largeur est de :

$$\frac{2l}{\sqrt{3}}$$

Kepler a été le pionnier d'une génération de mathématiciens qui emploieraient les infinitésimaux pour calculer les aires et les volumes. D'Angleterre jusqu'en Italie, le domaine d'étude a connu une explosion d'activité, et c'est le bouleversement le plus important survenu dans la culture mathématique depuis les Grecs de l'Antiquité et leur indéfectible attachement aux notions strictement logiques. Voilà qu'on tournait à présent le dos à la rigueur logique au profit de tout ce qui pouvait produire du résultat. Ni lard ni cochon, l'infinitésimal existait sans vraiment exister. Personne n'irait jusqu'à s'en détourner pour autant. C'était tout simplement trop puissant.

La méthode infinitésimale s'est révélée extrêmement utile dans le calcul des tangentes, ces droites qui touchent une courbe en un seul point, lui déposant un baiser plus qu'elles ne la traversent. Mettons que nous souhaitions trouver la tangente au point P de la courbe ci-dessous. La stratégie consiste à obtenir une approximation de la tangente, puis de l'améliorer jusqu'à ce qu'elle coïncide avec la droite désirée. On trace une droite traversant la courbe en P et un point Q à proximité, avant de rapprocher progressivement Q de P. Lorsque Q et P coïncident, on tient notre tangente.

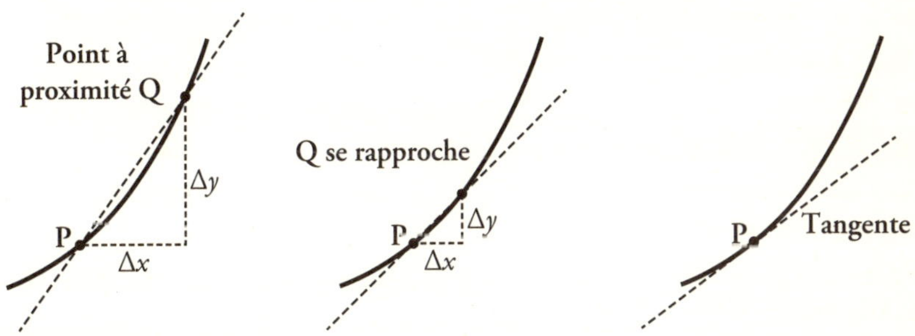

Approximation d'une tangente.

On l'a vu plus haut, l'inclinaison d'une droite est égale à la distance qu'elle accomplit vers le haut divisée par celle qu'elle parcourt horizontalement, et l'inclinaison d'un point d'une courbe est égale à l'inclinaison de la tangente de ce point. L'intérêt des mathématiciens pour les tangentes leur est venu de celui pour les inclinaisons. Dans l'illustration, l'inclinaison de la droite reliant P et Q est $\frac{\Delta y}{\Delta x}$ (la lettre grecque delta, Δ, est un symbole mathématique signifiant « légère augmentation »). À mesure que Q approche de P, la valeur de $\frac{\Delta y}{\Delta x}$ approche de l'inclinaison de la tangente en P. Mais il y a un problème. Si on laisse Q pleinement atteindre P, $\Delta y = 0$ et $\Delta x = 0$, ce qui signifie que l'inclinaison de la courbe en P est de $\frac{0}{0}$. Ça sent l'erreur ! Les règles d'arithmétique prohibent la division par 0 ! La solution consiste à maintenir Q à distance infinitésimale de P. On peut alors dire que lorsque Q devient *infinitésimalement* proche de P, la valeur de $\frac{\Delta y}{\Delta x}$ devient *infinitésimalement* proche de l'inclinaison de la courbe en P.

En 1665, fraîchement diplômé de Cambridge, Isaac Newton est retourné vivre auprès de sa mère dans la maison familiale du Lincolnshire[6]. Partout dans le pays, la Grande Peste ravageait villes et villages. L'université avait fermé ses portes pour protéger ses employés et ses étudiants. Newton s'est aménagé un petit bureau où il s'est mis à noircir les pages d'un immense bloc-notes qu'il a intitulé *Waste Book* (une sorte de cahier de brouillon) avant de le remplir de pensées mathématiques. Pendant deux ans, tout à sa tâche, notre griffonneur solitaire a trouvé de nouveaux théorèmes qui tiendraient lieu de fondations à ses *Philosophiæ naturalis principia mathematica* (Principes mathématiques de la philosophie naturelle), le traité publié en 1687 qui, plus qu'aucun ouvrage avant ou après lui, a bouleversé notre entendement de l'univers physique. Les *Principes* ont établi un système de lois naturelles expliquant pourquoi, de la pomme tombant de l'arbre aux planètes gravitant autour du Soleil, les objets se déplacent comme ils le font. Mais la révolution newtonienne de la physique requérait une révolution tout aussi importante dans les mathématiques. Il a donc rassemblé le dernier demi-siècle de travaux sur les infinitésimaux pour le remodeler sous la forme d'un système général à la notation unifiée. Il a appelé cela la « méthode des fluxions », mais elle nous est restée sous le nom de « calcul infinitésimal ».

Un corps qui se déplace modifie sa position, sa *vitesse* est le changement de position dans le temps[7]. Si un corps se déplace à vitesse fixe, il change de position selon une quantité fixe par période fixe. Une voiture qui parcourt soixante kilomètres à vitesse constante entre 16 heures et 17 heures roule à soixante kilomètres-heure. Newton a voulu aller plus loin : comment calcule-t-on la vitesse d'un corps qui ne se déplace pas à vitesse constante ? Disons par exemple que la voiture évoquée plus haut ne roule pas constamment à soixante kilomètres-heure, mais qu'elle ne cesse d'accélérer et de ralentir à cause des encombrements. Une méthode pour calculer sa vitesse à 16 h 30, par exemple, consistera à observer la distance parcourue entre 16 h 30 et 16 h 31, ce qui nous donnera la distance par minute (qu'il suffit alors de multiplier par 60 pour obtenir la valeur en kilomètres-heure). Mais ce chiffre nous donne la vitesse moyenne sur une minute, pas la vitesse instantanée à 16 h 30. On pourrait chercher un intervalle plus court, la distance parcourue entre 16 h 30 et une seconde plus tard, et cela nous donnerait la distance par seconde (que nous multiplierions par 3 600 pour obtenir la valeur en kilomètres-heure). Mais là encore, il s'agira de la moyenne pour cette seconde-là. On pourrait alors trouver des intervalles de plus en plus courts, mais nous n'obtiendrons pas de vitesse instantanée tant que l'intervalle ne sera pas plus minuscule que tous les autres, autrement dit égal à 0 – sauf que sur un tel intervalle, la voiture ne se déplace plus du tout !

Ce fil de raisonnement vous rappelle sans doute quelque chose, on l'a suivi pour expliquer la méthode de calcul de l'inclinaison d'un point d'une courbe. Pour trouver cette inclinaison, on divise une quantité infinitésimalement petite (la longueur) par une autre quantité infinitésimalement petite (une autre longueur). Pour la vitesse instantanée, on divise aussi une quantité infinitésimalement petite (la distance) par une autre quantité infinitésimalement petite (la durée). Ce sont des problèmes mathématiquement équivalents. La méthode newtonienne des fluxions avait pour objet de calculer les inclinaisons, mais elle lui a permis de calculer les vitesses instantanées.

Voyons comment Newton a employé sa méthode pour calculer la courbe $y = x^2$, notre vieille amie la parabole. C'est un peu technique, mais pas trop difficile si vous prenez votre temps. À l'arrivée, vous comprendrez l'utilisation qu'il a faite des infinitésimaux pour trouver une formule de l'inclinaison de tous les points de la courbe.

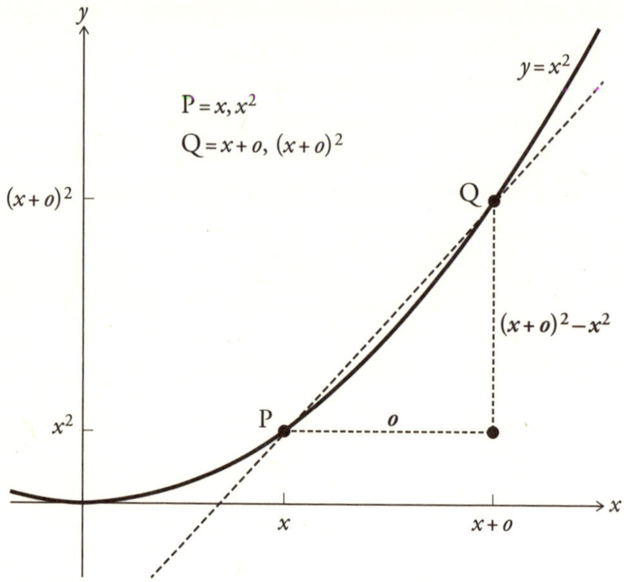

Calcul de l'inclinaison de y = x².

Nous procéderons comme nous l'avons fait pour l'illustration de la p. 233, en choisissant arbitrairement un point P, puis à travers une approximation de la tangente par une droite traversant un autre point Q situé un peu plus loin sur la courbe. Nous rapprocherons alors infinitésimalement Q de P. L'inclinaison de la tangente en P est l'inclinaison de la courbe en P. Pour commencer, il nous faut toutefois faire connaissance avec une nouvelle quantité, o, ou la distance horizontale entre P et Q, comme montré ci-dessus. Si les coordonnées de P sont (x, x^2), celles de Q sont $(x + o, (x + o)^2)$. La distance verticale entre P et Q est donc $(x + o)^2 - x^2$, et l'inclinaison de la droite – la distance parcourue à la verticale divisée par celle à l'horizontale – est :

$$\frac{(x+o)^2 - x^2}{o}$$

qui se développe :

$$\frac{x^2 + 2xo + o^2 - x^2}{o}$$

et se réduit :

$$\frac{2xo + o^2}{o}$$

puis se divise : $2x + o$.

À mesure que Q se rapproche infinitésimalement de P, o devient infinitésimalement petit, et l'inclinaison devient infinitésimalement proche de $2x$. Newton a dit qu'on est autorisé à laisser Q coïncider avec P et que lorsque cela survient, on peut ignorer le o infinitésimal et considérer en toute confiance que l'inclinaison en P est de $2x$. Une fois son travail accompli, l'infinitésimal peut quitter la scène.

Autrement dit, pour la courbe $y = x^2$, l'inclinaison à la position horizontale x est égale à $2x$.

Si l'algèbre ici affichée vous paraît compliquée, il demeure possible de vous faire une idée de ce qu'a réellement accompli Newton. Il a isolé la principale propriété d'une courbe – son inclinaison – pour en tirer une formule, $2x$, qui permet de la calculer en tout point de la courbe. Si l'on nomme y' l'inclinaison, on a une nouvelle équation, $y' = 2x$, également connue sous le nom de « dérivée » de la courbe d'origine.

Dans l'illustration supérieure gauche, ci-contre, j'ai tracé la courbe d'origine $y = x^2$ et, juste en dessous, $y' = 2x$, son inclinaison, qui est une droite. Quand x vaut 1, la courbe a une valeur de 1 et l'inclinaison est 2. Quand x vaut 2, la courbe a une valeur de 4 et l'inclinaison est 4. La courbe s'élève à la façon d'une parabole, et l'inclinaison le fait de façon linéaire.

Oublions à présent la géométrie et intéressons-nous à la mécanique. Nos deux images pourraient aussi bien représenter le comportement d'un objet en déplacement. Si la courbe d'origine représente la position d'un objet dans le temps, la dérivée représente sa vitesse instantanée. Les graphiques nous montrent qu'après écoulement d'une unité de temps, l'objet s'est déplacé d'une unité et la vitesse est de deux. Quand deux unités de temps se sont écoulées, l'objet s'est déplacé de quatre unités et la vitesse est de quatre, et ainsi de suite. La courbe du haut, en fait, est la modélisation de la position d'un objet qui tombe sous l'effet direct de la gravité : la distance couverte est proportionnelle au carré du temps écoulé. Grâce au

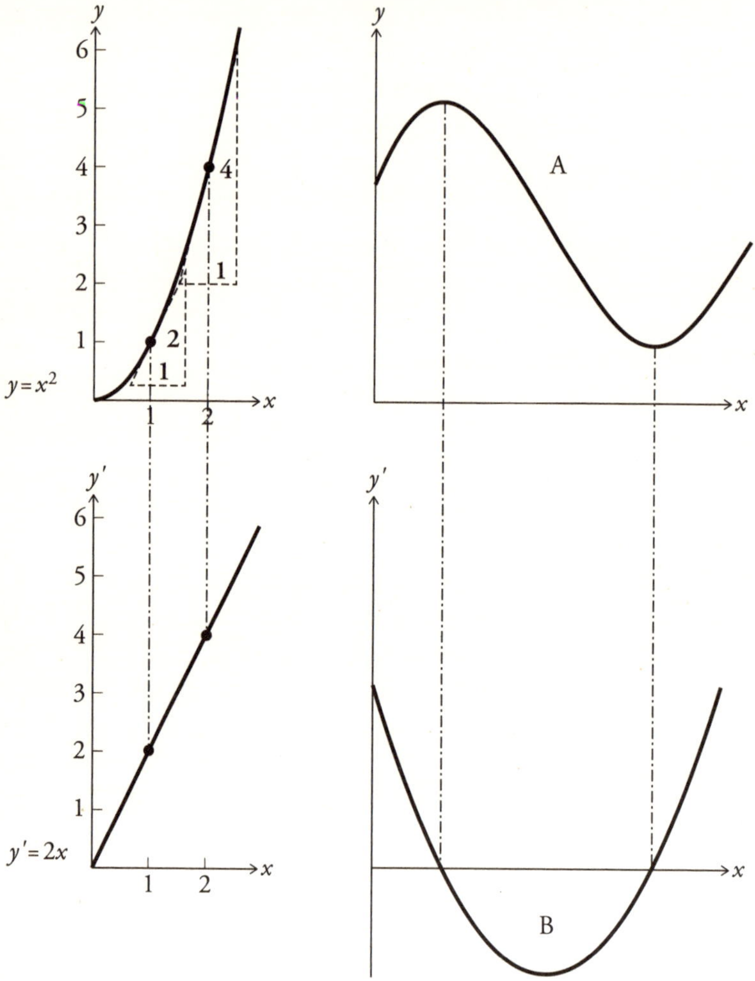

L'inclinaison de la parabole en haut à gauche est une droite, et celle de la courbe A est la courbe B.

calcul infinitésimal, Newton a démontré que la vitesse instantanée d'un objet en chute libre augmente de façon linéaire au fil de la chute.

Si j'ai choisi la courbe $y = x^2$, c'est parce que sa dérivée est facile à calculer, mais la méthode de Newton s'applique à toutes les courbes douces, pour peu qu'on dispose de leur équation. En haut à droite, une autre courbe et la courbe de son inclinaison, ou dérivée. Je n'ai pas intégré l'équation de ces courbes, je me suis contenté de les nommer A et B, parce que mon propos est de vous montrer toute la poésie de la transformation. En tout point de A, l'inclinaison est représentée directement en dessous en B. Parcourons A de gauche à droite. La courbe s'élève, atteint son sommet, descend, touche le fond et s'élève à nouveau. Autrement dit, l'inclinaison est positive, elle atteint 0 quand la courbe est momentanément horizontale, devient négative, remonte jusqu'à 0 et redevient positive. Cette chronologie correspond exactement à ce que fait B ! B est d'abord positive, puis elle franchit l'axe horizontal pour entrer en territoire négatif avant de remonter dans la zone positive. (Les lignes verticales en pointillé montrent que les points de repère de la courbe du dessus correspondent aux positions d'inclinaison 0.)

La première fois que j'ai vu une courbe de ce type associée à la courbe de son inclinaison, j'en suis resté bouche bée. Qu'une quantité variable sur une courbe puisse être si parfaitement restituée par une autre courbe m'a paru tout bonnement magique.

Les infinitésimaux offraient une méthode pour calculer les inclinaisons. Mais aussi pour calculer les aires. On a vu plus haut que pour calculer l'aire délimitée par une parabole et une droite, Archimède additionnait des triangles de plus en plus petits, et que les mathématiciens de la Renaissance avaient raffiné sa technique en divisant les aires en sous-sections de dimension infinitésimale. La méthode des fluxions de Newton a apporté un moyen de calculer la surface sous une courbe, en divisant l'aire en une infinité de bandes verticales infiniment fines.

Si l'on connaît l'équation de la courbe C ci-dessous, par exemple, le calcul infinitésimal nous permet de trouver une équation pour la zone grisée A, entre l'origine et *x* sur l'axe horizontal.

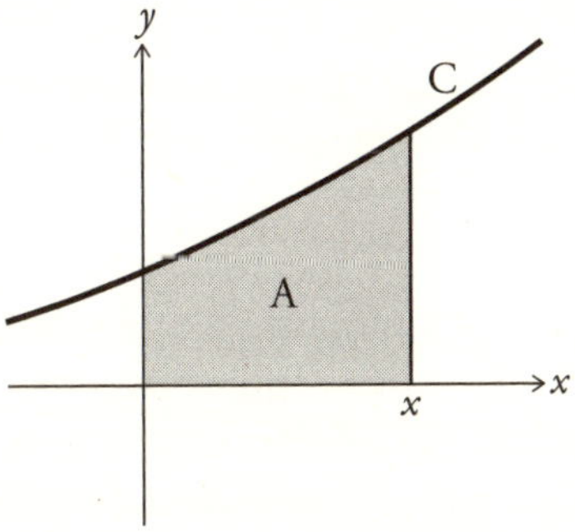

Par conséquent, en présence d'une courbe donnée, le calcul infinitésimal nous offre deux options : on peut trouver l'équation de son inclinaison, ou bien trouver une équation pour l'aire qui se trouve dessous. Seulement voilà : ces procédures sont l'inverse l'une de l'autre ! L'inclinaison et la surface sont une seule et même chose vue sous des angles différents. Le coup de théâtre est digne de Scooby-Doo : au dernier acte de la dramaturgie mathématique, deux personnages se révèlent n'en être qu'un seul. Il en est résulté ce qu'on a appelé le « théorème fondamental du calcul infinitésimal », ou « de l'analyse », l'une des plus surprenantes découvertes du XVIIe siècle.

En termes généraux, le théorème établit que si A est l'aire sous la courbe C, alors C est l'inclinaison de la courbe A. Si vous trouvez cela confus, souvenez-vous que les aires, les courbes et les inclinaisons s'écrivent sous forme d'équations. Le calcul infinitésimal permet de trouver l'équation A pour l'aire qui se situe en dessous. Le théorème fondamental de l'analyse nous dit que la dérivée, ou l'inclinaison, de l'équation A est C.

Voyons un peu comment cela fonctionne lorsque C est la droite $y = 2x$, comme illustré ci-contre à gauche. La formule de l'aire du triangle est la moitié de la base multipliée par la hauteur. (On aurait pu le trouver grâce aux infinitésimaux, mais ce n'est pas nécessaire car nous le savons déjà.) Par conséquent, l'aire A située sous la droite entre 0 et x est :

$$\frac{1}{2}x \times 2x$$

ou x^2, ce qui nous donne l'équation $A = x^2$ pour l'aire sous la droite. Cette équation est aussi celle de la courbe ci-contre à droite, la parabole. Rappelez-vous le diagramme de la p. 239, qui montre qu'en considérant la courbe d'une inclinaison, on va de la parabole à la ligne droite. L'inclinaison et l'aire sont ainsi deux faces d'une même pièce.

Le calcul infinitésimal a permis à Newton de partir d'une équation déterminant la position d'un objet pour en tirer une équation secondaire concernant sa vitesse instantanée. Il lui a aussi permis de partir d'une équation déterminant la vitesse instantanée d'un

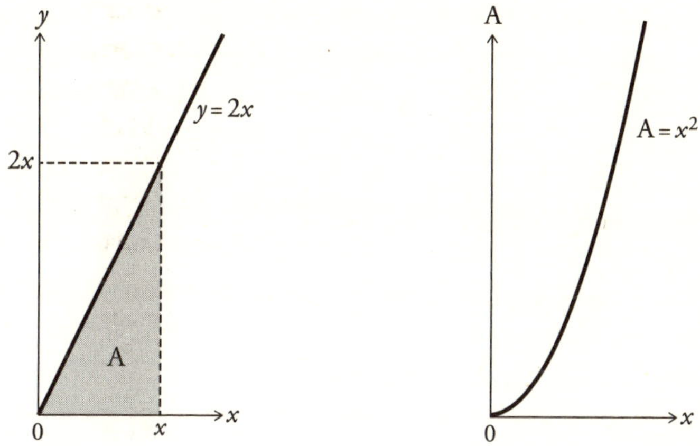

Le calcul de l'aire sous y = 2x et sa représentation sous forme de courbe.

objet pour en tirer une équation secondaire concernant sa position. Newton a trouvé dans le calcul infinitésimal les outils mathématiques avec lesquels il élaborerait ses lois du mouvement. Dans ses équations, il nomme « fluentes » les variables x et y, et « fluxions » les inclinaisons, notées par les « lettres piquées » $\dot{x}$ et $\dot{y}$.

À son retour à Cambridge, après deux ans passés dans le Lincolnshire, Newton n'a parlé à personne de sa méthode des fluxions, et il en viendrait un jour à le regretter. Sur le continent, Gottfried Leibniz était en train de mettre au point un système équivalent. Allemand de naissance, Leibniz n'en était pas moins un citoyen du monde – à la fois avocat, diplomate, alchimiste, ingénieur et philosophe. C'était aussi, de tous les mathématiciens, celui que les questions de notation obsédaient le plus. Les symboles qu'il employait pour son système de calcul infinitésimal, plus clairs que ceux de Newton, sont ceux qui nous servent aujourd'hui.

Leibniz a introduit les termes dx et dy pour les différences infinitésimales en x et y. Pour l'inclinaison, qui est une différence infinitésimale divisée par l'autre, il a choisi $\frac{dy}{dx}$. De par son usage du terme « différence », le calcul de l'inclinaison a reçu le nom de « différentiel ». Leibniz a aussi introduit l'utilisation du « s » allongé, $\int$, comme symbole du calcul de l'aire. C'est une abréviation de *summa* (somme) car, on l'a vu, le calcul de l'aire repose sur une somme infinie d'infinitésimaux. À la suggestion de son ami Jean Bernoulli, Leibniz a nommé sa technique *calculus integralis*, et le calcul de l'aire est devenu l'« intégration ». L'avantage d'un symbole aussi long (et étirable) que $\int$, c'est qu'il offre suffisamment d'espace aux deux valeurs horizontales délimitant l'aire calculée. L'aire A, illustrée p. 241, s'écrit $\int_0^x C$ et s'énonce « intégrale de 0 à x de C ». Le $\int$ de Leibniz est le plus majestueux des symboles mathématiques, évoquant l'ouïe d'un violoncelle ou d'un violon.

Pendant plus de vingt ans, Leibniz et Newton ont entretenu une correspondance cordiale et respectueuse à propos des infinitésimaux[8]. Leibniz ayant été le premier à publier ses résultats, on a pensé qu'il les avait obtenus de façon indépendante. Puis, en 1699, quelques années après que Newton eut rendu publiques ses fluxions, un jeune mathématicien suisse établi en Angleterre a accusé Leibniz d'avoir pillé les idées de Newton. La réponse a mis cinq ans à venir sous la forme d'un article (possiblement écrit par Leibniz) des *Acta eruditorium* laissant entendre que c'était plutôt Newton qui avait plagié Leibniz. Entre la communauté scientifique britannique et celle du continent, les échanges ont dégénéré, et le différend poursuivrait les deux hommes jusqu'à leur dernier jour. Les querelles d'antériorité étaient alors monnaie courante, mais outre qu'elles n'impliquaient jamais des hommes de la stature de Newton et Leibniz, elles n'atteignaient jamais non plus ce degré d'amertume ni cette longévité. La rancœur ne se dissiperait même pas après leur mort. La Grande-Bretagne – où la fierté nationale a imposé l'usage des fluxions newtoniennes au détriment du calcul différentiel – allait se mettre à l'écart des progrès qu'accomplirait l'Europe pendant l'essentiel du siècle. Il allait falloir qu'elle adopte la notation de Leibniz – passant « de l'ère du point et des fluxions au d-isme du calcul infinitésimal », selon les termes d'Auguste De Morgan – pour retrouver son rang dans les mathématiques[9].

En 1891, l'entreprise allemande Bahlsen s'est lancée dans la production d'un équivalent du Petit Beurre breton, le Leibniz, en hommage au plus illustre fils de Hanovre. La même année, un boulanger de Philadelphie créait le Fig Newton, un biscuit fourré de pâte de figue, ainsi nommé en hommage à la ville de Newton, dans le Massachusetts. La querelle entre Newton et Leibniz est désormais confinée à l'heure du thé.

On l'a vu, le calcul infinitésimal consiste en deux procédures : la différentielle (calcul des dérivées) et l'intégration (calcul des aires). En règle générale, la dérivée est le taux de changement d'une quantité variable par rapport à une autre, et l'aire est la mesure de ce qu'accumule une quantité variable par rapport à une autre. Le calcul infinitésimal offre donc aux scientifiques un moyen de modéliser le comportement des quantités qui évoluent l'une par rapport à l'autre. C'est un instrument formidable pour expliquer le monde physique parce que tout dans l'univers, du plus infime atome aux immenses galaxies, est en état de flux permanent.

Connaître la relation de deux quantités variables nous permet de les décrire sous forme d'équation à l'aide des symboles de la différentielle et de l'intégration. Une équation en x et y qui comporte le terme $\frac{dy}{dx}$ s'appelle une « équation différentielle ordinaire ». S'il y a plus de deux variables, disons x, y et t, les taux de changement s'écrivent $\frac{\partial y}{\partial x}$ ou $\frac{\partial y}{\partial t}$, avec le symbole ∂. C'est une « équation aux dérivées partielles », ou EDP, parce que les termes du type $\frac{\partial y}{\partial x}$ nous disent comment une variable évolue par rapport à l'autre, mais pas à toutes les autres. Les EDP règnent sur les mathématiques appliquées. Elles permettent aux scientifiques de faire des prédictions. Si l'on sait comment deux quantités varient dans le temps, on peut prédire avec exactitude leur état n'importe quand dans le futur. Les équations de Maxwell, qui expliquent le comportement des champs magnétique et électrique, l'équation de Schrödinger, qui sous-tend la mécanique quantique, et l'équation de champ d'Einstein, à la base de la relativité générale, sont ainsi des EDP.

La première EDP d'importance a été celle qui décrivait le comportement d'une corde de violon vibrant sous l'effet de l'archet, un problème qui tourmentait les scientifiques depuis des lustres. Elle a été trouvée en 1746 par Jean Le Rond d'Alembert, grand mathématicien de son temps. Né de la brève liaison d'un commissaire d'artillerie avec une ancienne nonne, d'Alembert avait été abandonné à la naissance sur les marches de la chapelle Saint-Jean-le-Rond, près de Notre-Dame de Paris, qui lui avait valu son nom. Il avait été recueilli puis élevé par la femme d'un vitrier, et une ascension inouïe le conduirait jusqu'au poste de secrétaire permanent de l'Académie française. Mathématicien de premier plan, c'était aussi un ardent défenseur des valeurs des Lumières qui allait devenir un personnage public très prisé des salons de l'aristocratie et le coauteur de l'historique *Encyclopédie*, dont il a rédigé le discours préliminaire et plus de mille articles.

D'Alembert est le prototype de l'intellectuel scientifique français, rôle aujourd'hui repris avec enthousiasme par Cédric Villani.

Ma seconde rencontre avec Villani a lieu à Paris, où il dirige depuis 2009 l'Institut Henri-Poincaré, école française d'élite de mathématiques, sise parmi les universités du Quartier latin. Son bureau est un capharnaüm de livres, de paperasse, de mugs, de récompenses, de casse-tête et de formes géométriques. Il n'a pas changé d'allure depuis notre précédent entretien, deux années plus tôt, au congrès international de mathématiciens : cravate bordeaux, trois-pièces bleu et araignée métallique scintillante au revers du veston. Il dit qu'il s'est constitué cette image passé la vingtaine. Il a porté des chemises à manches bouffantes, puis en dentelle, puis un chapeau haut de forme…

— C'était au départ comme une expérience scientifique, et peu à peu c'est devenu moi.

Et l'araignée ? Il aime son côté ambigu.

— Certains voient dans l'araignée un symbole maternel. Pour d'autres, la toile symbolise l'univers, ou alors ils trouvent que l'araignée est la grande architecte du monde, comme une façon d'incarner Dieu. Les araignées ne laissent pas indifférent. Elles provoquent tout de suite une réaction.

Je me dis alors que l'araignée est un archétype très riche d'interprétations, tout comme les mathématiques sont un langage abstrait susceptible d'innombrables interprétations.

Les EDP sont le domaine de Villani. Bien qu'elles soient désormais connues depuis près de trois siècles, elles demeurent selon lui « en grande mesure mal comprises ».

— Chaque EDP semble posséder une théorie qui lui est propre. Beaucoup de sous-branches des EDP n'ont qu'une petite base commune et il n'existe aucune classification générale. Il y a bien eu des tentatives de classification, mais les meilleurs spécialistes ont échoué.

L'EDP à laquelle Villani a consacré le plus de temps est l'équation de Boltzmann. Il l'a prise pour sujet de thèse de doctorat, puis elle a occupé une part des travaux qui lui ont valu la médaille Fields. Il lui voue aujourd'hui un mélange de tendresse et de dévotion.

— C'est comme la première fille dont on tombe amoureux, avoue-t-il. La première équation, c'est forcément la plus belle du monde.

La revoici, pour le plaisir des yeux :

$$\frac{\partial f}{\partial t} + v \cdot \nabla_x f = \int_{\mathbb{R}^3} \int_{\mathbb{S}^2} |v - v_*| [f(v')f(v'_*) - f(v)f(v_*)] dv_* d\sigma$$

L'équation de Boltzmann appartient au champ de la mécanique statistique, la branche de la physique mathématique qui étudie l'influence du comportement microscopique de molécules individuelles sur des propriétés macroscopiques telles que la température et la pression. L'équation décrit la propagation d'un gaz en envisageant la probabilité que n'importe laquelle de ses molécules se trouve en un lieu donné, à une vitesse donnée, à un moment donné[10]. Le modèle part du principe que les particules d'un gaz rebondissent en obéissant aux lois de Newton, mais dans des directions aléatoires, et il décrit l'effet de leurs collisions par la méthode des probabilités. Villani désigne le côté gauche de l'équation :

— Il n'y a là que des particules qui avancent en ligne droite.

Puis le côté droit de l'équation :

— Et là, il n'y a que des chocs. Bing ! Bing !

Il entrechoque plusieurs fois les poings.

— Il est fréquent dans une EDP qu'il y ait de la tension entre plusieurs termes. L'équation de Boltzmann est une parfaite étude de cas parce que ses termes représentent des phénomènes complètement différents et qu'ils habitent aussi des mondes mathématiques complètement différents.

Si l'on filmait une seule particule de gaz rebondissant sur une autre particule de gaz et qu'on montrait les images à quelqu'un, il ne pourrait absolument pas savoir si le film passe à l'endroit ou à l'envers puisque les lois de Newton sont réversibles dans le temps. Mais si l'on filmait la propagation dans l'air ambiant d'un gaz sortant d'un bécher, il saurait immédiatement dans quel sens passe le film, parce qu'un gaz ne retourne jamais dans son bécher. Boltzmann a donné des bases mathématiques à l'apparente contradiction entre comportement micro- et macroscopique en y introduisant la notion d'entropie. L'entropie est la mesure du désordre – en termes théoriques, c'est le nombre des positions et vitesses possibles des particules à tout moment donné. Boltzmann a ensuite montré que l'entropie ne fait jamais autre chose que croître. L'article de Villani qui a tout chamboulé ne concernait que la vitesse de croissance de l'entropie avant d'atteindre l'état totalement désordonné.

L'équation de Boltzmann possède des applications directes, comme en ingénierie aéronautique, par exemple, pour déterminer ce qu'il arrive aux avions qui traversent des gaz. C'est d'abord cette utilité concrète qui a attiré Villani et lui a inspiré son sujet de doctorat. Mais plus il se familiarisait avec l'équation, plus sa beauté le séduisait. Aujourd'hui, il la compare à une sculpture de Michel-Ange.

— Elle n'est pas spécialement pure, ni éthérée ou élégante, mais très humaine, très torturée, forte de toute l'énergie du monde. Dans l'équation on entend rugir les particules, elles débordent de fureur.

Il ajoute qu'il préfère passer des années à étudier des équations bien connues, en s'efforçant d'y trouver de nouvelles perspectives, qu'inventer de nouveaux concepts.

— C'est ça que j'aime, et cela s'inscrit dans une attitude générale qui consiste à dire : « Eh, les gars ! La physique des hautes énergies, le boson de Higgs, la théorie des cordes et tout ce que vous voudrez, c'est fascinant, mais n'oubliez pas que nous ne comprenons toujours pas la mécanique newtonienne. » Beaucoup, beaucoup de problèmes restent ouverts.

Dans un livre, il montre une EDP.

— Cette équation possède-t-elle des solutions claires ? Personne dans le monde ne le sait ! s'exclame-t-il avec un haussement d'épaules.

Au mur derrière Villani est accroché un poster de sa chanteuse préférée, la voluptueuse artiste de rock progressif Catherine Ribeiro, bras écartés, poings serrés. Sur son bureau se trouve un buste d'Henri Poincaré, barbu et grave.

— C'est la dualité entre le fait de faire bouger les choses et celui de réfléchir, lance-t-il avec malice.

Poincaré, qui vécut au tournant du XIXe siècle, a la réputation d'avoir été le dernier mathématicien à maîtriser tous les champs de son domaine, et c'est l'une des raisons pour lesquelles l'institut que dirige Villani porte son nom. Aujourd'hui, dit Villani, un seul individu ne peut pas comprendre plus d'environ un tiers des mathématiques, et encore, de façon très générale. En profondeur, personne ne peut vraiment en maîtriser plus d'un petit pourcentage. À mesure que se développent les maths, l'édifice du savoir pousse de plus en plus haut et de plus en plus large, ce qui signifie qu'on doit se spécialiser très tôt dans sa carrière. Du coup, les mathématiques sont devenues une discipline fondamentalement collaborative. Le cliché de l'excentrique solitaire n'a plus cours, en admettant qu'il ait jamais été fondé.

— Les maths, ça se passe souvent à l'interface, et à l'interface, il vaut mieux avoir deux spécialistes, un de chaque côté. Si j'ai été habile, c'est surtout dans l'établissement de collaborations et la recherche de résonances.

Villani estime que les mathématiques sont actuellement soumises à un processus enrichissant de fécondation croisée.

— Au début on a une race, puis elle se divise, celle-là se spécialise, on voit apparaître plusieurs ethnies, et ainsi de suite. Puis elles se croisent à nouveau. Et il est intéressant que le croisement survienne après la spécialisation. Nous vivons un temps où différents champs mathématiques se regroupent, et ils le font aussi avec d'autres champs scientifiques, bien mieux qu'auparavant.

Plus que tout, Henri Poincaré demeurera peut-être dans l'histoire pour des propos tenus en 1904 au sujet d'une caractéristique topologique de la sphère, et qui ont acquis le nom de « conjecture de Poincaré ». (La chose est bien trop complexe pour s'expliquer d'une phrase, ou de plusieurs, en termes ordinaires.) Cette conjecture est restée près d'un siècle l'un des plus célèbres problèmes mathématiques irrésolus, jusqu'en 2002, lorsqu'un Russe de trente-six ans a posté une démonstration sur un site Internet. Quand ses pairs ont eu fini de vérifier son travail – après quatre ans –, Grigori Perelman avait abandonné les mathématiques et vivait reclus auprès de sa mère dans la banlieue de Saint-Pétersbourg (redonnant corps au cliché du solitaire excentrique). En 2006, Perelman a stupéfait la communauté mathématique en refusant la médaille Fields, au prétexte qu'il ne cherchait d'autre reconnaissance que celle des esprits capables de percevoir la justesse de sa démonstration, reprenant ainsi ce qui était la grande objection faite au prix depuis sa première édition, en 1936. En 2010, le Clay Mathematics Institute a offert à Perelman 1 million de dollars pour sa démonstration de la conjecture de Poincaré, mais le mathématicien a encore refusé. Le trophée dont celui-ci n'a pas voulu, une plaque de verre sur un socle de pierre, trône aujourd'hui sur une étagère dans le bureau de Villani, parce que l'argent a finalement servi à financer une nouvelle chaire à l'Institut Henri-Poincaré.

— Perelman est vraiment un mystère, approuve Villani.

Je lui demande s'il a lu sa démonstration.

— Avec un peu de travail, je pourrais le faire. Ce n'est pas très éloigné de mon domaine, répond-il. En mathématiques, les gens croient que face à une démonstration, on doit pouvoir dire tout de suite si c'est vrai ou faux. Mais ça ne se passe pas comme ça.

Pour entrer dans la tête de Perelman, explique-t-il, il faut beaucoup de temps.

Avec Perelman, la Russie compte six lauréats de la médaille Fields depuis 1994, c'est plus que n'importe quel pays sur la même période. La France vient derrière avec cinq médailles. Cependant, si l'on y ajoute le Belge Jean Bourgain qui a travaillé en France ainsi que le Vietnamien Ngô Bao Châu et le Russe Maxim Kontsevitch qui ont la citoyenneté française, c'est la France qui vient en tête avec huit médailles sur un total de dix-huit. En outre, tous ces lauréats exercent leur métier à Paris, qui abrite davantage de mathématiciens professionnels que n'importe quelle ville.

— Il y en a près de mille, dit Villani. C'est un nombre incroyable !

Cette razzia française sur les médailles tient notamment au système d'éducation d'élite du pays : tous les lauréats de la médaille Fields sauf un venaient de l'ultracompétitive École normale supérieure, qui ne reçoit que quarante et un ou quarante-deux étudiants en mathématiques par an. Mais l'histoire y est aussi pour quelque chose. Le dernier théorème de Fermat, les coordonnées cartésiennes, le triangle de Pascal, les transformées de Fourier : l'étude des mathématiques est une spécialité des Français et un motif de fierté nationale. Aucun lauréat de la médaille Fields n'est aussi connu dans son propre pays que Villani l'est en France.

Villani s'entretenait récemment avec des physiciens à propos de Nicolas Sadi Carnot (1796-1832), le premier à avoir décrit le fonctionnement théorique de la machine à vapeur.

— Sadi Carnot n'a pas cherché un instant à bâtir une machine. Il s'en fichait éperdument, s'exclame Villani. Oui, il était français ! Les Anglais cherchent à *construire* la machine, mais les Français cherchent à la *comprendre* sur le plan théorique. C'est comme ça depuis des siècles !

Et il n'y a pas de raison que ça change. *Vive la différence**.

L'intégration étant la part du calcul infinitésimal consacrée aux aires, lorsque en 1876 l'ingénieur écossais James Thomson a inventé une machine à mesurer les aires, il l'a appelée l'« intégrateur ». C'était une version améliorée d'un instrument scientifique du XIXe siècle, le planimètre, habituellement employé par les cartographes pour calculer l'aire de portions de carte ayant une forme

* En français dans le texte.

irrégulière. Le planimètre était composé d'un curseur relié à un mécanisme comportant un rouage, de sorte que lorsqu'on déplaçait le curseur le long du périmètre d'une aire, le mécanisme donnait une valeur exacte de l'aire de la portion incluse.

Thomson a montré les plans de son intégrateur à son jeune frère William, le futur Lord Kelvin, qui y a immédiatement vu la possibilité de mécaniser le calcul. L'intégration étant une composante de l'équation différentielle, Kelvin a perçu que l'intégrateur pourrait trouver place dans une machine à résoudre les équations différentielles. Il a aussitôt adapté l'appareil à son analyseur harmonique des marées, un dispositif de son invention servant à calculer l'horaire de celles-ci.

En 1927, partant de l'idée de Kelvin selon laquelle il était possible de modéliser une équation différentielle par une chaîne d'intégrateurs, Vannevar Bush, du MIT, a bâti un analyseur différentiel, un ordinateur spécifiquement conçu pour résoudre les équations différentielles. Ce monstre de cent tonnes doté de huit intégrateurs mécaniques installés sur une table grande comme la pièce a été l'une des premières machines fonctionnelles capables de mathématiques avancées, précédant de dix ans les premiers ordinateurs électroniques numériques.

L'analyseur différentiel était un ordinateur analogique, c'est-à-dire que ses éléments mécaniques étaient analogues aux interactions du système physique qu'il modélisait. La machine de Bush servirait de modèle à de nombreux ordinateurs analogiques, jusqu'aux années 1970, où l'ère numérique la rendrait obsolète, comme elle le ferait de la règle à calcul.

On a vu plus haut que le calcul infinitésimal a donné lieu aux lois du mouvement et de la gravitation d'Isaac Newton. À travers ses innovations, Newton a établi un ensemble cohérent de formules décrivant comment les forces agissant sur un objet déterminent sa position, sa vitesse et son accélération. Il introduit dans les *Principes* une nouvelle notion, la force centripète, « par laquelle un corps est attiré ou poussé vers un point quelconque considéré comme un centre ». C'est par cette force que les objets se déplacent de façon circulaire. Imaginons une balle de tennis attachée à une ficelle. Tenez le bout de la ficelle au-dessus de vous et faites tourner la balle en l'air. En tirant la balle vers le centre, la ficelle exerce une force centripète.

La formule de la force centripète est $\frac{mv^2}{r}$, où m est la masse de l'objet, v sa vitesse et r le rayon du cercle, comme illustré ci-après. La vitesse à chaque instant est perpendiculaire à la ficelle, et la force agit le long de la ficelle vers le centre. La première préoccupation de Newton dans les *Principes* était la force centripète agissant sur les planètes. Au XVIIIe siècle, toutefois, cette force a surtout intéressé les ingénieurs du transport.

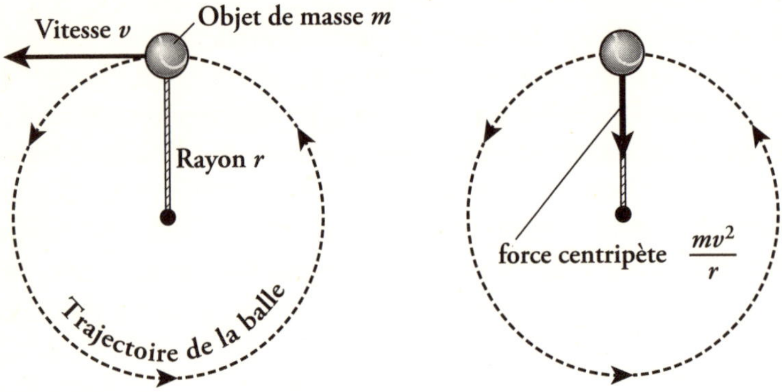

La force centripète impose à la balle un mouvement circulaire.

Les premiers chemins de fer n'employaient que des sections de rail droites ou circulaires. La combinaison était problématique, car lors du passage d'un tronçon droit à un autre circulaire, les passagers subissaient une désagréable embardée. Un train se déplaçant à vitesse constante sur une voie droite ne subit aucune force, mais aussitôt qu'il atteint une voie circulaire, il est soumis à la force centripète, qui agit vers l'intérieur, donnant l'impression aux passagers qu'ils sont chassés vers l'extérieur. (Ceux-ci ne subissent en réalité aucun *déplacement* de la sorte mais ils sont détournés d'une trajectoire rectiligne vers une trajectoire circulaire, ce qui, même si le cadre de référence à l'intérieur du wagon reste identique, leur donne l'impression qu'une force les pousse vers l'extérieur.)

« Après un demi-siècle de chemin de fer, nous continuons à n'employer pour nos voies que des droites et des cercles, écrivait en 1880 l'ingénieur américain Ellis Holbrook. Les professionnels du rail [...] paraissent convaincus que cette combinaison barbare est définitive, beaucoup ne se demandent même pas si elle pose problème[11]. » La solution d'Holbrook a consisté à insérer une courbe de transition entre sections droites et circulaires, le long de laquelle un train circulant à vitesse constante serait soumis à une force centripète croissant linéairement dans le temps. La force étant $\frac{mv^2}{r}$, et m et v

étant constants, il fallait que la courbe de transition de Holbrook vaille $\frac{1}{r}$ pour augmenter de façon linéaire dans le temps.

Avant d'en venir à la courbe de Holbrook, penchons-nous un instant sur la notion $\frac{1}{r}$. Les mathématiciens l'appellent la « courbure » d'un cercle de rayon r, qui mesure à quel point le cercle dévie de la ligne droite. Ci-dessous à gauche sont représentés deux cercles, un petit de rayon r et un grand de rayon R, qui touchent la droite pointillée en un point donné. La courbure du petit cercle est *plus importante* que celle du grand cercle, parce qu'elle se détourne davantage de la droite. Pour se représenter la courbure d'un cercle, on peut se dire qu'elle mesure à quel point le virage qu'il constitue est serré – plus le rayon d'un cercle est petit, plus il est incurvé, plus forte est la courbure.

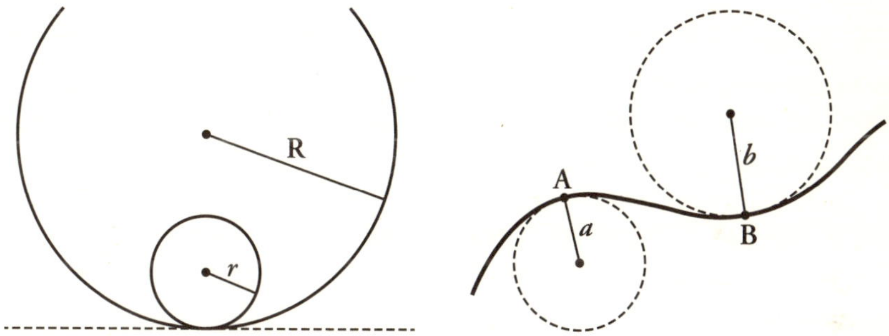

Plus petit est le rayon d'un cercle, plus grande est sa courbure.

La courbure d'un cercle de rayon r est $\frac{1}{r}$ en tous ses points. Mais celle d'une courbe comme ci-dessus à droite varie constamment sur sa longueur. Pour calculer la courbure en un point donné, il faut considérer le cercle le mieux adapté, c'est-à-dire le cercle qui touche la courbe et s'en approche en ce point. J'ai tracé les cercles les mieux adaptés pour A et B. Les rayons de ces cercles étant a et b, la courbure est $\frac{1}{a}$ en A et $\frac{1}{b}$ en B. Le meilleur moyen de se représenter le cercle le mieux adapté consiste à se dire que la courbe est une route sur laquelle vous roulez en voiture lorsque votre volant se bloque en A, par exemple. Si vous continuez de rouler, la voiture décrit le cercle le mieux adapté en A.

L'idée d'Holbrook d'une courbe de transition correspondait donc à un fragment de voie le long duquel la courbure augmenterait linéairement, puisque c'est la courbe selon laquelle la force centripète augmente linéairement. On ignore s'il savait qu'il décrivait en fait une célèbre courbe étudiée avant lui par Leonhard Euler au XVIIIe siècle, la clothoïde, reproduite ci-dessous[12]. Au point 0, c'est une droite, de courbure 0, et à mesure qu'on s'éloigne de 0 (dans les deux sens), elle s'incurve de façon régulière, sa courbure augmente proportionnellement à la distance parcourue. Il en résulte une spirale qui s'enroule en cercles de plus en plus petits jusqu'à converger en deux points. Cette forme tire son nom de Clotho, la plus jeune des trois Moires ou Parques de la mythologie gréco-romaine, qui enroulait le fil des destinées humaines comme notre courbe autour de ses deux pôles.

À partir de la fin du XIXe siècle, la clothoïde est devenue la courbe de transition habituelle du chemin de fer. Ou plutôt sa section centrale. Imaginons que l'on joigne à la courbe un segment de voie droite en 0, puis qu'on la longe. La courbure augmente doucement jusqu'à égaler celle du segment circulaire qui suit. Quand, au XXe siècle, la voiture a dérobé au train son rang de premier moyen de transport motorisé, la clothoïde est devenue l'élément de base du traçage des routes pour les mêmes raisons[13]. C'est la plus confortable des transitions possibles entre une droite et un virage. Le réseau routier est un véritable catalogue de clothoïdes, dont le profil distinctif est utilisé pour les virages, les bretelles d'accès et, très souvent, les grands échangeurs, où il

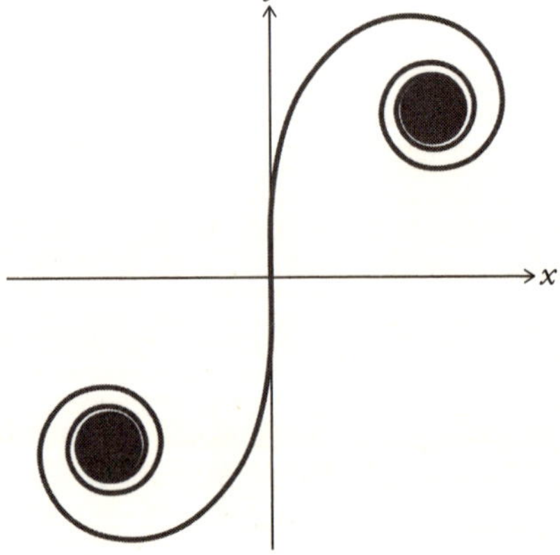

La clothoïde.

assure d'innombrables jonctions de sections droites et circulaires. Un extraterrestre survolant un paysage d'autoroutes et de voies ferrées se dirait probablement que la clothoïde est la courbe fétiche de notre civilisation.

La clothoïde a aussi résolu un problème sur lequel butaient les concepteurs d'attractions de fête foraine : quelle est la forme la plus sûre pour des montagnes russes comportant un looping ? Au milieu du XIXe siècle, un ingénieur parisien, M. Clavières, a conçu une attraction où un chariot dévalait une pente droite avant de s'engager dans une boucle circulaire haute de quatre mètres et de remonter une autre pente droite pour s'immobiliser au point d'arrivée[14]. Un certain nombre de ces chemins de fer aériens ont vu le jour en France, mais tous ont fini par fermer parce qu'ils infligeaient trop souvent des blessures au cou au moment où le chariot passait de la voie droite à la voie circulaire. Pendant plus d'un siècle, les promoteurs de parcs d'attractions ont été persuadés qu'aucun looping ne pouvait être sûr. Il faudrait attendre le début des années 1970 pour que l'ingénieur allemand Werner Stengel se penche sur la question et constate que la clothoïde était la solution. Stengel a alors dessiné le premier looping de l'ère moderne, le Great American Revolution, qui a ouvert ses portes à Six Flags Magic Mountain, en Californie, en 1976. La voiture descend le long d'une droite légèrement pentue, puis s'engage dans une clothoïde jusqu'à ce que la courbe atteigne sept mètres de rayon, c'est-à-dire le moment précis où elle commence à revenir sur ses pas, comme on le voit

Chemin de fer aérien, Le Havre, 1846.

ci-dessous. La voiture reste sur ce cercle de sept mètres de rayon pendant près d'un demi-tour, et débouche sur une version en miroir de la première clothoïde, qui la ramène d'une trajectoire circulaire à une trajectoire droite. « La transition est très douce, a dit Stengel. Le changement de force fait tout le charme des montagnes russes, mais il doit rester tolérable pour le corps. »

Le Great American Revolution a rencontré un succès immédiat, au point de décrocher un hommage très caractéristique des années 1970 : un film catastrophe lui a été consacré, *Le Toboggan de la mort*, où les méchants prévoient de faire exploser une bombe le jour de l'inauguration. Depuis, près de deux cents montagnes russes à looping ont été construites dans le monde, et toutes observent le principe de Stengel. La goutte inversée des montagnes russes clothoïdes est à la fois le symbole moderne de notre insatiable appétit de sensations fortes et un hommage aux travaux d'Isaac Newton. La courbe mécanique s'est réincarnée en un impressionnant monstre d'acier.

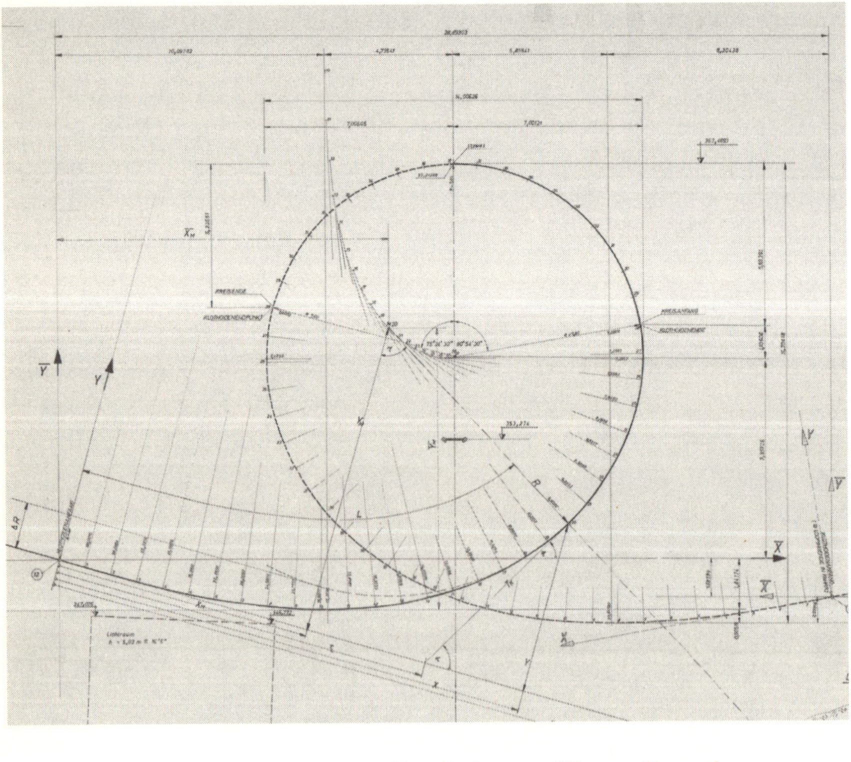

Dessin original du Great American Revolution par Werner Stengel

Les lois physiques de Newton ont éclos à partir de la graine minuscule qu'était l'infinitésimal, cette quantité plus petite que toutes les autres mais supérieure à 0. Malgré la grande quantité d'innovations scientifiques qu'il a engendrées, l'infinitésimal a pourtant suscité les moqueries parce qu'il se contredisait lui-même. « Que sont donc ces… changements évanescents ? se gaussait l'abbé philosophe George Berkeley quelques années après la mort de Newton. Ce ne sont pas des quantités finies, ni des quantités infiniment petites, ni rien du tout. Ne faudrait-il pas plutôt parler de fantômes de quantités disparues[15] ? » Les piques de Berkeley ont suscité l'émoi de la communauté scientifique, qui tenait à juste titre le calcul infinitésimal pour la principale avancée mathématique des Lumières. Mais notre homme d'Église n'avait pas totalement tort : même s'il produisait les bons résultats, l'infinitésimal n'était pas une idée rigoureusement développée.

Le débat ainsi entamé a mis les mathématiques sur la voie de l'examen de conscience et de l'introspection : quels concepts sont ou ne sont pas autorisés ? Jusqu'à quel point est-il indispensable que les mathématiques aient du sens ?

325631
211
2
3
5
7

9

Le titr de ce chapitre comporte trois ereurs

Voici un petit casse-tête. Un jour, je gravis une montagne, je passe la nuit au sommet et le lendemain je redescends par le même chemin. M'arrivera-t-il de me trouver à la même altitude à la même heure les deux jours ?

Songez-y une minute.

Ou deux.

J'adore ce problème parce qu'il est facile à énoncer et que sa solution est simple.

Tournez la page, à présent.

La réponse est oui. Imaginez que les deux trajets aient lieu le même jour. Simultanément, je monte en marchant depuis la base et je descends du sommet. Il est inévitable qu'à un moment donné je me rencontre moi-même, et à ce moment-là, le temps et l'altitude coïncideront.

Si vous acceptez l'argument selon lequel il y aura forcément une heure des deux jours où je serai à la même altitude, je m'en réjouis. Ma démonstration a fonctionné. La démonstration mathématique n'est qu'un instrument servant à convaincre quelqu'un de la véracité d'une affirmation mathématique[1], et je vous ai convaincu.

Un mathématicien plus pointilleux, toutefois, n'acceptera peut-être pas mon argumentation, trouvant qu'elle manque de rigueur. Où donc est la preuve du fait que je vais me croiser ? Traçons sur un diagramme la courbe de mon ascension du bas de la montagne, l'altitude A, au sommet, l'altitude B, et superposons-y celle de ma descente du lendemain, comme illustré ci-dessous. La question est à présent : existe-t-il un point où les deux lignes se croisent ? La plupart des lecteurs trouveront que c'est évident ! Mais notre mathématicien pinailleur ne sera pas convaincu pour autant.

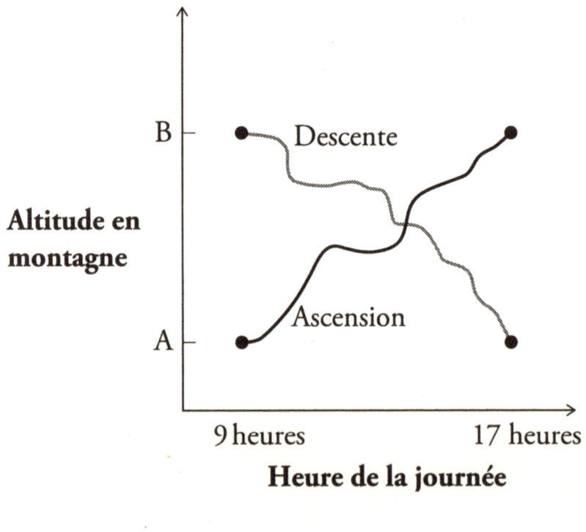

Le promeneur anglais a gravi la montagne, puis l'a redescendue.

Jusqu'à la fin du XVIIIe siècle, on tenait pour entendu qu'une courbe comme celle du diagramme, qui va de l'altitude A à l'altitude B, passe forcément par toutes les altitudes comprises entre A et B. Instinctivement, cela paraît en effet aller de soi. Mais quand les mathématiciens ont regardé d'un peu plus près certaines propriétés comme la continuité, ils ont conclu que des définitions plus claires étaient nécessaires. Des affirmations jusqu'alors tenues pour évidentes ont été requalifiées comme théorèmes exigeant démonstration à partir de présupposés plus élémentaires encore. Tel est le cas de l'affirmation qui précède, selon laquelle une courbe continue de valeur minimale A et de valeur maximale B passera nécessairement par toutes les valeurs intermédiaires, et qu'on appelle aujourd'hui le « théorème des valeurs intermédiaires ». La démonstration en est complexe, on ne l'apprend qu'à l'université, mais elle suffira à convaincre notre ami tatillon. Du coup, il acceptera que les deux courbes du diagramme se croisent forcément quelque part, puisque l'affirmation s'appuie sur une démonstration en quelques points.

L'expérimentation est le moteur de la science, la démonstration est celui des mathématiques. Il y a beaucoup de façons de conduire une expérience, de même qu'il existe beaucoup de méthodes de démonstration. Nous en verrons quelques-unes dans les pages qui suivent. Nous verrons aussi que les attitudes à l'égard de la preuve ont changé, et nous parlerons à un membre d'une société secrète vouée à la rigueur mathématique. Mais avant cela, mangeons.

Le théorème des valeurs intermédiaires paraît peut-être évident, mais il conduit rapidement à certains résultats intéressants. Il y a par exemple le corollaire du théorème du pancake, que je préfère décrire en des termes plus savoureux. Si vous répandez du sel sur la table (ou si vous versez la pâte d'un pancake dans la poêle), on peut prouver qu'il existe une ligne qui partage le sel (ou la pâte) en deux sections d'égale surface, quel que soit l'angle choisi[2]. La méthode est illustrée ci-après. D'abord, tracez une droite à l'extérieur du sel, selon l'angle de votre choix, que vous nommerez X, puis déplacez-la vers le sel en restant parallèle à la position de départ. La droite atteint le sel en A, où aucune surface n'est couverte, et elle en ressort en B, après avoir traversé la surface entière. L'aire couverte de sel change constamment à mesure que la droite passe de A en B. Selon le théorème des valeurs intermédiaires, la droite passera forcément par une position où la surface couverte fera exactement la moitié de la surface totale. Notre démonstration ne nous dit pas où se trouve la ligne de partage, juste que cette ligne existe.

Disons à présent que l'on répand sur la table du sel *et* du poivre. Il est encore possible de prouver l'existence d'une droite qui sépare

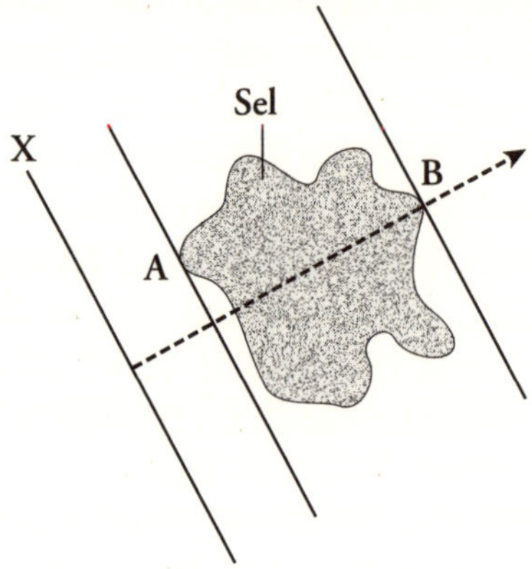

Théorème du sel.

à la fois le sel et le poivre en deux sections d'égale surface. Commençons par définir une droite X qui coupe le sel à la moitié et ne touche pas au poivre, comme illustré ci-dessous. Faites pivoter la droite dans le sens des aiguilles d'une montre, en veillant toujours à ce qu'elle continue de partager le sel en deux parts égales. On sait que c'est possible car, on l'a vu, il existe une bissection du sel selon tous les angles. Notre droite rotative atteint le poivre en A et l'abandonne en B. La zone de poivre couverte croît de façon continue entre 0 et le maximum, alors la droite passe forcément par un point où elle divise aussi le poivre en deux. Dans notre illustration, les zones salées

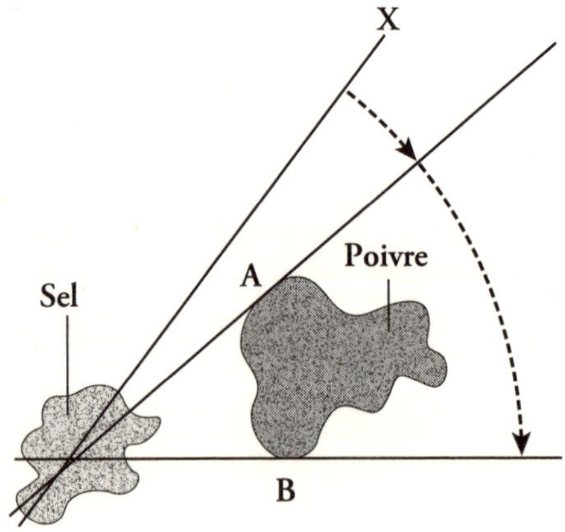

Théorème du sel et du poivre.

et poivrées sont séparées, mais même si elles se chevauchaient, il y aurait toujours une droite divisant l'une et l'autre en deux parts égales.

Dans l'entre-deux-guerres, un groupe de mathématiciens de Lvov[3], en Pologne, se réunissait régulièrement dans un café, le Café écossais, pour débattre de questions mathématiques comme le théorème du pancake. Hugo Steinhaus, l'un des animateurs du groupe, se demandait s'il était possible d'étendre ce théorème à trois dimensions à travers l'exemple suivant : « Peut-on placer un morceau de jambon sous un couteau de boucher de façon à partager la viande, l'os et le gras à la moitié ? » Son ami Stefan Banach a démontré qu'une telle coupe était possible, en utilisant un théorème attribué à deux autres membres du groupe, Stanislaw Ulam et Karol Borsuk. Le résultat de Banach passerait à la postérité sous le nom de « théorème du sandwich au jambon », parce qu'il équivaut à dire qu'il est toujours possible de trancher d'un seul geste un sandwich au jambon de façon que chaque couche de jambon et de pain soit divisée en deux parts égales, quelles que soient la position et la forme de chacune.

Les mathématiciens réunis au Café écossais tenaient le registre de leurs échanges dans un cahier de notes qu'ils confiaient chaque soir au garçon au moment de rentrer chez eux. Ce cahier, qui recevrait le nom de *Livre écossais*, est le fruit d'une collaboration unique, et pas seulement pour la façon dont il a été écrit. (Il n'a jamais paru en tant que livre, mais certains des problèmes qu'il contenait seraient publiés plus tard dans des revues.) Aussi bien Steinhaus que Banach et Ulam étaient d'éminents mathématiciens, et la conjonction dans le temps et l'espace d'un trio si talentueux n'a pas d'équivalent dans l'histoire. Quelques jours après que Steinhaus eut écrit ce qui serait le dernier problème du *Livre écossais*, en 1941, les Allemands entraient dans Lvov et Steinhaus, qui était juif, a dû se cacher dans un petit village de la région de Cracovie, où il traverserait la guerre en usurpant l'identité d'un garde forestier décédé. Pendant ces années, il allait reconstituer de mémoire l'essentiel de ses connaissances mathématiques et travaillerait à de nouveaux problèmes, dont l'un portait encore sur la nourriture.

Steinhaus s'est demandé quelle était la méthode la plus équitable de partage d'un gâteau entre des personnes qui en veulent la plus grande part possible. Lorsqu'il s'agit de deux individus, la procédure consiste depuis l'Antiquité à ce que l'un coupe et l'autre choisisse. Le coupeur a tout intérêt à se montrer le plus précis possible, puisque toute différence perceptible entre les portions le condamnera à recevoir la plus petite. C'est Steinhaus qui, le premier, a imaginé comment *trois* individus peuvent équitablement se partager un gâteau (vous en trouverez l'explication à l'annexe 7, p. 329). Après Steinhaus, l'étude mathématique du partage de gâteau est devenue un champ à part entière, avec des applications en économie et en politique. Le problème se prête à de nombreuses variantes, selon le nombre d'individus qui veulent une part ou la valeur qu'ils accordent aux différentes parties du gâteau (l'entame ou le cœur). Une méthode ingénieuse inventée dans les années 1960 fonctionne quel que soit le nombre de personnes. On pose la lame d'un couteau à une extrémité du gâteau et on la déplace très lentement sur la longueur. Dès que quelqu'un crie : « Stop ! », on tranche. Cette part-là revient à celui qui a crié. Le couteau reprend sa lente course et on continue comme ça avec les autres participants.

Si Steinhaus est resté dans les mémoires, c'est essentiellement pour les deux métaphores alimentaires les plus connues des mathématiques : le théorème du sandwich au jambon et le partage équitable du gâteau. La nourriture occupait décidément souvent ses pensées. Tragiquement, pendant une grande partie de sa vie, il en a cruellement manqué.

Parmi les méthodes les plus communes de démonstration, il y a la *preuve par la contradiction*, où une assertion est prouvée comme étant vraie parce que sa fausseté aboutirait à une contradiction. Par exemple :

Théorème : *Tous les nombres sont intéressants.*

Démonstration : Supposons que le théorème soit faux – que certains nombres soient donc ennuyeux. Si c'est le cas, le plus petit d'entre eux existe forcément. Mais le plus petit des nombres ennuyeux est, de ce simple fait, un nombre intéressant. Autrement dit, l'expression « plus petit des nombres ennuyeux » se contredit elle-même. Nous tenons notre contradiction. Le théorème ne peut pas être faux, il est donc vrai[4].

Le penseur grec Aristote a été parmi les premiers à étudier la nature de la démonstration. Il a élaboré un système de raisonnement logique autour de l'idée que la véracité des prémisses implique ou non celle des conclusions. Son approche était philosophique, mais l'idée que la vérité puisse découler des prémisses aux conclusions à travers la déduction logique allait avoir une influence plus déterminante dans les mathématiques. D'ailleurs, depuis les Grecs, les maths consistent précisément en ceci : comment des prémisses exactes mènent à des conclusions exactes à travers la démonstration.

Au IIIe siècle av. J.-C., Euclide a écrit les *Éléments*, son traité historique de géométrie au style très nettement littéraire et au cadre conceptuel totalement révolutionnaire. Euclide est parti d'un petit nombre de vérités supposées, les axiomes, dont il a déduit toutes les autres vérités, les théorèmes. Cette façon de systématiser le savoir s'appelle l'« axiomatisation ».

Les *Éléments* se lisent comme un livre de cuisine pour géomètres en herbe. Il s'ouvre par une liste d'ingrédients : la définition de vingt-six termes et dix présupposés que l'on est autorisé à tenir pour vrais, comme le fait qu'il est toujours possible de tracer une droite entre deux points donnés. Euclide nous entraîne ensuite parmi les plats qu'il entend cuisiner, les théorèmes, accompagnés d'instructions pas à pas, les démonstrations. Le premier théorème concerne la façon de construire un triangle équilatéral sur une droite donnée. Le deuxième celle de placer une droite égale à une droite donnée avec une extrémité en un point donné. Pour chaque démonstration, Euclide ne se sert que des présupposés énumérés au début du livre, et chaque étape découle logiquement de la précédente. La méthode consistant à déclarer une supposition avant de lentement élaborer le savoir à travers des théorèmes et des démonstrations a servi de modèle à tous les travaux mathématiques qui ont suivi.

La démonstration de l'un des plus célèbres théorèmes des *Éléments* repose sur la preuve par la contradiction.

Théorème : *Il existe une infinité de nombres premiers.*

Avant de le démontrer, un avertissement : une démonstration ne se lit pas avec autant de fluidité que de la prose. Il est tout à fait normal de la parcourir plusieurs fois avant que le sens n'apparaisse. Ensuite, précisons bien ce qu'Euclide cherche à faire. Les nombres premiers (2, 3, 5, 7, 11, 13…) sont les nombres supérieurs à 1 seulement divisibles par eux-mêmes et par 1. Euclide va montrer que si le théorème est faux, on aboutit à une contradiction. Plus précisément, il va montrer que s'il n'existe qu'une quantité fixe de nombres premiers, il demeure possible d'en générer un nouveau, contredisant ainsi l'assertion selon laquelle il n'y en aurait qu'un nombre déterminé. Le théorème ne peut pas être faux, il est donc vrai.

Étape n° 1 : Appelons *a*, *b*, *c*... *k* notre quantité fixe de nombres premiers.

Étape n° 2 : Multiplions ensemble tous les nombres de cet ensemble, pour créer un nombre $a \times b \times c \ldots \times k$. Appelons ce nombre M.

Étape n° 3 : Ajoutons 1 à ce nombre, de façon à obtenir M + 1.

Étape n° 4 : M + 1 est-il premier ?
— Si M + 1 est premier, alors on a atteint notre objectif de trouver un nombre premier n'appartenant pas à notre ensemble de départ.
— Si M + 1 n'est pas premier, il existe forcément un nombre *p* qui le divise. Soit *p* fait partie de nos premiers de départ, soit il n'en fait pas partie. Dans ce dernier cas, nous tenons notre nouveau premier. S'il en fait partie, on sait que *p* divise M, puisque M est divisible par tous les premiers de notre ensemble de départ. Mais on se trouve alors dans une situation où *p* divise à la fois M et M + 1, ce qui est impossible, puisque le seul nombre qui divise deux nombres qui se suivent est 1, qui n'est pas premier.

Conclusion, soit M + 1 est un nouveau nombre premier, soit M + 1 est divisible par un nouveau premier. Dans un cas comme dans l'autre, le mission d'Euclide est accomplie : il a démontré que l'ensemble fini ne comprend pas tous les premiers.

La démonstration d'Euclide s'appuie sur la tactique dite du « raisonnement par l'absurde », où l'ineptie de la conclusion démontre la fausseté de la prémisse. À l'étape n° 4 (seconde proposition), la conclusion absurde dit que *p* doit diviser à la fois M et M + 1, et la fausse prémisse stipule que *p* appartient à l'ensemble fini de nombres premiers. Dans *L'Apologie d'un mathématicien*, le grand professeur de Cambridge Godfrey H. Hardy a écrit que la démonstration d'Euclide était « aussi fraîche et conséquente qu'au temps de sa découverte – deux mille ans ne lui ont pas donné une ride ». Brève, concise, elle ne requiert d'autre concept que l'addition, la multiplication et la division. « La *reductio ad absurdum* si prisée par Euclide compte parmi les meilleures armes du mathématicien, ajoute Hardy. C'est une manœuvre bien plus fine que n'importe quelle tactique aux échecs. Un joueur d'échecs fera le sacrifice d'un pion, voire d'une pièce importante, mais le mathématicien, lui, met en jeu *la partie.* »

L'absurde est aussi l'une des armes préférées des comiques. Le recours à l'ironie permet d'atteindre des conclusions de plus en plus absurdes, exposant peu à peu l'aspect profondément ridicule de la prémisse – c'est ce qu'on appelle la « satire ».

D'ailleurs, la démonstration par Euclide de l'infinité des nombres premiers me paraît fondamentalement comique. Pour trouver un nouveau nombre premier, Euclide doit commencer par inventer un nombre M, qui n'est pas seulement ridicule de grandeur mais aussi l'exact opposé de ce qu'il est en train de chercher, puisqu'il est divisible par tous les nombres premiers. Puis, en y ajoutant 1, le plus petit nombre possible, il renverse la situation. L'élément additionnel minuscule sape le massif, méga-divisible monstre M et tous les nombres premiers qui le constituent en exposant sauvagement à la vue leurs limites. À la façon d'un sale gosse farceur, Euclide dit : « Ce groupe de nombres premiers les contient tous… *eh ben non !* »

L'histoire des maths est peuplée de plaisantins.

Dès le jour où il est capable de tenir une plume, l'homme prend plaisir à gribouiller. Classiquement, on trace sur un coin de feuille des traits qui s'entrecroisent, puis on noircit les régions ainsi délimitées. C'est particulièrement satisfaisant parce qu'on peut faire en sorte que chaque région noircie n'en côtoie que des vierges – et inversement, que les régions blanches ne partagent de côté qu'avec des noires. Appelons cela un « schéma bicolore alterné ». Pour montrer pourquoi on pourra toujours colorier de cette façon, il faut à présent faire connaissance avec un autre outil mathématique très commun : la *preuve par induction.*

En philosophie et dans les sciences empiriques, l'induction est le principe selon lequel un événement observé maintes et maintes fois dans le passé prête à supposer qu'il se reproduira à l'avenir. Le soleil, par exemple, se lève chaque matin depuis aussi longtemps qu'on se souvienne. Il est raisonnable de supposer qu'il le fera aussi demain. On ne peut pas prouver qu'il le fera, mais on peut compter dessus. En mathématiques, en revanche, on ne peut pas supposer l'existence d'un schéma sur la seule foi des instances passées.

Considérons les cinq cercles ci-dessous. Le premier ne comporte qu'un point sur sa circonférence, le deuxième deux, le troisième trois, le quatrième quatre et le cinquième cinq. Relions ces points par des droites et comptons les régions de chaque cercle. Ils peuvent se subdiviser en un, deux, quatre, huit et seize régions. Le schéma est frappant : c'est la suite des doubles ! On peut donc légitimement présumer qu'en reliant six points du bord d'un cercle on obtiendra trente-deux régions, non ?

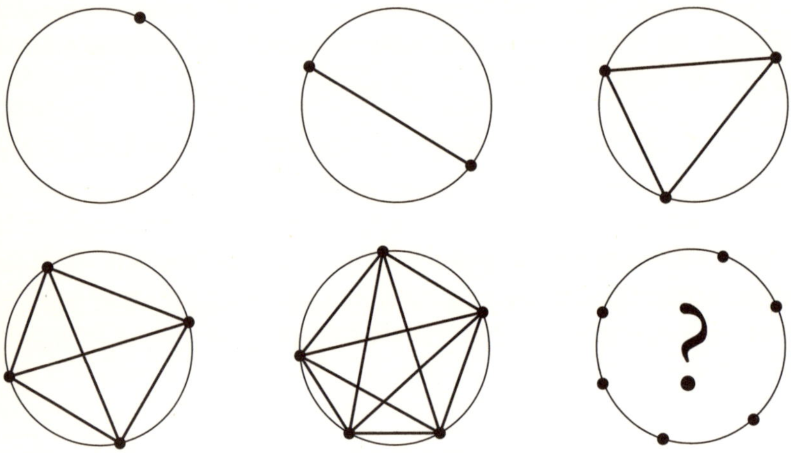

Comptez les régions au sein de chaque cercle et devinez ce qui vient ensuite.

NON ! Mille fois non ! Avec six points, on obtient trente et une régions, et à mesure qu'on ajoute des points, la suite continue avec cinquante-sept, quatre-vingt-dix-neuf, cent soixante-trois, deux cent cinquante-six, trois cent quatre-vingt-six… Il y a bien un schéma, mais ce n'est pas la suite des doubles[5]. Il ne faut jamais tirer de conclusions d'un nombre limité d'observations, aussi prometteur que cela paraisse.

En mathématiques, la méthode de la preuve par induction permet de savoir si un schéma se perpétuera à l'infini. Si l'on a une suite d'assertions telle que « la première assertion est vraie » ET « si la énième assertion est vraie, alors la énième plus 1 est vraie », on peut déduire que *toutes* les assertions sont vraies. La preuve par induction ressemble à l'effet domino. Si des dominos sont alignés de sorte qu'en tombant le domino n poussera le domino $(n + 1)$, il suffit de renverser le premier pour tous les faire tomber.

Revenant à notre objectif initial, pour démontrer que tous nos gribouillages peuvent être bicolores alternés, il faut démontrer que :

— un gribouillage ne comportant qu'une ligne peut être bicolore ;

— si un gribouillage comportant *n* lignes peut être bicolore alterné, alors un gribouillage comportant *n* + 1 lignes peut l'être aussi.

Démontrer la véracité de la première assertion est simple : on trace une ligne à travers une feuille et on colorie un côté. Démontrer celle de la seconde réclame davantage de réflexion.

On commence par considérer un gribouillage avec *n* + 1 lignes, comme montré ci-dessous (fig. 1). (Évidemment, pour notre illustration, je dois choisir une valeur pour *n*, alors il faut veiller à ce que la démonstration qui s'ensuit s'applique au cas général pour tout *n*.)

Quand on supprime une ligne, on a un gribouillage avec *n* lignes, comme montré par la fig. 2. Supposons que notre gribouillage à *n* lignes soit coloriable en deux couleurs alternées (fig. 3).

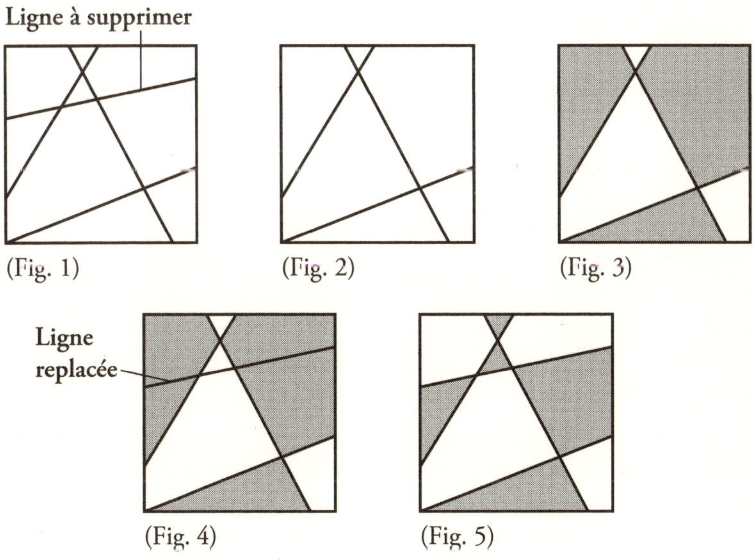

Démonstration par induction du théorème du gribouillage bicolore alterné.

Replaçons à présent la ligne que nous avons supprimée (fig. 4). D'un côté de cette ligne, intervertissons les couleurs, le noir devient blanc et le blanc devient noir. Chaque région au-dessus de la ligne est à présent adjacente à une section en dessous qui est de l'autre couleur. On a donc un gribouillage avec $n + 1$ lignes qui peut être colorié de deux couleurs alternées (fig. 5).

Autrement dit, on a démontré que la seconde assertion est vraie. Notre preuve par induction est complète : tous les gribouillages sont ainsi coloriables. (Cette démonstration ne concerne que les gribouillages constitués de lignes qui s'entrecroisent en traversant un carré. Il se trouve par ailleurs que n'importe quel gribouillage tortueux, où le stylo commence et finit sa course au même point, mais dont le parcours peut comporter tout type élaboré de boucles, de spirales et d'intersections, est coloriable de cette façon. Cette démonstration-là est un peu plus complexe.)

Si les *Éléments* sont devenus le texte le plus influent de l'histoire des mathématiques, ce n'est pas tant pour ce qu'ils ont accompli – révéler certains faits concernant les nombres premiers, les triangles, etc. – que pour la façon dont ils l'ont accompli. La beauté de leurs pages tient à leur rigueur. Euclide est méticuleux, il ne procède à aucun raccourci, ne donne jamais d'opinion et n'affirme rien qu'il ne puisse prouver. Si l'on admet que les dix présupposés d'Euclide sont vrais, alors les quatre cent soixante-cinq théorèmes du livre le sont aussi, et ils le seront à jamais. Les *Éléments* sont un cas d'école de l'axiomatisation, un témoignage de la puissance de la pensée déductive.

On dit que les *Éléments* ont connu davantage de rééditions au fil des siècles que n'importe quel livre hormis la Bible. La comparaison n'est pas scandaleuse : pendant près de deux millénaires, on a traité les *Éléments* comme un texte sacré et l'axiomatisation a été prise pour dogme. Au XVIIe siècle, toutefois, sont apparus les premiers signes d'impiété. Euclide avait misé sur le fait que ses axiomes et ses définitions soient aussi évidents que possible, et en tout cas jamais contradictoires, mais ainsi qu'on l'a vu au chapitre précédent, l'infinitésimal n'entre absolument pas dans ce cas, puisqu'il s'agit d'une quantité qui est à la fois quelque chose et rien du tout. Newton et ses contemporains se sont emparés de l'infinitésimal parce qu'il permettait une floraison de nouveaux théorèmes, quitte à fermer les yeux sur l'hérésie à l'égard d'Euclide qu'il impliquait.

Finalement, les mathématiciens ont compris que pour délivrer le calcul infinitésimal de toute contradiction, il fallait le doter de bases plus saines. La solution a été de ne pas fonder le calcul infinitésimal sur l'infinitésimal, mais sur la notion plus solide de limite. Les présupposés sont devenus plus simples, les définitions plus claires et un nouveau champ est né : l'« analyse », terme qui englobe aujourd'hui toutes les matières liées au calcul infinitésimal, à la continuité et aux processus infinis. Un fait marquant des premières heures de l'analyse a été le théorème des valeurs intermédiaires, évoqué au début de ce chapitre, qui établit qu'une courbe continue comprend toutes les valeurs entre son minimum et son maximum.

Le souci de rigueur du XIXe siècle s'est manifesté dans d'autres champs que l'analyse. Dans la géométrie euclidienne, par exemple. En se penchant de près sur les *Éléments*, le mathématicien allemand Moritz Pasch a fait une découverte stupéfiante : le raisonnement d'Euclide comportait des trous que nul n'avait remarqués jusque-là, bien qu'il s'agisse du manuel de mathématiques le plus étudié de l'histoire. Euclide tenait pour acquis que si trois points distincts se trouvent sur une droite, l'un d'eux se trouve entre les deux autres – là encore, c'est une observation évidente, mais si l'on prend Euclide au mot, il aurait dû en faire un axiome. Euclide avait commis la négligence de laisser ses yeux influencer le processus de déduction. Un nouveau système euclidien, à toute épreuve cette fois, a été proposé par David Hilbert en 1899, comportant vingt et un présupposés.

Les nombres aussi ont été placés sous un nouveau type d'observation. Ils sont au cœur de l'ensemble des mathématiques, et à vrai dire de la science entière. Mais qu'est-ce exactement qu'un nombre, et pourquoi 1 + 1 est-il égal à 2 ?

En 1879, le mathématicien allemand Gottlob Frege publie *Begriffsschrift* (*L'Idéographie*). Il y introduit un calcul infinitésimal élaboré, avec sa propre notation, pour exprimer la véracité ou la fausseté d'une assertion. C'est la naissance de la logique mathématique, l'application du raisonnement mathématique à l'étude du raisonnement mathématique.

Frege voulait apporter une réponse rigoureuse à la question « qu'est-ce qu'un nombre ? ». Pour ce faire, il a emprunté à son contemporain Georg Cantor un autre concept : l'ensemble. Il est fréquent en mathématiques qu'un terme apparemment simple ait une signification complexe. Ce n'est pas le cas de l'ensemble.

Un ensemble n'est qu'un groupe de choses, un assemblage de trucs réunis parce qu'ils ont une propriété commune. Un ensemble peut être une caisse de pommes, un peloton de cyclistes ou une galaxie d'étoiles. Le nombre 2, écrit Frege, est l'ensemble de tous les ensembles comportant deux choses.

Frege a élaboré un système dans lequel les nombres se définissent comme des ensembles, les axiomes s'écrivent selon l'idéographie de son invention, et les lois de l'arithmétique peuvent être démontrées comme étant vraies. Son idée était de réduire l'arithmétique à un cadre inattaquable d'opérations logiques fondées sur des présupposés universellement admis, par exemple « la négation de la négation d'une affirmation A implique l'affirmation A »[6]. Les nombres et l'addition étant des notions facilement maniables, on pourrait penser que la tâche de Frege était simple. C'était en vérité un épouvantable casse-tête. À la différence de tous ses prédécesseurs, à qui les nombres et l'arithmétique avaient servi de briques pour l'édification des mathématiques, Frege, lui, creusait sous les fondations.

Frege a publié sa théorie dans ses *Lois fondamentales de l'arithmétique*, dont le premier volume a paru en 1893. Le second était sous presse lorsqu'une montagne lui est tombée sur la tête : dans une lettre Bertrand Russell, son collègue philosophe de la Cambridge University, lui signalait une contradiction. Rien ne pouvait être plus dévastateur car c'était précisément pour préserver la structure de toute contradiction que Frege s'efforçait de réduire l'arithmétique à la logique. À la hâte, il a rédigé un addendum : « Il ne peut rien arriver de plus indésirable à un scientifique que de voir céder les fondations une fois le travail fini. » L'emploi du qualificatif « indésirable » reste le plus bel euphémisme de l'histoire des mathématiques.

Russell avait relevé dans les pages de Frege la présence maléfique de l'autoréférence. Certains de mes bons mots préférés sont des déclarations autoréférentielles[7] :

— je devrais commencer par une majuscule.
— Ceci est être en fait ou deux phrases ne pas être combinées.
— Cette phrase est un !!! de ponctuateur précoce

Mais le grand précurseur de l'autoréférence est sans conteste Épiménide le Crétois, qui disait : « Tous les Crétois sont des menteurs. » Épiménide se traitait lui-même de menteur, mais surtout, il se contredisait. S'il disait vrai, c'était un menteur, et s'il mentait, il disait vrai. Sa formule – appelée le « paradoxe du menteur » – a été maintes fois réinterprétée depuis. Répondez à cette question par oui ou par non : « Le prochain mot que vous allez prononcer est-il non ? »

Bertrand Russell s'était donc aperçu qu'un paradoxe autoréférentiel minait gravement le projet de Frege, au point peut-être de l'anéantir. La beauté d'une arithmétique échafaudée sur les ensembles, c'est que ces derniers sont faciles à comprendre : un ensemble est tout simplement un ensemble de choses. Pourtant, Russell a imaginé le suivant :

L'ensemble de tous les ensembles qui ne se contiennent pas eux-mêmes.

La plupart des ensembles ne se contiennent pas eux-mêmes : celui des chaussures par exemple n'est pas une chaussure. Mais pour certains c'est le cas : ainsi, l'ensemble des concepts *est* un concept. Considérons celui de Russell : se contient-il lui-même ? Si l'on suppose que oui, on est obligé de conclure que non et si l'on suppose que non, on doit conclure que oui ! L'ensemble implose sous l'effet de sa propre contradiction. Russell faisait une analogie avec le barbier d'un village qui aurait pendu un écriteau au mur : « Ici on ne rase que les hommes qui ne se rasent pas eux-mêmes. » Qui rase le barbier ? S'il le fait lui-même, il ne le fait pas lui-même et s'il ne le fait pas lui-même, il le fait lui-même. On se perd dans une boucle infinie de contradictions.

Le paradoxe de Russell montrait que les ensembles tels qu'imaginés par Frege sont mal équipés pour servir de fondement sain et logique à l'arithmétique. L'autoréférence permet la contamination du système par contradiction intrinsèque. Pourtant, au lieu de rejeter le projet de Frege, Russell en est devenu le plus ardent défenseur. Le rêve de doter les mathématiques de solides fondations logiques était bien trop grisant, si bien que pendant dix ans, accompagné de son collègue Alfred North Whitehead, Russell s'est employé à retaper le système. Les deux hommes ont repris le postulat de départ de Frege selon lequel l'ensemble pouvait servir de fondation aux nombres. Pour se débarrasser des paradoxes de l'autoréférence, ils ont proposé une stricte hiérarchisation des ensembles. Au premier niveau se trouvent les objets, comme les livres ou les chats. Au deuxième, ce sont les ensembles d'objets de niveau 1, comme les livres de mon étagère ou les chats de ma rue. Au troisième niveau se trouvent les ensembles d'objets du niveau 2, comme les étagères consacrées aux auteurs de mathématiques ou les chats de Londres regroupés par rue. Le paradoxe de Russell est dès lors surmonté, puisqu'un ensemble ne peut appartenir qu'à un autre de niveau supérieur, donc jamais à lui-même.

Russell et Whitehead ont élaboré une notation, des définitions et des axiomes en mettant un soin et une diligence extrêmes à leur formulation. Mais à trop chercher la simplicité et la clarté, ils ont fini par accoucher d'un grand texte mathématique qui compte parmi les plus abstrus et illisibles de l'histoire. Il faut atteindre la page 379 pour les voir enfin déclarer que 1 + 1 = 2. Lorsqu'ils ont remis les *Principia mathematica* pour publication, l'éditeur les a refusés parce qu'il n'avait trouvé personne qui les comprenne. Russell et Whitehead les ont alors fait paraître à leurs frais. Le processus de rédaction avait induit un tel épuisement mental que Russell n'écrirait plus jamais à propos de mathématiques ou de logique.

Le logicien polonais Alfred Tarski a proposé une hiérarchisation du langage similaire à celle des ensembles opérée par Russell, qui résout le paradoxe du menteur[8]. Il y a une langue de niveau 1, puis le métalangage de niveau 2 qui parle des assertions du langage de niveau 1, et un méta-métalangage de niveau 3 qui parle des assertions du métalangage de niveau 2, et ainsi de suite. La véracité ou la fausseté d'une assertion ne pouvant se discuter qu'au niveau immédiatement supérieur, il n'y a aucun sens à ce qu'une assertion se dise elle-même vraie ou fausse. Comme l'a un jour expliqué Russell, si Épiménide déclare : « Je dis un mensonge de niveau *n* », il dit encore un mensonge, mais c'est un mensonge de niveau *n* + 1.

Les comiques, comme les mathématiciens, s'appuient sur le métalangage[9]. Si une plaisanterie tombe à plat, il y a souvent moyen de sauver les meubles avec une plaisanterie sur la plaisanterie.

Les *Principia* de Russell et Whitehead sont un pavé indigeste. Reste que d'autres se sont empressés de reprendre avec enthousiasme la quête de fondations axiomatiques pour une arithmétique libérée de tout paradoxe. L'axiomatisation de la théorie des ensembles est aujourd'hui considérée comme l'un des grands triomphes intellectuels du début du XXe siècle[10], qui a ouvert la voie à de merveilleux travaux en mathématiques, en logique et en philosophie. Le système d'axiomes standard porte le nom de ZFC associant les initiales des mathématiciens Ernst Zermelo et Abraham Fraenkel à l'axiome dit « du choix » selon lequel en présence d'un nombre infini d'ensembles dont chacun contient au moins un élément, on peut créer un nouvel ensemble contenant exactement un élément de chaque ensemble. Cela semble raisonnable, mais cet axiome a suscité la plus vive controverse. Le débat portant sur la nécessité de l'admettre ou non dans le système a été l'un des plus passionnants autour de la théorie des ensembles, parce que, aussitôt qu'on le fait, certaines choses très étranges se produisent.

Stefan Banach, le Polonais qui avait résolu le problème du sandwich au jambon au Café écossais, et Alfred Tarski, le logicien qui avait proposé une hiérarchisation russellienne du langage, ont montré que si l'on tient pour vrai l'axiome du choix, le théorème suivant l'est aussi :

Il est possible de diviser une sphère solide en un nombre fini de morceaux que l'on peut réassembler différemment pour former deux sphères identiques à la première.

On connaît mieux ce théorème sous le nom de « paradoxe de Banach-Tarski ». L'emploi du terme « paradoxe » vient de ce qu'il semble y avoir contradiction avec les lois de la physique, mais la logique de sa démonstration n'en comporte aucune. Le réassemblage est certes physiquement impossible parce que les morceaux ne sont pas des parties continues, chacun est un éparpillement infini de points. Le théorème n'en demeure pas moins époustouflant. Il en découle que tout objet peut être découpé et réassemblé en n'importe quel autre objet – un petit pois pourrait ainsi se transformer en soleil. (Malgré des conséquences aussi bizarres, la plupart des mathématiciens admettent aujourd'hui l'axiome du choix.)

Si les plaisanteries reposent sur une chute inattendue, alors le paradoxe de Banach-Tarski est le plus drôle des théorèmes mathématiques.

À la fin des années 1970, j'avais environ huit ans quand les cours de maths ont cessé de porter sur les nombres pour aborder les ensembles. Je m'en souviens parfaitement. Un ovale contenant quelques points en son sein représentait un ensemble, un autre ovale contenant quelques points en représentait un autre. On reliait chaque élément d'un ensemble à un élément de l'autre, et ça nous disait quel ensemble en contenait le plus. Je n'ai jamais compris l'intérêt de ces exercices, et je pense que mes professeurs ne le percevaient pas davantage. Après environ un an, les ensembles ont disparu des cours, et je ne les ai retrouvés qu'en deuxième année d'université. Si vous avez été à l'école dans les années 1960, 1970 ou 1980, peut-être avez-vous été brièvement exposé à la théorie des ensembles vous aussi. On peut attribuer sa présence dans les programmes scolaires à Nicolas Bourbaki, le mathématicien le plus prolifique du XXe siècle.

En 1939, Bourbaki a fait paraître le premier livre d'une série ambitieuse intitulée *Éléments de mathématique*. « Alors qu'autrefois on a pu croire que chaque branche des mathématiques dépendait d'intuitions particulières que lui fournissaient notions et vérités premières, écrivait-il, on sait aujourd'hui qu'il est possible, logiquement parlant, de faire dériver presque toute la mathématique actuelle d'une source unique, la théorie des ensembles[11]. » Le titre du livre était un clin d'œil à Euclide. De même que les *Éléments* de ce dernier formalisaient le savoir mathématique des Grecs au sein d'un système axiomatique reposant sur les propriétés des points et des droites, les *Éléments* de Bourbaki entendaient formaliser le savoir mathématique moderne au sein d'un système axiomatique reposant sur les propriétés des ensembles. Le choix du terme « mathématique » au singulier souligne toute la conviction de Bourbaki concernant l'unité de la discipline. Les *Éléments de mathématique* se composent de dizaines de volumes qui traitent non seulement de la théorie des ensembles, mais de sujets aussi divers que l'algèbre, l'analyse ou la topologie. Avec plus de sept mille pages, c'est l'un des textes scientifiques les plus influents du XXe siècle. Par ailleurs, Bourbaki avait un signe particulier qui le rendait unique parmi ses contemporains : il n'existait pas.

Au début des années 1930, constatant l'obsolescence des manuels employés à l'université, un groupe de jeunes mathématiciens français s'était mis en tête d'en rédiger collectivement de nouveaux. Le nom de Nicolas Bourbaki avait été choisi en hommage à Charles Denis Bourbaki, le général français qui, en 1862, avait refusé le trône de Grèce puis, à la suite d'une humiliante défaite pendant la guerre franco-prussienne, avait tenté sans succès de se suicider. Nicolas Bourbaki, disaient-ils, était originaire de Poldévie[12], un pays évoqué notamment dans *Tintin et le Lotus bleu*. Le groupe avait édicté des règles imposant le secret et rendant la démission obligatoire à cinquante ans. Comme les mathématiciens polonais réunis à peu près à la même époque au Café écossais de Lvov, le collectif Bourbaki se plaisait à mêler l'amusement aux mathématiques. Lors du premier des séminaires qu'ils tiendraient régulièrement à la campagne, plusieurs membres s'étaient jetés nus dans un lac en criant : « Bourbaki[13] ! »

Pour ce qui concerne les mathématiques, toutefois, Bourbaki était tout ce qu'il y a de plus sérieux. Le système d'écriture mis au point par le groupe était tel que la rédaction de chaque volume demandait des années. Après de longs débats concernant le contenu du prochain, l'un des membres en rédigeait un brouillon. Puis, lors d'un séminaire, le brouillon était épluché ligne par ligne, chacune exigeant l'approbation de tous. Le style employé était lui aussi unique. L'objectif de la série était de tout déduire de principes premiers sans jamais recourir à l'intuition géométrique ou physique. Aucune illustration n'était utilisée, car on estimait qu'elles prêtaient à confusion. « La rigueur est au mathématicien ce que la mortalité est à l'homme », a dit André Weil, l'un des fondateurs du groupe. Il fallait que le lecteur des *Éléments de mathématique* n'y trouve ni analogies, ni digressions, ni omissions, croquis ou exercices. L'exigence de pureté axiomatique est telle qu'il faut passer deux cents pages du premier volume pour rencontrer une définition du nombre 1, et encore, seulement sous forme abrégée. (Pleinement développé, lit-on dans le livre, le nombre 1 aurait requis des dizaines de milliers de symboles. En 1999, le théoricien britannique des ensembles Adrian R. D. Mathias a affirmé que la méthode Bourbaki réclamerait 4 523 659 424 929 symboles et 1 179 618 517 981 liens entre eux[14].)

La série de livres était méticuleusement structurée. Chacun ne devait faire référence qu'à des éléments contenus dans les précédents et jamais aux ouvrages d'autres auteurs, constituant ainsi un gigantesque édifice logique fondé sur la théorie des ensembles. Malgré leur jeunesse, les membres du groupe étaient des mathématiciens accomplis, qui publiaient aussi pour leur propre compte. André Weil, le frère de la philosophe Simone Weil, était peut-être le plus doué d'entre eux. En 1939, année de parution du premier livre des *Éléments de mathématique*, la guerre a éclaté et Weil s'est enfui en Finlande. La police a investi son appartement à Helsinki et l'a déporté pour soupçon d'espionnage après avoir découvert une lettre écrite en russe (parlant de maths) et un paquet de cartes de visite au nom de Nicolas Bourbaki, de l'Académie royale de Poldévie. De retour en France, Weil a été emprisonné pour ne pas s'être présenté sous les drapeaux. Son séjour en prison ne lui a pas déplu. « Mes travaux mathématiques progressent au-delà de mes plus folles espérances, au point que cela me préoccupe, écrivait-il à sa femme. S'il n'y a qu'en prison que je travaille aussi bien, faudra-t-il que je m'arrange pour me faire enfermer deux ou trois mois chaque année ? »

Le deuxième livre des *Éléments de mathématique* a paru en 1940, et le troisième en 1942. Après une interruption due à la guerre, d'autres volumes ont vu le jour à la fin de la décennie. À mesure que les membres du premier groupe ont atteint la limite d'âge, d'autres ont pris le relais et les livres ont continué de paraître. Dans les années 1950, la bibliothèque Bourbaki régnait sur les mathématiques universitaires en France, et elle continuerait de le faire pendant deux décennies encore. La secte a commencé à prendre des allures de mafia, car tous ses membres et anciens membres – dont certains des plus brillants mathématiciens du pays – se sont retrouvés à occuper des postes universitaires influents. Bourbaki a aussi exercé une influence considérable sur le monde anglophone, dans sa version traduite.

L'apogée de Bourbaki a coïncidé avec une escalade de la guerre froide. Les gouvernements occidentaux se sont aperçus que s'ils voulaient tenir tête aux Soviétiques, qui venaient de lancer Spoutnik, le premier satellite artificiel, ils allaient devoir remanier leur système d'éducation scientifique[15]. L'idéologie bourbakiste, selon laquelle les structures formelles abstraites sont plus importantes que l'intuition et la résolution de problèmes, a filtré de l'université jusqu'aux écoles. Politiciens et enseignants se sont dit que la réponse à la menace rouge consisterait en un programme fondé sur la théorie des ensembles. L'enseignement des mathématiques a été réformé, et les générations d'enfants des années 1960 et 1970 ont découvert les mathématiques dites « modernes » à travers les joies des ensembles.

L'influence directe de Bourbaki sur les amphis d'université et les salles de classe s'est finalement dissipée. Certains domaines de recherche – celui des fractales, par exemple, qui s'appuie sur l'ordinateur et les images visuelles – ont donné un coup de vieux au souci bourbakiste de la structure. Ces dernières décennies, les maths ont surtout progressé à coups d'échanges avec d'autres sciences, et non pas en s'isolant d'elles. On a donc cessé d'enseigner aux enfants la théorie des ensembles. Mais contrairement à ce qu'affirment les rumeurs annonçant son décès, Nicolas Bourbaki, qui fêtera bientôt son quatre-vingtième anniversaire, se porte comme un charme.

Cinq mathématiciens en constituent aujourd'hui le noyau. J'ai rencontré l'un d'eux dans un café près du jardin du Luxembourg, à Paris. La loi du secret tient toujours, et la seule chose que je suis autorisé à dire, c'est qu'il est barbu et qu'il portait ce jour-là une chemise violette et un chapeau de paille. C'est aussi un éminent professeur. Je lui demande combien de gens sont au courant de sa participation à Bourbaki.

— Beaucoup de collègues le savent parfaitement, mais je ne l'admettrais pas pour autant. Il y a beaucoup de ressentiment. Certains pensent que Bourbaki n'a servi à rien, que ça aurait dû s'arrêter.

Le dernier volume de la série des *Éléments de mathématique*, consacré à l'algèbre, a paru en 2012 et un autre, sur la topologie, est en préparation. Les détracteurs de Bourbaki affirment que cette obsession de la rigueur a fini par desservir les mathématiques françaises. Les ouvrages sont trop ardus pour faire de bons outils pédagogiques, et ils ne laissent aucune place à la créativité et l'intuition.

— Certains de mes plus proches collègues trouvent que ce ne sont pas des livres dont ont besoin les mathématiques aujourd'hui, me dit mon interlocuteur à la chemise violette.

Et lui, qu'en pense-t-il ?

— La réponse n'est pas évidente. Ce qui l'est, en revanche, c'est que les travaux de ce type où l'on se rassemble tous, on lit ensemble ligne par ligne et chacun prend le temps d'apporter la contradiction et la correction – donnent lieu à quelque chose d'inhabituel, et parfois à quelque chose de bon. Les idées de ce livre sont un mélange de celles de beaucoup de gens. Les mathématiciens ne peuvent pas tout faire seuls.

Je lui demande si l'exigence de rigueur bourbakiste lui semble dépassée.

— Je crois que la rigueur est plus nécessaire que jamais, répond-il, avant d'ajouter : Il y a une différence entre rigueur et aridité. Nous nous efforçons d'être rigoureux, mais pas arides.

En fait, il estime que tous les manuels universitaires modernes doivent quelque chose à Bourbaki.

— La pratique courante aujourd'hui consiste à reconnaître que la démonstration n'est pas rigoureuse, pour préserver le niveau du livre. D'une certaine manière, le niveau de rigueur qu'appliquent les mathématiciens est celui de Bourbaki.

S'il admet une critique, toutefois, elle concerne le premier opus.

— Certains livres de Bourbaki sont bons. Certains sont extrêmement bons. Mais celui sur la théorie des ensembles ne vaut rien.

Il grimace quand je lui rappelle la définition par Bourbaki du 1.

— Cette partie-là n'est pas bonne. On n'a pas besoin de savoir ce qu'est 1. On a besoin de savoir ce qu'on peut faire avec 1.

Cela n'empêche pas mon interlocuteur de se dire immensément fier d'appartenir à ce groupe. C'est à trente ans, alors qu'il venait d'être nommé professeur, qu'il a reçu son premier commandement : Nicolas Bourbaki le sommait de se présenter au prochain séminaire, tenu dans un château de la Loire. Lorsqu'ils sont invités, la plupart des gens acceptent, dit-il, même si les quelques femmes conviées ont invariablement refusé. À présent qu'il est un membre à part entière du groupe, il se sent le devoir historique de participer à l'achèvement des travaux entrepris, c'est-à-dire de terminer la série des *Éléments de mathématique*. Les quatre derniers livres sont programmés. Il sait que tous ne paraîtront probablement pas avant qu'il ait atteint la cinquantaine et soit contraint de démissionner. La limite d'âge est une bonne chose, selon lui, parce qu'elle maintient la vitalité du groupe.

La théorie des ensembles est une approche possible de la construction de fondations pour les mathématiques. Une autre est en cours d'élaboration, avec des ordinateurs : un assistant de preuve est un logiciel qui vérifie que les inférences logiques d'une démonstration sont justes[16]. L'espoir est qu'un jour l'informatique puisse ainsi démontrer les mathématiques tout entières[17]. Pour savoir si un théorème est vrai, on n'aura peut-être plus qu'à cliquer.

Le premier théorème important démontré par ordinateur est celui dit « des quatre couleurs ». On a vu plus haut que tout gribouillage peut être bicolore alterné, c'est-à-dire qu'il est possible d'en noircir certaines régions de façon que jamais deux régions adjacentes ne soient de la même couleur. En 1852, Francis Guthrie, un Sud-Africain résidant à Londres, coloriait une carte des comtés d'Angleterre lorsqu'il s'est aperçu qu'il lui fallait quatre couleurs pour qu'aucun comté ne soit de la même couleur que ses voisins.

Quelques expérimentations lui ont vite démontré que quatre couleurs suffisaient en fait pour n'importe quelle carte, mais pendant plus de cent ans, nul n'a été capable de le prouver. C'est en 1976 que Kenneth Appel et Wolfgang Haken, de l'université de l'Illinois, y sont parvenus en utilisant un ordinateur pour tester toutes les combinaisons de cartes possibles. La communauté des mathématiciens n'a pas très bien réagi[18]. En principe, il faut toujours pouvoir vérifier chaque ligne d'une démonstration. Or l'ordinateur accomplissait beaucoup trop de calculs pour cela, contrevenant ainsi au modèle de démonstration en vigueur depuis Euclide. Au-delà des objections philosophiques, toutefois, se posaient des questions plus pratiques. Un logiciel étant truffé de bugs, comment Appel et Haken pouvaient-ils être certains que le leur n'en contenait aucun ? Ils ne le pouvaient pas, et d'ailleurs on n'a cessé depuis de relever des erreurs informatiques dans leur démonstration, même si toutes ont été rectifiées. En 1995, une équipe de l'université de Princeton a proposé une preuve informatique mieux profilée du théorème des quatre couleurs. Et en 2004, Georges Gonthier, de Microsoft Research Cambridge, en Angleterre, l'a vérifiée avec un assistant de preuve, après avoir traduit tous les concepts en un langage de programmation particulier, compréhensible par le logiciel. La question se pose alors : comment être sûr que l'assistant ne contient aucun bug ? On ne le peut pas totalement, mais le degré de certitude est plus élevé que pour la preuve d'origine car l'assistant a lui-même été testé lors de nombreuses autres missions. Le théorème des quatre couleurs est aujourd'hui l'un des plus scrupuleusement vérifiés des mathématiques.

Après une phase initiale de résistance à l'informatisation des démonstrations, la plupart des mathématiciens ont fini par l'accepter. Certains caressent même le rêve qu'un jour chaque théorème sera traduit en un langage informatique universel de vérification des preuves pour créer un système formel géant contenant tout le savoir mathématique démontrable, et dont chaque assertion serait rigoureusement dérivée d'un ensemble de lignes de code élémentaires. Ce jour-là, nous irons tous nous jeter nus dans un lac en criant : « Bourbaki ! »

L'ordinateur a transformé la démonstration scientifique. Il a aussi servi de catalyseur à des mathématiques nouvelles et fascinantes.

10

Compagnons de cellule

Par une frisquette journée londonienne, j'ai rendez-vous pour parler d'un vaisseau spatial. Paul Chapman m'attend en terrasse d'un restaurant italien, il porte un manteau sombre et un panama qui rougeoie sous une lampe chauffante. Ses sourcils sombres surmontent de grandes lunettes non cerclées et, en dessous, une barbe broussailleuse poivre et sel. Paul appartient à un groupe très exclusif qui s'adonne à un jeu de mathématiques récréatives appelé le « jeu de la vie ». Il est impatient de me parler de sa dernière découverte.

— Grande nouvelle ! annonce-t-il en prenant dans sa poche un carnet noir dont il extrait un morceau de papier en piteux état qu'il déplie précautionneusement. Je trimballe ça partout où je vais.

Le jeu de la vie a été inventé il y a quarante ans par John Conway, un jeune maître de conférences de Cambridge qui a créé les lois d'un univers imaginaire dans lequel des motifs sur une grille carrée évoluent et mutent de façon aussi imprévisible que fascinante. Des objets appelés « mèche », « canon », « puffeur » ou « vaisseau » peuplent à présent cet univers, et sur le bout de papier de Paul figure l'image de Gemini (les Gémeaux), un vaisseau spatial composé de près d'un million de tout petits carrés, l'un des motifs les plus grands et sophistiqués jamais construits au jeu de la vie. Gemini ressemble à un diamant constitué de chevrons. Débordant d'enthousiasme, Paul pose le doigt ici et là pour bien me faire percevoir ce qu'il y a de spécial. Gemini est la première structure capable d'autoréplication – il peut bâtir une copie identique de lui-même. Ce vaisseau est *vivant*. La vie a enfin engendré la vie.

— C'est impressionnant, dit-il. En quarante ans, on n'a jamais vu ça.

L'idée qu'une grille mathématique soit capable de produire un schéma digne de contemplation remonte au moins au « crible d'Ératosthène », du nom de ce savant grec dont nous avons vu qu'il avait produit la première estimation correcte de la taille de la Terre. Son crible est une machine à identifier les nombres premiers. On compte à partir de 1, et à chaque nouveau nombre disponible, on élimine ses multiples. (La méthode est très proche de celle du savant autiste Jerry Newport évoqué au premier chapitre.) Notre premier nombre premier est 2, ce qui nous permet d'éliminer d'emblée tous les nombres pairs sauf lui. Le deuxième est 3, alors on élimine tous les multiples de 3 restants. Le 4 n'y est plus parce qu'il est pair, alors on passe au 5, et ainsi de suite.

On peut élégamment représenter le crible d'Ératosthène pour les nombres de 1 à 100 sous la forme d'une grille de six rangées, comme illustré ci-dessous. Les trois traits horizontaux de la rangée du 2, du 4 et du 6 sont ceux qui suppriment tous les nombres pairs, celui sur la rangée du 3 en fait autant des multiples impairs de 3. Deux séries de diagonales se chargent respectivement des multiples de 5 et de 7. Aucun autre trait n'est nécessaire, car lorsqu'on cherche les nombres premiers jusqu'à un nombre n donné, il suffit de chercher les multiples des nombres premiers jusqu'à $\sqrt{n}$. Ici, $n = 100$, alors on peut s'arrêter à 10[1].

1	7	13	19	25	31	37	43	49	55	61	67	73	79	85	91	97
2	8	14	20	26	32	38	44	50	56	62	68	74	80	86	92	98
3	9	15	21	27	33	39	45	51	57	63	69	75	81	87	93	99
4	10	16	22	28	34	40	46	52	58	64	70	76	82	88	94	100
5	11	17	23	29	35	41	47	53	59	65	71	77	83	89	95	
6	12	18	24	30	36	42	48	54	60	66	72	78	84	90	96	

Le crible d'Ératosthène.

Cette grille est aussi limpide qu'instructive, puisqu'elle nous montre en un coup d'œil que tous les nombres premiers se trouvent forcément à la première ou à la cinquième rangée, ce qui signifie que tous les nombres premiers précèdent ou suivent immédiatement un multiple de 6. Ce qu'il est important de remarquer, toutefois, et c'est la raison pour laquelle on s'est doté d'un crible au départ, c'est que les nombres premiers ne se présentent sous aucun ordre prévisible. Si l'on poussait notre grille à l'infini, ils apparaîtraient disséminés au hasard sur la première et la cinquième rangée. Le fait que les nombres premiers soient si facilement définissables mais que leur distribution soit à ce point capricieuse est l'un des plus anciens et des plus profonds motifs d'étonnement mathématique.

En 1963, alors qu'il s'ennuyait à une conférence, le Polonais Stanislaw Ulam, cinquante-quatre ans, gribouillait sur une feuille de papier. Après avoir tracé une grille de lignes horizontales et verticales, il numérotait les intersections – comme nous le ferions vous et moi – en mettant le 1 au centre puis en s'en éloignant en spirale. Il devait vraiment beaucoup se barber, parce qu'il a ensuite entrepris d'entourer les nombres premiers. Chacun sait que les premiers ne présentent aucun schéma identifiable, alors que pouvait-il bien s'attendre à voir ? Ulam a tout de même remarqué quelque chose de nouveau et d'étonnant. La disposition des nombres premiers avait tendance à décrire des diagonales, comme illustré ci-après, selon un schéma désormais nommé « spirale d'Ulam ». Lorsqu'il a programmé un ordinateur pour étendre sa spirale de 1 à 65000, les diagonales étaient toujours là, ainsi que des soupçons d'ordre horizontal et vertical. La spirale d'Ulam nous laisse entrevoir l'alléchante possibilité de la présence d'une musique sous le bruit aléatoire.

Ulam est l'un des mathématiciens qui ont contribué à la rédaction du *Livre écossais* dans les années 1930 à Lvov. En 1935, John von Neumann, mathématicien hongrois de l'Institute for Advanced Study de Princeton, l'a invité aux États-Unis, où Ulam s'est définitivement établi en 1939. Quatre ans plus tard, von Neumann lui a fait une autre proposition, plus intrigante : il l'invitait à le rejoindre au sein d'un projet non identifié au Nouveau-Mexique. Lorsqu'il a emprunté un guide de cet État à la bibliothèque de l'université, Ulam s'est aperçu que les précédents emprunteurs étaient des collègues à

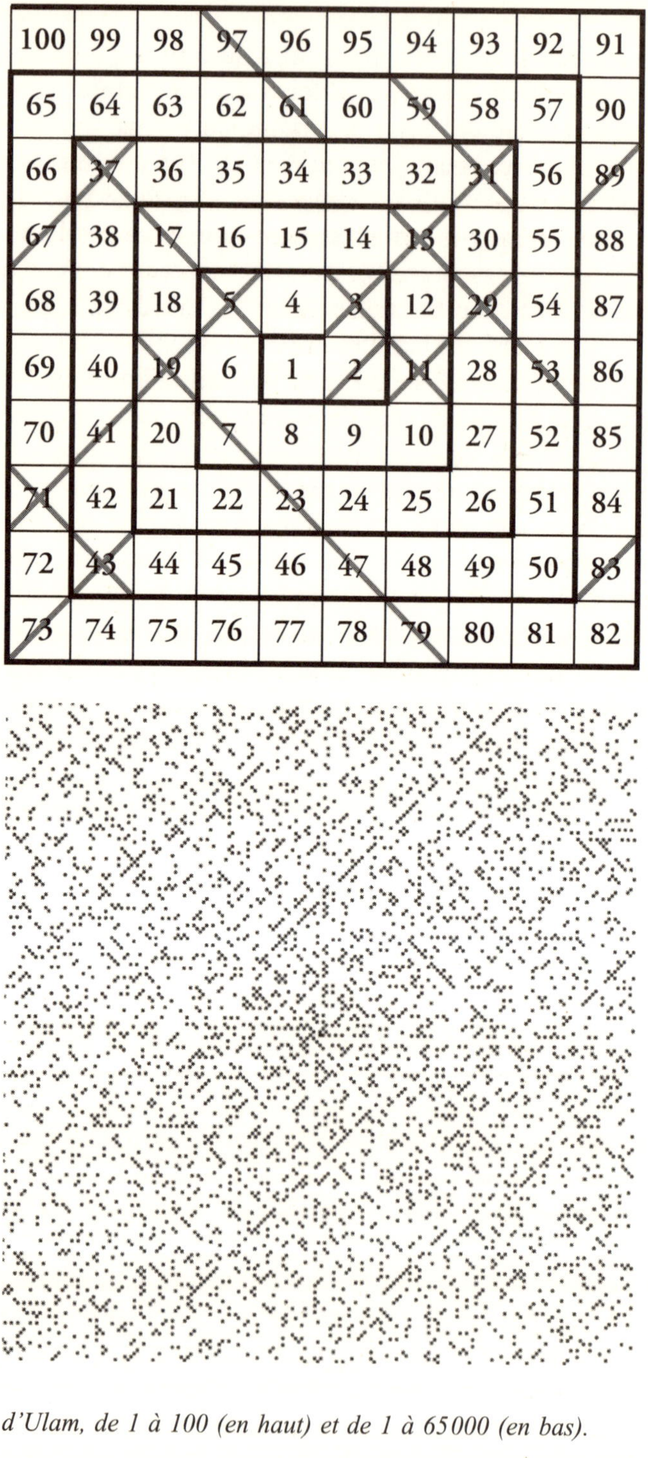

Spirales d'Ulam, de 1 à 100 (en haut) et de 1 à 65000 (en bas).

lui qui avaient tous disparu sans explication. Une fois vérifié quel était leur champ d'expertise, il a compris ce qu'on attendait de lui.

Ulam s'est donc joint au Manhattan Project à Los Alamos, où il a joué un rôle déterminant dans le développement d'armes thermonucléaires, et aussi découvert de nouvelles mathématiques. Il s'est rendu compte que lorsque le comportement d'un système devenait trop complexe pour être prévisible, on pouvait malgré tout se faire une bonne idée du dénouement en demandant à un ordinateur de produire un grand nombre de devinettes aléatoires et d'affiner les résultats par les statistiques. C'est lors d'un trajet en voiture, alors qu'Ulam expliquait sa méthode à von Neumann, qu'ils ont trouvé l'expression « méthode de Monte-Carlo » : pour connaître les chances qu'une bille de roulette par exemple atterrisse sur une case noire, le joueur n'a pas à résoudre d'équations, il n'a qu'à compter le nombre de fois où sort le noir sur des centaines de parties aléatoires. La méthode de Monte-Carlo est aujourd'hui essentielle dans de nombreux domaines scientifiques. À Los Alamos, Ulam occupait ses heures perdues à l'invention de jeux de solitaire à partir de motifs sur une grille. En modifiant les règles qui généraient ces motifs, on pouvait faire grandir et évoluer des formes intéressantes.

Ulam et von Neumann, tous deux émigrés d'Europe de l'Est et d'origine juive et issus de la classe moyenne, à présent réunis par les circonstances politiques et par leur formidable intellect, sont devenus les meilleurs amis du monde. On dit souvent de von Neumann que c'est le mathématicien qui a le plus contribué à façonner le monde moderne : c'est à la fois l'un des pères de l'ordinateur, de la bombe atomique et de la théorie des jeux, le versant mathématique de la prise de décision. Sa personnalité était à la hauteur de ses réalisations : il avait la réputation à Princeton de donner les plus grandes fêtes, d'où il lui arrivait souvent de s'éclipser parce qu'il aimait bien travailler dans son cabinet avec ce type de fond sonore.

Von Neumann était à la fois fasciné et effrayé par les effets possibles des machines qu'il fabriquait. Dans les années qui ont suivi la Seconde Guerre mondiale, les romans de science-fiction et les films hollywoodiens dépeignaient un avenir où l'homme serait soumis par les robots. Se demandant ce qu'il faudrait pour qu'une machine se reproduise elle-même, von Neumann s'est livré à un exercice mental concernant un robot flottant sur un lac, doté d'un œil et d'un bras mécanique capable de recueillir des composants et de bâtir une réplique de lui-même. Mais l'expérience, étouffée sous les complications pratiques, a tourné court. Ulam lui a suggéré de ne pas s'attarder sur quelque représentation d'une vraie machine, mais de se focaliser pleinement sur les aspects logiques de la réplication en observant le comportement de motifs disposés sur une grille semblable aux schémas de solitaire avec lesquels il s'amusait à Los Alamos. À l'issue de cette conversation, les deux hommes avaient inventé un nouveau concept : l'automate cellulaire. Il s'agit en gros d'une grille comportant des cases, les cellules, dont le comportement individuel ne dépend que de l'état des voisines. Von Neumann a conçu un automate cellulaire dont chaque cellule se trouvait dans un état sur vingt-neuf possibles, et élaboré la théorie pour un schéma de deux cent mille cellules capables d'autoréplication. Les automates cellulaires ont un peu perdu de leur intérêt scientifique pendant une dizaine d'années, puis ils ont captivé l'attention d'un mathématicien britannique à l'esprit plus ludique encore que celui d'Ulam.

Dans les années 1960, le foyer de la faculté de mathématiques de l'université de Cambridge avait des airs de MJC. Professeurs et étudiants y jouaient à tout type de jeux de société, des jeux qu'ils inventaient eux-mêmes. Il y avait un tel fourmillement d'idées qu'un des professeurs a même ouvert un dossier de « jeux sans nom », et son indissociable compagnon, celui des « noms sans jeu »*. C'était l'ambiance idéale pour favoriser l'épanouissement de John Conway, un mordu de backgammon venu de Liverpool et étoile montante des mathématiques. Parmi ses inventions, il y avait un automate cellulaire sur une grille carrée qu'il appelait le « jeu de la vie ». Le terme « jeu », toutefois, était trompeur. Il n'y avait ni gagnant, ni perdant, ni même de joueurs, en fait. Le jeu de la vie était un univers bidimensionnel régi par quatre lois. Il consistait à mettre en place une configuration de départ, le motif initial, et à le regarder évoluer.

Dans le jeu de la vie, une cellule est soit vivante, soit morte, et elle obéit aux règles suivantes :

* L'un de ses noms sans jeu favoris était *Don't ring us, we'll ring you* (dont l'équivalent en français serait « On a vos coordonnées, on vous appellera »).

Naissance : Une cellule morte dont *exactement trois* cellules voisines sont vivantes devient vivante.

Survie : Une cellule dont *deux ou trois* cellules voisines sont vivantes reste en vie.

Mort de solitude : Une cellule qui n'a *aucune ou une seule* cellule voisine vivante meurt.

Mort par surpopulation : Une cellule vivante qui a *quatre ou plus* cellules voisines vivantes meurt.

Corollaire : Chaque cellule possède huit voisines, les quatre qui sont adjacentes à ses côtés et les quatre qui touchent ses coins en diagonale. Les règles s'appliquent simultanément à toutes les cellules, et chaque application produit une nouvelle génération.

C'est tout. Le jeu de la vie ne réclame rien de plus.

Conway a choisi ces règles de naissance, de mort et de survie pour que les motifs ne meurent ni ne grandissent trop vite, et que leur comportement soit aussi intéressant que possible. Imaginons une cellule vivante isolée, elle meurt de solitude après une génération. De même, un motif constitué de deux cellules voisines meurt aussi en un coup. Mais aussitôt qu'on se met à considérer des motifs comportant trois cellules vivantes, les organismes sont assez résilients pour survivre au moins quelque temps. L'illustration ci-dessous nous montre ce qu'il advient du chevron constitué

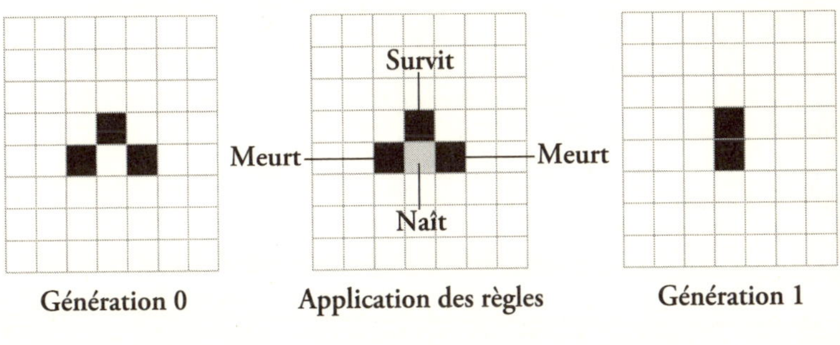

Évolution du chevron.

de trois cellules. Les cellules vivantes sont en noir, les mortes en blanc. Les deux cellules vivantes de la base n'ont chacune qu'une voisine en vie, alors elles meurent dès la première application des règles. Celle du dessus ayant deux voisines vivantes, elle survit, et la cellule morte au milieu ayant trois voisines vivantes, elle vient à la vie. Après une génération, le chevron devient donc une colonne de deux cellules vivantes, et après la seconde, il meurt.

Le sort de quatre autres triplets est illustré ci-dessous (chaque nouvelle génération est ici reproduite sous la précédente, mais elle occupe en réalité les mêmes cases). Dès la deuxième génération, deux ont expiré. Le carré de quatre cellules, ce que Conway appelait le « bloc », survit, et il ne changera lors d'aucune des générations suivantes. Quant à la barre de trois cellules, elle passe en alternance de l'horizontale à la verticale, on l'appelle le « clignotant ». Les schémas qui ne changent pas, comme le bloc, ou qui oscillent entre des schémas qui ne changent pas, comme le clignotant, sont ce qu'on appelle des « structures stables ».

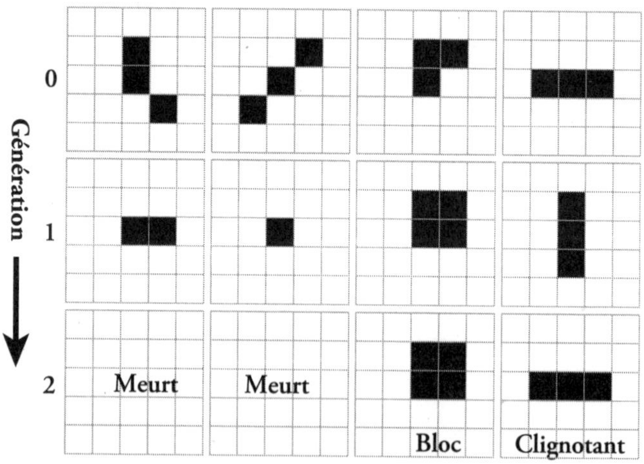

La destinée des triplets.

On obtient un premier aperçu de la magie à venir quand on observe le parcours de vie de cinq tétrominos, les protagonistes du jeu informatique Tetris, constitués de quatre cellules vivantes et adjacentes. Le bloc, on l'a vu, est inerte. Les quatre autres sont

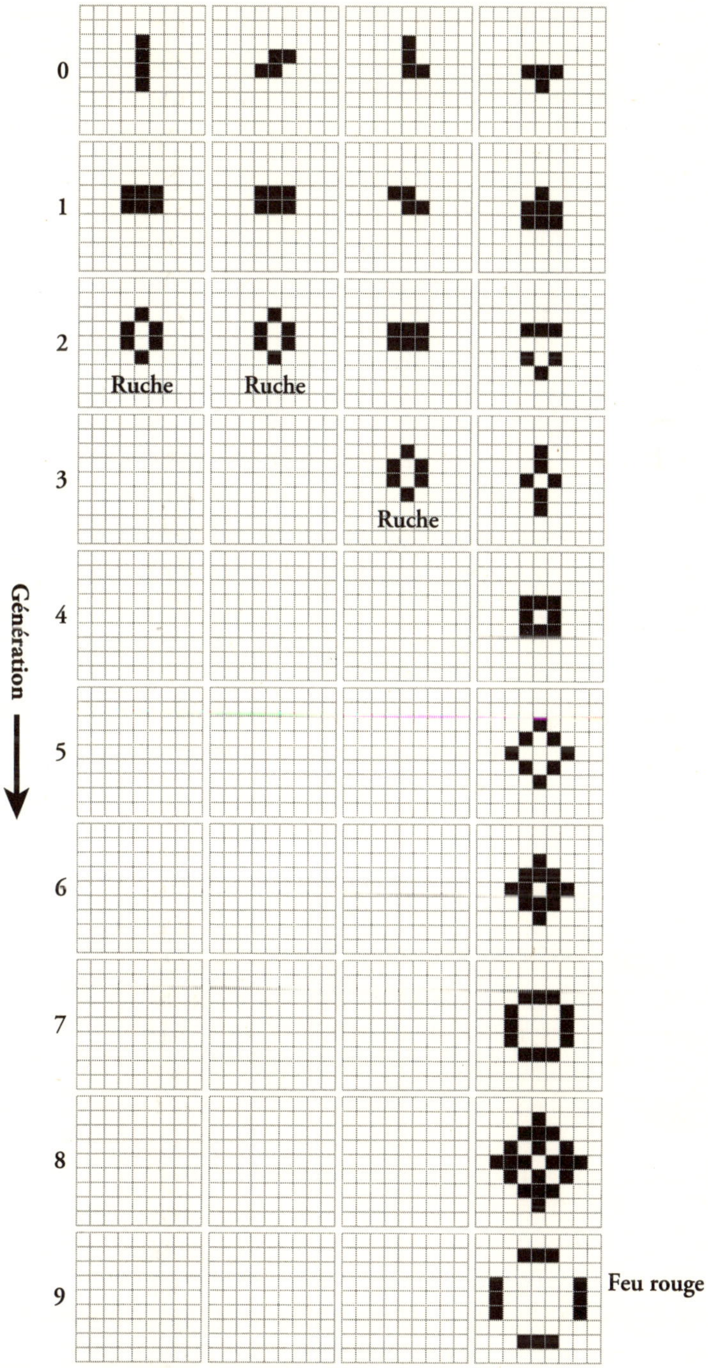

Le sort des tétrominos.

illustrés à la page précédente. Après deux générations, le I et le S deviennent la structure stable appelée « ruche », qui est aussi ce que devient le L après trois générations. Le T, en revanche, connaît une poussée d'énergie qui l'entraîne à travers neuf générations jusqu'à un schéma final de quatre clignotants, appelé le « feu rouge ».

Tout l'amusement du jeu de la vie tenait à son imprévisibilité. Il était impossible de savoir ce qu'il adviendrait des structures, même simples, autrement qu'en observant la suite des générations, que Conway et ses collègues ont recréée manuellement. Les cellules vivantes étaient représentées par des jetons posés sur un tablier de jeu de go, constitué d'une grille de dix-neuf cases par dix-neuf. Lorsque le motif réclamait davantage de place, on ajoutait d'autres tabliers à côté. On a trouvé de nouvelles structures, le « pain », le « vaisseau », le « bateau » et le « serpent ». Souvent le motif initial mourait, ou alors il adoptait rapidement l'une des structures stables habituelles. Mais parfois, à la grande excitation générale, il venait brusquement à la vie. Le pentomino R, , par exemple, ne se composait que de cinq cellules vivantes, mais il ne cessait d'évoluer pendant des dizaines de générations jusqu'à la soixante-neuvième, où un fait remarquable se produisait : le motif donnait naissance à un autre motif de cinq cellules qui semblait se mettre à planer à travers le tablier.

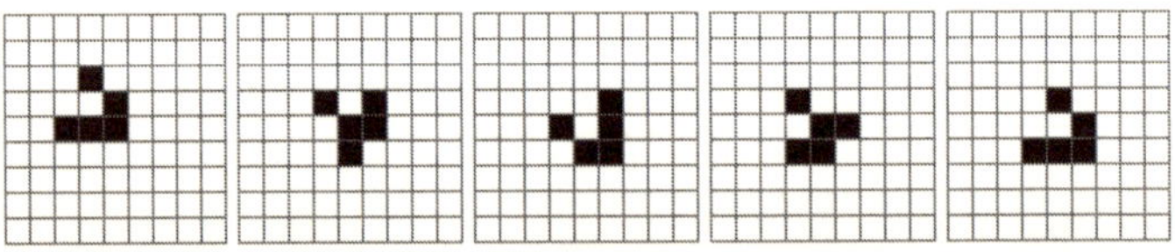

Gén. 0 Gén. 1 Gén. 2 Gén. 3 Gén. 4

Le planeur.

Cette nouvelle structure a reçu le nom de « planeur », dont le comportement est représenté ci-dessus. Au bout de deux générations il se retourne, puis après deux autres il le fait à nouveau en se décalant d'une case à l'horizontale et d'une case à la verticale par rapport à sa position de départ. Le planeur reproduira ce déplacement toutes les quatre générations, et maintiendra cette trajectoire diagonale *ad infinitum*, tant que rien ne lui fera obstacle. Conway, le taxonomiste en chef, a donné à la catégorie de motifs qui, comme le planeur, se déplacent en ligne droite le nom de « vaisseaux* ».

En 1970, le journaliste Martin Gardner a consacré la célèbre colonne qu'il tenait dans *Scientific American* au jeu de la vie[2], ce qui a grandement contribué à faire de la petite distraction mathématique de Conway l'une des premières toquades informatiques internationales. Retracer les destinées sur un tablier de go réclamait un temps considérable et supposait un important risque d'erreurs. L'ordinateur, lui, permettait non seulement d'observer les motifs beaucoup plus longtemps, mais l'enchaînement rapide des écrans au fil des générations leur donnait l'apparence d'êtres vivants[3]. Une grille parsemée de cellules vivantes débouchait sur un bouillon primordial de configurations éphémères et en constante transmutation. Le pentomino R, par exemple, faisait des bulles et de la mousse pendant pas moins de mille cent trois générations avant de laisser pour débris un vaisseau, un navire, un pain, quatre ruches, quatre clignotants, six planeurs et huit blocs. Le jeu de la vie ne comportant que quatre règles, sa programmation était simple, mais cela ne l'empêchait pas de produire des comportements complexes jamais encore observés sur un ordinateur. Concevoir des motifs pour voir ce qu'ils donnaient est devenu une activité si addictive que Gardner estimait dans les années 1970 qu'elle avait coûté à l'économie américaine des millions de dollars en temps passé à jouer sur ordinateur. (Un lecteur avait même confié au journaliste qu'il avait discrètement installé un interrupteur sous son bureau pour basculer vers l'écran du jeu de la vie aussitôt que ses collègues quittaient la pièce.)

Au MIT, le jeu de la vie s'est mué en *mode* de vie[4]. Une petite confrérie de grosses têtes un brin anarchiques et farceuses s'est donné pour mission d'explorer cet univers ludique plus profondément que personne auparavant. Ce sont les premiers hackers informatiques, les premiers technomaniaques. (Le terme *hack* est apparu au sein du Tech Model Railroad Club du MIT pour désigner une modification motivée par le seul plaisir, puis il en est venu à signifier tout type de programmation sauvage. Il n'a pris son sens actuel de violation de propriété numérique que des années plus

* *Spaceship*, littéralement « vaisseau spatial ».

tard.) L'attitude communautaire et anti-autoritaire des hackers a profondément influencé la culture informatique américaine émergente, inspirant profondément de futurs innovateurs tels Steve Jobs ou Bill Gates.

— L'intention était simplement de recueillir de la vie sauvage et de la domestiquer, dit Bill Gosper, le roi des hackers devenu prof de maths à Los Altos, en Californie, qui pendant près de deux ans a passé ses nuits dans la salle informatique du MIT à jouer au jeu de la vie.

Dans les pages de *Scientific American*, Conway a lancé un défi assorti d'une récompense de 50 dollars : existait-il un motif qui ne cesserait de se développer, dont le nombre total de cellules vivantes croîtrait à l'infini ? Gosper en a trouvé un, et il a empoché la récompense. Son canon à planeurs est un motif pulsatile de trente-six cellules vivantes, comme un cœur qui bat et accouche d'un planeur toutes les trente générations. L'un après l'autre, les planeurs filent en diagonale, comme une interminable rafale de boulets de canon. La découverte du canon à planeurs a déplacé l'étude du jeu de la vie du domaine de la zoologie à celui de la physique. Gosper et ses émules ont cessé d'être des naturalistes qui observent passivement la faune et la flore. L'approche en termes de balistique était bien plus amusante, puisqu'elle consistait à trouver des motifs comportant des canons à planeurs qui tirent sur d'autres structures. On pouvait envoyer deux planeurs s'entrechoquer de façon que tous deux s'annihilent, sans laisser de débris, comme s'ils s'étaient magiquement volatilisés dans l'éther.

— Nous cherchions à construire des choses en provoquant le télescopage de planeurs sous tous les angles possibles et en observant ce que cela donnait, raconte Gosper. Et puis, que sont donc toutes ces choses que l'on peut construire en envoyant des planeurs s'écraser dans les choses que l'on fait en envoyant des planeurs s'écraser ?

Cette méthode lui a permis de découvrir une nouvelle structure stable de sept cellules nommée le « crochet ». Lorsqu'un planeur rencontre un crochet, il disparaît dans la collision, mais le crochet se reconfigure sous sa forme initiale, donnant l'impression d'avoir tout simplement avalé le planeur*. Le crochet dévore aussi d'autres structures stables qui l'approchent de trop près, et se répare toujours après l'interaction.

* En anglais, le crochet s'appelle le « mangeur » (*eater*).

Le crochet a été le premier signe que le jeu de la vie pouvait trouver une application dans la vie réelle, dans la conception d'objets capables d'autoréparation, par exemple. Mais à vrai dire, cela n'intéressait pas Gosper du tout. Pour lui, le canon à planeurs et le crochet précipitaient le jeu de la vie dans une nouvelle phase d'ingénierie de *grands projets** où l'on pouvait construire des motifs géants de centaines de planeurs rebondissant partout sur d'autres composants, en disposant stratégiquement des crochets pour avaler les débris comme le ferait un aspirateur. L'une de ses premières victoires a été le *breeder* (éleveur), un motif qui fait de l'élevage de planeurs. Il commence par en produire une cinquantaine, et son rendement connaît une telle accélération qu'aux environs de la six mille cinq centième génération, le nombre de planeurs dépasse celui des générations.

À mesure que croissait le cercle des initiés, les fans du jeu de la vie ont conçu des motifs de plus en plus ahurissants. L'un de mes préférés est une simulation du crible d'Ératosthène, le mécanisme antique d'identification des nombres premiers. Ce crible-là est essentiellement constitué de canons, de planeurs et de crochets[5]. Sa configuration initiale comporte cinq mille cent soixante-neuf cellules vivantes. Le composant essentiel est un canon qui tire à intervalle régulier et à l'horizontale un motif de neuf cellules appelé « vaisseau de poids léger ». Ces vaisseaux sont bombardés de planeurs, et les seuls à survivre sont le deuxième, le cinquième, le septième, le onzième et ainsi de suite – autrement dit ceux dont la position correspond à un nombre premier (vous en trouverez une explication détaillée et illustrée à l'annexe 8, p. 330).

Ce qui me plaît dans ce crible du jeu de la vie, c'est qu'il transforme le plus ancien algorithme mathématique en bataille intergalactique opposant des flottilles de planeurs et de vaisseaux. On dirait une scène épique d'un film de science-fiction – ou l'évolution d'une colonie de fourmis particulièrement portées sur les maths. Souvenez-vous, une fois construit le motif original, il n'y a plus moyen d'intervenir. Le schéma peut théoriquement se poursuivre pour l'éternité, crachant des planeurs sur des vaisseaux et n'épargnant que les nombres premiers à l'infini.

— C'est ahurissant d'ingéniosité, dit Gosper à propos des meilleurs motifs. Les gens qui se prêtent au jeu se rendent vite compte

* En français dans le texte.

de la difficulté de la tâche, alors quand ils voient quelqu'un y parvenir, ils éprouvent une grande admiration. Il faut être sacrément maniaque pour atteindre ce degré de concentration.

Depuis les années 1970, on a trouvé des centaines d'autres motifs sidérants, dont un qui calcule la valeur de *pi*, inventé par un adolescent britannique, Adam P. Goucher. Que peut-il rester à accomplir ?

— La vie est une source intarissable de questions et de problèmes, répond Gosper.

Le jeu de la vie bouscule nos a-priori sur le fonctionnement du monde, parce qu'il montre qu'un simple ensemble de règles locales peut engendrer un comportement général incroyablement complexe. Devant le spectacle d'un système aussi merveilleusement intégré que celui du crible d'Ératosthène, il est frappant de se dire que chaque cellule n'est finalement concernée que par les huit qui l'entourent.

Le jeu de la vie démontre aussi à quel point différentes échelles peuvent révéler des réalités différentes. Le crible d'Ératosthène est un ouvrage d'ingénierie fondé sur la physique du canon à planeurs. Il pioche dans la technologie des collisions et des vaisseaux spatiaux. Pourtant, au niveau granulaire, il n'y a rien qui ressemble à une collision ou un vaisseau. Seulement des petits carrés immobiles qui sont soit « vivants », soit « morts ».

À mesure que l'on trouvait des motifs de plus en plus complexes, une question s'est posée : quelle est la limite à ce que peut faire un motif du jeu de la vie ? Remarquablement, il peut accomplir tout ce qu'accomplissent votre ordinateur, votre tablette ou votre téléphone. Si une tâche peut être exécutée par un ordinateur, elle peut aussi l'être par un motif du jeu de la vie.

Conway l'a prouvé en démontrant qu'il est possible de fabriquer un ordinateur du jeu de la vie, c'est-à-dire une configuration initiale de cellules vivantes émulant les circuits internes d'un ordinateur. Il va falloir me croire sur parole (ou lire un livre d'informatique) si je vous dis que les circuits informatiques, au niveau élémentaire, sont faits des composants suivants : du fil électrique, des portes logiques et un registre de mémoire. Une horloge émet dans le circuit des pulsations électroniques qui représentent des nombres binaires. Une pulsation vaut 1, l'absence de pulsation vaut 0. Conway a eu l'intuition que les planeurs pouvaient représenter des pulsations circulant le long des câbles. La présence d'un planeur vaut 1, l'absence de planeur vaut 0. Un flux de planeurs peut donc représenter tout nombre composé de 0 et de 1, comme illustré ci-dessous. Étant donné que les planeurs se déplacent en diagonale, j'ai fait pivoter la grille de quarante-cinq degrés.

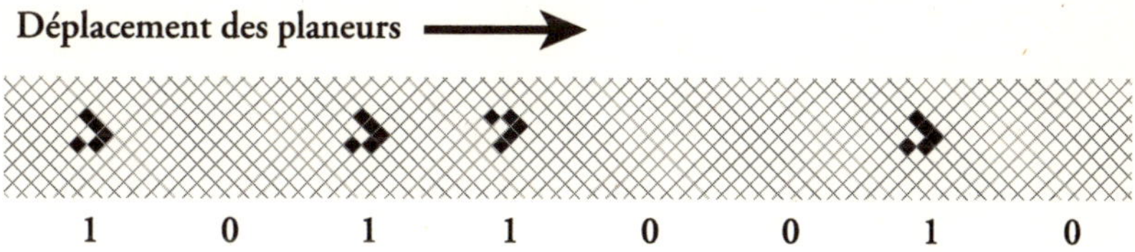

Un flux de planeurs.

Conway a construit le type le plus simple de porte logique, la fonction NON[6]. Une porte logique est un composant doté d'une entrée et d'une sortie. Des fils électriques y entrent, des fils électriques en sortent. La fonction NON ne possède qu'un fil d'entrée et un fil de sortie. Le signal de sortie est l'inverse de celui d'entrée : le 1 devient 0, le 0 devient 1. Dans le jeu de la vie, par conséquent, la fonction NON doit transformer la présence d'un planeur à l'entrée en absence de planeur à la sortie, et réciproquement. Conway a perçu qu'un canon à planeurs stratégiquement disposé pouvait accomplir cette tâche, comme montré plus bas. Le flux entrant se déplace horizontalement de gauche à droite. Le canon crache ses planeurs verticalement vers le bas. S'il y a un planeur dans le flux entrant, il sera annihilé par un planeur projeté par le canon. Mais s'il n'y a pas de planeur dans le flux entrant, celui qu'envoie le canon passera sans encombre puisqu'il n'y a rien à percuter. Le flux sortant contient donc un 1 s'il y a un 0 à l'entrée, et un 0 s'il y a un 1 à l'entrée. C'est la porte NON. La sortie se fait perpendiculairement à l'entrée, mais peu importe parce qu'on pourra modifier la direction du flux plus tard si nécessaire.

Toutes les portes logiques sont une combinaison de trois grands types de fonction : NON, ET, OU. Conway a aussi créé des motifs de canons et de crochets qui émulent des portes ET et OU. Il a montré qu'il était possible d'infléchir la direction du flux de planeurs, imitant ainsi la flexion des fils électriques. Il a aussi montré qu'on pouvait désépaissir le flux de planeurs de telle sorte que deux flux se traversent sans crainte de collision, imitant le croisement des

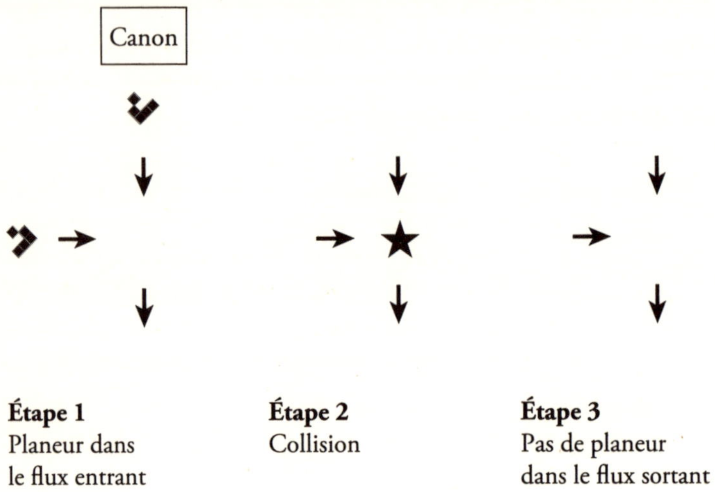

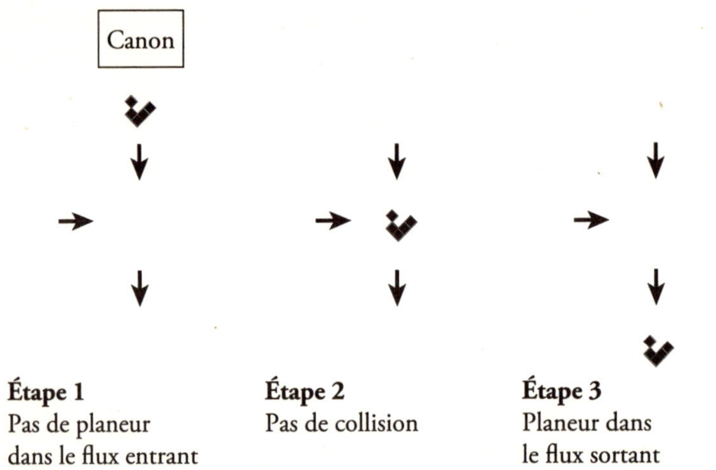

La porte NON est constituée d'un canon qui tire des planeurs perpendiculairement au flux entrant.

fils électriques. Et il a enfin montré qu'il était possible de créer un registre de mémoire à base de blocs. Chaque bloc emmagasine un nombre, selon la distance qui le sépare d'un point donné. Lorsqu'un planeur percute le bloc, il le rapproche ou l'éloigne de ce point, modifiant sa valeur. La démonstration de Conway était complète :

en dotant le jeu de la vie de fils électriques, de portes logiques et d'un registre de mémoire, il avait prouvé la possibilité théorique – à condition de disposer d'une grille assez grande – de faire de son petit passe-temps mathématique l'émulation de n'importe quel ordinateur dans le monde.

Une fois sa démonstration accomplie, John Conway s'est détourné du jeu de la vie. (En 1986, il s'est établi à Princeton pour y occuper la chaire John von Neumann de mathématiques.) Mais un grand nombre de passionnés étaient devenus accros, et ça ne ferait que s'aggraver. La communauté internationale des amateurs du jeu de la vie comporte une centaine de membres, dont Paul Chapman, qui s'est dit au tournant du siècle que l'heure était venue de fabriquer l'ordinateur du jeu de la vie.

— Il y a une différence entre savoir qu'une chose est réalisable et la réaliser, dit-il.

Comme beaucoup de ses camarades mordus, Paul n'est pas un universitaire. Il a étudié les mathématiques à Cambridge – où il a assisté aux cours de Conway –, puis il est devenu consultant en technologies de l'information. Il vit aujourd'hui au cœur de Londres, près du restaurant où il m'a donné rendez-vous. Il a insisté pour que ce soit en terrasse, malgré le mauvais temps, parce qu'il est contre l'interdiction de fumer dans les lieux fermés. Tout en discutant, il se roule ses cigarettes.

— Ce que j'aime dans le jeu de la vie, c'est qu'il est perpétuellement source d'étonnement, dit-il. Il suffit de chercher une meilleure façon de faire pour en trouver des dizaines.

Comme en informatique, un schéma du jeu de la vie imitant un ordinateur possède son hardware et son software, qui reproduisent respectivement le câblage de la machine et le programme qu'elle lira. Pour le modèle auquel il travaille, Paul n'utilise pas le circuit de canons, de planeurs et de crochets de Conway, mais une technique plus récente et plus efficace fondée sur une structure de sept cellules appelée le « Herschel ». Son schéma comporte plusieurs millions de cellules vivantes et un programme qui lui donne pour instruction d'additionner 1 et 2.

— Additionner 2 et 3 aurait été bien trop long, dit-il.

Le schéma commence par la collision d'un vaisseau avec une structure stable, qui déclenche un signal qui va percuter plusieurs composants, qui déclenchent à leur tour d'autres signaux, et à mesure que ces signaux évoluent dans la machinerie, le jeu ressemble à une immense partie de jeu de bagatelle. Au bout d'un moment, un bloc du registre sortant a affiché le nombre 3.

— J'étais comme un fou, raconte Paul. S'il a été possible d'additionner 1 et 2, c'est que cette machine est capable de calculer la millionième décimale de *pi*, faire tourner Windows ou, pour peu qu'on lui donne les bons paramètres, imiter le cycle de vie d'une étoile !

Évidemment, l'ordinateur de Paul n'a pas d'utilisation pratique de ce type, mais il a ramené le jeu de la vie à ses racines : John von Neumann avait eu l'idée d'utiliser un automate cellulaire pour étudier l'autoréplication, le schéma de Paul a ouvert l'alléchante possibilité de fabriquer des créatures autoréplicatives dans le jeu de la vie.

Au premier abord, les schémas qui évoluent sur une grille du jeu de la vie paraissent vivants parce qu'ils se métamorphosent et se déforment de façon organique au fil des générations. Mais pour qu'une chose soit vraiment vivante, il faut qu'elle soit capable de se répliquer elle-même. Or qu'est-ce que la réplication ? Pour le planeur, par exemple, c'est très simple : c'est une structure de cinq cellules qui reprend la même forme toutes les quatre générations en se déplaçant d'une case horizontalement et d'une case verticalement. Von Neumann se demandait pour sa part si un ordinateur pourrait *construire* une copie identique de lui-même. Il fallait pour cela résoudre un casse-tête mathématique, car la mécanique de l'autoréplication comporte un paradoxe logique.

On a vu plus haut qu'un ordinateur est fait de hardware et de software. Donnons au hardware le nom de « constructeur » et appelons « plan » le programme que l'on assigne au constructeur, qui lui dit de bâtir une copie de lui-même. On espère qu'en intégrant le plan dans le constructeur, il construira un nouveau constructeur accompagné d'un nouveau plan, répliquant ainsi les deux éléments de départ. Mais un problème se pose : *le plan contient-il des instructions pour la construction d'un nouveau plan* ? Si oui, les instructions doivent aussi contenir des instructions sur la construction d'un nouveau plan, qui doivent à leur tour contenir des instructions sur la façon de construire des instructions sur la façon de construire un nouveau plan, et ainsi de suite, sans fin. On aboutit à une régression infinie d'instructions dans le plan, ce qui n'est pas permis puisque le plan doit être fini. D'un autre côté, si le plan ne comporte aucune information sur lui-même, la machine ne sera pas pleinement autoréplicative, puisque les nouveaux exemplaires de la machine seront dépourvus de plan. Avant de réfléchir en termes d'ingénierie, von Neumann devait trouver un arrangement mathématique.

Il a compris que pour qu'une machine procède à la réplication d'elle-même, il fallait introduire un nouveau composant : le copieur de plan. Ainsi, lorsque le constructeur lit le plan, il construit une nouvelle machine parfaite en tous points sauf un – il lui manque le plan. L'étape finale voit donc le copieur dupliquer le plan et l'envoyer à la nouvelle machine. La machine autoréplicative de von Neumann fait donc deux usages différents du plan : le constructeur le *lit* comme un jeu d'instructions et le copieur le *duplique*. Pour se débarrasser du casse-tête infernal de la régression infinie, il fallait impérativement traiter le plan une fois comme un code et une fois comme un objet.

Le schéma dessiné par von Neumann pour son automate cellulaire initial comportait un constructeur, un copieur et un plan. Il a théoriquement démontré qu'il se répliquerait lui-même, mais la faible puissance des ordinateurs d'alors ne lui a pas permis d'en faire la démonstration pratique. Ses travaux ont malgré tout influencé une génération entière d'informaticiens, de philosophes et même de biologistes, qui dans les années 1950 étudiaient la reproduction des cellules vivantes. Quand ils l'ont finalement comprise, à la fin de la décennie suivante, ils se sont aperçus que von Neumann avait vu juste : il avait correctement anticipé le principe général de la reproduction organique ! Chaque cellule possède un plan, son ADN, qui contient les instructions codées pour créer de nouvelles cellules. Mais l'ADN ne comporte pas de description de lui-même – l'ADN qui apparaît dans une nouvelle cellule est le fruit de la réplication (la double hélice se divise en deux, et des enzymes recréent deux copies identiques de l'original). Le plan de Neumann est lu de deux façons différentes par la machine, de la même façon que l'ADN possède deux comportements lors de la reproduction d'une cellule vivante.

Paul Chapman s'efforçait de construire un schéma autoréplicatif, mais il ne trouvait pas de façon de dupliquer le plan. En 2010, toutefois, le programmeur canadien Andrew Wade a rendu public Gemini.

— Quand je l'ai vu, ça m'a soufflé ! dit Paul. Gemini est le schéma le plus important de ces quarante dernières années.

Et personne ne connaissait Andrew Wade ! Il l'a simplement annoncé sur un forum !

Gemini est le premier schéma autoréplicatif du jeu de la vie. Il a la forme d'un haltère immensément long et fin, comme esquissé ci-dessous. À chaque extrémité se trouve un constructeur identique – d'où le nom de « Gémeaux » –, et entre les deux – étiré sur une grille de quatre millions par quatre millions de cellules – se trouve le plan, constitué de planeurs. L'idée ingénieuse de Wade consistait à *ne pas* dupliquer le plan, mais à le faire serpenter entre les constructeurs. Lorsque le plan atteint l'un des constructeurs, il lui donne l'instruction de construire une nouvelle version de lui-même à une distance de cinq mille cent vingt cellules vers le haut et mille vingt-quatre cellules sur le côté, et de s'autodétruire en même temps. Le plan est alors renvoyé dans l'autre sens où, quelques millions de cellules plus tard, il atteint le constructeur opposé et lui dit de construire une nouvelle version de lui-même à cinq mille cent vingt cellules vers le haut et mille vingt-quatre cellules latéralement avant de s'autodétruire. Le cycle se répète toutes les 33,7 millions de générations, l'ensemble du schéma se décalant à ce moment jusqu'à une position différente, cinq mille cent vingt cellules vers le haut et mille vingt-quatre sur le côté. Le fait que Gemini se déplace lui vaut le statut de vaisseau spatial, bien qu'il ne se déplace pas en virevoltant, comme le planeur, mais à travers un processus d'autoréplication.

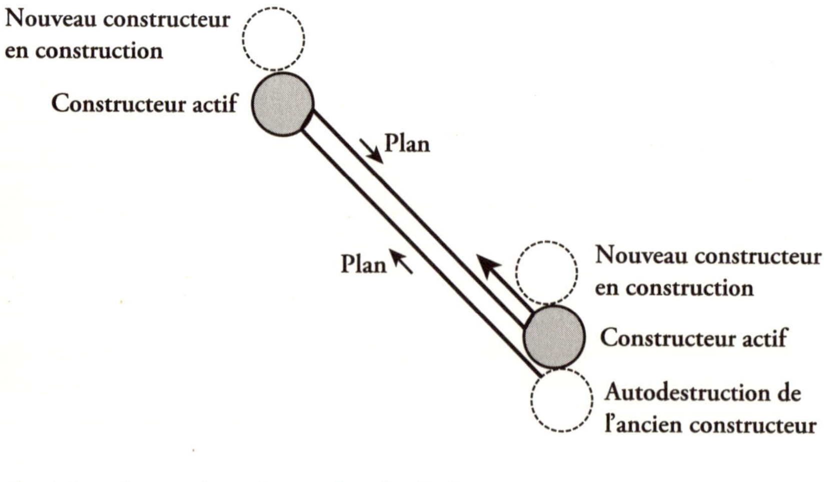

Gemini est le premier vaisseau dont le déplacement repose sur l'autoréplication.

— Le coup de génie de Wade, dit Paul, c'est d'avoir supprimé l'étape de la copie du plan et de simplement le faire surgir, en l'état, venu de nulle part, au moment précis où il faut donner ses instructions.

Gemini représente une autre avancée importante : c'est le premier vaisseau qui se déplace selon une trajectoire oblique, c'est-à-dire ni horizontalement, ni verticalement, ni à un angle de quarante-cinq degrés par rapport à la grille.

Paul me montre sur un bout de papier l'un des constructeurs de Gemini. Il me signale avec fierté qu'il provient de son ordinateur du jeu de la vie. Ça ressemble à un pâté géométrique de chevrons gris ordonnés et entourés de points minuscules. Je lui demande s'il a une image complète de Gemini. Il me répond que ça ne rimerait à rien, puisque à cette échelle il serait tellement fin qu'on ne le verrait pas. Le schéma est quasi totalement composé du flux de planeurs. Contrairement à ce qu'on pourrait penser, le plan occupe beaucoup, beaucoup plus de place que le constructeur. Von Neumann avait lui aussi conscience de ce déséquilibre : dans son automate, le constructeur tient sur une matrice de quatre-vingt-dix-sept cellules par cent soixante-dix, mais le plan est long de cent quarante-cinq mille trois cent quinze cellules. Les schémas de grande taille sont essentiellement constitués d'espace vide.

— Peut-être que la présence de tant d'espace dans le jeu de la vie correspond à la présence d'autant d'espace dans notre monde, dit Paul. Les atomes ont besoin de place pour faire ce qu'ils font.

Gemini a suscité des attentes concernant la prochaine étape de l'exploration du jeu de la vie, notamment autour de la perspective d'un schéma autoréplicatif avec variation[7]. Si un schéma produit des copies comportant de légères différences, une sélection naturelle de type darwinien s'ensuivra. En 1982, John Conway avait émis l'hypothèse que sur une grille suffisamment grande du jeu de la vie dans un état initial aléatoire, il était probable qu'« après une longue période de temps, des animaux intelligents autoréplicatifs apparaîtraient ». Trente ans plus tard, cette conjecture continue de faire battre le cœur de la communauté du jeu de la vie. Certains des travaux les plus excitants dans le domaine sont ceux accomplis par Nick Gotts, un analyste des systèmes complexes d'Aberdeen, en Écosse, qui découvre de nouveaux schémas en peuplant des grilles de façon aléatoire avec des cellules vivantes. Il a nommé son projet la « vie éparse », puisque la proportion des cellules vivantes par rapport aux mortes doit être maintenue faible, afin d'éviter un trop grand nombre d'interactions incontrôlables. « Dans certains des schémas sur lesquels j'ai travaillé, on dirait qu'il y a quelque chose qui ressemble à la sélection naturelle, a-t-il déclaré. Certains schémas modulent l'émergence d'autres types similaires de schémas. Je suis convaincu qu'en laissant tourner assez longtemps mon programme, la sélection naturelle apparaîtra. »

Des automates cellulaires plus élémentaires que le jeu de la vie sont capables de produire des comportements tout aussi complexes. Considérons un automate à *une* dimension, une rangée de cellules dont chacune n'a que deux voisines. Toutes sont soit vivantes, soit mortes.

Considérons la règle suivante :

Si les deux voisines d'une cellule sont dans le même état, cette cellule sera morte à la génération suivante. Autrement, elle reste vivante à la génération suivante.

Cette règle est illustrée ci-dessous. On y voit huit combinaisons possibles pour une cellule et ses deux voisines. Sous chaque combinaison se trouve l'état de la cellule après une génération. Dans la première combinaison, une cellule vivante est entourée de deux voisines vivantes. Elle meurt au coup suivant. Dans la deuxième, elle est flanquée à gauche d'une cellule vivante et à droite d'une cellule morte. Celle du milieu survit au prochain coup. Et ainsi de suite. Lorsque les deux voisines sont de la même couleur, la cellule en dessous est blanche. Lorsqu'elles sont de couleur différente, la cellule en dessous est noire.

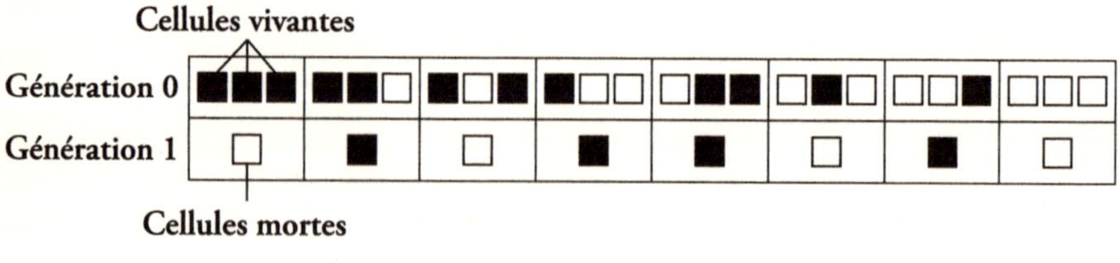

L'une des manières de se représenter cette règle consiste à imaginer un groupe d'individus faisant chaque matin la queue dans le même ordre en attendant le bus ; chacun a donc deux voisins, un de chaque côté. Mettons que la règle concerne le port d'un chapeau : si vos deux voisins portent un chapeau, cela devient trop ordinaire, alors le lendemain vous décidez de sortir nu-tête ; si aucun de vos voisins n'en porte, c'est que les chapeaux ne sont pas à la mode, alors vous n'en mettrez pas non plus le lendemain ; mais si un seul de vos voisins porte un chapeau, c'est que le chapeau n'est ni trop commun ni démodé, alors vous en mettrez un le lendemain. Voilà comment l'automate cellulaire peut nous procurer un modèle de la fluctuation quotidienne du port d'un couvre-chef.

Pour illustrer le comportement d'un automate cellulaire unidimensionnel, on trace une rangée avec une seule cellule vivante (génération 0), puis on applique la règle à chaque cellule pour générer une nouvelle rangée en dessous (génération 1). On applique ensuite la règle à chaque cellule de cette rangée-là pour en obtenir une autre (génération 2) et ainsi de suite. L'image ci-dessous nous montre ce que cela donne. (Notez bien que le sommet du triangle est la cellule vivante de la première rangée et que chaque ligne en dessous est une nouvelle génération, contrairement au jeu de la vie, où la grille entière représente une seule génération. Pour mieux faire apparaître le schéma, j'ai supprimé la grille.) Le résultat qu'on obtient, c'est la merveilleuse ziggourat qu'on appelle le « triangle de Sierpinski », une structure fractale de triangles gigognes.

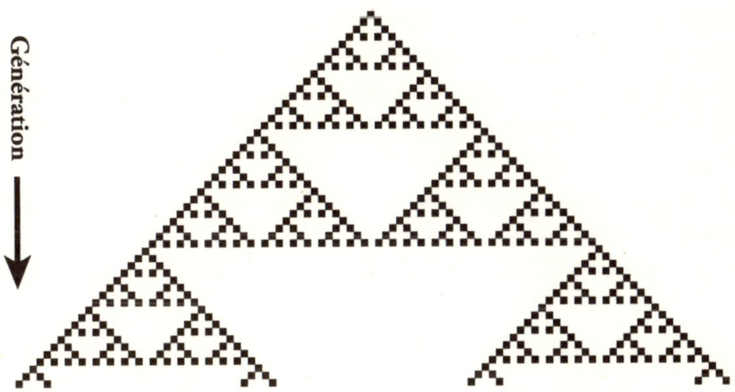

Étant donné que huit combinaisons sont possibles entre une cellule et ses deux voisines, et qu'il y a deux états possibles (vivant ou mort), il y a pour un automate cellulaire unidimensionnel $2^8 = 256$ ensembles distincts de « règles génétiques », numérotés de 1 à 256. Celui qui précède, la règle 90, produit des schémas ordonnés. D'autres, comme la règle 30, sont plus étranges. Cette règle et le schéma qu'elle produit à partir d'une seule cellule vivante sont illustrés ci-contre. La structure mêle les régions ordinaires et celles ayant un aspect organique. La crête dentelée de la pente gauche paraît ordonnée, mais si l'on se déplace vers la droite, on trouve une face rocheuse de triangles grêlés de forme bizarre.

Stephen Wolfram a fait gaufrer le schéma de la règle 30 sur ses cartes de visite. Lors de notre rencontre, il en sort une de son portefeuille et me la tend. Nous nous trouvons au siège de son entreprise, Wolfram Research, à Champaign, dans l'Illinois. Il a le visage d'un enfant prodige des mathématiques qui aurait passé la quarantaine : rond et pâle, quelques touffes de cheveux autour de sa boule de billard. Quand il parle, son regard se perd souvent à mi-distance, oscillant rapidement derrière ses lunettes, à la façon d'un voyant qui indiquerait que son cerveau est opérationnel. Wolfram a commencé jeune, il a publié son premier article scientifique alors qu'il était encore écolier à Eton, dans les années 1970. Peu après vingt ans, il a intégré l'Institute of Advanced Study de Princeton. Converti de la première heure à l'ordinateur, il a créé un langage informatique qui est devenu le fondement de Mathematica, un logiciel de traçage de courbes et de résolution d'équations très répandu aujourd'hui dans l'éducation et l'entreprise. Depuis 1987, il gère Wolfram Research qui, grâce au succès de Mathematica, lui permet de conduire ses propres travaux en toute indépendance à l'égard des universités.

Wolfram est le premier à avoir étudié un peu sérieusement l'automate cellulaire unidimensionnel, dans les années 1980, et c'est à lui qu'on doit la numérotation des règles de 1 à 256. Quand il a vu la règle 30, son intuition scientifique en a pris un coup.

— C'est la chose la plus surprenante qu'il m'ait jamais été donné de voir en science, dit-il.

Ce qui épatait Wolfram, c'est qu'une règle aussi simple puisse produire un schéma en apparence si complexe. Il a examiné de près la colonne située directement sous la cellule vivante initiale de la première rangée. En admettant qu'une cellule vivante corresponde à

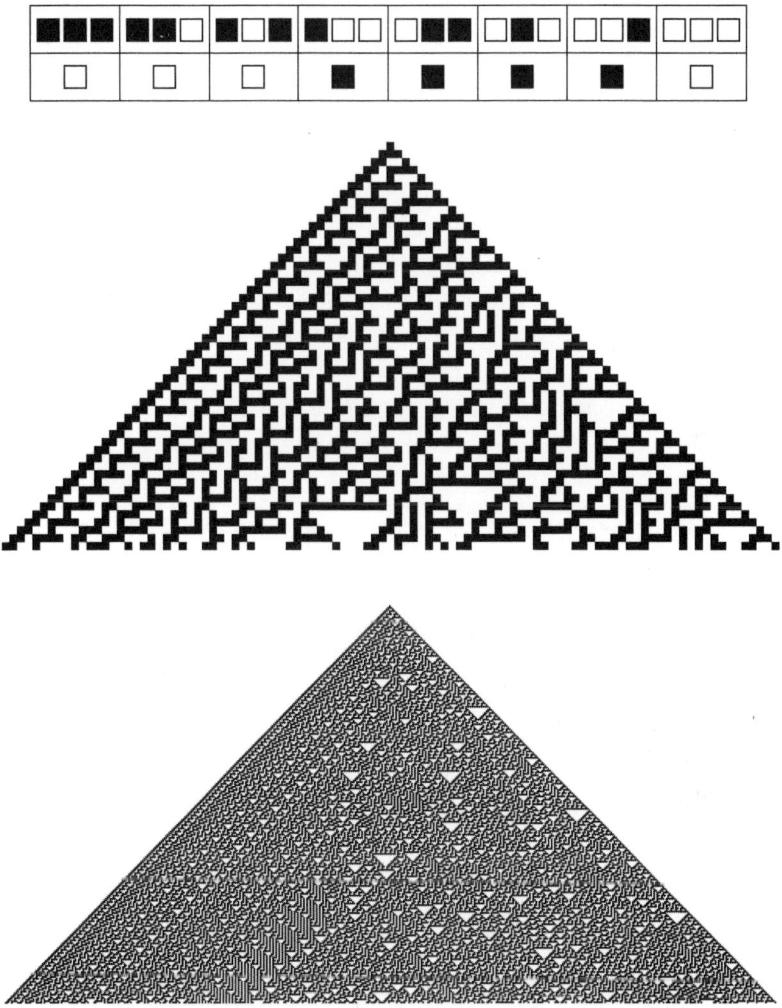

La règle 30 : ses lois génétiques, son évolution après cinquante générations et après plus de deux cents générations.

1 et une cellule morte à 0, la suite des états des cellules le long de la colonne donnait 1, 1, 0, 1, 1, 1, 0, 0, 1, 1, 0, 0, 0, 1, 0… Aucun schéma ne se dégageait. À sa grande surprise, des tests statistiques standard ont révélé que cette suite était parfaitement aléatoire. La règle 30 a beau se définir de façon déterministe, le schéma de sa colonne centrale est tellement imprévisible qu'on ne saurait la distinguer d'une succession de parties de pile ou face. (Wolfram a

breveté la règle 30 comme un générateur de nombres aléatoires, et elle est ainsi exploitée dans Mathematica.)

Une autre règle intéressait Wolfram, la règle 110, qui produisait une grille mêlant encore schémas réguliers et schémas apparemment aléatoires – c'était suffisamment complexe, pensait-il, pour pouvoir égaler les circuits d'un ordinateur, à la façon du jeu de la vie. En 2004, Matthew Cook a démontré que cette intuition était bonne. Il est donc théoriquement possible qu'une simple rangée de cellules accomplisse tout ce qu'accomplit un ordinateur, à partir d'un seul ensemble de règles déterminant si une cellule est morte ou vivante selon l'état de ses deux voisines. De même, il est possible qu'une seule rangée de personnes accomplisse tout ce qu'accomplit un ordinateur à partir d'un seul ensemble de règles déterminant si elles doivent ou non porter un chapeau.

L'automate cellulaire est un modèle mathématique discret où des règles locales invariables engendrent à une échelle supérieure un comportement étonnamment complexe. Wolfram est le grand porte-étendard de l'idée selon laquelle ce modèle ne sert pas qu'à l'amusement, mais permet d'expliquer la complexité du monde naturel. Il a produit un « résumé » de ses vues dans *A New Kind of Science* (Une science d'un nouveau genre), un livre de mille deux cent quatre-vingts pages publié à compte d'auteur en 2002[8]. Il y avance que les enseignements de l'observation de la règle 30, par exemple, révèlent un nouveau paradigme scientifique. Considérons le conus textile, un coquillage venimeux représenté ci-contre. L'idée qu'on se fait généralement de l'évolution explique les motifs qu'arbore sa coquille comme étant le fruit de la sélection naturelle. Mais retournez voir l'illustration de la règle 30 !

— C'est ça qui me frappe, dit Wolfram. On prend ces simples règles des automates cellulaires au hasard, et on obtient quelque chose comme le dessin de ce coquillage.

Wolfram va plus loin. Il pense que l'univers, à un niveau fondamental, est un automate cellulaire. Autrement dit, la structure de l'univers est à ses yeux similaire à la grille du jeu de la vie, mais au-delà du temps et de l'espace. De sorte que vous qui êtes assis là en train de lire ce livre seriez la énième génération d'une configuration initiale de cellules ayant évolué selon un petit ensemble de règles locales. Wolfram s'est donné pour mission de découvrir ces règles.

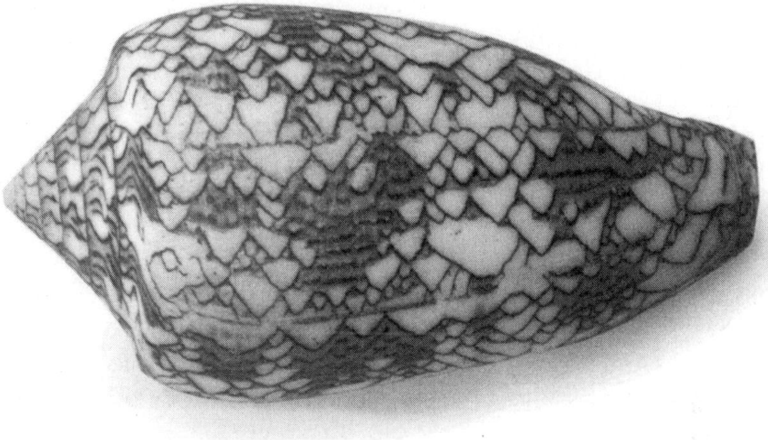

La coquille du conus textile, aussi appelé « toison d'or ».

— S'il s'avérait qu'elles sont l'équivalent de trois lignes de code et qu'on ne les a pas cherchées au cours de ce siècle, ce serait un peu honteux, explique-t-il.

Wolfram n'est pas le seul universitaire à penser que l'univers est un automate cellulaire, mais c'est celui qui a consacré le plus de temps et d'argent à en faire la démonstration. Il a systématiquement testé des ensembles de règles pour observer le type d'univers qu'elles produisent.

— Pendant quelque temps, j'ai pu m'amuser à dire que j'avais dans ma cave un ordinateur qui était en train de chercher l'univers.

Il décrit sa stratégie :

— On va voir tout au bout de différents ensembles très, très simples de règles, et certains s'avèrent assez vite sans espoir. L'univers meurt après deux étapes, par exemple. Ou alors il se déploie éternellement de telle sorte qu'aucun élément de l'univers ne communique avec un autre. Ce peut être tout type de pathologies. Alors on continue à éliminer ces univers-là, et au bout du millième, on se met à trouver ceux qu'on ne peut pas rejeter si facilement.

Il ajoute qu'il a rencontré des univers dont « il n'est pas flagrant qu'ils ne soient *pas* le nôtre », mais qu'à cause du temps et des difficultés qu'impose la gestion d'une entreprise technologique, il s'est laissé accaparer par d'autres projets. N'empêche, il compte bien reprendre sa chasse.

— J'espère pouvoir inscrire un jour sur ma carte de visite les règles de l'univers. Sur le plan professionnel, c'est sûr que ça en jetterait ! s'esclaffe-t-il.

Que l'univers soit ou non un automate cellulaire, le concept sert de plus en plus à modéliser scientifiquement tout un éventail de phénomènes, comme la fluidité de la circulation automobile, la propagation d'algues dans un lac ou la croissance des villes : une cellule représente alors une portion de route, un coin du lac ou une surface de terre. Une autre application, dont Craig Lent, de l'université Notre Dame (Indiana), est le pionnier, est l'élaboration d'un automate cellulaire à point quantique, où de minuscules points quantiques changent de charge électrique en fonction de la configuration des points voisins. Lent espère voir cette nanotechnologie remplacer un jour le transistor, car ce modèle à base de points serait plus petit et dégagerait beaucoup moins de chaleur que le modèle traditionnel. Si la technologie des points quantiques remplit ses objectifs, l'automate cellulaire pourrait bien devenir omniprésent dans les appareils électroniques.

John von Neumann et Stanislaw Ulam ont inventé l'automate cellulaire pour résoudre un problème inspiré du monde réel : comment faire en sorte qu'un ordinateur construise une copie identique de lui-même ? La perspective d'un avenir où les machines se répliquent elles-mêmes fait froid dans le dos. Mais John Conway a repris l'idée pour en faire un amusement mathématique saugrenu et captivant. Réinventés, les automates ont trouvé des usages sans rapport avec l'autoréplication. Le processus est familier : les mathématiciens se nourrissent de problèmes rencontrés dans le monde, ils batifolent avec les concepts pour s'amuser et parfois – après des années, des siècles, voire des millénaires – des applications apparaissent. Seules de nouvelles idées mathématiques peuvent faire progresser la technologie et permettre à la science de mieux expliquer le monde qui nous entoure. J'ai dit au début de ce livre que les mathématiques sont une blague. Permettez-moi de reformuler cette affirmation : les maths sont et ont toujours été un jeu.

Le jeu de la vie[9].

Glossaire

Angle droit : Quart de tour, ou quatre-vingt-dix degrés.

Automate cellulaire : Modèle mathématique constitué de cellules discrètes qui changent d'état à chaque unité de temps selon l'état des cellules voisines.

Autosimilarité : Propriété d'un objet qui est exactement le même, ou quasiment le même, qu'une partie de lui-même.

Axiome : Assertion supposée vraie et dont d'autres assertions sont déduites.

Bissectrice : Droite qui en coupe une autre à la moitié.

Calcul infinitésimal : Terme général désignant la dérivation et l'intégration, qui sont les outils mathématiques requis pour analyser des quantités variant l'une par rapport à l'autre.

Conjecture : Théorème non prouvé mais considéré comme vrai.

Constante : Nombre fixe, expression généralement utilisée par opposition à la variable, qui peut prendre un grand nombre de valeurs. Voir aussi *Constante mathématique*.

Constante du cercle : Autre appellation de *pi*, la circonférence d'un cercle divisée par son diamètre.

Constante exponentielle : Nombre commençant par 2,718 et qui a pour symbole *e*.

Constante mathématique : Nombre fixe qui survient naturellement dans les mathématiques, comme *pi* ou *e*.

Continu : De façon générale, une courbe continue est une courbe sans rupture, comme un trait au crayon qui barre la page. La définition stricte emprunte le concept de limite, trop détaillé et complexe pour être expliqué ici.

Continuité : Domaine traitant des notions mathématiques qui sont continues, comme les droites ou les aires.

Coordonnées cartésiennes : Représentation du plan où chaque point est déterminé par une position horizontale et verticale. On trace généralement le plan cartésien au moyen de deux axes perpendiculaires dont l'intersection est le point (0, 0).

Coordonnées polaires : Représentation du plan où chaque point est localisé par sa distance d'un certain point, le pôle, et l'angle qu'il décrit avec une direction donnée.

Corde : Droite reliant deux points d'un cercle.

Courbure : Mesure du degré de déviation d'une courbe par rapport à une droite.

Croissance/décroissance exponentielle : Lorsque le taux de croissance/décroissance d'une quantité est une proportion fixe du total.

Cycloïde : Trajectoire d'un point situé au bord d'une roue qui roule en ligne droite.

Démonstration : Fil de raisonnement établissant la véracité d'un théorème.

Dérivation : Processus consistant à transformer une courbe en sa dérivée.

Dérivée : Formule représentant l'inclinaison d'une courbe, ou le taux de changement d'une quantité variable.

Droite numérique : Interprétation géométrique des nombres, ordonnés le long d'une droite continue allant de moins l'infini vers la gauche à plus l'infini vers la droite, le 0 se trouvant au milieu.

e **:** Constante exponentielle, qui commence par 2,718.

Ensemble : Groupe de choses.

Équation différentielle : Équation qui inclut des dérivées ou des intégrales.

Équation polynomiale : Équation comportant des constantes et des variables qui n'emploient que l'addition, la soustraction, la multiplication et les puissances de nombres entiers. Toutes les équations qu'on nous enseigne à l'école sont polynomiales.

Excentricité : Mesure du degré de déviation d'une section conique par rapport à un cercle.

Exposant : Voir *Puissance.*

Factorielle : multiplication d'un entier naturel par tous les entiers naturels qui lui sont inférieurs. La factorielle de 5, par exemple, se note 5! et se calcule ainsi : $5 \times 4 \times 3 \times 2 \times 1 = 120$.

Forme : Géométrie extérieure d'un objet, indépendamment de sa taille ou de sa localisation.

Foyer : Point d'importance utilisé dans la construction géométrique de sections coniques.

Fractale : Objet contenant des éléments d'autosimilarité.

Fraction simple : Fraction s'écrivant avec un numérateur et un dénominateur, comme $\frac{1}{2}$ ou $\frac{457}{3}$.

Harmonographe : Instrument de dessin où un traceur décrit un mouvement harmonique simple dans au moins deux directions non parallèles.

Hypoténuse : Côté d'un triangle rectangle opposé à l'angle droit.

***i* :** Symbole de $\sqrt{-1}$.

Inclinaison : Mesure mathématique de la pente, du taux de changement de la distance verticale par rapport à la distance horizontale.

Intégrale : Formule décrivant l'aire sous une courbe, ou taux d'accumulation d'une quantité variable.

Intégration : Processus de transformation d'une courbe en son intégrale.

Lieu géométrique : Ensemble des points d'une courbe satisfaisant une contrainte mathématique donnée.

Limite : Si une suite de valeurs se rapproche de plus en plus d'une valeur donnée, au point d'en devenir aussi proche que possible, cette valeur donnée est la limite de la suite.

Logarithme : Pour une définition mathématique des logarithmes et de l'échelle logarithmique, voir l'annexe 1.

Loi de Benford : Phénomène par lequel dans un grand nombre d'ensembles de données survenant naturellement, les chances qu'un nombre commence par 1 sont d'environ 30,1 %, celles qu'il commence par 2 sont d'environ 17,6 % et ainsi de suite.

Loi de puissance : Deux variables suivent une loi de puissance si l'une est proportionnelle ou inversement proportionnelle à la puissance de l'autre.

Loi distributive : Règle élémentaire de l'arithmétique, selon laquelle pour les nombres a, b, et c : $(a + b)c = ac + bc$.

Loi scalante : Équation dont une variable est la grandeur et l'autre varie en fonction de la grandeur.

Mouvement harmonique simple : Oscillation sinusoïdale dans la durée.

Nombre complexe : Nombre de forme $a + bi$, où a et b sont des nombres réels et i est $\sqrt{-1}$.

Nombre entier : Dans ce livre, ce sont les nombres positifs (1, 2, 3…).

Nombre imaginaire : Tout multiple de i.

Nombre premier : Nombre entier supérieur à 1 seulement divisible par lui-même et par 1 (par exemple 2, 3, 5, 7, 11, 13, 17…).

Nombre réel : N'importe quel point de la droite des nombres, qui comprend les entiers, les fractions simples et les nombres comme *pi* et *e* qui ne peuvent s'écrire sous forme de fraction simple.

Nomogramme : Diagramme permettant d'effectuer des calculs en traçant une droite et en vérifiant si elle traverse une valeur donnée.

Onde périodique : Onde qui se répète à intervalle fixe.

Onde sinusoïdale : Courbe générée par le déplacement vertical d'un point en rotation atour d'un cercle.

Origine : Point (0, 0) d'un repère de coordonnées.

***Pi* :** Valeur numérale de la circonférence d'un cercle divisée par son diamètre, qui commence par 3,14.

Plan complexe : Interprétation géométrique des nombres complexes, analogue aux coordonnées cartésiennes, où l'axe horizontal représente les nombres réels et l'axe vertical représente les nombres imaginaires.

Polygone : Forme bidimensionnelle dont le contour est constitué de droites.

Puissance : Lorsqu'un nombre *n* est multiplié par lui-même à *a* reprises, cela s'écrit n^a, et on dit que *a* est la puissance, ou l'exposant, de *n*.

Repère log-log : Graphique dont les deux axes sont une échelle logarithmique.

Roulette : Courbe que décrit un point d'une roue pendant qu'elle roule.

Section conique : Courbes obtenues par l'intersection d'un plan et d'un cône – le cercle, l'ellipse, la parabole et l'hyperbole.

Série de Fourier : Somme (d'un nombre possiblement infini) de sinusoïdes qui, additionnées, constituent l'onde dont il est question.

Similaire : Décrit deux objets de même forme, mais pas de même taille.

Sinus : Rapport trigonométrique issu de la division du côté opposé par l'hypoténuse.

Sinusoïde : Courbe ayant la forme d'une onde sinusoïdale.

Sommet : L'une des pointes d'un triangle, ou de toute autre forme constituée de droites.

Tangente : Droite qui touche une courbe en un seul point. Également, rapport trigonométrique de la division du côté opposé par le côté adjacent.

Théorème : Assertion qui ne va pas de soi, mais qui a été prouvée par raisonnement déductif.

Théorème fondamental de l'algèbre : Théorème selon lequel toutes les équations polynomiales peuvent se résoudre et la solution est toujours un nombre complexe.

Théorème fondamental de l'arithmétique : Théorème selon lequel tout entier naturel supérieur à 1 est soit un nombre premier, soit le produit d'une combinaison unique de nombres premiers.

Théorème fondamental du calcul infinitésimal : Théorème selon lequel l'intégration est l'inverse de la dérivation, et réciproquement.

Théorie des ensembles : Branche des mathématiques qui s'intéresse aux propriétés des ensembles, et au fait qu'ils offrent un fondement à l'arithmétique.

Transformée de Fourier : Processus de transformation d'une onde périodique en série de Fourier. Nom de cette série.

Transformée de Fourier rapide, ou FFT (*Fast Fourier Transform*) : Algorithme permettant le calcul rapide d'une série de Fourier.

Triangle équilatéral : Triangle dont les trois côtés sont égaux.

Triangulation : Mesure des distances à travers les rapports trigonométriques.

Trigonométrie : Champ mathématique dérivé de l'étude des rapports entre les côtés d'un triangle rectangle.

Variable : Quantité pouvant prendre différentes valeurs.

Annexe 1

Un logarithme se définit comme suit :

Si $a = 10^b$, le logarithme de a est b, ce qui s'écrit alors : $\log a = b$. Autrement dit, lorsqu'un nombre a est exprimé sous forme de puissance de 10, le logarithme de a est la valeur de cette puissance.

Voici quelques logarithmes simples :

$\log 10 = 1$, car $10 = 10^1$
$\log 100 = 2$, car $100 = 10^2$
$\log 1\,000 = 3$, car $1\,000 = 10^3$

Et voici une table de logarithmes des nombres entre 1 et 10 :

log 1 = 0	log 6 = 0,778
log 2 = 0,301	log 7 = 0,845
log 3 = 0,477	log 8 = 0,903
log 4 = 0,602	log 9 = 0,954
log 5 = 0,699	log 10 = 1

Si l'on place les log de 1 à 10 sur une droite selon leur valeur, on obtient l'échelle logarithmique de 0 à 1. Les logarithmes sont de plus en plus groupés à mesure qu'on avance :

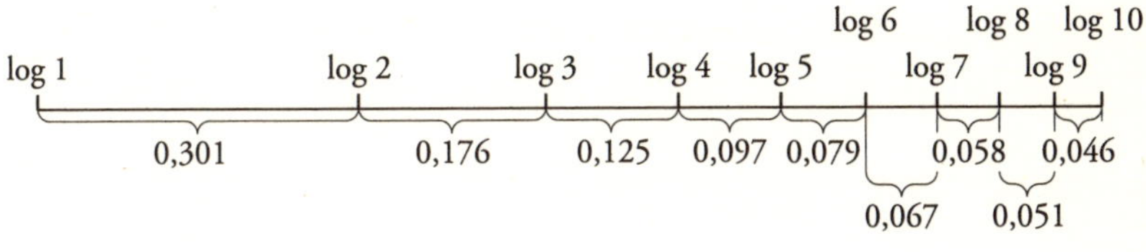

J'ai aussi indiqué les distances séparant les logarithmes. Vous reconnaîtrez les pourcentages de la fréquence des premiers chiffres évoqués p. 44. Autrement dit, si je choisis sur la droite un point au hasard entre 0 et 1, j'ai 30,1 % de chances de tomber dans l'intervalle entre log 1 et log 2, 17,6 % de chances de tomber dans celui entre log 2 et log 3, et ainsi de suite.

De même, la longueur du premier intervalle est log 2 – log 1, celle du deuxième est log 3 – log 2, et celle de l'intervalle *d* sera log (*d* + 1) – log *d*. Cela signifie que les probabilités peuvent s'exprimer plus concisément log (*d* + 1) – log *d* pour chaque chiffre *d*.

Annexe 2

Nous allons voir ici que toute équation de forme $y = \frac{k}{x^a}$ produira invariablement une droite penchant à gauche sur un repère log-log. Et réciproquement, qu'une droite penchant à gauche sur un repère log-log peut toujours s'écrire comme une équation de la forme qui précède. Si les axes indiquent les logarithmes du rang et de la fréquence, une droite penchant à gauche produit l'équation de la loi de Zipf : $\text{fréquence} = \frac{k}{\text{rang}^a}$.

Partons du principe que nous possédons quelques rudiments de géométrie des coordonnées, comme la notion d'inclinaison, et certaines propriétés élémentaires des logarithmes. Acceptons aussi pour vraie l'affirmation suivante :

(1) *Sur un repère de coordonnées où x et y indiquent les axes vertical et horizontal, toutes les droites peuvent s'écrire sous la forme* y = mx + c, *où* m *est l'inclinaison de la droite et* c *le point où elle traverse l'axe vertical.*

On part donc de :

$$y = \frac{k}{x^a}$$

Prenons le log des deux côtés de l'équation :

$$\log y = \log\left(\frac{k}{x^a}\right)$$

Selon les propriétés des logarithmes, cela peut se développer sous la forme :

$$\log y = \log k - \log x^a$$

et encore :

$$\log y = \log k - a\log x$$

En admettant que $\log y = \mathrm{Y}$ et $\log x = \mathrm{X}$, cette équation devient :

$$\mathrm{Y} = a\mathrm{X} + \log k$$

Du présupposé (1) qui précède, on sait que sur un graphique où X et Y désignent respectivement les axes horizontal et vertical, il s'agit d'une droite d'inclinaison $-a$ qui coupe l'axe vertical en $\log k$.

Étant donné que $X = \log x$ et $Y = \log y$, le graphique doit occuper un repère log-log, et puisque l'inclinaison est négative, on sait que la droite penche à gauche.

De même, imaginons une droite penchant à gauche sur un repère log-log. Selon (1), cette droite peut s'écrire sous la forme :

$$\log y = a \log x + c$$

(Étant donné que la droite penche à gauche, on peut préciser que l'inclinaison est négative.)

Si l'on admet que $c = \log k$, on obtient l'équation :

$$\log y = -a \log x + \log k$$

ou :

$$\log y = \log k - a \log x$$

Selon les propriétés des logarithmes, cela peut se réécrire :

$$\log y = \log k - \log x^a$$

et encore :

$$\log y = \log \left(\frac{k}{x^a}\right)$$

Ce qui signifie que :

$$y = \frac{k}{x^a}$$

Mission accomplie !

Ajoutons à titre de corollaire que l'équation $y = kx^a$ produit une droite penchant à droite sur un repère log-log, et que toute droite inclinée à droite sur un repère log-log peut se représenter par une équation de ce type.

Annexe 3

Hauteur d'une montagne

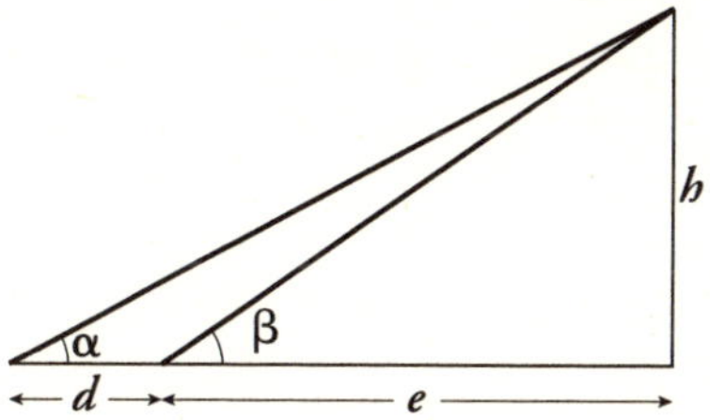

L'illustration reproduit les triangles de la p. 86. Notre objectif est de calculer la hauteur de la montagne, h, en ne connaissant que α, β et d. Soit e la distance entre le point directement situé sous le sommet et le point d'observation le plus proche.

On sait que :

$$\tan\alpha = \frac{h}{(d+e)}$$

et que :

$$\tan\beta = \frac{h}{e}$$

Réarrangeons ces équations :

$$h = (d+e)\tan\alpha$$
$$h = e\tan\beta$$

Par conséquent :

$$(d+e)\tan\alpha = e\tan\beta$$

qui se réécrit :

$$e = \frac{d\tan\alpha}{\tan\beta - \tan\alpha}$$

L'équation de départ :

$$\tan\beta = \frac{h}{e}$$

se réécrit :

$$h = e\tan\beta$$

On peut donc dire que :

$$h = \frac{d\tan\alpha\tan\beta}{\tan\beta - \tan\alpha}$$

La hauteur est donc ainsi décrite par les seuls termes α, β et *d*.

Rayon de la Terre

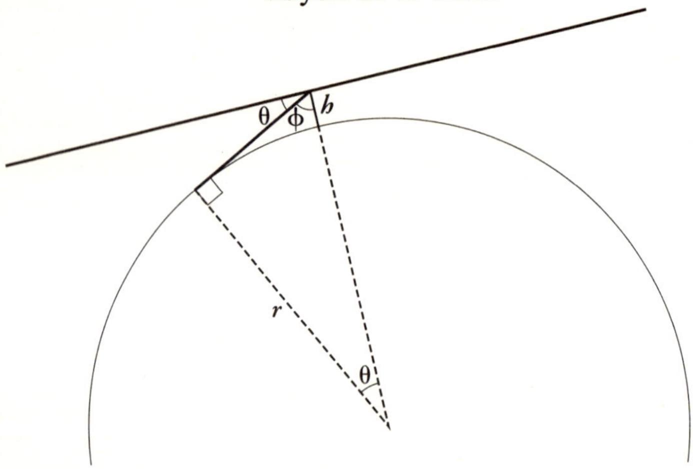

L'illustration reprend le triangle de la p. 87. On connaît θ, l'angle entre l'horizontale et l'horizon, et *h*, la hauteur de la montagne. On cherche à calculer le rayon de la Terre, *r*.

La première étape consiste à démontrer que l'angle au centre de la Terre est θ. On peut déduire que l'angle doit être de 90 – θ. Étant donné que la somme des angles d'un triangle doit être égale à cent quatre-vingts degrés, l'angle au centre doit être θ.

On sait que :

$$\cos\theta = \frac{r}{(r+h)}$$

Par conséquent :

$$(r + h) \cos \theta = r$$
$$r\cos \theta + h\cos \theta = r$$

On réécrit :

$$r\cos \theta - r\cos \theta = h\cos \theta$$
$$r(1 - \cos \theta) = h\cos \theta$$

Par conséquent :

$$r = \frac{h\cos \theta}{1 - \cos \theta}$$

Annexe 4

La machine à multiplier

Proposition : Pour multiplier $a \times b$, je trace une droite sur la parabole $y = x^2$ entre le point où $x = -a$ et celui où $x = b$, comme illustré. La droite qui relie ces points traverse l'axe des y en $a \times b$.

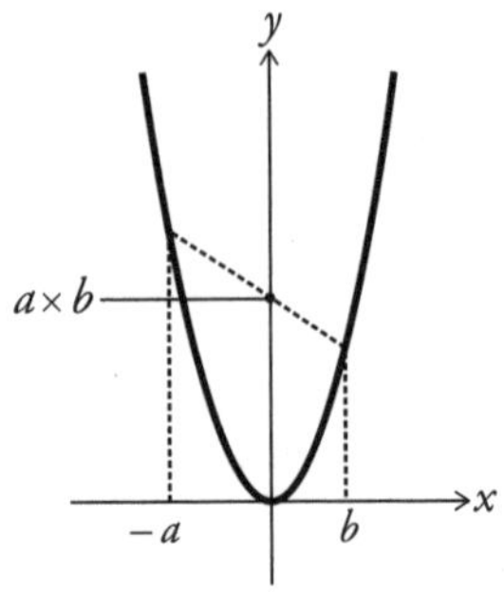

Démonstration : Il faut d'abord admettre une règle mathématique selon laquelle une droite traversant un point de coordonnées (p, q) a pour équation $y - q = (x - p)m$, où m est l'inclinaison.

La droite sur le diagramme relie les points $(-a, a^2)$ et (b, b^2).

L'inclinaison de la droite, qui est la longueur verticale divisée par la longueur horizontale, est :

$$\frac{b^2 - a^2}{b + a}$$

qui peut s'écrire :

$$\frac{(b + a)(b - a)}{b + a}$$

qui se réduit à $b - a$.

L'équation de la droite est donc :

$$y - a^2 = (x + a)(b - a)$$

qui peut s'écrire :

$$y - a^2 = xb - xa + ab - a^2$$

Les termes $-a^2$ s'annulent, ce qui nous laisse :

$$y = xb - xa + ab$$

Lorsque la droite traverse l'axe vertical, $x = 0$, par conséquent :

$$y = ab$$

Autrement dit, la droite traverse l'axe en ab, c'est-à-dire $a \times b$.

Annexe 5

Si une somme S est composée à taux r, après t intervalles de composition, la valeur de la somme est égale à :

$$S\,(1 + r)^t$$

La somme doublera quand $(1 + r)^t = 2$.

On peut résoudre cette équation en prenant les logarithmes naturels des deux côtés. Ce sont des logarithmes en base e, et ils s'écrivent ln. Par conséquent :

$$\ln\,(1 + r)^t = \ln 2$$

qui se réduit à :

$$t \ln\,(1 + r) = \ln 2$$

Par conséquent :

$$t = \frac{\ln 2}{\ln\,(1 + r)}$$

Quand r est petit, $\ln\,(1 + r) \approx r$, ce qui nous permet de réécrire l'équation :

$$t \approx \frac{\ln 2}{r}$$

qui est identique à :

$$t \approx \frac{0{,}69}{r}$$

Si r est le taux exprimé sous forme de fraction, soit R le taux exprimé en pourcentage. Il faut multiplier le haut et le bas par 100 :

$$t \approx \frac{69}{\mathrm{R}}$$

Par conséquent, le nombre d'intervalles de composition t nécessaires pour qu'une quantité atteigne son double est de 69 divisé par le pourcentage de taux de croissance R.

(À noter : 72 étant un nombre plus facilement divisible que 69, on l'emploie plus souvent, mais 69 serait plus juste.)

Annexe 6

L'aire du plus grand carré noirci est de $\frac{1}{4}$. Celle du deuxième par ordre décroissant vaut le quart de celle du plus grand, elle est donc de $\frac{1}{16}$. Celle du troisième vaut encore le quart de cette dernière, et ainsi de suite. Par conséquent, l'aire totale de la zone noircie est :

$$\frac{1}{4}+\frac{1}{4^2}+\frac{1}{4^3}+\ldots$$

Mais pour chaque carré noirci, il y a exactement deux carrés vierges de même taille. Les carrés noircis doivent donc représenter $\frac{1}{3}$ du carré total.

Par conséquent :

$$\frac{1}{3}=\frac{1}{4}+\frac{1}{4^2}+\frac{1}{4^3}+\ldots$$

Annexe 7

Comment partager équitablement un gâteau entre trois personnes ? Appelons ces trois individus Hugo, Stefan et Stanislaw, en hommage aux trois principaux contributeurs au *Livre écossais*.

Étape n° 1 : C'est Hugo qui tranche. Il s'efforce de faire une part constituant un tiers du gâteau.

Étape n° 2 : Hugo donne cette tranche à Stefan, qui doit juger si, à son avis, elle fait bien un tiers ou pas. S'il l'estime trop épaisse, il en retranche un peu.

Étape n° 3 : La tranche est transmise à Stanislaw, qui peut décider de l'accepter ou pas. S'il l'accepte, Hugo et Stefan n'ont plus qu'à se partager le reste du gâteau plus tout ce que Stefan aura retranché. L'un des deux divise l'ensemble en 2, l'autre choisit.

Étape n° 4 : Si Stanislaw refuse la tranche, il reste deux possibilités, selon que Stefan a retranché quelque chose ou non à la tranche d'Hugo :

- Si Stefan a retranché quelque chose, alors elle lui revient. Les deux autres se partagent le reste comme indiqué à l'étape n° 3.
- Si Stefan n'a rien retranché, alors c'est Hugo qui la prend et les deux autres se partagent le reste.

La méthode est parfaitement cohérente sur le plan logique, mais elle n'évite pas forcément toute contestation.

Annexe 8

La fig. 1 ci-après nous montre le crible d'Ératosthène à la génération 0. Dans la fig. 2, il en est à la génération 650, une fois les nombres (premiers) 2, 3, 5, 7 et 11 à l'abri, et la fig. 3 est un détail du champ de tir de planeurs de la fig. 2.

La procédure est la suivante : le schéma entouré en 2 et nommé « Canon A » tire des planeurs de gauche à droite, et chacun représente un nombre impair. Ils ne ressortiront de la structure principale que s'ils parviennent à éviter d'être atteints par les canons alignés juste au-dessus d'eux.

Regardons ces canons de plus près. De droite à gauche, c'est-à-dire par ordre de création, le premier, le Canon B, tire un planeur en diagonale vers le bas et à gauche tous les trois intervalles. Ce canon annihilera tous les vaisseaux représentant un nombre divisible par 3. Le deuxième, le Canon C, tire un planeur tous les cinq intervalles, détruisant tous les vaisseaux représentant les nombres divisibles par 5. Le suivant détruira tous les vaisseaux représentant des multiples de 7 et ainsi de suite. Pour généraliser : lorsque le Canon A produit un vaisseau représentant le nombre impair *n*, le couloir s'étire vers la gauche afin de faire de la place à un canon qui tire des planeurs à intervalle *n*. Il découle de cette combinaison que seuls les vaisseaux occupant la position d'un nombre premier passeront à travers. Si *n* n'est pas premier, il possède au moins deux diviseurs et le vaisseau en position *n* finira par se faire pulvériser par le canon tirant ses planeurs à l'intervalle correspondant au plus grand diviseur de *n*.

Si le Canon A est conçu pour ne lancer que des planeurs occupant une position impaire, et pas des positions paires et impaires, c'est pour faire au plus simple. Au-dessus de 2, tous les nombres premiers sont impairs, alors il est inutile de construire des planeurs pairs puisqu'ils seront forcément détruits. Le vaisseau initial occupant la deuxième position est offert en cadeau bonus au début du flux.

Fig. 1 Génération 0

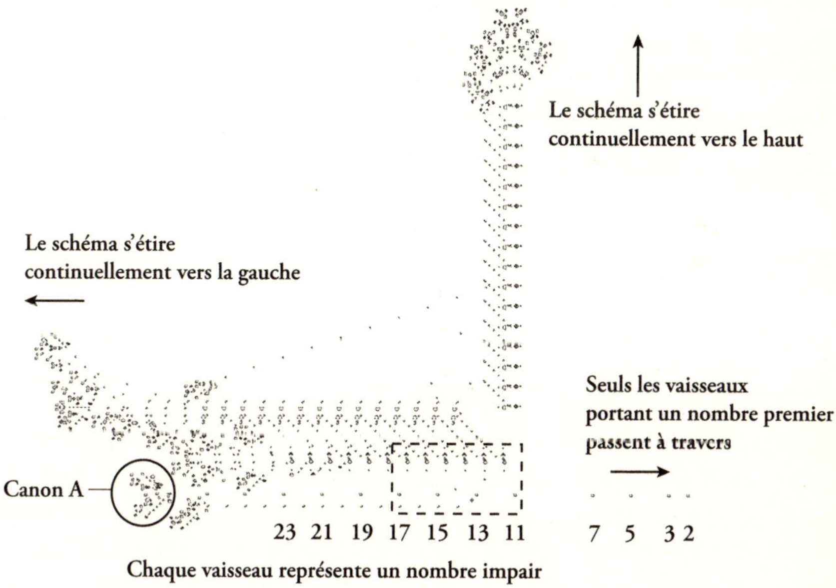

Fig. 2 Génération 650

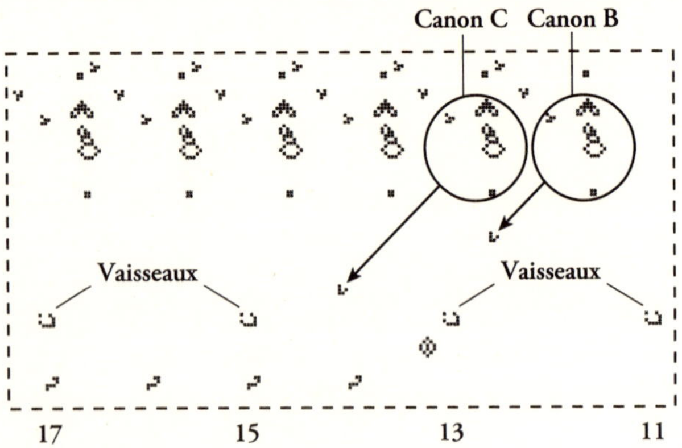

Fig. 3 Détail de la génération 650

Notes

CHAPITRE 1

1. Il n'y a qu'une et une seule façon de décomposer un nombre premier en d'autres nombres premiers. Par exemple, 2 763 se décompose sous la forme 3 × 3 × 307, et cette combinaison de premiers est la seule à donner 2 763 lorsqu'on fait la multiplication de ces nombres. L'affirmation selon laquelle tout nombre peut se décomposer sous forme de combinaison unique de nombres premiers s'appelle le « théorème fondamental de l'arithmétique ».

2. Le plus célèbre exploit arithmétique accompli par une personne atteinte du « syndrome du savant » (expression qui désigne toute personne souffrant d'un trouble assimilé à l'autisme et dotée d'aptitudes phénoménales) concerne aussi les nombres premiers. Dans *L'Homme qui prenait sa femme pour un chapeau* (Seuil, 1992), Oliver Sacks raconte le cas des jumeaux américains John et Michael qui jouent à un jeu dans lequel il faut penser à des nombres à six chiffres. Il les décrit qui retournent les nombres dans leur tête et les savourent « comme deux grands amateurs de vins ». Quand Sacks vérifie ces nombres, il s'aperçoit que tous sont premiers, alors il fait monter les enchères en proposant un nombre premier à huit chiffres. Cela incite les jumeaux à échanger des premiers de plus en plus grands, au point, une heure après, d'atteindre vingt chiffres, bien qu'à ce stade Sacks n'ait plus aucun moyen de vérifier s'il s'agit bien de premiers. John et Michael, les « jumeaux aux premiers », ne sont pas à confondre avec les « premiers jumeaux », qui sont, comme 29 et 31, des nombres premiers ne différant que de 2. Allan W. Snyder, de l'université de Sydney, estime que tous les humains sont mentalement équipés pour accomplir ces calculs apparemment savants, mais que la disposition du câblage cérébral les

en empêche. Lors d'expériences, Snyder a montré que le raisonnement mathématique des individus peut progresser si l'on induit un petit courant électrique dans leur cerveau, selon une technique appelée « stimulation transcrânienne à courant direct ». Selon sa théorie, le courant électrique inhibe temporairement l'activité neuronale, libérant le savant qui est en nous. Les travaux de Snyder prêtent à controverse, mais d'autres universités trouvent actuellement des résultats similaires.

3. Ifrah, Georges, *Histoire universelle des chiffres*, Robert Laffont, 1994.

4. Hopper, Vincent F., *La Symbolique médiévale des nombres*, Gérard Monfort Éditeur, 1994.

5. Le terme anglais *odd* vient du scandinave *oddr*, qui signifie « lance ». De la forme de la lance est venu *oddi*, qui en islandais ancien signifie « triangle », ou « langue de terre ». (Oddi est aussi le nom de l'école religieuse où Snorri Sturluson, le grand poète et historien du pays, vécut au XIIe siècle. C'est aujourd'hui une destination touristique.) Du triangle, on en est venu à ce qu'*odd* désigne le membre non apparié d'un groupe de trois, puis de n'importe quel groupe. (Source : *Oxford English Dictionary*, et Anatoly Liberman, Oxford University Press, blog.oup.com/category/language-words/oxford_etymologist.)

6. Les mathématiques nous procurent un autre terme désignant couramment l'étrangeté : « excentrique », qui désignait à l'origine un cercle entourant la Terre dont le centre n'est pas celle-ci.

7. Nishiyama, Yutaka, « Odd and even number cultures », *Mathematics for Scientists*, 2005.

8. Nishiyama, Yutaka, « Why ¥2000 notes are unpopular », *Osaka Keidai Ronshu*, vol. 62, n° 5, 2012.

9. Simmons, Lee C., et M. Schindler, Robert, « Cultural superstitions and the price endings used in Chinese advertising », *Journal of International Marketing*, 2003.

10. Hines, Terence M., « An odd effect : Lengthened reaction times for judgements about odd digits », *Memory & Cognition*, 1990.

11. Wilkie, James E. B., et Bodenhausen, Galen V., « Are numbers gendered ? », *Journal of Experimental Psychology : General*, 2012.

12. Dans des travaux ultérieurs en cours de publication, James E. B. Wilkie montre que les femmes seraient globalement plus sensibles aux associations de nombres que les hommes.

13. Hopper, Vincent F., *La Symbolique médiévale des nombres*, *op. cit.*

14. King, Dan, et Janiszewski, Chris, « The sources and consequences of the fluent processing of numbers », *Journal of Marketing Research*, 2011.

15. Thomas, Manoj, Simon, Daniel H., et Kadiyali, Vrinda, « The price precision effect : Evidence from laboratory and market data », *Marketing Science*, 2010.

16. Guéguen, Nicolas, *et al.*, « Nine-ending prices and consumers' behavior : A field study in a restaurant », *International Journal of Hospitality Management*, 2009.

17. Poundstone, William, *Priceless*, Oneworld, 2010.

18. Yang, Sybil S., Kimes, Sheryl E., et Sessarego, Mauro M., « $ or dollars : Effects of menu-price formats on restaurant checks », *Cornell Hospitality Report*, 2009.

19. Au restaurant, l'exemple le plus courant du fait qu'une colonne de nombres invite à choisir en fonction du prix plutôt que du produit est la tendance des clients à commander la deuxième bouteille par ordre de prix croissant dans la liste des vins. Choisir la moins chère ferait trop pingre, surtout s'il s'agit d'un dîner galant. C'est souvent sur la bouteille mentionnée immédiatement au-dessus de la moins chère que les restaurants font leur plus belle marge.

20. Englich, Birte, Mussweiler, Thomas, et Strack, Fritz, « Playing dice with criminal sentences : The influence of irrelevant anchors on experts' judicial decision making », *Personality and Social Psychology Bulletin*, 2006.

21. Mon enquête sur Internet, www.favouritenumber.net, a été mise en ligne en 2011. Sur la page d'accueil, un texte introductif était suivi de deux phrases : « Mon nombre préféré est... », « C'est mon nombre préféré parce que... ». Les participants pouvaient répondre en chiffres ou en lettres. Les résultats ici présentés reposent sur les trente-trois mille cinq cent treize premières réponses, dont trois mille quatre cent quatre-vingt-onze étaient nulles ou vides. Au moment de la mise sous presse de ce livre, on avait dépassé les quarante-deux mille participants.

22. Zerubavel, Eviatar, *The Seven Day Circle*, Free Press, 1985.

23. Ifrah, Georges, *Histoire universelle des chiffres*, *op. cit.*

24. Kubovy, Michael, et Psotka, Joseph, « The predominance of seven and the apparent spontaneity of numerical choices », *Journal of Experimental Psychology : Human Perception and Performance*, 1976.

25. Entre 1 et 50 dix-huit choix sont possibles de nombres impairs à deux chiffres distincts (dont huit nombres dont les deux chiffres sont impairs) et le 15 est mentionné dans l'énoncé, si bien qu'il a peu de chances d'être donné par le participant. Dans *The Psychology of the Psychic* (Prometheus Books, 1980), David Marks et Richard Kammann ont fait le test sur une classe d'étudiants en psychologie, et plus du tiers a choisi le 37. Voici les résultats : 37 (35 %), 35 (23 %), 17 (10 %), 39 (10 %), 19 (9 %), 31 (5 %), 13 (5 %), autres (3 %).

26. La plupart des gens songent au 37.

27. King, Dan, et Janiszewski, Chris, « The sources and consequences of the fluent processing of numbers », *art. cit.*

28. Milikowski, Marisca, « Knowledge of numbers : A study of the psychological representation of the numbers 1 – 100 », thèse de doctorat à l'université d'Amsterdam, 1995.

CHAPITRE 2

1. *Domesday Book : A Complete Translation*, Penguin Classics, 2003.

2. Newcomb, Simon, « Note on the frequency of use of the different digits in natural numbers », *American Journal of Mathematics*, 1881.

3. Benford, Frank, « The law of anomalous numbers », *Proceedings of the American Philosophical Society*, 1938.

4.

Nombre	1	2	3	4	5	6	7	8	9
Selon Benford	30,1	17,6	12,5	9,7	7,9	6,7	5,8	5,1	4,6
Comtés	30,2	18,8	12,2	9,9	7,1	6,3	5,7	4,8	5,0
Chiffre d'affaires	30,2	17,7	12,5	9,8	7,9	6,7	5,7	5,1	4,5

Les données démographiques proviennent de l'American Community Survey 2007-2011. Les données financières sont établies à partir d'environ 1,4 million de données recueillies sur Compustat par Jialan Wang.

5. De Marchi, Scott, et Hamilton, James T., « Assessing the accuracy of self-reported data : An evaluation of the toxics release inventory », *Journal of Risk and Uncertainty*, 2006.

6. Mebane Jr., Walter R., « Fraud in the 2009 presidential election in Iran ? », *Chance*, 2010.

7. Sambridge, Malcolm, *et al.*, « Benford's law in the natural sciences », *Geophysical Research Letters*, 2010.

8. Hanley, Miles L., *Word Index to James Joyce's Ulysses*, University of Wisconsin Press, 1953.

9. Zipf, George Kingsley, *Human Behavior and the Principle of Least Effort*, Addison-Wesley, 1949.

10. Un mot n'apparaissant qu'une seule fois dans un texte est un *hapax legomenon*, une appellation qui ferait plutôt penser à un personnage d'Astérix ou à un groupe de heavy metal scandinave… et qui n'apparaîtra qu'une fois dans ce livre.

11. Koch, Richard, *Le Principe 80/20*, Éditions de l'Homme, 2007.

12. Liljeros, Fredrik, *et al.*, « The web of human sexual contacts », *Nature*, 2001.

13. Johnson, N., *et al.*, « From old wars to new wars and global terrorism », arXiv:physics/0506213, 2005.

14. Oliveira, João Gama, et Barabási, Albert-László, « Human dynamics : Darwin and Einstein correspondence patterns », *Nature*, 2005.

15. Iba, Takashi, *et al.*, « Power-law distribution in Japanese book sales market », *Fourth Joint Japan-North America Mathematical Sociology Conference*, 2008.

16. Buchanan, Mark, *Ubiquity*, Weidenfeld & Nicolson, 2000.

17. Barabási, Albert-László, *Linked*, Perseus, 2002 ; Barabási, Albert-László, *Bursts*, Penguin, 2010.

18. Stumpf, Michael P. H., et Porter, Mason A., « Critical truths about power laws », *Science*, 2012 ; Clauset, Aaron, Shalizi, Cosma Rohilla, et Newman, M. E. J., « Power-law distributions in empirical data », *SIAM Review*, 2009.

19. Dans le *Discours contenant deux sciences nouvelles*, Galilée produit l'image suivante de deux os, l'un petit et fin, l'autre grand et épais. Il écrit que pour un grand animal, le grand os « remplirait la même fonction que remplit le petit pour un petit animal ». Nylabone, un fabricant d'accessoires pour animaux de compagnie, commercialise un os synthétique qui a la forme du plus gros. Baptisé précisément « Galilée », ce serait « l'os pour chien le plus costaud du monde ».

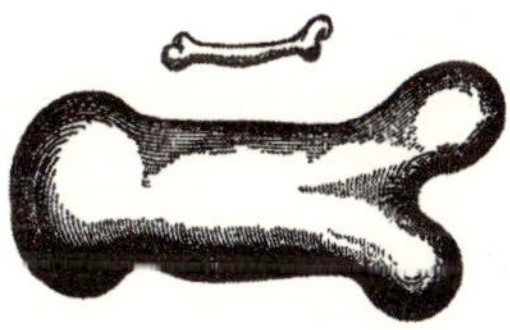

20. Mitchell, Melanie, *Complexity : A Guided Tour*, Oxford University Press, 2009.

21. West, Geoffrey B., Brown, James H., et Enquist, Brian J., « A general model for the origin of allometric scaling laws in biology », *Science*, 1997.

22. Bettencourt, Luís M. A., *et al.*, « Growth, innovation, scaling, and the pace of life in cities », *PNAS*, 2007.

CHAPITRE 3

1. Rob connaît l'existence de six mille cent soixante-dix-sept postes de triangulation en Grande-Bretagne, dont quarante-cinq ne sont plus que ruines et cent ont été renversés. La plupart de ceux qu'il lui reste à voir

se trouvent sur des îles. Il a vu à distance deux bornes situées sur les terres du ministère de la Défense, dont l'une sur la base nucléaire sous-marine de Coulport, en Écosse, mais n'a pas été autorisé à en approcher. Seuls quatre collectionneurs à part lui ont vu plus de trois mille postes de triangulation.

2. Pour les aspects techniques de la mesure de la pyramide par Thalès voir Redlin, Lothar, Viet, Ngo, et Watson, Saleem, « Thales's shadow », *Mathematics Magazine*, 2000. Les auteurs montrent que le soleil n'est perpendiculaire à la pyramide que deux fois par jour au printemps et en été : une fois le matin, une fois le soir.

3. Les Égyptiens en savaient peut-être bien plus long sur les mathématiques qu'on ne le leur reconnaît, mais c'est impossible à déterminer étant donné le peu de traces dont on dispose.

4. Boyer, Carl B., *A History of Mathematics*, John Wiley & Sons, 1968.

5. Les deux autres côtés du triangle rectangle portent historiquement le nom de « cathètes », mais le terme est quelque peu tombé en désuétude. Il survit toutefois dans certaines langues : on dit *Kathete* en allemand et *cateto* en espagnol comme en portugais.

6. Cajori, Florian, *A History of Mathematical Notations*, Dover, 1993.

7. Ifrah, Georges, *Histoire universelle des chiffres*, *op. cit.*

8. Le plus polyvalent des systèmes à n'employer que des fractions unitaires est un système binaire, où les fractions sont composées de moitiés, de moitiés de moitiés, de moitiés de moitiés de moitiés, et ainsi de suite, ou $\frac{1}{2}, \frac{1}{4}, \frac{1}{8}, \frac{1}{16}$... Ce système permet d'exprimer toute fraction concevable en termes de fractions unitaires uniquement. En 1911, l'égyptologue Georg Möller a écrit avoir découvert une notation ancienne merveilleusement pittoresque pour les six premières fractions unitaires binaires. Chaque élément de l'Œil d'Horus, reproduit ci-contre, représente une quantité : la commissure gauche vaut $\frac{1}{2}$, l'iris $\frac{1}{4}$, le sourcil $\frac{1}{8}$ et ainsi de suite, d'autres parties représentant $\frac{1}{16}$, $\frac{1}{32}$ et $\frac{1}{64}$. Les soixante-trois assemblages non nuls possibles d'éléments de l'Œil d'Horus peuvent exprimer toute fraction entre $\frac{1}{64}$ et $\frac{63}{64}$. L'image a quelque chose d'attirant, mais son histoire aussi : c'est le symbole mystique du dieu faucon Horus, dont l'œil fut découpé en six morceaux par son oncle puis recomposé. Malheureusement, après avoir été acceptée pendant quasiment un siècle, l'histoire de l'Œil d'Horus a été démontée par Jim Ritter – rien ne prouve qu'une telle chose ait existé. Ritter, Jim, « Closing the Eye of Horus : The rise and fall of "Horus-Eye fractions" », in *Under One Sky : Astronomy and Mathematics in the Ancient Near East*, Ugarit Verlag, 2002.

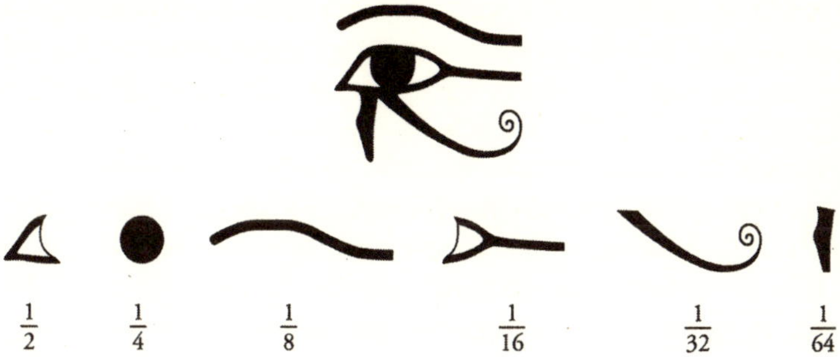

9. Complet, le système grec donnait :

α	β	γ	δ	ε	ς	ζ	η	θ
1	2	3	4	5	6	7	8	9
ι	κ	λ	μ	ν	ξ	ο	π	ϙ
10	20	30	40	50	60	70	80	90
ρ	σ	τ	υ	φ	χ	ψ	ω	ϡ
100	200	300	400	500	600	700	800	900

10. Maor, Eli, *Trigonometric Delights*, Princeton University Press, 1998.
11. Keay, John, *The Great Arc*, HarperCollins, 2000.

CHAPITRE 4

1. En admettant qu'aucun effet n'ait été imprimé à la boule.
2. www.lds.org/locations/temple-square-salt-lake-city-tabernacle.
3. Boyer, Carl B., *A History of Mathematics*, *op. cit.*
4. Outre sa signification mathématique, la parabole latine a le même sens qu'en français – car « lancé à côté » peut aussi vouloir dire « comparer ». Une parabole est une histoire simple que l'on compare à une autre, plus complexe. C'est de ce sens que sont venus les termes « parler », « parlement », « parole »…
5. Koestler, Arthur, *Les Somnambules*, Les Belles Lettres, 2010.
6. Cela s'explique par deux concepts mathématiques que j'aborde par ailleurs dans ce livre : les nombres complexes et les suites de Fourier. De même qu'une onde peut se décomposer en sinusoïdes, une trajectoire sur le plan complexe peut se décomposer en une combinaison de rotations circulaires.

7. Ginnobili, Santiago, et Carman, Christián C., « Deferentes, epiciclos y adaptaciones », in *Filosofia e história da ciência no Cone Sul*, AFHIC, 2008.

8. Koestler, Arthur, *Les Somnambules, op. cit.*

9. Hanson, Norwood Russell, *Patterns of Discovery*, CUP, 1961. Hanson avait été trompettiste avant de devenir pilote de chasse pendant la Seconde Guerre mondiale. Surnommé le « professeur volant », il a continué à piloter en temps de paix, devenant célèbre pour ses acrobaties aériennes. Il est mort à quarante-deux ans, lorsque son avion s'est écrasé dans la brume de l'État de New York.

10. Wootton, David, *Galileo, Watcher of the Skies*, Yale University Press, 2010.

11. Drake, Stillman, et MacLachlan, James, « Galileo's discovery of the parabolic trajectory », *Scientific American*, 1975.

12. Descartes utilisait généralement des axes obliques, aussi est-ce à d'autres, qui ont clarifié son œuvre, que l'on doit la notion moderne de « coordonnées cartésiennes » sur des axes perpendiculaires.

13. Möbius, August F., « Geometrische Eigenschaften einer Factorentafel », *Journal für die reine und angewandte Mathematik*, 1841.

14. Soreau, Rodolphe, *Nomographie, ou Traité des abaques*, Chiron, 1921 ; Doerfler, Ron, « The lost art of nomography », *The UMAP Journal*, 2009 ; Evesham, H. A., « Origins and development of nomography », *Annals of the History of Computing*, 1986.

15. Gardner, Martin, *Mathematical Games : The Entire Collection of His Scientific American Columns*, CD-Rom, CDR Edition, 2005.

16. Bennett, James A., *The Mathematical Science of Christopher Wren*, CUP, 1982.

17. *Programme for Intersections : Henry Moore and Stringed Surfaces*, exposition à la Royal Society, Londres, 2012.

CHAPITRE 5

1. Palais, Bob, « π is wrong ! », *The Mathematical Intelligencer*, 2001.

2. Parmi les personnages historiques qui préférèrent le rapport $\frac{\text{circonférence}}{\text{rayon}}$ se trouve Al-Kashi, dont on dit qu'à Samarcande, au XVe siècle, il calcula *pi* à quatorze décimales, soit plus précisément que n'importe qui avant lui. En fait, Al-Kashi n'a pas du tout calculé *pi*, mais le rapport $\frac{\text{circonférence}}{\text{rayon}}$ à quatorze décimales. En 1698, Abraham de Moivre a employé le symbole $\frac{c}{r}$ pour désigner ce rapport, mais sa notation n'a pas pris.

3. Hartl, Michael, *The Tau Manifesto*, www.tauday.com.

4. J'irai même jusqu'à dire qu'il l'est quadruplement car il fonctionne aussi comme un hommage à Terence Tao, lauréat australien de la médaille Fields et professeur à UCLA.

5. Martin, John, « The Helen of geometry », *The College Mathematics Journal*, 2010 ; Whitman, E. A., « Some historical notes on the cycloid », *American Mathematical Monthly*, 1943 ; Gardner, Martin, *Mathematical Games : The Entire Collection of His Scientific American Columns*, *op. cit.*

6. Huygens a construit quelques pendules dotés de joues cycloïdes, mais des problèmes de friction les rendaient en pratique aussi peu opérants qu'un pendule ordinaire. Sa solution a consisté à utiliser un pendule simple, mais de ne le faire balancer que très légèrement, car pour les très petites amplitudes, le plomb met à peu près le même temps à effectuer une oscillation complète.

7. Oui, j'ai des casse-tête mathématiques de comptoir favoris, comme celui-ci, qui implique aussi des pièces de monnaie. Prenez six pièces et disposez-les comme indiqué ci-dessous à gauche. Le défi consiste à créer un hexagone en les faisant glisser une par une. À chaque déplacement, la pièce doit forcément atteindre une position où elle en touche deux autres. On n'a pas le droit de la décoller de la table, de la faire passer par-dessus une autre, ni de déplacer d'autres pièces pour lui céder le passage. Pouvez-vous y parvenir en trois coups ?

Si vous y êtes parvenu, essayez donc à présent de transformer un triangle en rangée en sept coups, la règle demeurant qu'on ne peut faire glisser une pièce que vers une place où elle en touche deux autres.

La prochaine fois que vous attendez dans un café et que vous avez un peu de monnaie, essayez !

8. La sinusoïde de Roberval apparaît dans son schéma explicatif du calcul d'une surface sous une cycloïde. Il n'avait probablement pas conscience que la courbe avait quelque chose à voir avec le rapport trigonométrique du sinus.

9. En supposant qu'aucune énergie ne se perd par frottement.

10. Whitaker, Robert J., « Harmonographs. I. Pendulum design », *American Journal of Physics*, 2001 ; Whitaker, Robert J. « Harmonographs. II. Circular design », *American Journal of Physics*, 2001.

11. Maor, Eli, *Trigonometric Delights*, *op. cit.*

12. Herivel, John, *Joseph Fourier : The Man and the Physicist*, Clarendon Press, 1975.

13. Cohen, I. Bernard, *The Triumph of Numbers*, W. W. Norton & Company, 2005.

14. La grande pyramide fait deux cent vingt-neuf mètres de côté et cent quarante-six de hauteur. La France peut se représenter par un rectangle de sept cent soixante-dix kilomètres du nord au sud sur sept cents kilomètres d'est en ouest. Selon ces valeurs, l'estimation de Napoléon n'était erronée que de 3 %.

15. La série de Fourier d'une onde s'écrit selon la formule suivante :

$$k + a_1 \sin x + a_2 \sin 2x + a_3 \sin 3x + a_4 \sin 4x + \dots$$
$$+ b_1 \cos x + b_2 \cos 2x + b_3 \cos 3x + b_4 \cos 4x + \dots$$

où k est une constante et a et b sont les amplitudes des sinusoïdes correspondantes.

CHAPITRE 6

1. www.youtube.com/watch?v=F-QA2rkpBSY.

2. Albert Bartlett est décédé à quatre-vingt-dix ans le 7 septembre 2013. Il avait prononcé sa conférence à mille sept cent quarante-deux reprises.

3. Keren, Gideon, « Cultural differences in the misperception of exponential growth », *Perception & Psychophysics*, 1983.

4. Kahneman, Daniel, et Tversky, Amos, « Availability : A heuristic for judging frequency and probability », *Cognitive Psychology*, 1973.

5. Maor, Eli, *e : The Story of a Number*, Princeton University Press, 1994.

6. Dunham, William, *Journey Through Genius*, Penguin, 1991.

7. Huerta, Santiago, « Structural design in the work of Gaudí », *Architectural Science Review*, 2006.

8. Sandifer, Ed, « How Euler did it », *MAA Online*, 2004.

9. Koestler, Arthur, *Les Somnambules*, *op. cit.*

10. Gardner, Martin, *Mathematical Games : The Entire Collection of His Scientific American Columns*, *op. cit.*

11. De nombreuses variantes du problème de la secrétaire ont fait l'objet d'études, comme l'évolution des probabilités si l'intéressé est libre de

réexaminer certaines candidatures, ou de quelle façon le recrutement d'un candidat très tôt peut entraîner une réduction des coûts. Darren Glass a abordé la question selon le point de vue du candidat dans « The secretary problem from the applicant's point of view », *The College Mathematics Journal*, 2012. En présence d'au moins neuf candidats, la meilleure position pour passer l'entretien est la dernière. Mais il faut bien calculer son coup. « Passer en dernier offre l'une des plus fortes probabilités d'embauche, mais l'avant-dernière position est parmi les plus mauvaises ! écrit Glass. Les étudiants qui s'apprêtent à entrer sur le marché du travail feraient mieux de consacrer leurs efforts à peaufiner leur CV qu'à élaborer des stratégies concernant l'ordre de passage. »

12. Boris Berezovsky est décédé le 29 mars 2013 à l'âge de soixante-sept ans.

13. Hill, Theodore, « Knowing when to stop », *American Scientist*, 2009.

CHAPITRE 7

1. « "Cool Cash" card confusion », *Manchester Evening News*, 2007.

2. Ifrah, Georges, *Histoire universelle des chiffres*, *op. cit.*

3. Ne pas confondre « nombre absurde » et « nombre irrationnel », c'est-à-dire qui ne peut s'exprimer sous forme de rapport de deux entiers. Pour désigner les irrationnels, les Grecs employaient le terme *alogos*, « qui n'est pas un rapport », mais signifiant aussi « qui ne parle pas », et les Arabes l'ont transformé en *assam*, « sourd ». Les textes latins ont alors employé le mot *surdus*, directement traduit de l'arabe, et les irrationnels sont devenus « sourds », une appellation que l'on rencontre encore parfois.

4. Gardner, Martin, *Mathematical Games : The Entire Collection of His Scientific American Columns*, *op. cit.*

5. Martínez, Alberto A., *Negative Math*, Princeton University Press, 2006.

6. Frend, William, *The Principles of Algebra*, G. G. et J. Robinson, 1796. L'ouvrage autorisait le signe moins, mais pas que les quantités inconnues – qui pouvaient désigner des choses réelles – puissent prendre une valeur négative. Frend est plus connu pour avoir été un réformateur social et un radical. Il a été banni de Cambridge à la suite d'un procès haut en couleur pour avoir dénoncé l'Église d'Angleterre. Il comptait parmi ses partisans Samuel Taylor Coleridge. La fille de Frend, Sophia, mariée à l'éminent mathématicien Auguste De Morgan, écrivait que « la clarté d'esprit et le franc-parler [de son père] ont peut-être entraîné son

hérésie mathématique, le rejet de l'utilisation des quantités négatives dans les opérations algébriques », ajoutant qu'« il est probable qu'il se soit ainsi privé d'un instrument de travail dont l'emploi l'aurait peut-être conduit à davantage d'éminence dans les branches supérieures ».

7. Nahin, Paul J., *An Imaginary Tale*, Princeton University Press, 1998.

8. Euler a été le premier à utiliser i pour signifier $\sqrt{-1}$, mais il ne l'a fait qu'une fois, dans un mémoire publié onze ans après sa mort. Il a fallu que Gauss l'adopte à son tour, en 1801, pour que les autres se mettent à l'employer systématiquement.

9. $x^2 = i$ peut aussi donner $-\frac{1}{\sqrt{2}} - \left(\frac{1}{\sqrt{2}}\right)i$, le négatif de cette solution.

10. Pour multiplier des nombres complexes, on suit les règles habituelles de l'arithmétique. Je me garderai d'en faire ici la démonstration, mais on peut supposer que pour tous nombres a et b réels ou imaginaires, $(a + b)^2 = a^2 + 2ab + b^2$. Par conséquent, si $x = \frac{1}{\sqrt{2}} + \left(\frac{1}{\sqrt{2}}\right)i$, alors $x^2 = \left(\frac{1}{\sqrt{2}} + \left(\frac{1}{\sqrt{2}}\right)i\right)^2 = \left(\frac{1}{\sqrt{2}}\right)^2 + \left(2 \times \frac{1}{\sqrt{2}} \times \frac{1}{\sqrt{2}}i\right) + \left(\frac{1}{\sqrt{2}}i\right)^2 = \frac{1}{2} + i + \left(-\frac{1}{2}\right) = i$.

11. Leibowitz, Ed, « The accidental ecoterrorist », *Los Angeles Magazine*, 2005.

12. C'est James Thomson, sur lequel nous reviendrons au chapitre 8, qui a trouvé le terme « radian », en 1873, mais le concept était déjà vieux d'un siècle et demi.

13. Voici l'équation de Schrödinger : $i\hbar\frac{\partial}{\partial t}\Psi = \hat{H}\Psi$, où i est $\sqrt{-1}$, $\hbar$ la constante de Planck réduite, Ψ la fonction d'onde du système quantique, et $\hat{H}$ l'opérateur hamiltonien.

14. Bayley, Melanie, « Algebra in Wonderland », *The New York Times*, 2010.

15. Baez, John C., et Huerta, John, « The strangest numbers in string theory », *Scientific American*, 2011.

16. Russell, Bertrand, « The study of mathematics », in *Mysticism and Logic and Other Essays*, Longman, 1919. Bertrand Russell est le seul mathématicien *de classe mondiale* à avoir reçu le prix Nobel de littérature. Mais aussi bien Alexandre Soljenitsyne (lauréat en 1970) que J. M. Coetzee (2003) sont diplômés de mathématiques.

17. Dave Boll n'a pas publié ses résultats dans une revue, il les a simplement postés sur un forum d'amateurs de fractales : groups.google.com/forum/?hl=en#!topic/sci.math/jHYDf-Tm0-8.

CHAPITRE 8

1. En 2001, le gouvernement norvégien a créé le prix annuel Abel, du nom du mathématicien Niels Henrik Abel (1802-1829). La dotation avoisine le million de dollars. S'il ressemble au Nobel en termes pécuniaires et de par ses origines scandinaves, le prix Abel n'a pas encore le prestige de la médaille Fields.

2. Timothy Gowers, « ICM 2010. Ngô Leudatio », gowers.wordpress.com.

3. Plutarque, *Vie des hommes illustres. Marcellus*, cité dans les archives en ligne du site de référence anglophone sur l'histoire des mathématiques, The MacTutor History of Mathematics Archive, www-history.mcs.st-and.ac.uk/history.

4. Boyer, Carl B., *The History of the Calculus and Its Conceptual Development*, Dover, 1959. Le grand triangle est construit de façon que la tangente à son sommet inférieur soit parallèle à la droite d'origine. De même, à chaque nouveau triangle, le nouveau sommet est situé de façon que la tangente à ce sommet soit parallèle au côté opposé.

5. Sondheimer, Ernst, et Rogerson, Alan, *Numbers and Infinity*, Dover, 2006.

6. Gleick, James, *Isaac Newton*, Harper Perennial, 2003.

7. Stewart, Ian, *17 équations qui ont changé le monde*, Robert Laffont, 2013 ; Seife, Charles, *Zéro, la biographie d'une idée dangereuse*, Fayard, 2014.

8. Hall, A. Rupert, *Philosophers at War*, Cambridge University Press, 2002.

9. De Morgan, Auguste, *A Budget of Paradoxes*, Longmans, Green and Co., 1872.

10. $f(t, x, v)$ est une fonction de densité de probabilité qui indique la probabilité que des particules cumulent une position proche de x et une vitesse voisine de v au moment t. Le symbole ∇ désigne l'inclinaison, mais appliquée à plusieurs variables. Villani, Cédric, *Théorème vivant*, Grasset, 2012.

11. *The Railroad Gazette* (aujourd'hui *Railway Age*), 1880, cité par Brown, Halsey G., « The history of the derivation of the AREMA spiral », www.arema.org.

12. La clothoïde est une courbe dont la courbure est proportionnelle à la longueur. En termes algébriques, courbure = ks, où k est une constante arbitraire et s la distance le long de la courbe depuis l'origine. Le mathématicien belge Franki Dillen a trouvé toute une nouvelle famille de spirales en admettant que la courbure soit un terme polynôme en s (un polynôme

est une expression constituée de variables, et de puissances de variables, qui ne recourt qu'à l'addition, la soustraction et la multiplication). Il les a appelées « spirales polynomiales », et elles ne manquent pas d'allure. La spirale Picasso est l'une de ses préférées :

Courbure = $10(-45 + 51s - 18s^2 + 2s^3)$

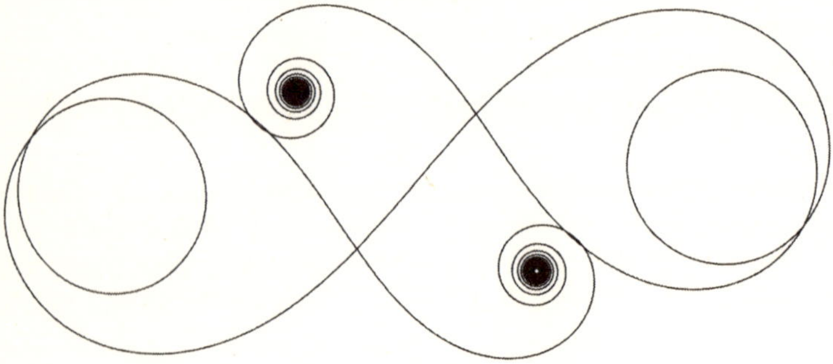

13. Moran, Joe, *On Roads*, Profile Books, 2009.

14. Avant l'ouverture au public de l'invention de M. Clavières, trois tests ont été réalisés : le premier avec des singes en guise de passagers, le deuxième avec des poids plus lourds qu'un homme corpulent et enfin avec un acrobate. Cartmell, Robert, *The Incredible Scream Machine*, Amusement Park Books, 1987 ; Gall, J.-F.; « Chemin de fer aérien », *La Nature*, 1903.

15. Berkeley, George, *L'Analyste* (1734), PUF, 1936.

CHAPITRE 9

1. Krantz, Steven G., *The Proof Is in the Pudding*, Springer, 2011.

2. Gardner, Martin, *Mathematical Games : The Entire Collection of His Scientific American Columns*, *op. cit.*

3. Aujourd'hui devenue Lviv, en Ukraine.

4. À l'heure où j'écris, les meilleurs prétendants au titre de plus ennuyeux des nombres sont le 224, qui est le plus petit à ne pas avoir sa page sur Wikipédia, et 14 228, le plus petit à ne pas figurer dans l'*Encyclopédie en ligne des suites de nombres entiers*. Mais leur seule présence ici, évidemment, leur confère de l'intérêt.

5. Si n est le nombre de points, alors le nombre de régions est l'équation $\frac{1}{24}(n^4 - 6n^3 + 23n^2 - 18n + 24)$.

6. Pour certains philosophes des mathématiques, mais pas Frege, l'affirmation selon laquelle « la négation de la négation de l'affirmation A implique l'affirmation A » est toutefois sujette à profonde controverse.

7. Hofstadter, Douglas R., *Metamagical Themas*, Basic Books, 1996.

8. Gardner, Martin, « Logical paradoxes », *The Antioch Review*, 1963.

9. Paulos, John Allen, *I Think, Therefore I Laugh*, Penguin, 2000.

10. L'un des principaux objectifs de la théorie des ensembles était de montrer que les mathématiques étaient complètes, c'est-à-dire que si un théorème était vrai, il était alors démontrable au sein même du système. Mais en 1931, l'Autrichien Kurt Gödel a prouvé que ce n'est pas le cas : dans n'importe quel système suffisamment puissant pour inclure l'arithmétique, certaines affirmations vraies resteront forcément impossibles à prouver comme à réfuter. Les travaux de Gödel ont eu une influence considérable sur la philosophie mathématique, parce qu'ils ont réduit la place de la logique en tant que fondement des mathématiques.

11. Bourbaki, Nicolas, *Théorie des ensembles*, Springer, 2006. Il est pour le moins curieux que Bourbaki ne fasse aucune mention de Kurt Gödel (voir note précédente).

12. La Poldévie est un pays imaginaire inventé en 1929 par un journaliste français d'extrême droite dans une lettre canular adressée aux députés de gauche et les implorant de voler au secours de son peuple opprimé. Après que Bourbaki l'eut adoptée pour patrie, la Poldévie est devenue l'objet d'une plaisanterie récurrente chez plusieurs écrivains de l'après-guerre (Raymond Queneau, Marcel Aymé, Boris Vian). Selon David Bellos, professeur de français à Princeton et père de l'auteur, c'est un « cas rare d'humour mathématique donnant lieu à une figure littéraire ».

13. Mashaal, Maurice, *Bourbaki, une société secrète de mathématiciens*, Belin, 2002.

14. Mathias, Adrian R. D., « A term of length 4 523 659 424 929 », *Synthese*, 2002.

15. Moon, Bob, « Who controls the curriculum ? The story of "new maths" 1960-1980 », *International Perspectives in Curriculum History*, 1987.

16. Il existe aujourd'hui plus d'une douzaine d'assistants de preuve, les plus connus étant *Coq*, *HOL Light*, *Isabelle* et *Mizar* qu'on a commencé à utiliser en Pologne dans les années 1970 et dont les usagers revendiquent le plus grand corpus de démonstrations formalisées.

17. C'est-à-dire de démontrer toutes les mathématiques qui sont démontrables (voir plus haut note 10).

18. Krantz, Steven G., *The Proof Is In the Pudding*, *op. cit.*

CHAPITRE 10

1. Théorème : Pour passer les nombres au crible jusqu'à n, il suffit de compter les nombres premiers jusqu'à $\sqrt{n}$.

Démonstration : Imaginons qu'on a passé les nombres au crible jusqu'à $\sqrt{n}$, mais qu'il reste un nombre m qui n'est pas premier entre $\sqrt{n}$ et n. Le nombre m n'étant pas premier, il a forcément des facteurs qui le sont. Puisque nous avons trié tous les nombres premiers inférieurs à $\sqrt{n}$, les facteurs premiers de m sont nécessairement supérieurs à $\sqrt{n}$. Mais la multiplication de deux nombres ou plus supérieurs à $\sqrt{n}$ est forcément supérieure à m, il ne peut donc y avoir de m inférieur à n. CQFD.

2. Gardner, Martin, *Mathematical Games : The Entire Collection of His Scientific American Columns*, *op. cit.*

3. Pour quiconque voudrait s'essayer au jeu de la vie, ce que je recommande vivement, le meilleur logiciel s'appelle *Golly*, et il est téléchargeable sur le site golly.sourceforge.net.

4. Levy, Steven, *L'Éthique des hackers*, Globe, 2013.

5. Le premier modèle a été créé par Dean Hickerson en 1991. Celui dont il est ici question en est une version améliorée, conçue par Jason Summers en 2005.

6. Poundstone, William, *The Recursive Universe*, Oxford University Press, 2005.

7. À l'heure où ce livre partait à l'impression, Dave Green, passionné du jeu de la vie, a annoncé la création d'un nouveau schéma autoréplicatif ahurissant qui a fait passer les seize mille deux cent vingt-neuf cellules vivantes de Gemini requises pour une unité de construction à seulement deux cent cinquante-six. Il a donné à sa création le nom de « Geminoid » parce qu'elle reprend certains éléments technologiques de son prédécesseur. À la différence de Gemini, toutefois, ce schéma ne comporte qu'un seul constructeur, qui survit après la réplication, plutôt que deux qui se détruisent une fois leur mission remplie. Le Geminoid de Dave donne naissance à une copie identique, qui donne naissance à une copie identique, et ainsi de suite à l'infini, créant une descendance qui s'étale à travers la grille. Le constructeur n'étant constitué que d'un petit nombre de cellules vivantes, la fabrication d'un nouveau schéma est plus simple. Dave Green espère voir la technologie de son Geminoid mener à de nombreux nouveaux types d'objets autoréplicatifs.

8. Wolfram, Stephen, *A New Kind of Science*, Wolfram Media, 2002.

9. Signalons ici que les mathématiques ne sont pas le parent pauvre du Web, loin de là. J'ai abondamment puisé dans les sites Wolfram MathWorld, MacTutor History of Mathematics Archive et, inévitablement, Wikipédia.

Remerciements

Chez Bloomsbury, à Londres, merci à Bill Swainson, Alison Glossop, Laura Brooke, Helen Flood, Amanda Shipp, Greg Heinimann, David Mann, Richard Atkinson, et spécialement à Xa Shaw Stewart pour avoir méticuleusement vérifié jusqu'à la moindre fraction, au moindre exposant. Chez Simon & Schuster, à New York, je remercie Ben Loehnen, Emily Loose et Brit Hvide, et à Doubleday, Toronto, Tim Rostron.

Ben Sumner a été un relecteur démoniaque, et Edmund Harriss, Yin-Fung Au, June Barrow-Green, Erica Jarnes et Gareth Roberts ont émis d'inestimables commentaires sur le texte. Merci aussi à Simon Lindo pour les illustrations, The Surreal McCoy pour les dessins et Susan Wightman, chez Libanus Press, pour la composition.

Je me suis appuyé sur des entretiens et des échanges écrits avec beaucoup de monde, et je leur suis profondément reconnaissant du temps qu'ils m'ont consacré.

Chapitre 1 : Jerry Newport, Greg Rowland, Manoj Thomas, Terence Hines, Jim Wilkie, Husam E. Sadig, Saffi Haines, Dan King, Tom Dearden, Jer Thorp, Francesca Stavrakopoulou, Francesca Rochberg, Richard Wiseman, David Marks, Sophie Scott, Stephen Macknik, Peter Lynn, Yutaka Nishiyama, Robert Schindler.

Chapitre 2 : Will Rennie, Jialan Wang, Ted Hill, Erika Rogers, Darrell Dorrell, Albert-László Barabási, David Hand, Walter Mebane, Christiane Fellbaum, Jure Leskovec, Geoffrey B. West, Pete Whitelock.

Chapitre 3 : Michalis Sialaros, Apostolos Doxiadis, Mark Greaves, Robert Woodall, John Keay, Darran Shepherd.

Chapitre 4 : Ramiro Serra, Ron Doerfler, Ian Dickerson, Silvia Pezzana, Art P. Frigo Jr.

Chapitre 5 : Bob Whitaker, Ivan Moscovich, Tom Armstrong, Brett Crockett, John Whitney Jr., Karl Sims.

Chapitre 6 : Andrew Smith, Roger Ridsdill Smith, Nikolai Malsch, Albert Bartlett, Tim Harford, Stan Wagon.

Chapitre 7 : John Baez, David Tong, Dave Makin, Brian Pollock, Cliff Pickover, Daniel White, Orson Wang, Robert L. Devaney.

Chapitre 8 : Peter Hopp, Bill Thacker, John Wardley, Werner Stengel, Cédric Villani, Franki Dillen, Hartosh Bal.

Chapitre 9 : Alex Paseau, Jim Holt, Norman Megill, Lawrence Paulson, Nathaniel Johnston.

Chapitre 10 : Tom Rokicki, Adam P. Goucher, Tim Hutton, Paul Chapman, Dave Green, Adam Rutherford, Stefanie Prather, Jean Buck, Stephen Wolfram, Bill Gosper, Andy Adamatzky, Tim Hutton, Nick Gotts, John Conway, Craig Lent, Doug Tougaw.

Je m'estime immensément heureux d'avoir pour représentants Janklow & Nesbit. Merci à mon agent Rebecca Carter et ses collaboratrices Rebecca Folland, Kirsty Gordon, Lynn Nesbit et Claire Paterson.

Les amis et la famille m'ont généreusement apporté leur aide à chacun de mes appels, que ce soit pour me soutenir moralement, m'apporter des éclaircissements mathématiques ou me trouver un appartement à Paris : Gavin Pretor-Pinney, Hugh Morison, Cliff Pickover, Graham Farmelo, James Grime, Colin Wright, Cordelia Jenkins, Francesca Segal, Roger Highfield et Simon Kuper. Merci à mes parents David Bellos et Ilona Morison pour leur foi et leurs encouragements jamais démentis, et surtout à mon épouse Natalie pour ses nombreuses contributions à ce livre et au bonheur de son auteur.

J'ai évoqué ma nièce à la fin des remerciements d'*Alex au pays des chiffres* pour l'encourager à réussir l'épreuve de maths au bac. Cette fois, parce qu'elle a choisi d'étudier les mathématiques et la psychologie à l'université, elle a droit à une citation de son nom. Allez, Zara !

Index

Abel, Niels Henrik : 345
Adam et Ève : 15
Adams, Douglas : 30
Adams, George : 139
ADN : 299
Ahmadinejad, Mahmoud : 47
aire
  calcul de l' : 228, 230-231, 233, 239-241, 243, 248
  rapport au volume : 66, 68
Al-Bîrunî : 87, 89
Alembert, Jean Le Rond : 243
Alexandrie : 76-77, 101
algèbre
  abstraction croissante : 211
  et nombres négatifs : 197-199
  et sections coniques : 115-116
  théorème fondamental de l' : 200, 316
algorithme : 197
Al-Kashi : 340
al-Khawarizmi, Muhammad ibn Musa : 197
Alliance sémiotique : 19
Alphonse X de Castille, roi : 104
Américains d'origine chinoise : 17
Américains d'origine japonaise : 17
amplitude : 147
analyse : 269
analyseur différentiel : 249
analyseur harmonique de marées : 249
Anderson, Eric : 25
angle droit : 311
angles alternes : 77
Anglo-Saxon Chronicle : 41
animaux
  durée de vie : 69
  épaisseur des os : 66
  taux métabolique : 68
Apollonios : 101-102, 104, 107, 110, 115, 119
Appel, Kenneth : 279
araignée : 244
Archimède : 101, 227-228, 230, 232, 239
Argand, Jean-Robert : 205
Aristophane : 75
Aristote : 262
arithmétique, théorème fondamental de l' : 317
arrêt optimal : 186
Asperger, syndrome d' : 13-14
assistant de preuve : 278, 347
asymétrie : 16
asymptotes : 119, 124
attachement préférentiel : 64
Austin, J. L. : 197
automates cellulaires : 286, 288, 291-295, 297-299, 301-304, 306, 308, 311
  point quantique : 308
  unidimensionnels : 302-304
  voir aussi jeu de la vie

autosimilarité : 311
axiomatisation de la théorie des ensembles : 272-273
axiome : 311
axiome du choix : 273

Babyloniens
et équations du second degré : 116
système numéral : 81, 83
baleine bleue : 69
Banach, Stefan : 261, 273
Banach-Tarski, paradoxe de : 273
Barabási, Albert László : 63-64
Barrow, Ted : 138
Bartlett, Albert : 157, 159-161
Bayley, Melanie : 211
Bellos, David : 347
Benford, loi de : 45-46, 48, 50-54, 314, 319
et invariance d'échelle : 47, 49
et mathématiques pures : 52-53
Berezovsky, Boris : 186, 343
Berkeley, abbé George : 255
Bernoulli, Daniel : 174, 179
Bernoulli, Jacques : 167-168, 170, 172, 174
Bernoulli, Jean : 135-137, 167, 174, 179, 241
bicyclette à roues carrées : 178
Big-Bang Theory, The : 28
bissectrice : 311
Blackburn, Hugh : 142
Bodenhausen, Galen : 18
Boll, Dave : 222
Boltzmann, équation de : 227
Bombelli, Rafael : 198, 200
Borsuk, Karol : 261
bouddhistes, croyances : 16
Boulder, croissance démographique : 159-160
boulets de canon : 109, 180
Bourbaki, Charles Denis : 274
Boyle, loi de : 124
brachistochrone : 135-136
Brahe, Tycho : 106
Brahmagupta : 193
Brandram, Samuel : 42
Brown, James : 69
Buée, abbé Adrien-Quentin : 205
Bush, Vanevar : 249

cadran solaire : 79
calcul infinitésimal : 137, 227, 231, 234-237, 239-241, 243, 248-249, 255, 269, 311
théorème fondamental du : 240, 317
Canton Tower : 123
Cantor, Georg : 269
Cardano, Girolamo : 198
cardioïde : 138
Carman, Christián : 104
Carnot, Nicolas : 248
Carroll, Lewis (Charles Dodgson) : 211
cas de sida : 70
cercle
courbure : 251
définition : 129-130
division en degrés : 82, 202
division en polygones infinitésimaux : 231
division en radians : 202
division en régions : 266
et ellipse : 99
et sections coniques : 98
cerveau, traitement des nombres dans le : 17
chaînette : 173-176
et architecture : 175-177
Championnat du monde de calcul mental : 14
Chapman, Paul : 281, 297, 299, 301
chemins de fer : 250, 252
Chimborazo, mont : 93
circulation automobile : 308
clarinette, spectre de fréquences : 152
Clavières, M. : 253, 346
Clay Mathematics Institute : 247
clothoïdes : 252-254, 345
cochlée : 155
Coetzee, J. M. : 344
Coleridge, Samuel Taylor : 343
Colònia Güell, église : 176

comètes : 126, *voir aussi* Halley
Congrès international des mathématiciens (CIM) : 225-226, 244
conjecture : 311
constante : 311
constante du cercle : 311
constante exponentielle (*e*) : 30, 166, 170-171, 180, 312
  combinaisons avec : 188-189
  et chaînette : 174-175
  et factorielles : 181, 183
  et identité d'Euler : 201-203
constante mathématique : 312
continuité : 312
conus textile : 306-307
Conway, John : 281, 286, 288, 290-292, 294-295, 297, 301, 308
Cook, Matthew : 306
coordonnées
  cartésiennes : 115, 117, 248, 312
  polaires : 207, 312
Copernic, Nicolas : 105, 109
Coran : 167
cordes : 82, 312
  demi-cordes : 83, 85, 140
cordes de violon, comportement : 243
cosinus, définition : 84
courbe continue : 312
courbure : 312
Crazy in Love : 14
créateur intelligent : 52
Creighton, machine à mouvement harmonique composé de : 144
Crockett, Brett : 154
croissance exponentielle : 157-162, 175, 312
  continue : 163
  mauvaise perception de la : 162
  voir aussi intérêt composé
cycle lunaire : 31-32
cycloïde : 131-135, 137-138, 141, 312

Darwin, Charles : 61
décroissance de la radioactivité : 172
décroissance exponentielle : 171, 175
Del Monte, marquis Guidobaldo : 109
De Marchi, Scott : 47
demi-vie : 171
dérivée : 313
Descartes, René : 115, 198
Description de l'Égypte : 149
Desvignes : 139
2001, l'Odyssée de l'espace : 20
diapason : 144-145, 153
différentielle : 241, 243
Dillen, Franki : 345
distribution normale : 188
Dolby, laboratoires : 153-154
Domesday Book : 41-42
dominos : 266
Dorrell, Darrell D. : 45-46, 48, 50, 177
droite numérique : 194, 196, 313

e, *voir* constante exponentielle
échecs : 182, 265
éclipse solaire : 75
économistes : 161
Égypte, invasion napoléonienne : 149
Einstein, équation de champ d' : 243
élections : 47
ellipse : 98-99, 101-102, 111, 119-120, 125
  et orbites planétaires : 105-107, 109, 111, 125
ellipsoïdes : 101
e-mails : 61
émissions industrielles : 47
Encyclopédie : 244
Énéide (Virgile) : 179
énergie solaire, technologie : 113
Enquist, Brian : 69
ensembles : 269-273, 313
épicycles, théorie des : 103-107
Épiménide le Crétois : 270, 272
équation d'onde de Schrödinger : 207, 243, 344
équation différentielle : 313
équation polynomiale : 313
équations aux dérivées partielles (EDP) : 227, 243-244, 246
équations du second degré : 116
Ératosthène : 76-77, 87, 282

crible d' : 282, 293-294, 330-331, 348
Euclide : 80, 101, 191-192, 263-265, 268-269, 274, 279
Euler, Leonhard : 179, 182-183, 186, 189, 194
et les clothoïdes : 252
et les nombres imaginaires : 198-203
identité d' : 200-203, 207, 209, 212
premier emploi de *i* : 344
Everest, colonel George : 93
Everest, mont : 94
excentricité : 125-126, 313
« excentrique » (adjectif) : 334

factorielles : 180, 182, 189, 201, 313
Fermat, dernier théorème de : 248
fête Sept-Cinq-Trois : 17
Fibonacci, suite de : 53
Fields, lauréats de la médaille : 225-227, 244, 248
films, succès des : 62-63
fluxions : 136-137, 234-235, 239, 241-242
« focus » (le terme) : 101
force centripète : 249-250
forme : 313
Fourier, Joseph : 148-149, 151-152, 154
série de : 316
transformée de : 151-152, 155, 248, 317
transformée rapide de : 154, 317
Fox, John H. : 184
foyer : 313
fractales : 220, 223, 276, 303, 313
fractions : 80-81, 313, 338
Fraenkel, Abraham : 273
France
lauréats de la médaille Fields : 248
triangulation nationale : 91-92
Frege, Gottlob : 269-271, 346
Frend, William : 195, 343
fréquence : 147
et rang des mots : 54-57, 63, 124
Frigo, Art P. : 100, 122
Frisius, Gemma : 91
fusées V-2 : 110

Galilée : 66, 108-111, 131-132, 337
Gardner, Martin : 184, 291
gâteau, partage d'un : 261, 329
Gates, Bill : 292
Gateway Arch (Saint Louis) : 177
Gaudí, Antoni : 176-177
Gauss, Carl Friedrich : 304, 344
géométrie : 228
George II, roi : 139
Gizeh, Grande pyramide de : 74, 76, 149
Global Positioning System (GPS) : 95
Gödel, Kurt : 347
Godzilla : 66
Gonthier, Georges : 279
Google : 65
Gosper, Bill : 292-293
Gotts, Nick : 301
Goucher, Adam P. : 294
Gowers, Timothy : 226
Grande-Bretagne, triangulation nationale : 94
Great American Revolution (montagnes russes) : 253-254
Greene, Dave : 348
gribouillages bicolores : 265, 267-268, 278
guerre civile colombienne : 61
guerres, nombre de morts : 61
Guillaume le Conquérant : 41
Guthrie, Francis : 278

hackers informatiques : 291-292
Haken, Wolfgang : 279
Halley, comète de : 125
Hamilton, James T. : 47
Hamilton, William Rowan : 210-212
Hanson, Norwood Russell : 107, 340
Hardy, G. H. : 264
harmonica, spectre de fréquences : 154
harmonographe : 142-144, 314

Hartl, Michael : 130
Hérodote : 228
hiératique, écriture : 80
hiéroglyphes : 32, 80
Hilbert, David : 226, 269
Hill, Ted : 50-53
Himalaya : 93
Hines, Terence : 17
Hipparque : 82
Hitchcock, Alfred : 144
Holbrook, Ellis : 250-251
Hooke, Robert : 109, 175-176
Horus, œil d' : 338
Hugues de Saint-Victor : 19
Huygens, Christiaan : 109, 134, 341
hyperbole : 98, 102, 106, 111, 119-123, 125-126
hyperboloïde : 121-123
hypoténuse : 314

i ($\sqrt{-1}$) : 199-207, 209-211, 215-216, 314, 344
Ibn Yunus : 89
identités trigonométriques : 88
ikebana : 16
« impair » (terme) : 16, 334
inclinaison : 57, 62, 164-165, 314
  calcul de l' : 234-237, 239-241
Inde
  nombres de la chance : 17
  population : 58
  présents : 20
  relevé trigonométrique : 93-94
  système numéral : 83-84, 193, 197
induction : 265
infini : 230
infinitésimaux : 231, 233-235, 239, 255, 268
inflation : 160, 162
Institut Henri-Poincaré : 244, 246-247
intégrale : 314
intégration : 242-243, 249, 314
intérêt, taux d' : 160, 170
intérêt composé : 166-168, 170
Iran, élections présidentielles : 47

Italie, possession de la terre : 60
itération : 212-217, 222

Janiszewski, Chris : 21, 23, 35-36
Japon : 16
jeu de la vie : 281, 286, 288, 290-294, 297-298, 300-301, 303, 306, 348
  et crible d'Ératosthène : 293-294, 330-331, 348
jeu de rencontre : 182
jeux de cartes : 182-183
Jobs, Steve : 292
Jones, William : 180
Joyce, James, *voir Ulysse*
juges allemands : 27
Jupiter, grande tache rouge : 109
juricomptabilité : 46

Kahneman, Daniel : 162
kaiseki : 16
Kant, Emmanuel : 195
Kelvin, Lord William Thomson : 249
Kepler, Johannes : 105-106, 108-109, 111, 126
  et le calcul des volumes : 232
  quête d'une épouse : 184-185
Keren, Gideon : 162
KFC : 19
King, Dan : 21, 23, 35-36
Kleiber, Max : 68
Koweit, aéroport : 177
Kubovy, Michael : 33

Laloubère, Antoine de : 133
langage, hiérarchisation : 272-273
Laplace, Pierre-Simon : 179
Large Binocular Telescope : 114
Large Zenith Telescope : 115
Larsen, Norm : 21
lasers : 94
latitude : 92
Leibniz, Gottfried : 136-137, 204, 242
Lent, Craig : 308
Levi's (blue jean) : 20

lieu géométrique : 314
Lindenstrauss, Elon : 225-226
Lissajous, figures de : 144-146
Livre écossais : 261, 283, 329
logarithmes : 43-44, 90, 314, 319
logique mathématique : 269-272, 347
loi des sinus : 90-91
loi distributive : 197, 314
loi scalante : 68-71, 315
  à la puissance un quart : 69
lois de puissance : 60, 62-64, 66-71, 314
  directement proportionnelle : 67
  en physique : 63
  et réseaux : 63, 65
Louis XIV : 92
Louis XV : 92
lune
  cycle lunaire : 31-32
  phases : 109
  taille des cratères : 63

machine à multiplier : 117, 326
Malsch, Nikolai : 177
Malthus, Thomas : 161
Mancini, Henry : 154
Mandelbrot, ensemble de : 217-218, 220-223
Mandelbulb : 223
Manhattan, projet : 285
Marnie, L. Gerald : 184
Mars : 106, 108
Mathematica (logiciel) : 304, 306
mathématiques, origines : 74-75
mathématiques bourbakistes : 274-277
Maxwell, équations de : 243
Mebane, Walter : 47
mécanique statistique : 245
menus : 25-26, 335
métalangage : 272
méthode axiomatique : 263, 268
méthode d'exhaustion : 106, 230
méthode de Monte-Carlo : 285
Milet, récolte d'olives à : 75
Milikowski, Marisca : 36
minutes : 82
Möbius, August Ferdinand : 117
mœurs sexuelles : 60, 63
Moivre, Abraham de : 340
Möller, Georg : 338
Monge, Gaspard : 149
montagnes, mesure de la hauteur : 86, 93, 323
montagnes russes : 253-254, 346
Moon River : 154
Moore, Henry : 122
Morgan, Auguste de : 242, 343
Morgenbesser, Sidney : 197
Mousavi, Mir Hossein : 47
mouvement harmonique simple : 142, 145, 315
moyennes : 63
multiplication : 89-90
  de nombres négatifs : 196-197, 206
  sur le plan complexe : 206, 215-216, 222
musaraigne étrusque : 69
musulmans et le chiffre 7 : 31

Napier, John : 90
Napoléon Bonaparte : 149
National Lottery : 191
néphroïde : 138
Neumann, John von : 283, 285, 297-299, 301, 308
Newcomb, Simon : 43-44
Newman, Paul : 100
Newport, Jerry : 13-14, 23, 27, 38, 282
Newport, Mary : 14
Newton, Isaac : 109, 111, 114, 254-255
  calcul infinitésimal : 136-137, 231, 234-235, 239-242, 268
  lois de : 245, 249-250, 255
Ngô Bao Châu : 226
Nijni Novgorod : 123
Nil, crues annuelles : 228
Nishiyama, Yutaka : 17
nombre phénix : 28, 30
nombres
  dans la culture commerciale : 19-20, 22
  de la chance ou la malchance : 16-17

ennuyeux : 262, 346
et couleurs : 33
favoris : 27-28, 30, 335
grands et petits : 23
masculins et féminins : 15, 18, 34
pairs et impairs : 15, 18, 22, 30, 36
plus aimés, moins aimés : 34-36, 38
ronds : 23-24, 30
nombres absurdes : 194, 198, 343
nombres complexes : 199-207, 209-211, 215-216, 222, 315
nombres entiers : 315
nombres imaginaires : 198-200, 205, 207, 211, 315
nombres irrationnels : 188, 343
nombres négatifs : 191-200
et droite numérique : 194, 196, 204
multiplication : 196-197, 206
racine carrée : 198-200
nombres, personnalité des : 33-34
nombres premiers : 13-14, 38, 315, 333
démonstration d'Euclide : 263, 265
et crible d'Ératosthène : 282, 293-294, 330-331, 348
et spirale d'Ulam : 283-284
et théorème fondamental : 333
nombres réels : 199, 315
nombres « sourds » : 343
nomogramme : 119, 315
Nylander, Paul : 223

Ocagne, Maurice d' : 118
octonion : 212
Odeillo, four solaire d' : 113
Olivier, Théodore : 122
ondes carrées : 149, 151
ondes périodiques : 141, 149, 151, 154, 315, *voir aussi* sinusoïdes
onze, dans la culture commerciale : 19
ordinateur
analogique : 249
et autoréplication : 298, 308
et démonstration mathématique : 278-279
et jeu de la vie : 297, 306
origine : 315
os, épaisseur des : 66, 337

Pacioli, Luca : 160
Palais, Bob : 130
papier, pliage : 158
Pappus d'Alexandrie : 101
parabole : 98, 102, 106, 109-114, 119, 124, 126, 235
et éclairage : 112
et télescopes : 114
et trajectoire des projectiles : 109-111
origine du terme : 339
quadrature de la (Archimède) : 228-229, 231, 239
paraboloïdes : 112-114
paradoxe du menteur : 271-272
paradoxes autoréférentiels : 270-271
Pareto, loi de : 60
Pareto, principe de (loi des 80/20) : 60
Pascal, Blaise : 133-134
triangle de : 248
Pasch, Moritz : 269
Peirce, Benjamin : 188, 201
pendules : 134, 141, 143, 145, 341
Perelman, Grigori : 247-248
Perga : 101
phase : 147
photo-ratiographe : 144
pi (π) : 30, 129-130, 165, 171, 175, 179, 222, 294, 315
combinaisons avec *e* : 188-189
Picard, abbé Jean : 91-92
Picasso, spirale : 346
pièces de monnaie : 139, 341
Pierre le Grand, tsar : 179
pileus : 97
plan complexe : 204-206, 209-212, 215-217, 222, 315
planètes : 31-32, 81
forces centripètes agissant sur : 250
orbites : 102, 104, 106-107, 109, 111, 125
planimètre : 248
Platon : 102, 104

Plutarque : 228
poids atomiques : 44
Poincaré, Henri : 246-247
conjecture de : 247
point d'exclamation : 180
point quantique, technologie : 308
Poldévie : 347
polygone : 316
population
croissance : 159-161
des pays : 58
des villes américaines : 57-58
porte logique : 294-295
postes de triangulation : 73, 94, 337
premier chiffre d'un nombre : 41-44, *voir aussi* loi de Benford
preuve : 312
assistée par ordinateur : 278-279
par induction : 265-266, 268
par la contradiction : 262-263
sans mots : 230
prix des actions : 43, 51-52, 54, 160
prix des maisons : 24
prix terminant en 9 : 24-25
problème du mariage/de la secrétaire : 185-186, 342
projecteur : 101, 112
projectiles, trajectoires : 109-111
propagation des algues : 308
prostaphérèse : 90
Psotka, Joseph : 33
Ptolémée : 83, 103
puissance : 316
Pynchon, Thomas : 110
pyramides, mesure des : 74, 338
Pythagore : 15
théorème de : 78, 88

quaternion : 210-211

radian : 202, 207, 344
raisonnement par l'absurde : 264-265
rapports trigonométriques : 85, 94
et identité d'Euler : 201-203
réaction nucléaire en chaîne : 171
règle de 72 : 160, 327
relativité générale : 243
repère log-log : 316
ressorts : 141
Révolution française : 149
Rhodes, Wesley : 46
Ribeiro, Catherine : 246
Roberval, Gilles Personne de : 132-133, 141
robots autoréplicatifs : 285
rotations dans l'espace : 210-211
roues de train : 132
roulettes : 138-140, 142, 316
routes : 252
Rowland, Greg : 19, 21
Russell, Bertrand : 212, 270-272, 344

Sacks, Oliver : 333
Sagrada Família, basilique : 176
Salle 101 : 20
Sambridge, Malcolm : 47
satellites : 95
satire : 265
Saturne, anneaux : 108
Scheffler, réflecteur : 113
Scientific American : 291-292
secondes : 82
sections coniques : 98, 124-126, 316
applications pratiques : 110
définition : 124, 126
et algèbre : 115-116
et angle de coupe : 102, 110, 119
et excentricité : 125-126
et optique : 106
séismes : 47, 63
semaine de sept jours : 31-32
sept, singularité du : 31-33
Serra, Ramiro : 104
service cartographique britannique : 73, 94
shagun : 20
Shakespeare, William : 15
Sierpinski, triangle de : 303
Simester, Duncan : 25
« similaire » (terme) : 316
sinus, définition : 84

sinusoïde (onde sinusoïdale) : 140-142, 144-147, 149, 151-154, 316
arithmétique : 147
combinaison : 147
combinaison sous forme d'ondes périodiques : 149, 151
et fréquences fondamentales : 151
skateboard : 138
Smirnov, Stanislav : 226
Snyder, Allan W. : 333
soleil et orbites planétaires : 106-107
solides platoniciens : 106
Soljenitsyne, Alexandre : 344
sommets : 316
spirales polynomiales : 346
spirographe : 139
stades : 77
Steinhaus, Hugo : 261-262
Stengel, Werner : 253-254
Stirling, James : 189
Sturluson, Snorri : 334
Suardi, Giambattista : 139
Suède, mœurs sexuelles : 60
Sumériens : 15
supermarché : 27
superstitions : 17
Syène (Assouan) : 76-77
symboles de monnaie : 25
synesthésie : 33
système décimal : 80, 193
système numéral : 80, 82, 84
à valeur positionnelle : 81, 83-84
babylonien : 81-83, 191
chinois : 192
égyptien : 80-81, 191
grec : 80, 82, 191
indien : 83, 193, 197
système solaire : 125

tabernacle mormon : 101
tables trigonométriques : 85-86
taille, moyenne : 63
tangentes : 84, 316
calcul des : 233-234, 236
Tarski, Alfred : 272-273
tau (τ) : 130
télescopes : 83, 114-115, 120-121
temps de doublement : 160, 171
Terre
circonférence : 76-77, 87
forme : 92
orbite : 125
rayon : 87, 324
Tetris : 288
Thalès : 74-75, 78-79, 84, 101
théorème de : 75
théorème des quatre couleurs d'une carte : 279
théorème des valeurs intermédiaires : 259, 269
théorème du pancake : 259, 261
théorème du sandwich au jambon : 261-262
théorie des cordes : 212, 246
théorie des ensembles : 274-276, 278, 317, 347
théorie des jeux : 285
théorie ergodique : 52, 226
théorie M : 212
Thomas, Manoj : 24
Thomson, James : 248-249, 344
Times, The : 42
toit ellipsoïde : 101
Torricelli, Evangelista : 133
tours de refroidissement : 123
triangles
équilatéraux : 317
rectangles : 78, 85, 140, 338
réseaux de : 90-91
triangulation : 91-94, 317
trigonométrie : 317
Tversky, Amos : 162

Ulam, Stanislaw : 261, 283, 285, 308
spirale d' : 283-284
Ulysse (James Joyce) : 54-55, 124
Unamuno, Miguel de : 119
univers, structure de l' : 306, 308
usure : 193

variables : 317
ventes de livres : 61, 63

Vénus : 108
Vertigo : 144
Villani, Cédric : 225, 227, 244-245, 247-248
villes
croissance : 308
et lois de puissance scalantes : 69-70

Wade, Andrew : 299
Wagon, Stan : 178
Wallis, John : 133, 194-195
Wang, Orson : 221
WD-40 : 21
Weil, André : 275
Wessel, Caspar : 205
West, Geoffrey : 69-70
White, Daniel : 222
Whitehead, Alfred North : 271-272
Whitney, John : 144
Wilkie, James : 18
Wolfram, Stephen : 304-307
Woodall, Rob : 73, 94
Wren, Chritopher : 121, 133

yin et *yang* : 16, 131

Zarka, Raphaël : 138
Zénon : 230
Zermelo, Ernst : 273
zéro : 83, 193, 197
ziggourats : 31
Zipf, loi de : 54-58, 60, 321-322
zodiaque : 82

Crédits photographiques

p. 22	Images gracieusement cédées par Dan King.
p. 93	Science Museum/Science & Society Picture Library.
p. 113	© Iain Frazer/Shutterstock.com.
p. 118	Emprunté à *Nomographie*, de Rodolphe Soreau, Chiron, 1921.
p. 123	© Kletr/Shutterstock.com.
p. 137	© The British Library Board, 48.d.13.16, vol. 2, page de titre.
p. 139	© Alex Bellos.
p. 143	Emprunté à *Sound*, d'Alfred Marshall Mayer, Macmillan & Co, 1879.
p. 144	© Karl Sims, www.karlsims.com.
p. 146	Emprunté à *Sound*, de John Tyndall, Longmans, Green and Co., 3e édition, 1875.
p. 177	© Natalie Bellos.
p. 178	© Stan Wagon.
pp. 218-219	© Brian Pollock.
p. 253	*L'Illustration*, 1846.
p. 254	© Werner Stengel.
p. 307	© iStock.com/busypix.

Table

Introduction 9

Chapitre 1
Tous les nombres racontent une histoire 13
Où l'auteur se penche sur les sentiments que nous inspirent les nombres. Il découvre pourquoi le 11 est plus intéressant que le 10, pourquoi le 24 est plus hygiénique que le 31 et pourquoi le 7 est chanceux à ce point.

Chapitre 2
La longue queue de la loi 41
Où l'auteur enquête sur les lois universelles des nombres. Il trouve des schémas numériques partout, jusque dans ces pages.

Chapitre 3
Triangles *amoureux* 73
Où l'auteur s'intéresse aux triangles. L'univers contrasté de la géométrie grecque le conduit jusqu'au fond d'un puits et au sommet de la plus haute montagne du monde.

Chapitre 4
Des cônes dans la tête 97
Où l'auteur porte le faisceau de sa torche électrique sur les cônes, dont il aperçoit le reflet dans les fusées, les planètes et les tours. Il découvre les joies des billes qui roulent – qu'elles soient imbibées d'encre, dans l'Italie de la Renaissance, ou qu'elles rebondissent sur la bande, dans l'État de New York.

Chapitre 5
Faites rouler la révolution ! 129
Où l'auteur s'intéresse à la rotation. Il fait rouler, tournoyer la roue. Il fait balancer le pendule, rebondir le ressort et tinter le diapason.

Chapitre 6
Tout sur *e* 157
Où l'auteur explore la croissance proportionnelle. Il recueille le commentaire d'une star YouTube du Colorado et dresse la biographie du nombre spécial qui sous-tend le capitalisme, le travail des entremetteurs et l'architecture catalane.

Chapitre 7
Puissance positive de la pensée négative 191
Où l'auteur descend en dessous de 0. Moins par moins ça fait plus, mais les causes prêtent à discussion. Incapable de rester dans le réel, il plonge dans la Vallée des hippocampes.

Chapitre 8
Professeur Calculus 225
Où l'auteur s'attaque au calcul infinitésimal. Il fait un tour de montagnes russes en compagnie d'Archimède et Newton et se demande pourquoi les Français ont un je-ne-sais-quoi en matière de pensée mathématique.

Chapitre 9
Le titr de ce chapitre comporte trois ereurs 257
Où l'auteur examine la démonstration mathématique. Il se gausse de la déduction logique et part à la rencontre d'un membre anonyme d'une secte mathématique secrète.

Chapitre 10
Compagnons de cellule 281
Où l'auteur part en voyage au royaume des automates cellulaires. Il explore le sens de la vie et s'entretient avec l'homme qui recherche des univers dans sa cave.

Glossaire 311

Annexes... 319

Notcs 333

Remerciements... 349

Index 351

Crédits photographiques 361

Composition et mise en pages
Nord Compo à Villeneuve-d'Ascq

Cet ouvrage a été achevé d'imprimer en décembre 2014
sur les presses de Normandie Roto Impression s.a.s.
61250 Lonrai (Orne)
N° d'édition : 53277/01 - N° d'impression : 1404840
Dépôt légal : janvier 2015.

Imprimé en France